国家社科基金
后期资助项目
GUOJIA SHEKE JIJIN HOUQI ZIZHU XIANGMU

信用合作
演变规律和运行机制的
国际比较与借鉴

International Comparison and Reference on
Evolution Rules and Operation Mechanisms of the
Credit Cooperative Institution

鞠荣华 著

中国财经出版传媒集团

经济科学出版社
Economic Science Press

国家社科基金后期资助项目
出版说明

后期资助项目是国家社科基金设立的一类重要项目，旨在鼓励广大社科研究者潜心治学，支持基础研究多出优秀成果。它是经过严格评审，从接近完成的科研成果中遴选立项的。为扩大后期资助项目的影响，更好地推动学术发展，促进成果转化，全国哲学社会科学规划办公室按照"统一设计、统一标识、统一版式、形成系列"的总体要求，组织出版国家社科基金后期资助项目成果。

全国哲学社会科学规划办公室

目　录

第一篇　代表性国家信用合作制度的起源和发展

第二篇　信用合作社的运行机制

第三篇　中国信用合作制度的探索与出路

摘　要

　　本书共分为三篇，第一篇从横截面上介绍了代表性国家信用合作事业的演变过程，并归纳了演变规律；第二篇从纵剖面上阐述了国际信用合作事业运行机制的有机构成要素，并比较了不同国家的运行效果；第三篇落脚中国信用合作事业的发展历程，在借鉴国际信用合作演变规律和运行机制的基础上，探讨了中国信用合作事业的发展路径。

　　第一篇为代表性国家信用合作制度的起源和发展。介绍了欧洲、北美、亚洲、大洋洲、拉丁美洲和非洲六个地区近 20 个代表性国家信用合作实践的历史背景和演变过程，尤其详细介绍了德国、美国和加拿大三个国家成功的、市民社会自发的信用合作事业的起源和发展历程，使业内人士能够充分认识到信用合作事业的成功不是一蹴而就的，它是一群有理想的人探索和尊重信用合作事业的发展规律，并为之不懈努力的结果。在介绍代表性国家信用合作事业演变的基础上，运用制度经济学理论对信用合作制度的变迁进行了解释，按照发展程度把世界各国的信用合作事业归纳为初级阶段、成长阶段和成熟阶段，并概括了推动一国信用合作事业走向成熟阶段可能的有利条件：较高的社会民主水平和法治程度，富有人格魅力的领袖人物，政府合理的制度供给，社会的宗教传统，行业联盟充分的教育、宣传和推广，由行业推动的、遵循合作原则的政府立法和一个团结统一的全国信用社联盟等。在归纳分析的基础上，本篇最后一部分使用 78 个国家（地区）的相关数据，对影响信用合作制度实践效果的因素进行了实证分析，得出外部法治水平与信用合作制度实践效果显著正相关的研究结论。

　　第二篇为信用合作社的运行机制。从信用合作组织的治理结构、产品、规模、风险管理、内部控制、基层组织的联合以及与政府的关系等信用合作运行机制各个有机构成要素的层面上，介绍了信用合作组织的运行应该遵循的一般规则，使用文献研究法梳理了信用合作在不同国家的运行情况和运行效果，并分析了遵守这些规则所面临的挑战。民主参与和控制是信用合作组织治理结构的核心，而现实中坚持这一原则面临很大挑战，但这一原则的失守却是一些国家信用合作事业失败的原因之一。信用合作组织的主要产品是存款和贷款，较低的贷款利率和较高的存款利率是信用合作组织区别于盈利性信贷机构的特点，对其利率进行法定限制是防止信用合作组织变异的核心措施。适当的规模是保障合作性质的关键要素之一，但在规模方面，信用合作组织也面临着保障充分的民主参与和追求规模经济的两难选择，信用合作事业的不同发展阶段表现出不同的规模特征。与商业银行一样，信用合作组织也面临信用风险、利率风险、流动性风险和操作风险，行业需要在总结风险管理实践经验和教训的基础上，结合自身特点，建立一套行之有效的管理办法。政府的制度供给、适当监管与税收优惠支持，也是影响一个国家信用合作事业能否走向成熟的重要因素。

第三篇为中国信用合作制度的探索与出路。首先介绍了自 20 世纪初开始，中国各个历史时期信用合作事业的发展历程。在调研的基础上分析了中国资金互助组织的发展现状，并跟踪了资金互助业务最新的发展情况，对吉林梨树县、山西蒲韩社区、山东安丘市、河南信阳郝塘村和河南济源的几个资金互助案例进行了深入分析。最后对中国农村合作性金融发展的路径进行了理论探讨：使用租值消散理论和演化博弈论方法，论证了资金互助业务监管的必要性。使用超边际分析法指明了选择独立型资金互助模式，还是综合合作社内部的资金互助模式，取决于对分工经济和节省交易费用的权衡。使用制度经济学理论解释了处在发展初期的资金互助组织宜小不宜大。使用博弈论方法论证了设置资金互助组织贷款利率上限的合理性，并对政府支持问题进行了探讨。

此外，本书的附录部分给出了 WOCCU 建议的《信用合作社规章》模板的中文翻译。

0 绪论

0.1 研究目的和意义

随着商品经济的产生、商品交换在时间和空间上的分离，商业信用应运而生。伴随商品经济的发展和货币的产生，货币信用也逐渐发展起来。为了保障各种信用活动的正常运行，提高社会效率，各种正式和非正式的信用制度安排相伴而生。市场经济的发展和信用活动的深化致使货币信用通过专业分工独立出来成为专门的金融行业，它通过直接融资和间接融资两种方式提供金融产品和服务，相应地，投资银行和商业银行成为经营直接融资和间接融资业务的两种主要金融中介。在市场经济国家中，这些金融中介本身作为一种制度安排，是诱致性制度变迁的结果。作为间接融资的中介机构，商业银行承担了主要的间接融资功能，但由于商业银行这一制度安排主要为富人们提供服务，在离开货币信用寸步难行的资本主义社会，贫穷的农民和小手工业者告贷无门，只能求助于高利贷资本，但高利贷资本的贪婪本性扰乱了正常的社会秩序，阻碍了生产力的发展。弱势群体期待一种类似于商业银行的制度安排能向他们敞开大门。一些苦苦探求社会发展出路的先驱们顺应这一基本的制度需求，信用合作制度成为诱致性制度变迁的必然结果，它是填补间接融资市场空白，为弱势群体提供金融产品和服务的一种组织制度。由此，在间接融资的市场上，商业银行是主体力量，为富裕人群提供金融产品和服务；而信用合作机构是重要的补充力量，为被商业银行排斥的人群提供金融服务，是普惠金融的重要组成部分。

信用合作制度作为一项自发的诱致性制度变迁，更加注重弱势群体的权利和民主参与，注重成员之间相互帮助的社会绩效，但在实现单纯的经济效率方面是弱项，因此，单纯的逐利意识无法指引信用合作走向成功。

国际上的信用合作原则是历经成败总结出来的经验，太多的变通与妥协也就意味着偏离了信用合作制度的正确方向。信用合作组织的目的不是追求盈利，而是倡导成员之间的相互帮助，最大限度地为社员提供服务，因此，信用合作制度的产生和发展需要人道主义热情和志愿精神。信用合作组织具有天生的益贫性，它的发展空间是商业银行的金融排斥空间。随着社会和经济的发展及人们收入的提高，金融市场竞争加剧，商业银行金融排斥的空间逐渐缩小，信用合作组织也许会逐渐式微。

近年来，我国互联网金融大潮涌动，政府和学界对它助推普惠金融寄予了厚望，但互联网只是一种手段，它的长尾特性可能会使更加廉价的金融产品和服务惠及更多的弱势群体，但不可能指望它打造正常的借贷秩序和金融伦理。在互联网金融的喧嚣归于平静之时，人们又一次深刻地认识到，金融的逻辑最终还是要回归到基本的制度轨道。缺乏正确的原则和方向指引，手段越先进，带来的伤害可能会越大。世界各国100多年来的经验证明，信用合作制度作为一种教育借贷人互相帮助、共同追求美好生活的金融机制，是普惠金融发展的正确原则和方向，具有永久性的指导意义。

但信用合作制度在中国的实践屡遭挫折，20世纪50年代初期成立的信用合作社在历经改革之后已经转型成为商业银行，20世纪80年代末开始的农村合作基金会经历了10年左右的发展以清理整顿而告终，始于21世纪初的新一轮正规农村资金互助社也以银监会结束发放金融牌照暂时画上了句号，但农民资金互助的探索仍然风起云涌。政府该如何引导这些民间金融力量以促进当地经济发展，推动中国普惠金融的进程？这既关系到国家宏观金融制度的建设，又决定着微观金融机构的规范运作和金融秩序的稳定。综观世界各国，信用合作制度在很多国家取得了成功，但也在许多国家招致了失败，是哪些因素影响了信用合作制度实践的成败？探讨世界范围内信用合作事业的内在规律，并在此基础上寻找中国信用合作实践的有效路径，有着重要的理论和实践意义。

0.2　研究方法

0.2.1　比较研究法

本书在充分检索文献、查找资料的基础上，以大洲为单元，对近20个代表性国家的信用合作制度的起源、发展、经验和教训进行了全面的比较和分析，在此基础上研究归纳世界信用合作制度的发展规律。

0.2.2　计量分析法

为了探讨信用合作制度的发展规律，解释不同国家信用合作实践成败之谜，本书使用 78 个国家的跨国数据，对影响信用合作实践效果的因素进行了实证分析，认为外部环境的法治水平对信用合作实践效果有显著影响。

0.2.3　文献研究法

使用文献研究法介评了代表性国家和中国信用合作事业的发展状况，梳理了不同国家的信用合作组织在治理结构、产品和服务、规模、风险管理、内部控制和信用社联合等方面的运行规则和运行效果。

0.2.4　调研问卷法

笔者对中国 4 个省（市）14 家资金互助社进行了实地访谈和问卷调研，在对调研数据进行分析的基础上，描述了我国资金互助组织的发展状况，并分析了存在的问题。

0.2.5　案例分析法

为了更加深入地理解中国资金互助组织的业务经营和运行机制，本书还在调研访谈的基础上，对资金互助组织进行了案例分析。

0.2.6　演化博弈论法

在讨论中国的资金互助组织是否需要监管和需要怎样的监管时，本书使用演化博弈论方法，分析了有、无监管时资金互助组织的自律行为，论证了资金互助组织监管的必要性，并指出了监管的重点。

0.2.7　制度经济学法

在总结信用合作制度演变规律时，使用制度经济学的理论和方法，分析了信用合作制度诱致性变迁的可能结果。

0.3　研究内容和框架

本书共分为三篇，第一篇从横截面上介绍了代表性国家信用合作事业的演变过程，并归纳了演变规律；第二篇从纵剖面上阐述了国际上信用合作事业运行机制的有机构成要素，并比较了不同国家的运行效果；第三篇落脚中国信用合作事业的发展历程，在借鉴国际上信用合作演变规律和运行机制的基础上，探讨了中国信用合作事业的发展路径。

第一篇为代表性国家信用合作制度的起源和发展。介绍了欧洲、北美洲、亚洲、大洋洲、拉丁美洲和非洲六个地区近20个代表性国家信用合作实践的历史背景和演变过程，尤其详细介绍了德国、美国和加拿大三个国家成功的、市民社会自发的信用合作事业的起源和发展历程，使读者能够充分认识到信用合作事业的成功不是一蹴而就的，它是一群有理想的人探索和尊重信用合作事业的发展规律，并为之不懈努力的结果。在介绍代表性国家信用合作事业演变的基础上，从制度经济学角度对信用合作制度安排进行了解释，把世界各国的信用合作事业按照发展程度归纳为初级阶段、成长阶段和成熟阶段，并概括了推动一国信用合作事业走向成熟阶段可能的有利条件：较高的社会民主水平和法治程度，富有人格魅力的领袖人物，政府合理的制度供给，社会的宗教传统，行业联盟充分的教育、宣传和推广，由行业推动的、遵循合作原则的政府立法，一个团结统一的全国信用合作社联盟等。在归纳分析的基础上，本篇最后一部分使用78个国家的跨国数据，对影响信用合作制度实践效果的因素进行了实证分析，得出外部法治水平与信用合作制度实践效果显著正相关的研究结论。

第二篇为信用合作社的运行机制。从信用合作组织的治理结构、产品、规模、风险管理、内部控制、基层组织的联合以及与政府的关系等信用合作运行机制各个有机构成要素的层面上，介绍了信用合作组织的运行应该遵循的一般规则，使用文献研究法梳理了信用合作在不同国家的运行情况和运行效果，并分析了遵守这些规则所面临的挑战。民主参与和民主控制是信用合作组织治理结构的核心，而现实中坚持这一原则面临很大挑战，但这一原则的失守却是一些国家信用合作事业失败的主要原因。信用合作组织的主要产品是存款和贷款，较低的贷款利率和较高的存款利率是信用合作组织区别于盈利性信贷机构的特点，对其利率进行法定限制是防止信用合作组织变异的核心措施。适当的规模是保障合作性质的关键要素之一，但在规模方面，信用合作组织也面临着保障充分的民主参与和追求规模经济的两难选择，信用合作事业的不同发展阶段表现出不同的规模特征。与商业银行一样，信用合作组织也面临信用风险、利率风险、流动性风险和操作风险，行业需要在总结风险管理实践经验和教训的基础上，结合自身特点，建立一套行之有效的管理办法。信用合作组织的联合是信用合作事业力量的源泉，有助于推动立法、降低行业所面临的各种风险。政府的制度供给、适当监管与税收优惠支持，也是影响一国信用合作事业能否走向成熟的重要因素。

第三篇为中国信用合作制度的探索与出路。首先，介绍了自 20 世纪初开始，中国各个历史时期信用合作实践的发展历程。其次，在调研的基础上分析了中国资金互助组织的发展现状，并跟踪了资金互助业务最新的发展情况，对江苏省盐城市、吉林省梨树县、山西省蒲韩社区、山东省安丘市、河南省济源市和信阳市郝塘村的资金互助案例进行了深入分析。再次，对中国农村合作性金融发展的路径进行了理论探讨：使用租值消散理论和演化博弈论方法，论证了资金互助业务监管的必要性；使用超边际分析法指明了选择独立型资金互助模式，还是综合合作社内部的资金互助模式，取决于对分工经济和节省交易费用的权衡：如果一个社区内只有一个合作组织，则综合合作社内部的资金互助模式将是最优选择；最后，对资金互助组织的最优规模、利率限制、政府支持等关键问题进行了理论探讨和分析。

图 0.1 概括了本书的逻辑框架。

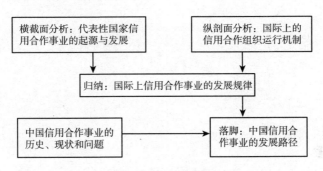

图 0.1　本书的逻辑框架

本书的附录部分给出了世界信用合作社理事会（WOCCU）[①] 建议的《信用合作社示范法律》2008 版的中文翻译。

---

　　① 世界信用社理事会（WOCCU）成立于 1971 年 1 月 1 日，其前身为美国的全国信用社协会国际部，总部设在威斯康星州麦迪逊，在华盛顿特区有常设办事处，在世界各地设有代表处，它由成员会费、政府机构和基金会捐赠所资助。WOCCU 与近 60 个国家和地区的成员组织合作，在全球范围内倡导信用合作社的模式，服务 103 个国家中 57 000 个信用社的 2.08 亿社员。WOC-CU 是国际领先的信用社和合作金融机构行业协会，旨在促进全世界信用合作社和其他金融合作社的自我可持续发展。它与各国政府合作改进立法和法规，并为各国信用社提供技术援助，以提高信用社的财务绩效，增加它们的对外联系。

0.4 可能的创新

本书可能的创新如下：一是首次全面梳理了世界范围内有代表性的20个国家信用合作事业发展的历史脉络，使读者可以直观感受这些国家信用合作制度变迁的历史背景以及成败的经验和教训，并对信用合作事业的发展阶段和成功条件进行了归纳。二是使用78个国家的跨国数据，对各国信用合作实践效果的影响因素进行了实证分析，认为外部环境的法治水平显著影响该国信用合作的实践效果。三是在梳理信用合作组织应该遵循的规则基础上，分析了这些规则在各个国家的实践状况。四是对我国信用合作实践面临的一些关键问题进行了理论探讨：使用租值消散理论和演化博弈论方法论证了资金互助社监管的必要性和动力机制；使用超边际分析方法提出了选择独立型资金互助模式还是综合合作社内部资金互助模式的原则；主张立法限定资金互助的利率上限以甄别资金互助组织的身份。

第一篇

代表性国家信用合作制度的起源和发展

1 信用合作概述

1.1 信用合作社

在界定信用合作社之前，首先应了解合作社的含义。合作社是自愿联合的人们的自治组织，通过共同拥有和民主控制的企业来满足他们共同的经济、社会和文化需求与抱负。合作社坚持自助、自主经营、民主、平等、公正和团结的价值观①。在合作社创始人的传统中，合作社社员遵循诚实、公开、关心别人和担当社会责任的道德价值观。合作社不是一个营利性组织，它不是经济学文献中所理解的公司，而是一些经济单位、公司或家庭的集合或协会，它没有自己的利润动机②。

信用合作社是一种特殊类型的合作社，其经营业务主要涉及信用领域，它的起源甚至早于罗虚戴尔公平先锋社。信用合作社在不同的国家有不同的称谓：在德国被称为大众银行（Volksbanks）或雷发巽银行（Raiffeisenbanks），统称为合作银行；在美国，农业领域的叫作合作社银行（banks for cooperatives），其他领域的叫作信用合作社（credit union or credit cooperative）；加拿大和很多欧洲国家的信用合作组织沿用德国"大众银行"的称谓，或称贷款协会；拉丁美洲、亚洲和一些欧洲国家也叫作信用合作社；非洲国家叫作合作储蓄贷款协会（cooperative thrift and credit association），或称为信用合作社。不管信用合作社的称谓有多么不同（以下所称信用合作组织、信用合作社、信用社、大众银行、合作银行、储蓄贷款合作社、储蓄贷款协会、贷款协会、储蓄互助社、资金互助社等，均

---

① 国际合作社联盟网站。

② Emelianoff, Ivan V., *Economic Theory of Cooperation*: *Economic structure of cooperative organizations*, Center for Cooperatives, University of California, 1995.

为同一类组织，不作特别区分），它们有一些共同的特征。简单来说，信用合作社是主要为社员提供存款和贷款服务以及其他金融服务的互助协会，是以市场为导向、自愿主动地进行自我帮助的私法组织。很多国家对信用合作社的社员范围进行限定，要求信用社社员有明确的范围，有某种共同联系，这种共同联系可以是行业的、宗教的、友谊的或社区的，但更为普遍的是社区联系。信任是信用合作社经营的至关重要的组成部分，储蓄而非信贷扮演着更为重要的角色，因为信用合作社通过吸收资金而发放贷款。

信用合作社的主要功能是接受社员的股金和储蓄，并提供贷款满足社员的需求。从严格的法律角度看，股金具有风险资本的性质，尤其是在清算的情况下。但在实践中，股金可在某些情况下取出。信用社的股金和储蓄主要投资于社员贷款，在贷款需求被满足以后，也可以进行其他投资，但投资领域受到各国法律的限制，大部分为政府证券和对其他信用社的贷款。

因为其互助组织的基本性质和内在的合作宗旨，信用合作社是客户友好型的组织。信用合作社的贷款利率都有法定的上限，一般都低于商业银行的贷款利率。信用合作社的规则对于社员是透明的，没有隐性收费。从严格意义上讲，信用合作社社员并不是信用合作社的客户，而是它的所有者，但随着信用合作社变得越来越大和越来越讲求实际，社员倾向于被看作是客户，这可能会削弱互助的风气。尽管信用合作社不以营利为目的，但他们不是慈善机构，经济上的可持续性是他们存续下去的基本条件。

信用合作社的经营模式定位于持久的客户关系和特定区域，社员的稳定性和地域性是决定其成功的重要因素，信用合作社致力于对社员和客户金融服务基本需求的全面覆盖。被商业性金融机构排斥的贫困人群通常是信用合作社的社员和客户，所以信用合作社对金融市场非常重要，他们是金融领域的有机组成部分，有着其他金融机构不可替代的作用。信用合作社是与非法借贷战斗、打破个人债务怪圈、支持社会、社区事务的有社会责任感的法人。

1.2　信用合作社的原则

1.2.1　国际合作社原则

1844 年，世界上第一个建立在互助合作基础上的商店在英格兰兰开夏的罗虚戴尔成立，该商店制定规则使人们为相互的目标而工作，在平等的基础上分享合作的利益。罗虚戴尔公平先锋社的规则强调民主控制和所有社员的平等投票权，禁止宗教或政治歧视，盈余资金用于教育。从此以后，这些规则被广泛用于合作运动。1966 年的国际合作社联盟采纳了罗虚戴尔规则，使其成为包括信用合作社在内的真正的合作社的标志。

合作社的原则是合作社把他们的价值观付诸实践的指南。[①]

（1）自愿和开放的社员资格。合作社是一个自愿的组织，向能够使用它的服务并愿意承担社员责任的所有人开放，没有种族、社会、人种、政治或宗教歧视。

（2）社员民主控制。信用社是由社员控制的民主组织，社员积极参与制定政策和做出决策。担任社员代表的人应该对社员负责。在基层的合作社中社员权利平等（一人一票），其他层次的合作社以民主的方式来组织。

（3）社员经济参与。合作社的资本由社员公平提供，通常会有一部分资本作为合作社的公共财产。为取得社员资格而缴纳资本的回报通常是有限的。合作社的盈余分配途径有：通过提取公积金的方式发展合作社，其中部分公积金是不可分配的；社员根据自己与合作社交易的比例得到惠顾返利；支持社员认可的其他活动。

（4）自主和独立。合作社是由社员控制的自主、自助的组织。如果合作社与其他的组织，包括政府达成协议，或从外部筹集资金，要确保社员的民主控制并保持合作社自治。

（5）教育、培训和提供信息。合作社为它的社员、选出的代表、经理和雇员提供教育和培训，使他们能够有效地为合作社的发展做出贡献；使一般公众，尤其是年轻人和意见领袖，了解合作社的本质和利益。

（6）合作社之间的合作。通过与当地、国家、地区和国际的行业机构一起工作，合作社能最有效地服务社员并增强合作社事业的力量。

（7）关心社区。在关注社员需要的同时，合作社通过社员认可的政策为社区的可持续发展而努力。

合作原则是根本性的，但是为了适应发展的需要和特别类型的合作可以进行调整。但有必要区分原则和实践规则。例如，在合作社联盟中，一人一票的原则是不现实的，但对由个人组成的基层合作社，民主实践是至关重要的。但有些合作运动的推动者更强调目标的实现，倾向于灵活利用这些原则。

---

① www.ica.org.

1.2.2　国际信用合作社原则

合作原则激发了全世界的信用合作事业，然而在不同的国家和不同的环境下，这些原则的应用可能会有所区别，这取决于各个国家可以在何种程度上接受合作原则的立法框架。

信用合作社的原则建立在合作理念与平等、公平和自助的核心价值基础上。这些原则的核心是通过社员的共同努力为他们自己和后代实现更好的生活所表现出来的人类发展和友爱的信念。

与国际合作社的原则一致，国际信用合作社的原则如下：[①]

（1）社员具有某种共同联系。信用合作社的社员资格是自愿的，对所有具有特定共同联系、愿意利用信用合作社服务并承担相应义务的人开放。

（2）民主控制。不论信用合作社社员的存款或业务量多少，都享有平等的投票权。信用合作社是一个为社员服务并由社员控制的合作企业，在法律法规的框架之内自主经营。

（3）权益资本的有限股息。信用合作社的权益资本不同于公司组织权益资本的逐利性，只领取有限的股息。

（4）储蓄和存款应该获得收益。为了通过储蓄鼓励节俭，以为社员提供贷款和其他服务，应该在信用合作社的能力范围内对储蓄和存款支付合理的利息。

（5）盈余收益返还给社员。信用合作社经营所产生的盈余在确保恰当的公积金水平和发放股息后，归属于全体社员。这一盈余可以根据社员与信用合作社交易（利息或惠顾）的比例进行分配，也可以用于增加或改善社员所需要的服务。信用社的支出也应该是为了全体社员的利益，而不能为了某些社员或社员团体的利益而损害其他社员的利益。

（6）无种族、宗教和政治歧视。信用合作社在合法的共同联系的限制之内，不存在种族、民族、性别、宗教和政治等方面的歧视。信用合作社的经营决策和商业行为建立在社员需要、经济原因和合理的治理原则基础上。

（7）为社员服务。信用社的服务宗旨是改善所有社员的经济状况，满足社员需要是信用合作社永恒的目标，区别于公司组织的盈余最大化目标。

---

① 国际合作社联盟网站。

（8）继续教育。为了实现信用合作社服务社员需要的社会和经济目标，培养社员的节俭习惯和对社员进行权利义务方面的教育是非常必要的。因此，信用合作社积极推进社员、管理人员和员工等利益相关者在信用社的经济、社会、民主和自助原则等方面的教育。

（9）合作社之间的合作。为了更好地服务社员和所在的社区，信用合作社在能力所及的范围内积极与其他信用合作社、合作社以及他们在当地的、国家的和国际层面上的联合组织进行合作，这种合作社的内部合作促进了合作社在社会上的发展。

（10）社会责任。继承合作运动先驱的理想和信念，信用合作社追求人类和社会的发展，它把社会公正的愿景扩展至每个社员以及他们工作和居住的社区。信用合作社会充分考虑自身和他的社员所工作生活的更广泛的社区利益来做出决策。

1.3　信用合作社和商业银行的关系

信用合作社与商业银行有很大不同，它们在金融服务领域相互补充，各有所长。

在经营目标方面，信用合作社在互助合作的基础上由入股的社员所有和经营，经营目标是满足社员需要；而银行由股东所有，经营目标是利润最大化。

在决策参与方面，信用合作社的社员根据一人一票的原则参与决策，不论社员持有多少股份，它只有一票投票权；而银行一股一票的原则决定了大股东的决策支配权。

在所有者和使用者方面，信用合作社的资产为每个社员所有，他们既是股东，也是客户，所有者和使用者是重合的，这最大限度地保证了收益留存在社员群体内，更有利于实现社会公平的目标；商业银行属于股东所有，他们中可能只有少部分人是银行的客户，经营利润归股东所有。

在是否设置分支机构方面，每个信用合作社都是一个单独的法人机构，通常不设置或很少设置分支机构；而多数银行则实行总分支行制，会有很多的分支机构。

在资金来源方面，信用合作社靠传统的社员储蓄提供信贷来源，而银行往往从储蓄和资本市场等多个来源筹集资金，资金来源更加广泛。正因为这种差别，银行的存、贷利率对国内、外市场形势的变化更加敏感。信用合作社也不可避免地受货币市场的影响，对商业利率的变化也越来越敏感，但总体来说，信用合作社的利率更加遵循长期利率趋势，而不是在短期内剧烈波动。

在志愿服务方面，商业银行的工作人员都是领取报酬的；而信用合作社除了领取报酬的工作人员以外，还有很多没有报酬的志愿者提供志愿服务。

在税收和监管方面，信用合作社因为其为弱势群体服务的人道主义性质，在很多国家被免除营业税和所得税；而银行为少数股东追求利润不能被免税。尽管在有些国家所有的金融机构由一个统一的监管机构监管，但在很多国家，信用合作社和银行由不同的部门进行监管。

商业银行是一国金融系统的主体，信用社则起到重要的补充作用。信用社与银行既有合作，又有竞争。作为银行的客户，信用合作社和其社员使用银行提供的服务，但随着信用合作社的成熟和服务的不断扩展，银行和信用社之间的竞争日益激烈。在很多国家，商业银行已经对信用合作社享受的优惠待遇提出批评和挑战。

2 欧洲国家信用合作制度的起源和发展

欧洲是合作运动的发源地，信用合作是欧洲早期合作运动的重要组成部分。封建社会的瓦解把欧洲农民从对封建领主的传统义务下解放出来，并让他们拥有了土地所有权，但是资本主义经济使得金钱和信用变得日益重要。在欧洲的城市中，工业革命也带来了相似的变化，小店主和熟练工匠失去了行会的保护而面临更加激烈的竞争和更多的资本需求。因此，在农民、手工业者和其他的小生产者中出现了各种类型的联合以改善他们在资本主义社会的处境。

在英国产生了两个广为人知的合作社实验。一个是罗伯特·欧文的新拉纳克磨坊社区，社区中的所有者同意限制他们的资本回报并利用积累的利润建设整个社区，被称为"乌托邦社会主义"，欧文和他的同事希望能借此减少工业资本主义所带来的痛苦。① 另一个实验则是取得了更大成功、更有影响力的罗虚戴尔公平先锋社。1844 年，英国曼彻斯特附近的罗虚戴尔镇的 28 名纺织工人创立"罗虚戴尔公平先锋社"，当时，每名工人出资一英镑创立"先锋社"，他们组织了一个合作购买的代理机构，以批发价购进商品，以零售价卖出，将所得的利润分给社员，使工人而不是商人得到利润，是一种供销合作社。罗虚戴尔先锋社被公认为世界上第一个成功的合作社，它制定的合作社原则流传至今，仍为各国合作社所效法。

在 19 世纪 30 和 40 年代，各种各样的社会主义、乌托邦和合作社项目也在法国引起了广泛的关注。弗朗西斯·比谢（Frances Buchez）在 1832～1834 年为木匠和金匠建立了合作协会，1848 年，路易斯·布朗（Louis Blanc）敦促政府为创立合作制的失业工人作坊提供了 50 万法郎。与此同时，蒲鲁东（Pierre Joseph Proudhon）创建了一个大众银行，虽然

---

① Moody, J. Carroll, Gilbert C. Fite. *The credit union movement*, 2nd edition, Dubuque：Kendall/Hunt publishing company, 1984：1.

不是通常意义上的合作社，但标志着对信贷领域的变革。这些项目虽然都没有成功，但构成了新兴合作经济模式的一部分。①

1848年，比利时的哈克（M. Francois Haeck）劝说几个人通过每人认购一股的方式创建了一个银行，并第一次使用了"credit union"（信用合作社）一词，但有人认为该银行主要由富裕人群构成，并没有为贫困人群的信贷问题提供解决方案。因此，这个所谓的"信用社"在信用合作事业的发展进程中并没有起到什么作用。②

随着德国信用合作制度的创建和推广，信用合作制度在欧洲生根、发芽，发扬光大。总体而言，欧洲的信用合作实践可以概括为两种类型，一类是西欧国家的信用合作，另一类是前东欧国家的信用合作。在绝大多数西欧国家，如奥地利、塞浦路斯、芬兰、法国、德国、英国、爱尔兰、意大利、荷兰、葡萄牙和西班牙，信用合作制度源远流长，只有希腊是个例外；而在欧洲的其他一些国家，如比利时、丹麦、卢森堡、马耳他和瑞典，尽管曾经有过信用合作的实践，但信用合作事业未能发展起来；而包括保加利亚、捷克共和国、爱沙尼亚、匈牙利、拉脱维亚、立陶宛、波兰、罗马尼亚、斯洛伐克、斯洛文尼亚和塞尔维亚等在内的东欧国家经历了从中央计划经济向自由经济的过渡，在新的社会经济环境中，要求一个与之匹配的新的合作理念③。

2.1 德国信用合作制度的起源和发展

信用合作的实践起源于德国，德国的信用合作组织被称为大众银行。通常与大众银行联系在一起的两个著名人物是赫尔曼·舒尔茨（Hermann Schulze）和弗里德里希·威海姆·雷发巽（Friedrich Wilhelm Raiffeisen），但在信用合作史上比他们更早的一个有重要影响的人是维克托·艾姆·休伯（Victor Aime Huber）。作为一个热心的路德会教友，休伯希望创立一种"带有基督徒友爱精神的基督徒公共生活"。从1844年开始，他通过宣传和解释英国和法国的合作理念和实践变成了一名"福音传道者"。1861年，他出版了《关于社会问题解决方法的演讲》，讨论了"贷款联盟能带

①② Moody, J. Carroll, Gilbert C. Fite. *The credit union movement*, 2nd edition, Dubuque: Kendall/Hunt publishing company, 1984: 2.

③ Karafolas, Simeon (editor), *Credit cooperative institutions in European countries*, Switzerland: Springer Science and Business Media, 2016, preface.

来什么"和"信用社和贷款联盟"之类的话题。休伯认为这个世界的邪恶是因为贫困的堕落压力带来的人格缺陷，因此，他寄希望于合作组织来消灭贫困。他认为，当人们为一个共同的目标而不是为自己而工作时，他们将开阔自己的眼界并提高自己的品格。尽管伦理的和宗教的追求激励着休伯，但他并不认为慈善行为能解决社会问题，因为这不一定能够帮助不幸的人找回自尊；而合作运动提供了一个消除贫困、改善人格和清除邪恶的自助体系。他认为合作协会主要用来帮助工人，但不排除小所有者甚至富有的地主成为社员。他认为在这样的协会中，不应该划一条社员资格的阶级界线。休伯的思想在德国有很大的影响，但是，他个人仅成立了两个合作协会，他对于信用合作机构的组织和经营兴趣不大。①

2.1.1 舒尔茨的合作信贷协会

信用合作协会的实践留给了赫尔曼·舒尔茨。舒尔茨 1808 年 8 月 29 日出生于德国德利奇一个富有的家庭。1846 年，德国庄稼歉收带来了贫困，舒尔茨成立了一个当地的委员会，租用磨粉机和面包房，并购买粮食，以批发价格分配给穷人。1846 ~ 1847 年的严冬，导致了更大的苦难和政治动荡。柏林革命以后，国王宣布议会选举，舒尔茨赢得了该地区的席位。在推动宪法和改革的国民大会中，他以自由成员而著称，这导致 1850 年他被指控为叛国罪而在法庭遭受审讯，尽管被宣判无罪，他也丢掉了职位。就在丢掉政府职位等待宣判的时候，他为手工业者发起成立了友好协会，为疾病和死亡提供合作保险；此后不久，他为鞋匠组织了一个合作购买协会，以批发价格购买皮革。但在那时，协会必须借钱来支付货款。这次经历使舒尔茨发现了在手工业者和小店主中存在的巨大信贷需求。

1850 年，舒尔茨发起了他的第一个合作信贷协会。虽然他的合作购买协会能够提供贷款，但他决定把合作购销与合作信贷两个功能分离开来。因此，他使用朋友们捐赠的最初的 140 美元组织了一个信贷协会。与过去的慈善贷款协会不同，他的贷款协会要求借款人必须加入协会，并每个月贡献 5 分钱作为资本。

在舒尔茨组织第一个贷款协会不久，他被宣判无罪，并在一个波兰小村里被安排了一个新的司法职位。但因为与政府的分歧，他在 1851 年辞去了这一职位，从而有更多的时间投身到他的信用合作事业中去。然而，

---

① Moody, J. Carroll, Gilbert C. Fite, *The credit union movement*, 2nd edition, Dubuque：Kendall/Hunt publishing company, 1984：2 - 3.

在他离开的那段时间里，他的贷款协会经营不善，产生了很多的不良贷款，协会里的富有出资人也都撤走了资金。而附近他的两个朋友组织的类似的协会却很成功。舒尔茨把他们的成功归于他们排斥富有的出资人并要求所有愿意借款的社员贡献资本。但是社员的小额投资不能提供足够的资金满足贷款需求，因此协会在无限责任的基础上借款，这意味着所有的社员对协会的债务负同样的连带责任。

最初，舒尔茨试图要求政府提供流动资本并参与管理来恢复他的贷款协会，但这一要求遭到拒绝，于是他在1852年根据朋友协会的经营原则重组了协会，社员也由30人增加到150人，协会通过它的连带责任保证筹集到了所需要的资金。

舒尔茨摸索出了对信用合作协会成功至关重要的原则：每个社员必须支付2.5美元的入门费，并保证他能够分期付款购买1股股份，起初是12美元。为了提供流动资金，社员必须在协会存款，并对这些股份账户支付适度的股息。如果协会需要更多的资金来发放贷款，它应该在无限责任的基础上向其他金融机构借款。正如舒尔茨所说：人人为我，我为人人。①

舒尔茨·德利奇贷款协会发放的贷款用于生产。他强调，每一笔贷款都不能是赠送或慈善。另外，贷款应该基于借款人的品质而不是质押或动产抵押。舒尔茨写到，"你和你的品质一定能创造你的信用，你的共同责任要求你谨慎选择你的伙伴，并要求他们具备正常的、冷静的和勤勉的习惯，使他们值得信任。"②贷款要由两名社员背书，时间通常为3个月。另外一个基本的原理是社员资格向所有有价值的寻求贷款的人开放，不限于任何职业或社会阶层。满足这些条件的协会被称为大众银行，或由存款人管理的一类储蓄银行。

舒尔茨强调大众银行的民主控制，最高权力机构是全体成员大会，不管每个成员持有多少股份，遵循一人一票的原则。在协会的最初几个月里，为了教育成员承担责任，他坚持所有成员参加组织的日常事务。因此，所有的成员在存折和本票上签字。从开始的时候，大众银行就有很多的附属委员会。总务委员会由每年的全体大会选出，它由理事长、财务主管、秘书和9名成员构成。1853年通过的章程规定，"向协会提出的所有请求和提议，尤其是贷款请求，必须以书面的方式提交，总务委员会将在会议上决定这些事宜，为得到必要的资金并收回到期贷款做准备，使业务

①② Moody, J. Carroll, Gilbert C. Fite, *The credit union movement*, 2nd edition, Dubuque：Kendall/Hunt publishing company, 1984：4 – 5.

以有序的方式进行"①，并从总务委员会中选出了执行委员会，随着时间的推移，当总务委员会成为监督和检查机构的时候，执行委员会开始办理大多数的日常事务。舒尔茨为他的协会制定的经营和治理原则在以后的岁月里没有多少改变。

如著名的合作银行作家所写："舒尔茨的头脑中没有人类道德重生的概念，他也没有想为工人们带来天堂"，此外，"他不想打扰他们的私人生活，或对他们进行道德教育。他对于担忧别人道德状况的基督教徒社员主义者嗤之以鼻。对人们来说，经济利益是足够的。但是经济利益必须正确地建立在自助、生产和储蓄的基础上。"②

1853 年，舒尔茨开始在城市之间旅行来倡导建立更多的大众银行。亨利·沃尔夫（Henry W. Wolff）把他描述为"一个天生的经济传教士，他的突出的个性、他的有说服力的口才，他对自己事业的信念和真正有感染力的热情，使他成为一个近乎理想的宣传人。"③ 不论他走到哪里，新的大众银行就扩散到哪里，跟着也成立了其他类型的合作协会。

随着大众银行的扩散，舒尔茨开始为行业的联合而工作。如 1854 年，他在一家报纸开设专栏，解释他的合作观点并报告大众银行的进展。1859 年，他在威玛召集了一个来自 29 个合作协会的代表会议，他们决定创建一个中央机构以增强协会之间的业务联系，相互交流经验，并理解共同的目标，代表们推选舒尔茨作为中央机构的负责人。1859 年年底，当时存在的约 200 多个合作组织的 2/3 成为中央机构的成员。几个月后，召开了第二次会议，并创立了一个永久性的组织——全国协会，舒尔茨任秘书长，由成员协会支付报酬。虽然这些中央组织不断进化，舒尔茨坚持每个地方协会在基本功能上是自治的。

舒尔茨作为普鲁士众议院的成员和德国国会的成员度过余生，但是他的主要关注对象一直是信用合作社的进展。1864 年，他参与组织了德国合作协会联合会，该联合会包括了原来的中央组织和下属的联盟。次年，德国合作银行组建，吸收合作社多余的资金，并向合作社提供贷款。中央银行的大部分股票由大众银行持有，剩余的由私人持有。然后舒尔茨寻求立法来为协会谋求合法身份，并于 1867 年获得成功。在 1882 年，他去世的前一年，舒尔茨出版了一本书，阐明了他关于一种新的合作社的立法观点。舒尔茨·德利奇银行继续增加，到 1912 年，德国共有 1 002 家大众银

———
①②③ Moody, J. Carroll, Gilbert C. Fite, *The credit union movement*, 2nd edition, Dubuque: Kendall/Hunt publishing company, 1984：4 – 5.

行，社员 641 000 人。

在舒尔茨去世之前，德国就出现了一种新型的信用合作机构。它们是由弗里德里希·雷发巽创立的。虽然这类合作机构出现得比舒尔茨的大众银行晚，并发展缓慢，舒尔茨仍然把它们看作是自己信用合作机构的竞争对手。舒尔茨认为，雷发巽银行遵循的实践原则并不安全，并担心万一这类机构遭受失败，所有类型的信用合作机构都要受到致命打击。①

2.1.2 雷发巽的农村合作协会

雷发巽（1818~1888 年）生于莱茵省的汉姆。他的父亲曾经是这个村庄的牧师和镇长，在雷发巽 11 岁的时候因酗酒而死。他的妈妈是一个虔诚的路德会教友，也把这种强烈的虔诚传给了她的儿子。父亲的去世使雷发巽和妈妈在经济上陷入困境，接受大学教育成为不可能的事，但当地的一个牧师以非正规的方式对他进行教育，17 岁的时候，雷发巽参了军，但两年后眼疾迫使他从军队退役。然后他参加了公务员考试，在 1846 年，从办事员的职位升到了威尔布施镇的镇长。1852 年，雷发巽成为新维德市赫德斯多尔夫镇的镇长，但是失明以及糟糕的健康状况一直困扰着他。虽然他在 1863 年再次当选为镇长，但政府拒绝确认，他被迫退休，依赖一点退休金生活。他开办了一个雪茄厂试图开始新的生活，失败后，他又开办了一个葡萄酒代理机构并销售人寿保险。雷发巽赚得了足够的钱支持自己的生活，同时他把自己大部分的精力转向了合作运动。在他 1888 年去世以前，他因服务于德国的农民而受到人民和政府的认可。

雷发巽的第一个合作组织与舒尔茨的非常相似，他深受 1846~1847 年的饥荒和严冬的影响，但是舒尔茨帮助的是城市的手工业者和小业主，而雷发巽帮助的是农民。改革只是使农民从封建义务中解脱出来，并拥有了自己的土地，但并没有改善他们的境遇。农民没有做好准备来迎接一个商业化的农业，他们没有钱购买为提高生产力和收入所需要的机器、化肥、种子或牲畜，土地抵押贷款是最基本的农村信贷，但只有大的土地所有者才能获得抵押贷款。因此，典型的小农业者便落入了高利贷者的魔掌。当农民购买土地的时候，不得不求助于高利贷，如果借款在到期的当天没有被还清，他很快就会丧失对抵押品的权利。当农民购买种子和生活

---

① Moody, J. Carroll, Gilbert C. Fite, *The credit union movement*, 2nd edition, Dubuque: Kendall/Hunt publishing company, 1984: 3 – 6.

用品时，也不得不求助于通常收取 100% 利率的高利贷。

雷发巽试图改善的不仅是饥荒给农民带来的苦难，而且是农民总体的不利处境。1846~1847 年的冬天，他组织了一个面包协会，向饥饿的人分配面粉，后来建了一个面包坊向贫困的人低价销售面包。另一个协会借钱购买种子和土豆用于种植，并以折扣价格出售。然而这两个组织都不是合作组织，因为资金是由富裕的人为穷人利益而捐赠或借来的。1849 年，雷发巽成为弗拉莫斯菲尔德的镇长以后，他建立了弗拉斯莫菲尔德附属协会来支持贫困农民，购买牛并以优惠的付款条件通过分期付款方式重新出售给农民，后来该协会开始向农民提供贷款来改善他们的农场。但雷发巽的协会仍然不是合作社，它由弗拉斯莫菲尔德的 60 个人组成，他们承诺对协会的债务承担连带责任。因此，那些承担债务责任的人控制着协会，决定谁可以成为社员，谁可以得到贷款，而那些被批准成为社员因此可以贷款的人贡献资本但在协会管理中没有发言权。但该协会使很多的农民从高利贷的魔掌下解脱出来，改善了他们的经济状况。

1854 年，雷发巽搬到海德斯道夫，他组织了第二个协会，名为海德斯道夫福利组织。该协会显示了雷发巽对于基督教徒的慈善和福利工作的兴趣。除了弗拉莫斯菲尔德协会的目的外，新的组织促进贫困儿童的照顾和教育，雇佣开小差的人和有犯罪前科的人建立了图书馆。该协会和第一个协会一样组织和经营，除了雷发巽所采取的以下原则：在建立准备金之前，不向投资者分配利润；资本是不能转让和抽出的，如果协会破产，它将按照有利于穷人的原则分配。1862 年和 1868 年，根据海德斯道夫的原则又建立了两个类似的组织，但直到 1874 年，他们才被外人所知。

尽管最早的协会是成功的，但也存在不少问题。大多数出于宗教和慈善热情向贷款协会贡献资本、具有公共精神的富人，因为利益只是积累给更贫穷的借款人而开始失去兴趣。因此，他决定在海德斯道夫按照舒尔茨的原则重新组织协会，由自助原则代替慈善原则。无疑，舒尔茨组织的成功给了雷发巽很大的影响。1864 年，雷发巽组织了一个新的协会——海德斯道夫信用社。

虽然雷发巽采用了舒尔茨的自助原则，但两种类型的贷款协会之间存在根本的区别：雷发巽坚持兄弟友爱和基督教原则激励信用社，而舒尔茨则主要关注改进经济上的自给能力；舒尔茨主要关注城市的工人和店主，而雷发巽主要关注农民；舒尔茨认为社员应该来自大的经济状况不同的地区，雷发巽则倾向于把社员限制在一个小的地区，最好是一个教区。

要成为雷发巽协会的一名成员，农民需要提出申请，如果他的邻居认为他品德良好、勤奋而友善，就会被同意加入。虽然信用社不分穷人和富人，任何被接受为社员的人都必须有有形资产，如拥有自己土地的农民，但即使是一名佃农，只要他拥有牲畜和设备，也可以成为社员。协会没有股份资本，通过在社员连带责任的基础上借款筹集资金，因此，协会不分红，对于借款则支付利息。当1889年通过的德国合作社法要求资本时，雷发巽银行仅仅象征性的要求每个社员缴纳2.5美元购买1股股份。

和舒尔茨的协会一样，雷发巽协会的治理是民主的。所有的社员参加社员大会，一人一票，他们选举一个管理委员会审批贷款，并监督借款人把资金用于申请贷款时所说明的目的，以及处理所有的其他日常事务。监督委员会负责检查经理的行为，并向总务委员会报告。雷发巽在他所有的协会中强调志愿活动，只对全职的出纳发放报酬。

雷发巽的协会进展缓慢，到1862年，只有6个协会。1868年增加了5个新协会，1869年成立了22个，直到1880年才开始有一个更快的扩张，在1888年雷发巽去世这一年，德国一共有425个这样的协会。然而，协会数量的快速增长给雷发巽带来一个问题：创建地区性和全国性组织把这些协会联合起来交流有用的信息，以实现共同的目的、提供法律和立法建议以及提供中央银行服务。由于缺乏有力的金融支持，所有协会不时遭受资金短缺或过剩的困扰。1872年，他组织了第一个中央协会——莱茵农业联盟银行，作为中央银行机构来监督和控制地方的协会，其他类似的地区性银行也纷纷成立，1874年他创立了德国新维德农业总行。不幸的是，德国法律不允许一个协会与另一个协会的联合，也不允许一个协会没有股份而参与银行业。因此，雷发巽在1876年解散了他的中央银行，但又组织了一个叫中央农业贷款银行的新银行，作为一个官方信托持股的股份公司。次年，成立了德国农村合作协会总会提供法律服务、建议、组织新的协会并扩散信息。其他的地区和中央组织也纷纷成立，但所有的雷发巽协会都附属于农业合作协会皇家总会，虽然他们仍然保持在雷发巽总会的成员资格。1913年，雷发巽协会从皇家协会撤出，全部依赖他们自己的中央组织。

因为农村地区普遍的金融排斥，雷发巽合作协会比舒尔茨的组织有更快的增长。1913年，在德国共有25 576个各种类型的农村合作协会，但其中的16 927个是信贷协会。1915年，一共有1 559个城市合作协会隶属于舒尔茨·德里奇联合总会，其中980个是大众银行。1934年，德国合作银行成为全牌照银行，可经营各种业务。虽然舒尔茨强调纯粹的商业化、自助理念，雷发巽协会强调创立者的道德和基督教原则，然而，在 20 世纪中期以后，专业管理成为这项事业的决定因素。传统上，雷发巽信用社具有农村背景，而舒尔茨合作银行则一般设在城市和郊区。①

第二次世界大战以后，德国信用合作社社员数量直线上升。1983 年，每个信用社平均社员数量为 2 600 个，1993 年底达 4 559 个，2015 年底每社平均社员数量为 1.75 万个，客户数量接近 3 万个。在发展过程中，信用合作社社员结构也发生了巨大的变化。以前的合作社社员主要是从事独立经营活动的工商业者、手工艺人、农业经营者，第二次世界大战后，越来越多的非独立从业者（诸如职员、工人、公务员）和养老金领取者成为信用合作社社员②。

2.1.3　德国的合作银行联合会

德国合作银行联合会是全球做得最好的合作银行行业自律组织。在法律和经济上自治的大众银行和雷发巽银行自愿合作组成合作银行联合会，以创造经济上的协同效应。联合会建立在共同的企业文化基础上，由合作银行集体所有。全国各地 1 000 多家大众银行和雷发巽银行、合作银行的地方组织和中央机构、网络成员和专门机构都是该联合会的成员，成员按规定向联合会缴纳会费。合作银行联合会的主要职责包括：向会员提供信息服务；协调、沟通合作银行与政府各部门的关系；帮助合作银行搞好宣传和处理好公共关系；管理信贷保证基金。通过合作银行联合会提供的服务，使得地方合作银行成为一站式金融机构，能够为其客户提供广泛的金融服务。德国合作银行联合会、生产合作社联合会和消费合作社联合会共同组织成立了德国全国合作社联合会，主要职能是对合作组织进行审计和培训。区域性合作社审计联合会在德国各州行使地区一级行业监督职能，它们由各类合作社共同成立，是全国合作社联合会和全国信用合作联合会在地区一级的共同机构。

德国的合作银行体系呈金字塔式结构：顶层为德国中央合作银行（DZ 银行），中间是 4 家区域性合作银行，底层是 1 100 多家地方合作银

---

① Moody, J. Carroll, Gilbert C. Fite, *The credit union movement*, 2nd edition, Dubuque：Kendall/Hunt publishing company, 1984：6 – 9.

② 何广文：《德国的合作金融业：体系及其发展现状》，载于《世界农业》, 1995 年第 3 期，第 3～5 页。

行及众多的分支机构及其营业网点。① 三级合作银行体系中的各级合作银行都是独立的法人。900多家地方合作银行由农民、城市居民、个体私营企业、合作社和其他中小企业入股组成并由他们所拥有；4家区域性合作银行由地方合作银行入股组成并拥有；中央合作银行由区域性合作银行和地方合作银行入股组成。三级合作银行不存在隶属关系，中央合作银行对地方合作银行也没有行业管理职能，但有各种金融服务职能，主要是资金调剂融通服务、合作银行系统资金支付结算服务、开发提供各类银行产品以及提供证券、保险、租赁、国际业务等金融服务。

合作银行体系有自己的结算系统，地方合作银行都加入全国合作银行系统结算网络，系统内的结算业务通过系统联行进行清算，跨系统的结算业务则通过联邦中央银行的支付系统进行清算。地方合作银行的流动性由区域性合作银行和中央合作银行给予支持，中央合作银行的流动性由联邦中央银行予以支持，合作银行体系和联邦中央银行多种方式的融资调剂手段保证了合作银行资金的流动性和安全性，避免了合作银行支付风险的发生。

同时，在弥补合作银行资金损失方面，合作银行体系建立了信贷保证基金制度，地方合作银行每年按信贷资产0.1%~0.2%的比例向区域审计联盟缴纳保证基金，这部分基金主要用于帮助出现危机的合作银行。当某家合作银行资金损失较大出现资不抵债需要重组时，被兼并合作银行的资金缺口由保证基金全额补偿，地方合作银行由区域审计联盟集中的保证基金补偿，区域性合作银行和中央合作银行由信用合作联盟集中的保证基金补偿。

德国信用合作社是一个中央和地方机构紧密互动、相互作用的富有凝聚力的金融网络。在业务层面，合作银行服务网络实行地方合作银行和中央银行之间的分工，经营管理主要归于基层合作银行，而行业层面的产品和服务则委托给中央机构。地方银行具有法律上的独立性，没有义务把外包业务委托给中央机构，这促使中央机构不断提高金融服务的竞争力，否则将面临来自外部中介机构的竞争。尽管在法律上德国合作银行业不是一个统一的法人机构，但它们实际上可以被看作是一个一体化的银行集团，因为它们作为一个整体披露合并财务报表和信用评级。②

---

① 截至2012年12月31日的统计数字。

② Biasin, Massimo, The German Cooperative Banks-An Economic Overview, Karafolas, Simeon (editor), *Credit cooperative institutions in European countries*, Switzerland: Springer Science and Business Media, 2016: 95 - 107.

2.1.4 德国合作银行的地位

大型全能银行、储蓄银行体系和合作银行体系构成德国金融体系的三大支柱。2013 年，合作银行系统约占德国银行业市场总业务量的 14%，全能商业银行占 57%，而储蓄机构占 29%（见表 2.1）。尽管市场份额相对有限，但合作银行体系在德国发挥着重要的作用，因为合作银行体系的客户主要是中小型企业，虽然地方合作银行的经营领域较为单一，但与整个合作银行网络的专业机构合作，合作银行能够为他们的客户和社员提供广泛的金融服务，在这个意义上合作银行可以被称作是袖珍的全能银行[①]。德国合作银行体系的机构数量和平均规模详见表 2.2 和表 2.3。截至 2012 年，信用合作银行机构总数为 1 106 家，其中包括 2 家地区性机构；分支机构总数为 11 789 个，占所有银行业分支机构数量的 32.5%，和商业银行、储蓄银行的分支机构三分天下，但商业银行类机构总数仅为 515 家，储蓄银行的机构总数为 432 家，可见信用合作机构的规模较小。但为了追求规模效益，信用合作机构并购的步伐较快。从表 2.3 可以看出，2000～2012 年之间，总资产在 5 亿欧元以下的信用合作机构数量不断下降，而在 5 亿欧元以上的数量不断增加，总数量从 2000 年的 1 792 家下降到 2012 年的 1 102 家。

表 2.1　　　　　　　　　德国各类银行数量和总资产　　　　单位：家，百万欧元

年份	所有银行		商业银行和其他银行（包括大银行）[a]		储蓄银行		合作银行和地区机构	
	数量	总资产	数量	总资产	数量	总资产	数量	总资产
2000	2 740	6 148 318	369	3 210 690	575	2 176 624	1 796	761 004
2005	2 089	6 903 169	318	3 708 581	475	2 379 000	1 296	815 588
2011	1 903	8 466 239	344	4 938 284	437	2 512 085	1 122	1 015 870
2013	1 846	7 604 225	336	4 366 192	430	2 203 390	1 080	1 034 643

注：a 包括德国邮政银行。

资料来源：转引自 Massimo Biasin, The German Cooperative Banks. An Economic Overview, Karafolas, Simeon（editor）, *Credit cooperative institutions in European countries*, Switzerland：Springer Science and Business Media, 2016：85。

---

① Biasin, Massimo, The German Cooperative Banks – An Economic Overview, Karafolas, Simeon（editor）, *Credit cooperative institutions in European countries*, Switzerland：Springer Science and Business Media, 2016：84.

表 2.2　　　　　　　　　　　　　德国银行和分支机构数量　　　　　　　　单位：家

项目	年份	所有银行	商业银行和其他信贷机构[a]	储蓄银行	信用合作社和区域机构		
					合计	区域机构	信用合作社[b]
各类银行数量[a]	2000	2 912	539	575	1 798	3	1 795
	2005	2 344	574	475	1 295	2	1 293
	2010	2 093	511	439	1 143	2	1 141
	2012	2 053	515	432	1 106	2	1 104
各类银行的分支机构	2000	56 936	24 049	17 530	15 357	25	15 332
	2005	44 100	16 837	14 530	12 733	11	12 722
	2010	38 183	12 630	13 496	12 057	11	12 046
	2012	36 283	11 400	13 094	11 789	11	11 778
各类银行占比	2000	100%	42.2%	30.8%	27.0%	0.0%	26.9%
	2005	100%	38.2%	32.9%	28.9%	0.0%	28.8%
	2010	100%	33.1%	35.3%	31.6%	0.0%	31.5%
	2012	100%	31.4%	36.1%	32.5%	0.0%	32.5%

注：a 包括德国邮政银行 AG；b 包括隶属于 BVR 的非信用合作社性质的银行。

资料来源：转引自 Massimo Biasin, The German Cooperative Banks. An Economic Overview, Karafolas, Simeon（editor），*Credit cooperative institutions in European countries*, Switzerland：Springer Science and Business Media, 2016：93。

表 2.3　　　　　　　　　　　　　信用合作社的资产分布　　　　　　　　　单位：家

资产规模	2000 年		2005 年		2010 年		2012 年	
	家数	占比（%）	家数	占比（%）	家数	占比（%）	家数	占比（%）
2 500 万欧元以下	67	3.7	—	0.0	—	0.0	—	0.0
2 500 万~5 000 万欧元	217	12.1	120	9.3	66	5.8	53	4.8
5 000 万~1 亿欧元	368	20.5	199	15.4	127	11.2	121	11.0
1 亿~2.5 亿欧元	559	31.2	364	28.1	307	27.0	277	25.1
2.5 亿~5 亿欧元	346	19.3	313	24.2	261	22.9	251	22.8
5 亿~10 亿欧元	151	8.4	189	14.6	211	18.5	222	20.1
10 亿~50 亿欧元	79	4.4	101	7.8	152	13.4	163	14.8
50 亿~100 亿欧元	3	0.2	6	0.5	12	1.1	13	1.2
100 亿欧元以上	2	0.1	2	0.2	2	0.2	2	0.2
	1 792	100.0	1 294	100.0	1 138	100.0	1 102	100.0
平均总资产（亿欧元）	2.98		4.57		6.20		6.61	

注：不包括属于 BVR 的非信用合作制银行。

资料来源：转引自 Massimo Biasin, The German Cooperative Banks. An Economic Overview, Karafolas, Simeon（editor），*Credit cooperative institutions in European countries*, Switzerland：Springer Science and Business Media, 2016：94。

2.1.5 小结

在国际合作事业发展的大背景下，信用合作事业作为其中的一个重要组成部分发展起来。德国是国际上信用合作制度的摇篮，在资本主义经济使金钱和信用变得日益重要的环境中，德国的农民和小手工业者被置于水深火热之中。舒尔茨和雷发巽分别在德国的城市和乡村开创的大众银行，适应当时底层民众的需求，成为拯救他们于水火之中的自发的金融制度安排。两类信用合作组织的先驱在互不知情的情况下，分别自发创建了性质和功能相似的组织，表明信用合作制度是当时历史条件的必然产物，是诱致性制度变迁的必然结果。通过不断地实践和摸索，他们为信用合作组织的制度安排勾勒了雏形：信用合作组织的成员资格向所有寻求贷款的有价值的人开放，不限于任何职业或社会阶层；所有愿意借款的成员贡献资本，成员必须在信用合作组织存款，并对这些股份账户支付适度的股息；如果需要更多的资本来发放贷款，信用合作组织在无限责任的基础上向其他金融机构借款；发放的贷款用于生产目的，贷款应该基于借款人的品质而不是质押或动产抵押，但贷款要由其他成员背书；经营所得利润在建立准备金之前，不向投资者分配；信用合作组织的最高权力机构是全体成员大会，不论每个成员持有多少股份，遵循一人一票的原则；每年的全体成员大会选出常务委员会，然后从常务委员会中选出各类执行委员会，其中的贷款委员会负责审批贷款，并监督借款人把资金用于申请贷款时所说明的目的；监事会负责检查经理的行为，并向理事会报告。信用合作组织承担了在特定历史条件下救弱势群体于危难之中的功能，但它不是慈善组织，它的运行遵循可持续的商业原则。随着经济的发展，信用合作组织也在不断调整自己的经营方式，但它一直遵循合作原则，为满足成员的需要努力提供服务。德国合作银行体系是欧洲最大的合作银行体系，2015 年年底，德国合作银行系统总资产达 11 625 亿欧元。

2.2 意大利信用合作制度的起源和发展

2.2.1 意大利的城市大众银行

两位德国信用合作事业领导人的工作不仅影响了德国，而且影响了整个欧洲。意大利信用合作事业的创始人和德国的创始人有直接的联系。

1864 年，23 岁的意大利学者路易吉·卢扎第（Luzzatti），到德国访问学习信用合作制度，他后来成为意大利第 20 任总理。舒尔茨的思想深深吸引了他，回国以后，他写了一本有关信用合作的书，然后作为帕多瓦大学政治经济学教授，继续阐释他的观点。1866 年，卢扎第在米兰开办了他的第一个合作银行（Banche popolari）——洛迪大众银行。

　　卢扎第的合作银行与舒尔茨的贷款协会有很多相似之处，但也有区别。当卢扎第访问德国时，舒尔茨和雷发巽都把无限责任作为经营的基本原则，虽然前者后来容许他的协会在无限责任和有限责任之间进行选择。然而，卢扎第决定，他的银行不接受无限责任，一开始就采取有限责任。他也抛弃了舒尔茨通过高价股份提供流动资本的做法，而是依靠小额股份资金和存款提供贷款资金。他的银行管理人员不领报酬，因此，应该设立更多的管理人员和委员会，社员之间、社员和银行的经营之间能够保持更加紧密的联系。随着数量的增长，合作银行的经营得到进一步的发展，并转变为全能的银行业机构。他们接受非社员的存款并向非社员发放贷款，但他们的道德品格贷款原则仍遵循德国模式。有 1 名或 2 名社员背书的本票是首选的抵押品，并且卢扎第采纳"诚实资本化"的座右铭。卢扎第银行的客户与舒尔茨的基本相同，大部分是小商人和手工业者。洛迪大众银行在 20 世纪 90 年代成为 Bipielle 集团，2011 年，被吸收合并到意大利大众银行，但银行仍作为一个部门和一个集团品牌来运营。米兰大众银行是意大利成立的第二家合作银行，1909 年，米兰大众银行成为意大利最大的银行业金融机构之一，有 70 名不拿报酬的官员和 100 名领取薪水的员工，有将近 25 000 名社员，接近 200 万美元的资本和 3 200 万美元的储蓄，同时它成为意大利其他众多银行的模板。①

　　根据最近意大利银行法的改革要求，意大利的大众银行逐渐失去了互助的特点。意大利的银行法规于 2015 年 3 月进行了改革，限制维持合作性质的大众银行合并计算的资产不超过 80 亿欧元，高于此阈值的大众银行必须在 18 个月内改制为有限公司。意大利有 70 家合作银行，其中适用该法令的有 10 家。法律也为不需要转制的大众银行引入了一些新的规则，如遵循"一人一票"的原则，限制社员可以持有的最多股票数量，归于法定公积金的净利润强制高于普通银行（但远低于信用合作银行）和可变的资本等。然而，不同于信用合作银行，在任何情况下，大众银行不受"普

---

① Moody, J. Carroll, Gilbert C. Fite, *The credit union movement*, 2nd edition, Dubuque: Kendall/Hunt publishing company, 1984: 9 – 10.

遍互惠"原则的约束,也不必把部分利润用于互助基金。如果他们打算转变为有限公司,可以不受任何限制,因此,从本质上来看,他们不再是互助的。2016 年 3 月,意大利大众银行和米兰大众银行合并获得批准,意大利第三大银团由此诞生,占意大利银行市场份额的 8% 以上。两家银行合并后,整体市值达 55 亿欧元,信贷资产规模超过 1 700 亿欧元,拥有 2 500 个网点,员工总数约 2.5 万人,客户数量达到近 400 万。①

2.2.2 意大利的农村信用合作银行

在意大利,与雷发巽的机构对应的是利昂·沃连波克(Leone Wollemborg)建立的农村合作银行。1883 年,他在帕多瓦(Padua)附近的一个教区洛雷贾(loreggia)建立了他的第一个农村银行(Cassa Rurale,此后的 RB),起初只有 2 个人加入,但在 18 个月内,发展了 96 名成员。该组织没有股份资本,通过成员存款或在无限责任的基础上借款积累贷款的资金,不分红,所有的利润作为准备金冲抵经营中的损失。农村银行的原则与雷发巽的农村合作协会非常相似,社员要有读、写的能力,从而能够明智地参加协会的各项事务。② 沃连波克第一个农村银行的成功很快被推广开来,他在 1887 年建立了一个全国的联盟来推广这类组织,到 1888 年,有 51 家银行加入到农村银行的联合会(FRB)。

意大利合作运动发展的一个重要影响因素来自天主教会,神职人员的参与导致农村合作银行在意大利大幅扩张。1909 年,在天主教的支持下组建了一个作为中央组织的天主教农村银行全国联合会(NFRB),它是目前全国联合会的前身。到 1913 年,意大利有超过 2 000 个农村银行,其中 1/3 是无宗教派系的,其余都是天主教的。

第一次世界大战后,农村银行受到流动资金短缺的挑战,合作金融业的结构性缺陷显现出来。1922 年,法西斯主义的兴起也对农村银行形成强烈冲击,法西斯通过任命法西斯党代表作为合作社经理,把合作社当成了其控制和宣传的工具。在 1922~1947 年期间,农村银行持续下降,平均每年的下降幅度为 3%。1936 年通过的银行法把所有银行置于意大利银行的监管之下,同一年,"国家农村土地银行"成立,旨在监督新的农村银行,促进更多农村银行的成立。

---

① 宋建:《意大利两银行合并组建第三大银团》,新华网,2016 年 3 月 25 日。

② Herrick, Myron Timothy, R. Ingalls. *Rural Credits: Land and Cooperative* (1914), Kessinger Publishing, 2008: 354-363.

第二次世界大战后，农村银行被重组，1946 年，天主教重新建立了意大利合作社联盟，1950 年，农村银行全国联合会重建。20 世纪 60 和 80 年代之间，由于重申合作的原则和加强内部联系，农村银行在意大利信贷市场中发挥了越来越大的作用，地区联盟也陆续成立，并在 1975 年建立完毕。1963 年，农村银行的中央机构开始建立，与此同时，也开始了民主化和管理一体化的进程，成立了作为农村银行主要保险工具的"中央担保基金"。

在 20 世纪 70 年代后半期到 80 年代，农村银行经历了一段缓慢的衰退，主要是由于农民作用（农村银行的主要所有者）和农业公共补贴的衰减，使农民从净贷款人转变为净借款人。1980 年，联盟连同众多农村银行加入了意大利银行业协会。

1993 年通过的新银行法放松了以前对农村银行信贷专业化和业务区域的限制，该法赋予了农村银行一个新名字：信用合作银行，它基本上被允许提供所有类型的金融服务和产品。在这部法律出台以后，信用合作银行经历了深刻的重组，其中一些被清算，其他则转化为商业银行，有些被合并或收购。并购导致了数量下降和规模扩大，信用合作银行的绩效得以改善。

除了一些额外的限制，意大利的信用合作银行与其他银行遵守相同的银行立法和监管。从立法的角度来看，信用合作银行首先是银行，其次是合作社。不同于其他银行，其章程起着至关重要的作用，因为它把意大利银行的监管规则转化为内部规则。与 1937 年立法相比，1993 银行法缩小了信用合作银行与商业银行的差异，但是，该法保留了互助、本地化、民主和非营利目的。[1]

从数量上来看，信用合作银行是意大利数量最多的一类银行，2014年底有 376 家（占所有银行数量的 56.6%）、4 432 个分支机构。信用合作银行存在于意大利 1/3 的城市，在 500 多个城市是唯一的金融机构。大多数的信用合作银行有自己的总部和分支机构（占总数的 39.8%），每 10 000 居民有 15 个分支机构，也是分支机构最多的银行。20 世纪 90 年代，由于合并，信用合作银行数量逐渐减少，并购提高了市场集中度，20 家信用合作银行占所有信用合作银行总资产的 1/4，但小的信用合作银行的数量仍然很多。尽管银行的数量下降，但银行分支机构数量的增长超过整个银行业，这一扩张导致信用合作银行在农村以外地区的广泛存在；与

① Catturani, Ivana, Maria Lucia Stefani, Italian Credit Cooperative Banks, Karafolas, Simeon (editor), *Credit cooperative institutions in European countries*, Switzerland：Springer Science and Business Media, 2016：150 – 156.

此同时，社员数量显著增加，从 1999 ~ 2014 年增加了一倍，达到了 120 万人。2014 年年底，信用合作银行在意大利家庭和公司贷款市场上，约占 10%，这个比例从 20 世纪 90 年代末稳步上升（当时约 6%）直到 2008 ~ 2009 年金融危机。信用合作银行在中小企业为代表的传统客户方面的市场占有率较高（在 1999 年底为 13%，2014 年底为 19.7%），同时它们对大客户的贷款市场份额也得到提高。①

2.2.3　意大利的信用合作社联盟

每个独立的意大利基层信用合作银行在自愿的基础上组成两个网络，一个是提供非金融服务的协会网络，另一个是提供金融产品和服务的二级银行网络。具体来说，一方面，各地的合作银行组成 15 个地方联盟，这些地方联盟又构成全国联盟，为会员银行提供非金融服务。虽然各个联盟提供的服务有所不同，但几乎所有的联盟都提供内部审计、合规检查和反洗钱服务，少数联盟把服务扩展至治理和战略层面。此外，它们还提供信息技术系统。另一方面，二级银行网络包括 3 个中央信用合作银行，为基层信用合作银行提供一系列的金融服务，包括支付系统服务、金融和保险产品、投资组合管理、证券化、资金池经营、租赁和保理等。

意大利的信用合作银行有自己的存款担保基金，该基金在 1997 年根据欧洲 19/1994 号指引设立，和其他意大利银行的担保基金类似。此外，信用合作银行体系还建立了自己的债券持有人保证基金，以介入债券发行人违约事件，但该基金的参加是自愿的。2011 年 12 月，意大利银行批准了合作银行的机构保障基金，但这是一个迄今尚未付诸实践的信用合作银行之间的交叉担保体系。与其他欧洲信用合作银行相比，意大利单个的信用合作银行具有合作银行的基本特征，并在几个方面更加忠实于本源的信用合作制度，但在整个体系层面上，它的整合程度较为有限②。

2.2.4　小结

意大利信用合作组织的发展深受德国合作组织领导人的影响，在与德国大致相同的历史条件下，分别在城市和农村发展起来，但他们也有自己信用合作事业的领导人，在城市是卢扎第，在农村是沃连波克。城市合作

①② Catturani, Ivana, Maria Lucia Stefani, Italian Credit Cooperative Banks, Karafolas, Simeon (editor), *Credit cooperative institutions in European countries*, Switzerland：Springer Science and Business Media, 2016：149 – 167, 150 – 156.

银行效仿舒尔茨的贷款协会，但又有所创新。在资金来源方面，意大利的合作银行通过小额股份资金和存款提供贷款资金，而不是舒尔茨的高价股份和协会无限责任基础上的负债，即使通过债务筹集资金，但负债建立在有限责任基础上，而不是舒尔茨的无限责任。意大利合作银行早期倡导志愿服务，但他们接受非社员的存款并向非社员发放贷款，在这一点上说明它在成立之初就冲破了合作组织为自己设置的限制，或者说它更像是商业银行。为了符合欧盟银行监管标准，根据意大利政府 2015 年的法律，意大利位于城市的合作银行，即大众银行，已经在向商业银行转型。

在初期，意大利农村信用合作银行则效仿雷发巽的做法，不收取股份资本，通过社员存款或在无限责任的基础上借款积累贷款的资金，不分红，所有的利润作为准备金冲抵经营中的损失。和雷发巽的农村贷款协会类似，意大利农村信用合作运动的发展深受天主教会的影响，神职人员的参与使农村合作银行得到顺利推广，2/3 的农村合作银行受天主教的影响。在信用合作事业成长的过程中成立了地区联盟和中央机构，并成立了作为银行保险工具的中央担保基金，在成熟阶段，通过立法放松了对农村银行信贷专业化和业务区域的限制，基本上被允许提供所有类型的金融服务和产品，此后，有的信用合作银行被清算或并购，其他则转化为商业银行，从而改善了经营绩效。虽然信用合作银行与商业银行越来越像，但仍然遵循了互助、本地化、民主和非营利原则。

2.3　奥地利信用合作制度的起源和发展

2.3.1　奥地利的大众银行

奥地利最古老的信用合作社是建立在由富人赞助并作为发起人参与的担保制度基础上的。第一个信用合作社是 1851 年在克拉根福成立的信贷协会，成为后来该类机构的典范。1858 年以后，舒尔茨的思想传播到奥地利，信用社的成立都遵循舒尔茨的自助原则。①

与德国信用合作社的发展不同，奥地利的信用合作运动在很长一段时

① 本章关于奥地利的讨论基于：Brazda, Johann, Holger Blisse, Robert Schediwy. Cooperative Banks in the Austrian Banking System, Karafolas, Simeon (editor), *Credit cooperative institutions in European countries*, Switzerland：Springer Science and Business Media, 2016：3 – 18.

间内没有出现领袖人物，直到 1872 年才成立了一个联盟机构，随后通过了最重要的法律——1873 年合作社法，这部基本法律在 1920 年、1974 年、1982 年及 2005 年进行了修订。

合作银行在各地的发展大不相同：在较小的村镇，他们基本上忠于合作原则；在城市则发展为富裕中产阶级的小银行，这些合作银行为大制造商的崛起提供融资，但忽视了越来越多的贫困工匠的金融需求。

第一次世界大战结束后，整个奥地利经济面临严峻考验，大量的破产与合并导致了 1931 年的信贷崩溃。在这种极其困难的情况下，舒尔茨信用社因避免了通货膨胀期间和 1924 年股市繁荣时的过度投机而经受住了考验，但只有 5% 的市场份额。他们抵制住了很多大型银行的诱惑——投资于非流动性资产和短借长贷。渐渐地，舒尔茨的大众银行更受欢迎，在 1938 年后的独裁时期广泛推广。

在纳粹政权时期，奥地利信用合作社并入德国合作组织，导致了重大变革，这些变革主要与组织结构、自我管理和合作社审计有关。信用合作社成功运作的结构被破坏，但在第二次世界大战后，迅速恢复了以前的结构。第二次世界大战后，奥地利很快开始了经济重建。直到 20 世纪 70 年代末，奥地利银行体系的严格国家监管阻滞了银行业的增长。随着 1977 年设立分支机构自由化的到来，全能银行的趋势和激烈的竞争进一步持续。银行业务的自由化在 1979 年银行法颁布后得以强化，其结果是伴随收入下降的激烈竞争，这一趋势随着奥地利加入欧盟而强化。

在一个高度竞争的市场上，大众银行在 20 世纪 80 年代经历了重大的问题，因为他们并未一直遵循舒尔茨的组织和经营原则。当地的管理者通常自行决策，伤害了合作银行。幸而，这些部门能够自己度过危机，从而无须政府援助而牺牲大众银行的自治和独立。20 世纪 90 年代早期战略的重新定位和垂直一体化网络的建立，使大众银行取得了相对成功。伴随 1989 年铁幕的倒塌，这家银行集团由全国的中央银行而扩张成为一个在中欧和东欧非常成功的、有广泛基础的银行网络。

2.3.2 奥地利的雷发巽银行

1865 年，雷发巽合作社为奥地利人所熟悉，但直到 1885 年，政府才开始在下奥地利州进行了成功的推广。和德国一样，引进雷发巽信用合作社是为解决农村地区的信贷不足，同样，这类信用合作社的快速发展有赖于公共机构的帮助。下奥地利议会第一个为其提供援助，公共部门承担了教育和培训费用。在 19 世纪 90 年代，雷发巽合作社设置为地方、区域和国家三层的组织结构。虽然它的起步较晚，但在世纪之交已经超越了舒尔茨信用社。到 1918 年，雷发巽信用社扩大为一个广泛的雷发巽信用社网络。

在 1920 年，农业形成了"三大支柱"：作为政治代表的农民协会，作为游说组织的农业议院和农业合作社体系。乳品业和农产品贸易进行了充分的合作化，农业由雷发巽信用社贷款，1929 年，存款的市场占有率达到21%。雷发巽信用社也在 1927 年建立了自己的中央银行，并成为该类信用社的中央票据交换所，开辟了他们走向奥地利货币市场的道路。20世纪 60 年代，随着农村居民收入增长，对银行服务的需求也在增加，雷发巽信用社把开放时间（开放时间只有星期日教堂活动结束后）调整到大多数银行的正常开放时间，同时实行了更加严格的网络管理。20 世纪 70年代，与其他类型的银行相比，只有雷发巽信用社的扩张高于平均水平，因为工商业中心的市场潜力基本耗尽，而在农村地区仍很高。通过对非银行部门的收购，雷发巽银行变得更加重要，但也由此引发了争论。

2.3.3　小结

奥地利最早的信用合作社源于本国人的探索，但在舒尔茨的思想传播到奥地利后遵循了舒尔茨的自助原则。小镇上的合作银行更易于遵循合作原则，但城市里的合作银行则发展为中产阶级的商业银行。奥地利合作银行经受住了经济崩溃的考验，但政局的动荡显然影响到了合作银行的发展。纳粹入侵时期，信用合作社的结构被破坏，但第二次世界大战后迅速恢复了以前的结构。随着金融市场竞争的加剧，这些合作银行陷入危机，但它具有自愈能力，无须政府救助而能恢复活力。随着战略的重新定位和垂直一体化网络的建立，大众银行取得了成功。由于缺乏领袖人物，农村地区的雷发巽合作社是由政府推广的，但政府的帮助强调教育和培训，只承担教育和培训费用。因为农村地区的落后状况，和德国的情况类似，奥地利位于农村的雷发巽信用社发展得更快些，在高速的扩张过程中，雷发巽银行收购了一些非银行部门的业务而实现了多元化经营。

2.4　芬兰信用合作制度的起源和发展

2.4.1　芬兰的雷发巽信用社

芬兰合作银行起源于 20 世纪初。赫尔辛基的大学教授汉尼斯·格布哈特（Hannes Gebhard）提倡农业合作社，是在 1899 年成立的芬兰农业合作社联合会（Pellervo）的领袖人物，他积极倡导和设计了 1901 年实施的合作社法。①

格布哈特目睹了农业金融领域对信用合作社的需求，20 世纪 20 年代初，芬兰有许多储蓄银行，但他们不对农业提供融资，特别是不对无地佃农提供贷款。格布哈特尤其关注最贫穷的农业人口，认为信用合作社可以帮助他们解决融资困难，他在政治上得到了帮助。20 世纪初，芬兰是俄罗斯帝国的一部分，但自 1906 年开始，芬兰有了很大的自治权：它有自己的管理机构（参议院），甚至自己的议会。然而，政治上的民族主义是被禁止的，在这种情况下，作为经济组织的合作社，在芬兰流行并为俄罗斯当局容许。

在这样的背景下，芬兰政府对建立芬兰信用合作社的态度非常积极。芬兰信用合作社的中央机构 OKO 银行成立，为农民提供由政府保证的低息贷款。OKO 银行最初由支持合作社运动的富人所拥有。自上而下建立是芬兰信用合作社的显著特点，首先是中央部门成立，然后才成立了单个的信用社，最后信用合作社从富人手里买走了 OKO 银行的所有权。

芬兰信用合作社最初是根据雷发巽的概念成立的，合作社社员的范围比较小，往往是一个教区，所有成员都相互了解，共同承担彼此的债务。在前 20 年里，重点是成立新的信用合作社，OKO 和 Pellervo 发挥了重要作用。

20 世纪 20 年代，芬兰信用合作社迅速成长，从 1920 年的 602 个增加到 1930 年的 1 416 个，信用合作社的贷款市场份额约为 8%，存款为 4%。在 20 世纪 30 年代，信用合作社的结构慢慢发生变化，严格的雷发巽原则被逐渐抛弃。例如，信用合作社开始服务更大的区域，一些信用合作社合并，以获得更好的经济可行性。在 20 世纪 20 年代后期，信用合作社也开始接受非社员，包括公司的存款。

在集团结构方面也发生了重要变化。1928 年成立了中央信用合作社协会，该协会负有监管信用合作社、收集数据、咨询服务、推广新合作社和处理外部关系等职责，而 OKO 的业务更多地集中在作为集团中央银行的业务。1932 年成立了每个合作社必须强制加入的担保基金，信用合作

---

① 本章关于芬兰的讨论基于：Kalmi, Panu, Co-operative Banks in Finland, Karafolas, Simeon (editor), *Credit cooperative institutions in European countries*, Switzerland: Springer Science and Business Media, 2016：43–52.

社也被授权开立支票账户。

在 20 世纪 30 年代，信用合作社在芬兰金融市场上已经取得了稳固的地位，即使它们的规模远小于储蓄银行或商业银行。出乎意料的是，与苏联的战争增强了它们的竞争地位。芬兰不得不放弃从芬兰东部到苏联的领土，这意味着有 450 000 人不得不搬迁（约占芬兰总人口的 12%）。此外，在战争期间，政府曾承诺，失地佃农可以优惠条件购买土地。战争结束后，政府给移民和佃农发放贷款，这些贷款大部分是通过信用合作社办理的。这一项目导致信用合作社贷款的市场份额从 1944 年的 10% 增加到 1948 年的 25%；同时，社员人数从 1944 年的 164 000 人增长至 1949 年的 223 000 人，此后增速放缓。尽管土地购买项目的影响一定程度上是暂时的繁荣，但它将合作银行提升到了与储蓄银行和商业银行平起平坐的地位。

从第二次世界大战以后到 20 世纪 80 年代中期，芬兰银行业受到严格的监管。贷款和存款利率均由芬兰银行监管，资本市场的进入受到限制。价格竞争的作用被取消了，可贷资金一直短缺，竞争的主要方式是建立新的分支机构。信用合作社和商业银行更加相似，员工不再是志愿者，而是专业人士；不定期的开放时间被正常营业时间和位于城市中心的营业场所取代。最初的信用合作社通过一般的合作立法和由 OKO 与 Pellervo 设计的示范章程监管，20 世纪 30 年代后，内部规章变得更加正式。OKL 成为监管信用合作社的主体并为信用合作社制定示范章程。信用合作社的第一个法律在 1970 年生效。在这部法律中，信用社被置于银行立法之下，被当作银行看待，但事实上它们已经作为银行运作了相当一段时间，该法只是对其银行身份的正式确认。

20 世纪 60 年代至 80 年代的重要变化是农村城市化，这对合作银行是不利的，因为他们通常被视为农业人口的银行。然而，合作银行在 20 世纪 70 年代成功转型为"普通人"的银行，客户不再局限于任何社会群体。总体而言，尽管农业部门正在迅速失去其重要性，合作银行仍然在 20 世纪 70 年代努力提高了市场份额。

20 世纪 80 年代中期，中央银行放弃了利率管制，可以从国际金融市场自由借款，这在此后的几年创造了经济繁荣，但在 20 世纪 90 年代初迅速转化为经济衰退，伴随经济衰退的金融危机，重创了作为合作银行集团主要竞争对手的储蓄银行，大多数储蓄银行被清算，只有 40 家储蓄银行继续运营，数量减少了 50%，资产减少了 15%。合作银行也遭遇了困难，约 15% 的合作银行（约 50 家）在危机中遭受重大损失，陷入困境的银行包括位于大城市的一些最大的合作银行。然而，合作银行在没有政府任何补贴的情况下生存下来，最终成为最强大的银行。1993 年，被清算的储蓄银行的资产出售给幸存的银行，合作银行是买家之一。

2.4.2　芬兰合作银行体系的分裂

2008 年金融危机后的芬兰合作银行组织结构有明显改变。尽管该集团有互助保险基金，但在危机期间资金不足。该集团经济雄厚的银行不得不救助一些实力较弱的银行。此外，一些银行没有遵循信用合作社中央部门的建议，在危机之前，中央机构没有办法迫使持不同政见的银行遵守它的指示，这些银行中的多数给集团其他银行造成了巨大损失。基于这些原因，合作银行之间的连带责任更为明确，OKL 对成员银行的权利也得以加强。

然而，合作银行集团的这一变化并没有被普遍接受。一些合作银行明确反对这些变化，它们认为连带责任规则最终会威胁到整个集团的生存能力。最终，44 家银行从 OP 集团独立出来，形成他们自己的集团，被称为当地的合作银行，芬兰缩写为 POP。

芬兰合作银行已从小型村镇银行成长为大型全能银行集团，目前占据零售银行市场份额的 1/3 以上。其中的 OP 集团甚至成为芬兰最大的零售银行集团。它们的业绩和市场份额一直在上升，这两个集团目前有较好的利润水平，OP 集团被认为是欧洲最强大的零售银行之一，它得到穆迪和惠誉高级别的信用评级。

一方面，在它存续的过程中，合作的意义已经改变。例如，OP 集团在营销成员时几乎只强调财务绩效方面。因为成员的增加，银行的规模不断扩大。另一方面，在 20 世纪 90 年代初，芬兰银行业危机以后，两个集团招募社员比以前更加积极，社员数量大幅增加。POP 集团在保持成员一致性方面更加成功，它的地方银行曾经比 OP 集团更加独立，但因为监管的新要求，这种情况正在发生改变。OP 集团买断了其上市的附属公司，现已完全由集团拥有。作为对银行同业业务新要求的回应，POP 集团开始采用连带责任结构。这些监管要求的变化使两个合作银行集团越来越相似。

2.4.3　芬兰的信用合作社联盟

芬兰有两类合作银行，OP 和 POP，与其他国家的雷发巽和舒尔茨两类合作银行的分化不同，它们都扎根农村，但对于紧密整合和连带责任持不同态度。

合作社网络主要有两种类型：自力网络和战略网络。自力网络会大力集中资源，比如在支付系统、IT系统、流动性管理和员工培训等领域。在自力网络中，网络内部合作银行的竞争受到限制，他们有共同的营销和品牌。中心的职责是从事战略规划，但是并不强制会员银行遵守。战略网络除这些特征以外，还有其他重要特征：中心可以给成员银行制定战略方向，执行集团内部的强制审计，对所有成员银行的债务承担连带无限责任，OP集团的合作银行具有战略网络的特征。尽管交叉担保在欧洲银行集团很普遍，但只有拉博银行和OP集团有明确的全部连带责任，因此，OP集团与荷兰拉博银行是欧洲一体化最强的合作银行集团。OP集团的结构也体现在2001年的合作银行法律中，由于是连带责任，合作银行集团可以被视为一个银行财团。

OP集团有两个中央组织，波赫尤拉银行（Pohjola Bank，原来的OKO银行）和OP中央合作社金融集团（原来的OKL，以下称为OP集团中央），近年来，集团中央的地位得到加强。2005年有大约240家合作银行，但银行数量因合并而减少，截至2013年底，该集团共有187个合作银行。全部合作银行都是集团中央的股东，它们是波赫尤拉银行最大的所有者。

两个中央部门的职责分明，OP集团中央负责会员银行的一般管理问题、监督和审计、员工和理事培训、联合营销和支付系统。OP集团中央的作用是为会员银行提供自己经营不能盈利的服务。此外，OP集团中央有监督银行的公共授权，国家金融监管部门又对整个集团进行监管，该监管体系贯穿整个芬兰合作银行的发展史。

波赫尤拉银行直接向网络成员和外部客户提供服务。对网络成员最主要的服务是流动性管理。作为合作银行的中央银行，波赫尤拉银行调节合作银行之间的资金余缺。它对外提供的服务主要是小合作银行无法提供的大企业贷款。此外，波赫尤拉银行还提供保险及财富管理服务。虽然OP集团2005年以前已经在从事保险业务（特别是人寿保险），但在2005年购买波赫尤拉这家芬兰最大的保险公司后，保险业务大幅增加，因此，OKO银行在2008年改为波赫尤拉银行，同时集团更名为OP波赫尤拉集团。作为OP集团的附属机构，OKO银行1989年在赫尔辛基证券交易所上市，但在2014年4月摘牌。该公司的上市地位在公开发行股份筹集资金收购波赫尤拉保险公司时曾发挥了重要作用。

尽管中央部门在OP集团中的作用显著，但地方银行保持高度自治。

例如，他们独立进行贷款决策，独立设定贷款和存款利率，并独立决定人员聘用。合作银行治理实行一人一票原则，合作银行有两个主要的治理机构：监事会和理事会，由成员在年度成员大会或成员代表大会上选举产生。

POP 集团与 OP 波赫尤拉集团的银行有许多共同之处，因为他们有共同的历史，如地方层面的治理结构大致相同，但在集团层面的治理结构却有所不同。POP 集团没有紧密的整合，地方的银行更加独立。该集团的银行对彼此的债务不承担共同连带责任，尽管他们有一个有限责任稳定基金。此外，POP 集团的合作银行外包了许多功能，例如，它们从 AKTIA 银行购买流动性管理服务，也与 AKTIA 银行共享支付系统，它们没有自己的投资银行业务，不代表客户经营自己的共同投资基金，而是销售合作伙伴的基金。2011 年，POP 集团实行了一项新举措：建立自己的保险公司。2014 年，POP 集团共有 34 家合作银行。但随着欧盟统一监管标准的推行，POP 集团的内部结构正在发生重大变化。①

2.4.4 小结

芬兰的信用合作银行主要生长在农村，源于金融领域对于贫穷农业人口的排斥，它有自己的领袖人物，但起步稍晚。在被俄罗斯帝国占领时期（芬兰于 1917 年独立），芬兰政府对作为经济自治组织的合作社持积极态度，为信用合作社的发展提供了有利机会。芬兰信用合作社不同于其他国家的显著特点是自上而下建立，即先有中央机构，后有单个信用社，但最终由单个信用合作社买回了中央机构的所有权。在信用合作社发展的过程中，雷发巽原则逐渐被抛弃，信用合作社开始寻求规模效益，并成立了强制加入的担保基金，业务范围也逐渐扩大。此后信用合作社取得了快速发展，开始与商业银行和储蓄银行三分天下。但芬兰银行业的严格监管政策使得信用合作社的运行模式向商业银行看齐。此后的金融市场自由化和经济衰退，使得经营稳健的合作银行成为金融市场上的胜利者。但合作银行之间的连带责任问题在经济危机时期显现出来，对这一问题的分歧最终导致芬兰合作银行分裂为负连带责任的 OP 集团和相互之间不负连带责任的 POP 集团。但受欧盟监管政策影响，两个合作银行集团更加趋同，和商业银行之间的界限也越来越模糊。

---

① Kalmi, Panu, Co-operative Banks in Finland, Karafolas, Simeon（editor），*Credit cooperative institutions in European countries*，Switzerland：Springer Science and Business Media，2016：47 - 49.

2.5　荷兰信用合作制度的起源和发展

2.5.1　荷兰雷发巽式的地方合作银行

与很多其他欧洲国家一样，荷兰的第一个地方合作银行（以下简称LCB）植根于当地的农业部门，当时的农民普遍缺乏能负担得起的贷款。鉴于此，1888年荷兰政府任命了一个咨询委员会，着重强调基于公平合理原则的农业信贷制度的必要性，并由农民自己设立。委员会建议基于德国雷发巽原则建立信用合作社。1896年左右，第一个LCB在荷兰成立。此后，全国各地也纷纷成立了其他合作银行。①

虽然每个LCB都有其独特的历史背景，但它们有很大的相似之处。在开始的时候，每个LCB由一个以家为办公室的出纳经营，仅领取一点点工资（根据雷发巽的简单管理原则经营），此外，每个LCB都遵循团结的原则，所有成员对所有债务都承担无限责任。如果只想在LCB存款，没必要成为成员。与当时欧洲几乎所有其他合作银行的做法相反，成员不必购买LCB股份。它的财务政策包括：全部保留年度盈余，不向任何个人成员分配盈余。为了改善当地的生活条件，部分盈余用于社会和慈善目的。

早在1898年，LCB之间就开始合作建立了两个中心合作组织，一个在北部，另一个在南部。这些中央银行不仅有助于克服地方银行规模有限的缺点，并能通过执行"银行的银行"的功能推动合作银行的发展，它们还充当控制或审计机构以及知识中心。代表会员银行的这些活动不是出于私利，因为所有的成员银行在同一品牌下运营，某一个LCB出现问题都可能损害其他银行的声誉。在接下来的几年中，LCB由于植根当地社区、有吸引力的民主结构和比其他银行更优惠的存、贷款利率而繁荣强大。自从荷兰的第一个LCB成立，至1960年左右，合作银行和成员的数量分别急剧增加到1 300多个和500 000人。

---

① 本章关于荷兰的讨论基于：Groeneveld, Hans, Rabobank Before, During and After the Credit Crisis: From Modesty via Complacency to Fundamental Steps, Karafolas, Simeon (editor), *Credit cooperative institutions in European countries*, Switzerland: Springer Science and Business Media, 2016: 169 – 190.

2.5.2　荷兰拉博银行

在 20 世纪五六十年代，LCB 逐渐转变为零售银行，开始为非成员提供服务。此后的发展主要得益于支付服务的技术发展和日益增加的对抵押贷款的需求。显然，LCB 客户的同质性相应下降，中央机构对 LCB 的发展越来越重要。为了实现规模经济，避免两个组织的 LCB 之间的无效竞争，1972 年，两个中央机构决定合并，形成众所周知的拉博银行，通过合并，合作银行集团的竞争地位得以改善，形成了一个二级治理的全国网络结构：地方的拉博合作银行（LCB）和荷兰中央合作拉博银行（RN）。两个中心组织的合并，最终导致规模的扩大和成本的降低。得益于 20 世纪 80 年代金融服务放松管制，这种集中化的活动和规模优势促进了多元化经营。20 世纪 90 年代，拉博银行集团通过积累、合资或收购进入私人银行、资产管理和人寿保险领域。

20 世纪 70 年代，拉博银行开始了跨国经营，开始跨国活动的主要动机是希望服务参与国际活动的国内客户，特别是荷兰农业部门的客户。20 世纪 70 年代初，通过与英国和美国银行的合作协议实现了跨国业务。为了提高欧洲兄弟组织之间的业务合作的水平，拉博银行在 1977 年建立了联合银行集团（Unico Banking Group）和其他 5 家合作银行，其目的是支持合作伙伴国际业务的扩大。1996 年，银行集团的所有国外业务纳入一个新的机构——拉博国际，所有的国际活动整合到一个有很大自主权的组织实体，对于国际业务发展的战略责任也从 RN 执行董事会转移到新成立的拉博国际的管理委员会。拉博银行一直有投资银行业务，但这些业务一直保持在可接受的成本和风险限额内。

2013 年，拉博国际卷入了伦敦同业拆借利率（Libor）操纵事件，导致内部组织发生重大变化。这桩丑闻使拉博品牌受到了影响，2013 年底，决定对荷兰拉博银行和拉博国际以整合的方式进行管理，二者被拉博银行取而代之。在发展过程中，RN 作为 LCB 中心服务提供商和持股公司的任务和责任扩大，负有对 LCB 的监督职责。2015 年 6 月，拉博银行集团由独立的 LCB、他们的中央合作机构 RA 和集团子公司（即多个专业机构）构成。

在 1999~2014 年的 15 年中，成员的总数由 51 万人增长至 200 万人，社员与人口的比例由 1999 的 3% 上升至超过 11%。LCB 的数量在 1955 年达到 1 324 家的峰值后，在 2016 年下降到 100 家。一方面，在很长一段时间内，合并被认为有积极影响，由此产生的更大的 LCB 能够服务同一领域中越来越多的企业，因为风险集中不再是一个问题。另一方面，合并无疑导致了更加复杂的社员结构。因此，合并是一个效率获得与社员承诺潜在损失之间的权衡。

在食品和农业部门，拉博银行占有85%的市场份额，在2008年和2009年，存款市场份额达到42%的历史最高水平，反映了拉博银行在动荡中的强势地位。分支机构的市场份额由2006年的35%的峰值下跌至2014年的30%。拉博银行有荷兰最密集的分支网络，对于银行业务，分支网络提供了一个重要的零售市场比较优势。

2.5.3 荷兰的信用合作社联盟

在所有欧洲合作银行集团层面的机构中，荷兰的拉博银行集团（RN）为基层合作银行提供的业务最为广泛。它是基层合作银行的银行，支持基层银行的产品开发、信息通信技术（ICT）、营销、人力资源等，制定和执行集团战略，是国内外分公司的持股公司，代表欧洲中央银行监督基层合作银行。基层合作银行只允许在RN开立账户存放剩余资金，RN也是整个集团的持股公司，经营与地方合作银行互补的银行业务。

根据荷兰金融监管法案，RN也负责地方合作银行的监管，从1953年至今，RN一直作为荷兰银行的代表执行这一委托监管责任。从经济上和组织上，基层合作银行和RN属于同一集团，但基层合作银行有自己的银行牌照。单个基层合作银行免于适用一些审慎性要求，但必须在集团层面上满足这些要求。这一条款要求RN与基层银行实行交叉担保制度，相互承担连带责任，尽管这种交叉担保安排从未被付诸实践。

因为经济、技术、社会制度、监管环境和商业模式的不断变化，合作银行的治理也不断变化，RN希望未来能有一个更好地定位于合作银行的新的治理结构。除了外部监管的原因，这种调整的内部原因是内部审计及合规成本的大幅上涨。其中一个原因是，无论RN以中央服务提供商或代理监管人的能力行动，都不能传递给基层合作银行。在监管更严格的银行业，选举产生的监事会执行内部监督的事实放大了合作银行体系治理结构的模糊性。有些基层合作银行的地方监管者无法阻止或纠正基层合作银行的内部管理问题，这些问题部分是由RN的角色混乱造成的。因此，解决这一问题的办法是把所有的基层合作银行和RN合并成一个只有一个银行牌照的合作银行。

2.5.4 小结

荷兰的信用合作事业主要服务于农业和农村地区，由政府提供指导意见，基于雷发巽原则由农民自己设立。初期遵循严格的雷发巽原则，实行简单管理，大部分事务由志愿者处理。不同于欧洲其他合作银行，非成员可以在合作银行存款，成员也不必通过购买股份取得资格。荷兰的合作银行实行两级治理结构，中央组织和各基层成员组织，所有的成员银行在同一品牌下运营。因为合作银行的制度优势，它在荷兰得到迅速发展，在 20 世纪 60 年代基本进入成熟阶段，各基层组织逐渐转变为零售银行，开始为非社员提供服务，客户的异质性增加，在功能上和商业银行的差别越来越小，并进入私人银行、资产管理和人寿保险领域实行多元化经营和跨国经营，但 Libor 操纵丑闻使整个拉博品牌受到影响，进一步强化了拉博银行作为基层组织中心服务提供商和对基层银行监督的职责。在成熟阶段以后，大规模的合并使基层银行获得了经营效率，却使社员的异质性进一步增加。随着欧盟银行监管标准的进一步升级，中央银行的作用越来越大。在成长阶段的末期，拉博银行作为中央组织获得了对基层合作银行的法定监管职能；每个独立经营的基层合作银行被免于适用一些审慎性要求，但在集团层面上必须满足这些要求，这导致了中央与基层银行之间的连带责任。

2.6　西班牙信用合作制度的起源和发展

2.6.1　西班牙的农村合作银行

西班牙的信用合作事业起源于 20 世纪初。它遵循法国农业信贷银行的模式和雷发巽的基本思想，得益于天主教社会教义的传播，与在欧洲其他地方一样，是对中、小农民被大银行无视的集体响应。1906 年的农民合作社法对新生的合作化给予了强有力的制度支持，这是西班牙第一个规范互惠原则和合作机构的法律，给予了专业农民组织和农村信用社减免税的特权和其他优惠。①

1906 年合作社法鼓励农民合作社的推广，到 20 世纪 20 年代初大约有 5 000 个农村合作银行成立，都是与天主教农民协会相联系的小型地方合作银行。然而，它们自我组织为一个集团和发展农村信贷市场的能力很差，被占主导地位的大银行所排挤。

1962 年的银行监管法明确规定，各级农村合作银行进行重组，强化它们为农业信贷服务的宗旨。在不损害它们目前纪律的前提下，财政部行使检查和监督农村合作银行的权力，以确保他们与特定的目的相一致，并与一般信贷政策相协调。1971 年，它们受到西班牙银行的监管和控制，它们的信贷活动受 1978 年法规的约束。经济增长和农业现代化提高了农业信贷的需求，部分由农村合作银行等机构来满足。

随着农村合作银行的推广，1957 年成立了一个中央机构——CAJA，作为政府和农村合作银行之间的对话机构。反过来，省级农村合作银行联盟联合小规模的农村合作银行，成为西班牙的普遍模式。这样，除了在东部和南部，地方或地区级合作社从西班牙的大多数农村消失了。

20 世纪 70 年代在城市地区也出现了非农业信用合作社的扩散。由于设立合作社的优惠和成立私人银行的困难，在此期间，约 40 个城市信用合作社诞生。然而，管理不善和银行业的放松管制导致几乎一半的城市信用合作社破产。

信用合作社的大量存在需要专门的法规来管理。皇家法令 2860 / 78 的三大规定旨在使这些机构参与西班牙金融体系的改造：使不同的储蓄和信贷机构更加同质化和更加灵活；制定纪律确保金融稳定；使金融机构的管理更加民主。

所有这些措施有助于增强信用合作社在金融体系中的地位。然而，缺乏足够准备金的强劲增长、专业管理知识的缺乏和农业危机影响了扩张，并导致了一些严重的问题，阻碍了它们的合并，引发了 20 世纪 80 年代农村合作银行的危机。1984 ~ 1990 年，约有 40 个农村合作银行消失，组织混乱导致了全国农村合作银行（CAJA）的清算，政府不得不为这个部门创建一个新的结构。

---

① 本章关于西班牙的讨论基于：Gemma, Fajardo García, Soler Tormo Francisco, The Credit Cooperative System in Spain, Karafolas, Simeon (editor), *Credit cooperative institutions in European countries*, Switzerland：Springer Science and Business Media, 2016：213 –231.

2.6.2 政府干预下的重组

政府不得不进行干预，重建对这些合作机构的信心，并对该行业进行重组，1984 年的重组计划提供了一系列重组危机合作银行资产的措施。效仿法国农业信贷银行的模式创建了联合集团 BCA-CRA，以实现合作银行之间的协调，BCA-CRA 由一家接受政府委托把官方信贷转移给农业的国有银行控制，借助农村合作银行遍布西班牙的分支机构，将公共资金转移给农业。然而，协议签订后仅 4 年，BCA-CRA 管理机构的权利不平衡和当局对农村合作银行的态度发生转变，导致其在 1988 年解体，西班牙信用合作机构不得不寻找另外的替代组织。1990 年，建立了西班牙合作银行 S. A. ，它的股东是自愿加入的农村合作银行和德国合作集团的德意志合作银行（DG 银行）。该银行试图为其成员提供它们自己因不具规模效应而难以提供的银行服务，并作为农村合作银行集团的中央机构，利用农村合作银行协会（AECR）和 IT、保险等专业服务提供商的服务，结果成为一个自愿联合的松散体系。从此以后，这种组织模式的整合一直受制于凝聚力薄弱和不是一个真正意义上的集团，一些农村合作银行纷纷退出，在 2007 年国际金融危机时尤为严重。但由于规模较小，并没有受到国际市场流动性紧张的严重影响，它们的业务集中在一直以来所要求的基础业务，没有在房地产行业冒太多风险，偿付能力没有遭受重大影响，虽然该部门的低效率一直有待提高。

2.6.3 信用合作体系的地位

西班牙信用合作体系的市场占有率相对较低，2013 年底占银行体系资产总额的 4.4%。合作银行分支机构的增长整体上超过银行体系，占到总数的 11.7%，这一份额在农村地区相对更高。归功于这些网点，它们占了私人部门大约 6.5% 的存款份额，但这一比例在西班牙的不同地区有很大差别。尽管取得了很大的进展，大多数合作银行的分支机构在西班牙的主要城市和商业领域都很薄弱。

私人部门的存款比例相对而言高于贷款及总资产，主要因为合作银行贴近客户，拥有密集的网点。尽管他们的信贷业务多元化，但因为植根农村，西班牙合作银行发放给农民的贷款比例更高，在第一产业生产性贷款的比例约为 12%，而整个银行系统只有 2%。同样，作为零售银行，其住房贷款占总贷款的 43%，而整个银行系统只有 35%。

西班牙合作银行以传统存款为基础，本地定位和邻里银行的特点，使它们能够比其他银行获得更高的利润率。正因为如此，尽管效率低下，它们比商业银行和储蓄银行有更高的资产回报率（ROA）。然而，由于权益比例更高，它们的权益报酬率（ROE）略低。

2.6.4　小结

西班牙的信用合作事业是当时历史条件的产物，它遵循雷发巽的基本思想，主要为农业提供服务。西班牙信用合作事业的发展得益于天主教会的推动。早期的农民合作社法给予农村信用社减免税的特权并被鼓励推广。农村合作银行初期发展迅速，但相互之间缺乏合作的能力，从而在金融市场上被边缘化。在发展的过程中，合作银行的业务不断偏离为农业信贷服务的宗旨，但因为它享有免税优惠，20世纪60年代，财政部行使检查权利以确保它们的业务符合它们的宗旨，此后，合作银行受到西班牙银行的监管和控制。由于合作社的优惠条件和私人银行的管制，20世纪70年代，西班牙的城市地区也出现了非农业信用合作社，但并未获得可持续发展的能力。由于信用合作社的管理跟不上增长的速度，导致了20世纪80年代农村合作银行的危机和全国合作银行的清算。在政府的干预下，先是效仿法国农业信贷银行的模式创建了联合集团BCA-CRA，但由于种种原因该机构在短时间内解体；后来建立了西班牙合作银行S. A. 来协调基层银行的关系并提供服务，但最终成为一个松散的组织，这导致了西班牙合作银行的规模一直很小，虽然经营较为稳健，但普遍效率低下，从而在整个金融体系中一直处于边缘化地位，市场占有率较低。

2.7　英国信用合作制度的起源和发展

2.7.1　英国信用合作社的发展历程

英国的第一家信用社由伦敦的移民成立于20世纪60年代，这些移民很难从银行和主流金融机构那里获得信贷，贷款公司收取的利息很高，而他们在自己的国家里很熟悉信用社，因此走到了一起，创建了自助的信用合作社服务当地社区的需要。此后，信用合作社的概念传播到伦敦的其他社区和英国其他城市。早期的信用合作社是由志愿者基于社会目的建立和经营的小型的、本地的、自助储蓄和贷款组织，主要为受到其他金融机构排斥的低收入小储户提供低成本贷款。大多数的信用社都是在社区或教堂大厅，甚至社员家里经营，并优先考虑社区包容、成员的民主参与和志愿者的个人发展。这些信用社经常服务于当地的小社区，志愿人员了解他们的社员。①

20世纪八九十年代，英国所面临的贫困问题使得许多社区鼓励社区信用社的可持续发展，作为应对贫困战略的一部分，通常由地方政府予以支持。同样，员工信用合作社也被雇主所支持，以帮助员工实现金融稳定。随着公共补贴和资源的支持，以及地方政府推广人员的介入，信用合作社的数量迅速增加。1986年，英国只有94个信用合作社，但到了2001年，发展到近700个信用合作社，其中大部分是服务低收入地区的社区信用合作社。到20世纪90年代末，尽管信用合作社的数量快速增长，但发展质量仍然较低。大多数服务低收入社区的信用合作社依旧财务薄弱，服务范围不到200个社员。服务于员工群体的信用合作社发展稍好，但也捉襟见肘，大多招募不到1 000名社员。

信用合作社要在金融市场取得成功，必须采取更专业、更市场化的措施。信用合作社开始采取更加商业化的发展模式，基于稳健的业务规划，引入计算机会计系统并雇用员工，以消除对志愿服务的依赖，这使得信用合作社的实力不断增强。信用合作社试图从规模经济中受益，并购数量增加。从2001年开始，尽管还有新的信用合作社注册，但并购的增加导致信用合作社整体数量下降。

2.7.2　英国信用社的放松管制

自21世纪以来，为加强单个信用合作社的实力和扩大社员规模，英国的信用合作运动得到了英国信用合作社有限公司（ABCUL）的支持。然而，英国严格的信用合作社立法和监管，使得信用合作社发展缓慢。1979年通过的信用合作社法，使信用合作社第一次有了合法的身份，并为其发展成更加稳健、安全的金融机构提供了前提。根据1979年法案，信用合作社都是由友好协会注册局监管，必须参加员工忠诚保险，保护社员的资产免于盗窃和欺诈行为的损失。然而，信用合作社被政府视为小社区企业，而不是能够与银行或其他金融服务提供商竞争的合作金融机构。

---

① 本章关于英国的讨论基于：Jones, Paul A., British Credit Unions: Transformation and Challenge, Karafolas, Simeon（editor）, *Credit cooperative institutions in European countries*, Switzerland: Springer Science and Business Media, 2016: 232 – 249.

新法案关注降低风险，因此，立法本身限制了增长。从 20 世纪 90 年代中期起，英国开始修改立法，在某些方面放松了管制。1995 年，引入了更大范围的共同联系概念，服务于多达 50 000 人城镇的信用合作社开始被认可。1996 年，引入了"生活或工作"的共同联系的新范畴，那些在一个区域工作的人第一次被允许加入当地居民的信用合作社。

1979 年信用合作社法后，最重要的立法进展是通过了金融服务和市场法案（2000）。这个法案提供了一个金融服务行业单一监管的框架，2002 年英国金融服务管理局（FSA）从友好协会注册局接手了信用合作社的监管。该法案引入了合规文化，信用合作社必须符合更加严格的业务标准。他们要向 FSA 提供及时和准确的财务收益，保持充足的资本水平和满足一定的流动性管理和贷款损失拨备标准。

新的立法和监管制度带来了一系列的好处，信用合作社第一次不再受社员数量上限的限制。FSA 还建立了一个单一金融巡视官的框架来处理投诉，建立金融服务赔偿方案（FSC）为社员提供全面的保护。根据 FSC，信用社存款首次享有与银行和建房协会客户存款相同级别的保护。截至 2010 年 12 月，存在信用合作社的第一个 £85 000 的存款是 100% 被保险的。2002 年实施的改革也开启了信用合作社通过次级债务从外部组织筹集二级资本的途径。作为唯一的由法律规定利率上限的信贷提供者，2006 年和 2014 年的立法进一步提高信用社贷款利率上限至月息 3%。

2007 年，信用合作社立法得到了进一步推进。经过之后几年的进一步磋商，2012 年 1 月，信用合作社立法最终实现现代化。从 2012 年 1 月，新法案生效，在以下几个方面进行了重新界定：（1）共同联系。信用合作社仍然需要定义它们的共同联系或社员领域，但他们不再需要证明所有加入信用社的人有共同特点。信用合作社可以定义多个共同联系，因此能为不同群体提供产品和服务，但是一个有地域共同联系的信用社限于有 200 万名潜在社员的区域。（2）企业成员。信用合作社不再局限于为个人提供服务，他们可以选择为非法人协会和法人机构提供服务，但法人社员的上限是信用社社员总数的 10%，最多持有 25% 的股份，和发放最高 10% 的贷款。（3）储蓄存款利息。所有信用合作社如果持有 £50 000 或总资产的 5% 的准备金（以哪个更高为准），并向 FSA 表明他们有能力管理和控制有息账户，都可以提供利率可变的和有担保的储蓄存款。个人信用合作社可以选择继续向股份提供股息而不是利息，或者他们可以选择提供有股息的股份和有利息的存款。（4）对辅助服务收费。信用合作社可以为辅助服务收取市场费率。以前信用合作社只能把提供服务的成本转嫁给社员，然而收费只适用于未来的社员，而不是信用社已有的社员。（5）没资格的社员。这些社员曾经是共同联系的一部分，但现在不再具有共同联系（例如他们离开该地区）。以前有对没资格社员作为全体社员 10% 的比例限制，现在可以由信用社自己设置规则，从而避免很多人在改变工作或住所时失去金融服务。

截至 2014 年末，英国信用合作社共有 1 046 623 名成年社员，约占英国成年人口的 2%。约有 115 000 名基本储蓄者，储蓄存款总额达 10.5 亿英镑，贷款 6.88 亿英镑，资产总额 12.4 亿英镑。信用合作社在金融市场的某些领域取得了重大进展，在低收入社区，特别是员工和专业群体中发展得非常好。

2.7.3　小结

尽管英国是合作社的发源地，但英国信用合作社的发展起步较晚，缘于那些难以从主流金融机构获得信贷但又在自己的国家熟悉信用社的移民。早期信用社遵循基本的信用合作原则，规模较小，成员民主参与，由志愿者提供志愿服务，社员之间相互了解。此后，英国信用社的发展成为地方政府应对贫困战略的一部分而得到政府的支持，信用合作社在数量上得到快速发展。但英国政府有关信用社的立法非常谨慎，限制了信用社的成长，每个信用社的规模较小，经营方式仍处在较为原始的阶段。20 世纪 90 年代，英国立法放松了对信用社的管制，扩大了共同联系的范围，信用合作社也转变发展战略，开始采取更加商业化的发展模式，消除了对志愿服务的依赖，通过并购获取规模经济，信用合作社的实力得以增强。在监管方面，2002 年，英国金融服务管理局（FSA）取代友好协会注册局成为信用合作社的监管机构，信用社的管制进一步放松，对社员的保护也更加全面，信用社是英国唯一的由法律规定利率上限的信贷提供者。2007年后，英国信用社立法最终国际化，信用社的管制被进一步放松，信用社的发展在推进金融包容方面也取得了较好的成效。

2.8　爱尔兰信用合作制度的起源和发展

2.8.1　早期信用合作事业的失败

爱尔兰信用合作社的发展曾经有过失败的经历。在维多利亚晚期和20

世纪早期，爱尔兰合作运动的主要领导者是赫拉斯·普朗科特爵士、乔治·罗塞尔和汤姆·芬莱，在爱尔兰农业合作社协会（IAOS）的支持下，普朗科特"更好的农业、更好的生意、更好的生活"的目标得以实现。20世纪初期，普朗科特的理想转变为实践的倡议，1919年，在牛津成立了致力于促进合作教育的普朗科特基金。普朗科特倡议的其他活动包括建立农业信贷协会，这一时期建立起来的爱尔兰信贷协会基于德国雷发巽信贷协会制度，具有以下特征：社员仅限于当地的村庄或教区；由社员审查贷款申请，贷款发放仅用于生产目的；像雷发巽体制一样，社员承担无限责任；如果协会遭遇财务问题，每个社员都对债务负连带责任，从而阻止了草率的贷款；像现代信用社一样，强调信任和诚实；志愿者的共同努力使利率保持在较低的水平。这些农业信贷协会的缺陷表现在：存款不能满足贷款需求，不愿意在会议上把个人的生意暴露在邻居面前，依赖政府支持和控制程序不够充分。尽管如此，这些农业信贷协会在减缓小农户的债务负担方面起到了基本的互助作用。

到1914年，爱尔兰已经有233家信贷协会和350家奶业或谷物合作社以及超过200家提供农场生产资料的农业协会。具有讽刺意味的是，第一次世界大战期间不断富裕起来的爱尔兰农民，对信贷协会的需求不断降低，导致了信贷协会的衰落。因为财政紧张，政府的支持被取消，商业银行越来越活跃，在20世纪30年代的早期，仅有大约50家信贷协会幸存，经济衰退并没有激发他们复苏，信贷协会最终走向没落。虽然这些协会没能在爱尔兰生存下来，但他们为信用合作社的理念提供了基石和避免重蹈覆辙的有益教训。1938年，爱尔兰银行委员会得出结论：通过政府支持或农业信贷联合而实现信用合作的发展是没有指望的。然而，农业信贷协会失败的不良影响强化了反对合作信用的偏见。

2.8.2 爱尔兰新一代信用合作社

在第二次世界大战以后，有识之士发起了移民和失业问题的讨论。1946年，由爱尔兰国立大学的校长——阿尔弗雷德·约瑟夫（Alfred O'Rahilly）组织了成人教育讲座课程，激发了人们的合作精神。在与新一代信用合作的先驱——诺拉·赫利希的通信中，他希望能把提议的农村社区的信用合作社付诸实践。

在都柏林大学的课程中，伦理学和社会学讲师，后来成为考克郡主教的科尼利厄斯·卢西博士，把罗虚戴尔的合作规则和原则与基督教有关人类尊严和国家的辅助性联系在一起。国家是辅助而不是替代个人为公共物品所付出的努力的概念强化了合作的理念，这反映了当时天主教的普遍风气。在城市以外的一些地区，也有都柏林大学的课程，信用合作的种子被广泛播撒。

公务员西蒙思·麦考恩（Seamus MacEoin）组织了经济研究小组来讨论重要的社会问题，1953年他在都柏林举行的一次公开会议上就合作运动发表演说，这次演说激发了包括诺拉·赫利希在内的听众对信用合作的兴趣，诺拉·赫利希是都柏林一个学校的老师，后来成为爱尔兰信用合作运动的杰出领导人。

尽管由于早期农业信贷协会的衰落和由此引起的消极影响，1950年后期，一小群爱尔兰的热心人士吸取了其他国家尤其是北美的经验，发展了信用合作的概念，主要是为了应对普通人的金融排斥。当时，爱尔兰的主要特点是高贫困率和高失业率，那些收入很少甚至没有收入的人获得储蓄和贷款服务是非常困难的，因为传统的银行只和富有的人群打交道，这导致许多人求助于收取高利率的高利贷和典当行。诺拉·赫利希、西蒙思·麦考恩和肖恩·福德（Sean Forde），发起了一个叫作信用社推广服务的核心小组，包括全国农民协会（现在的IFA）和爱尔兰农村妇女协会（ICA）在内的社区团体也是这一运动的代表。

1958年，爱尔兰第一个信用合作社在多诺街道都柏林8号的敦劳费尔成立，仅限于敦劳费尔杂货合作社的社员，由埃蒙·奎因（Eamonn Quinn）管理。1957年5月，爱尔兰总理宣布启用由国家合作社理事会在红岛组织的民众学校，旨在促进社区发展。民众学校有一个特别的客人——威廉·沃特金斯（William P. Watkins），国际合作社联盟1951～1963年的理事长。意识到合作运动中人性的弱点，沃特金斯在他的著作和演讲者中强调教育的重要性，教育成为传播信用社理念的关键所在。

在合作信贷的特殊领域，诺拉·赫利希确信需要教育和新的思想去帮助解决国家民族问题。她的热情被谨慎所中和，她也研究了爱尔兰农业信贷协会的缺陷，意识到需要一部特殊的法律来提供充分的控制权。在国家合作理事会内，诺拉·赫利希专注于信用社。在红岛的民众学校，她遇见了已经开始传播信用社信息的热心人士，她的角色虽然是边缘的但是有影响力的。

德国的雷发巽为爱尔兰信用合作运动的发展提供了启迪，位于威斯康辛的美国信用合作协会（CUNA）也为其提供了帮助。加拿大魁北克的大众银行和德国合作银行都为爱尔兰新一代信用社提供了原型，也有来自南半球澳大利亚郊区信用社的影响。天主教会的支持使得信用合作运动在爱尔兰迅速发展起来。1960 年，作为爱尔兰信用合作运动领导组织的爱尔兰信用合作社联盟（ILCU）成立，1966 年，爱尔兰政府为信用合作社专门立法，推动了信用合作社早期的快速发展。①

爱尔兰信用社在家庭储蓄市场的份额为 12.9%，在消费贷款市场的份额为 34.5%（不含抵押贷款）。2011～2013 年之间，信用社的储蓄下降了 3%，贷款下降了 27%，而整个银行业则分别下降了 5% 和 37%，表明信用社的表现优于银行。2014 年，爱尔兰信用社总资产约占全部国内信贷机构总资产的 2.7%。

在爱尔兰的几乎每一个乡村和城市，都有一个信用社网点为社员提供服务。爱尔兰的信用合作社拥有全世界最高的普及率，大约每 2 个公民中就有 1 个信用合作社社员，至 2015 年，爱尔兰有 360 万人成为 525 个信用合作社的社员。大多数爱尔兰信用社都是以社区为基础，提供储蓄和贷款等服务，以满足其社员的需求。

2.8.3　爱尔兰的信用合作社联盟

爱尔兰共有三个主要的信用合作社联盟组织：爱尔兰信用社联盟（ILCU），代表 455 个成员信用合作社；信用社发展协会（CUDA），代表 10 个成员信用合作社（有一些成员与 ILCU 重叠）；阿尔法斯特信用社联合会（UFCU），代表北部的 46 个信用社。北爱尔兰有少量的信用社保持独立，爱尔兰也有 5 个独立的信用合作社。

ILCU 是爱尔兰信用社自愿参加的非法定机构，创建于 1960 年，它是爱尔兰最主要的信用社联盟。作为一个非公司性协会，联盟缺乏正式的法律地位，不能提起诉讼或被诉讼。但 ILCU 拥有一个全资的保险公司ECCU，还有一些其他的附属公司提供特定的服务，如信息技术。ILCU 的成员代表了所在范围的 85% 的信用社，绝大多数南部信用社和很大比例的北爱尔兰信用社隶属于 ILCU。

联盟的目标包括：为推进共同的利益，增强与其他国家信用社、联盟和理事会的友好与合作关系；培育新的信用社组织；为了社员利益，致力于推动高水平的信用社管理、经营和监督；为成员利益并代表成员经营必要或有利的服务；维护联盟成员的团结；确保信用社运动的无党派和非政治性；代表信用社与政府机构以及其他机构联系，处理信用社的立法问题；保持爱尔兰信用社个体的和整体的自治；鼓励社员基于国际合作原则

---

① Quinn, Anthony P. *Credit Unions in Ireland*, Dublin, Oak Tree Press, 2nd edition, 1999: 11-21.

进行经营。

ILCU 按地域创建了地方分会支持各地的社区和教育，地方分会通过选出的官员直接向联盟委员会负责。联盟章程规定，地方分会是 ILCU 结构的基本的和必要的组成部分。参加地方分会有助于信用社之间交流观点和经验。

作为储蓄保护制度的一部分，每个信用社必须确保在每年的 3 月 31 日把财务报告提交联盟办公室。联盟在 9 月 30 日前准备出计算机分析和 CAMEL 评分报告，这些报告是储蓄保护监测计划的重要元素。联盟办公室会对每个信用社提交的信息进行分析，分析报告在六周以内反馈给他们。电脑评分表在特定的范畴内按照从最好到需要采取救助行动的顺序为每个信用社评级。当出现财务报告拖延问题时，注册管理局或联盟官员可能需要指定联络理事并进行跟踪访问。ILCU 每年的报告包括比率分析、根据总资产划分的信用社的违约情况以及信用社的财务趋势。

联盟下属的中央投资管理服务（CIM）是一个代表信用社投资的普通基金，它提供更高的收益率，并在按天计算的基础上灵活存取。虽然 ILCU 本身未被注册为公司或任何其他的法律实体，但其下属的 ECCU 保险有限公司按照公司和保险法注册。ECCU 虽然是一个独立的实体，但与作为代理人的 ILCU 密切合作。ILCU 持有 ECCU 发行的全部资本，他的理事会与联盟的理事定期召开会议。ILCU 为信用社安排必要的保险，如公共和雇主的责任险、火险和特殊险以及停业险。联盟也安排了一个还款保护保险计划（RPI），对被解雇和生病期间的社员提供额外的保险。

ILCU 提供行业公共服务的能力较弱，每个信用合作社都有自己的 IT 系统，但这些系统未能连接起来，导致功能上不必要的重复和浪费。为此，ILCU 发起了一个 ISIS 项目，拟创建一个由所有信用社拥有和管理的集中的银行系统。但因为系统估算成本的超支和项目管理的低水平，该项目最后被废弃，极大地伤害了信用社和注册管理局对引进中央 IT 系统的信心；它的另一个后果是导致了信用合作事业的分裂，一些较大的信用社，如 CUDA，脱离了 ILCU。

1989 年，ILCU 创建了储蓄保护计划（SPS）来保护信用社破产时社员的存款，所有的 ILCU 附属的信用合作社必须参与该计划，它可以补偿信用合作社个人社员最多 12 700 欧元或 10 000 英镑。近年来，SPS 备受争议，人们担心如果信用社发生较大规模的问题，SPS 没有足够的能力帮助信用社和它们的社员。爱尔兰中央银行因为 SPS 的平台问题、治理问题和联盟内部尚未达成共识等问题，未批准它作为法定计划。2008 年 9 月，爱尔兰信用社被法定存款保障计划所覆盖，10 万欧元以下的个人储蓄可以得到100% 的保护。①

2.8.4　小结

虽然当时的历史条件为信用社的发展提供了客观环境，但由于社员之间的不信任、依赖政府支持、自身内控不充分等人为的原因和富裕起来的爱尔兰农民对信贷协会需求的下降，爱尔兰基于德国雷发巽信贷协会制度的信用合作制度实践在 20 世纪早期走向没落，由此导致了爱尔兰人对信用合作事业的反感。20 世纪中期爱尔兰信用合作事业的再度兴起与几个领袖人物联系在一起，大学课程在传播信用合作理念中也起到了重要的作用，当然最重要的条件还是高贫困率和高失业率下对穷人的金融排斥。在爱尔兰信用合作事业发展的过程中，非常理性地认识到了合作运动中人性的弱点，因此，在传播信用社理念的过程中特别强调教育的重要性。这一时期，各国信用合作事业的成功也为爱尔兰信用合作事业的发展提供了借鉴，天主教会的支持也功不可没。作为领导组织的爱尔兰信用合作社联盟的成立和政府的信用合作社专门立法为信用合作社早期的快速发展提供了组织基础和制度保障。重新崛起的爱尔兰信用合作事业成效显著，爱尔兰是全世界信用合作社普及率最高的国家之一。爱尔兰的信用合作社联盟在教育、监督、保护社员和提供中央银行服务方面推动了信用合作事业的发展，但这一事业在基层组织的联合和全国性组织的联合方面凝聚力不强，阻碍了爱尔兰的信用合作事业顺利地迈向成熟阶段。和英国类似，2003年，爱尔兰金融服务管理局取代友好协会注册管理局成为爱尔兰信用社的监管部门，这标志着爱尔兰的信用合作社和其他银行业机构被置于同一个更加严格的监管框架下。

2.9　波兰信用合作制度的起源和发展

在波兰的领土被德国、俄罗斯和奥地利三国吞并时，作为与资本主义

---

① McCarthy, Olive, Sharon Farrell, David Hewson, The Financial Co-operative System in Ireland, Karafolas, Simeon (editor), *Credit cooperative institutions in European countries*, Switzerland: Springer Science and Business Media, 2016: 127 – 147.

进行经济斗争的一种现代社会模式，合作社运动的第一波在1860～1870年从发达的大英帝国和德国传入波兰。波兰采用了英国消费合作社模式和德国舒尔茨与雷发巽的储蓄与信贷协会模式。在当时波兰的政治环境下，这些社团运动具有很强的民族意义，对于支持民族精神和民族传统具有重要意义。①

2.9.1　第二次世界大战前波兰的大众银行

与大众银行相联系的自由主义化合作社很早就在被普鲁士占领的大波兰地区、西里西亚和波美拉尼亚发展起来。大波兰地区是舒尔茨模式的合作社类型，其目标是为波兰商人、工匠和后来的农民，提供信贷资金，使他们能够发展他们的企业或农场，这本身就是一种对统治者的反抗。1850年，舒尔茨本人作为一个法官在波兰待过一段时间，波兰社会领袖参观了他的大众银行。波兰第一个大众银行由小资产阶级在1861年成立于波兹南，在接下来的10年里，出现了几十个类似的组织，在第一次世界大战爆发之前，该地区共有221家银行，联合了近140 000名会员。

1871年4月，来自农村合作社的44名代表在会议期间成立了波兰合作社联盟，后来更名为商业和经济公司协会。大众银行的业务发展很快，1886年，在波兹南成立了商业公司联盟联合银行，成为合作社的金融基础。在银行和联盟的努力下，整个信贷系统互相配合，金融资源得到合理配置。在波兰德占区，这两个机构在波兰贷款协会的发展中发挥了巨大作用，这一体系的先驱和领袖是一代接一代的天主教牧师，遵奉基督教的团结精神，在合作社运动中践行他们的社会服务。在50年的运动中，1918年恢复独立的大波兰省是波兰主要的合作运动中心。

在最初的几十年里，银行主要为城镇的中小店主和工匠提供服务，后来合作银行进入农村，用于满足农民的信贷需求。在19世纪里富农几乎占所有成员的25%，在第一次世界大战之前，农民成员占2/3。合作运动在农村的发展特别重要，因为波兰社会受到德国殖民政府的压迫，波兰人被从他们的土地上赶走。据估计，1/10的大波兰区的人属于并把自己的存款存在波兰合作银行，这些资金促进了波兰经济和文化活动的发展，也

---

①　本章关于波兰的讨论基于：Zofia, Chyra Rolicz, The Polish Credit Co-operative System: Historical and Contemporary Experiences, Karafolas, Simeon (editor), *Credit cooperative institutions in European countries*, Switzerland: Springer Science and Business Media, 2016: 343 – 361.

使土地掌握在波兰人手中。

商业公司联盟联合银行不仅是银行的融资中心，也是合作社的指导、出版和宣传中心，它还支持新的合作社类型，合作社是波兰社会对德国化政策的阻止力量。在第一次世界大战之前，有221个所谓的大众银行在大波兰省、波美拉尼亚和高西里西亚等地运行。这一时期德国人也建立了他们的合作银行，随着德国对波兰社会压迫政策的升级，形成了波兰和德国社员的两个平行系统。

2.9.2 第二次世界大战前波兰的雷发巽银行

波兰境内合作银行的另一个分支与雷发巽有关，互助是他为穷人建立的第一个农村贷款协会的主要原则，这一原则也被弗朗齐歇克·史蒂夫次克（Franciszek Stefczyk）沿用，史蒂夫次克是哲学家和历史学家，他最初是农村农业学校的一名教师，后来成为农民的社会领袖。在维也纳的学习和在德国的考察，使他有机会了解雷发巽农业合作社的思想和实践。在到波兰工作后，他基于这些模式建立了第一家贷款银行，并在接下来的几年建立了许多类似的农村储蓄贷款协会，后来，他的名字成为这些银行的名字。

在那个时代和地区，高利贷是成千上万农场的一大经济社会问题，许多家庭因此陷入赤贫和无家可归。效仿雷发巽的储蓄贷款模式，史蒂夫次克帮助他们解决了这一经济依附和乞讨的悲剧链，成为他们农场经济的健康引导。史蒂夫次克也是农民群体和农民政治运动的领袖，对他们进行议会、政党政治活动的教育。他还创立了农业和商业合作社，推进奶牛和工匠合作社。1899年，他建立了合作社的国家赞助基金，这是一个政府支持的全国合作组织。国家赞助基金有培训课程，出版书籍和小册子，对新成立的合作社提供财务和组织支持。1909年，他在奥地利加利西亚自治区的首府利沃夫建立了全国中央基金。很快，储蓄贷款协会在加利西亚自治区得到普及。当国家赞助基金活动开始的时候，只有26家注册的机构，到第一次世界大战前的1913年，有1397个这样的合作社注册，社员321 800多个，其中农民是主体，占91.3%。

第一次世界大战后，波兰成为独立的民主国家。在1918年11月恢复独立后，在原来德国、俄罗斯和奥地利三国统治下的波兰领土上，在不同思潮、不同法律制度、传统、社会经济条件基础上成立的合作社，能够相互共存，甚至创造一个更大更高效的联合组织，主要归功于1921年生效的合作社法。消费和农业合作社开发了大规模的教育活动，组织了许多课程对员工和社员进行培训。合作社的地域范围不断扩张，据估计，第二次世界大战前波兰每 5 个成年公民就有一个是某种类型的合作社的成员。

在第二波兰共和国期间（1918—1939 年），不同形式的合作银行得到快速发展。他们有的遵守舒尔茨的规则，有的遵循雷发巽模式。这些合作机构非常普及，在改变人们的生活条件方面发挥了重要作用。在两次战争期间的几十年里，由史蒂夫次克发起的推广运动，大大促进了这类合作社的发展，在第二次世界大战开始前，大约有 5 000 家史蒂夫次克合作社存在，他们被看作是稳健、可靠的机构，大约 1/5 的储蓄存款被存放在合作社银行或基金。合作社不仅是波兰经济中的重要元素，也是创建公民社会的重要元素，尤其是在合作社具有悠久传统的波兰地区，在这一时期的末期，合作社成为全国欠发达地区更好生活的希望。

2.9.3　计划经济时期波兰的信用合作

第二次世界大战对当时波兰合作社的财富造成了极大的破坏，波兰的合作银行都被清算合并到"第三帝国"，许多合作社领导人作为波兰社会的领袖被杀害。在第二次世界大战结束后直到 1948 年，主要是努力恢复战前的合作社和建立新的合作社，以及新的联合组织。

从 1948 ~ 1956 年，中央计划经济与政治和社会生活的集中化，使波兰适应了真正的苏联社会主义模式。在经济上，它意味着银行体系的深刻改革，货币管制，许多私人银行和合作银行国有化，只允许波兰国家银行（NBP）经营，其他银行被清算，合作银行系统失去了它的精神，此前存在的储蓄贷款合作社变为城市、工人和农村公社的合作社。合作银行组织纳入中央计划经济，成为国家储蓄和信贷体系的一部分。合作社失去了其独立性、志愿精神和民主性。改组合作社成为所谓的"社会经济"的一部分，引导人们进入无阶级的社会主义社会。在这种情况下，对小企业主有用的合作社失去了存在和发展的可能性。

随着政治的变化，合作社在 1956 年迎来了好时机，私营经济被允许存在。银行业进行改革，旧的储蓄和信贷合作社复活。恢复和新建的合作社分别在城市和农村经营，合作社恢复了早期的自愿和民主性。1957 年 8 月，储蓄和信贷合作社联盟成立，它联合初级合作社，但金融中心的功能仍由国家银行行使。到 1975 年，有 1 664 个合作社，346 万社员。

1975 年，波兰实施了新的行政区划，导致了许多机构的重组，也导致了合作社结构的变化。1975 年新的改革允许储蓄和信贷合作社使用"合作银行"的名称，并联合成新的银行，形成了两种不同的组织：国家土地银行与储蓄和信贷合作社联盟。从 1975 年开始，在农村经营的合作银行，在政府服务农业发展和私人农场的新政策压力下，成为 BGZ 的会员，这个新成立的银行，资本属于国家和合作社混合所有，这家银行也是合作社联合的金融中心。在中央计划经济中，合作银行成为波兰大众银行系统的基层组织。它们的业务范围很广，起初它们服务于农业、食品加工、工业，并允许它们分配国家的资源，合作银行也可以向私营企业和私人农民提供信贷。

2.9.4　经济转型后波兰的信用合作

1989 年，随着政治转型时代的到来，合作银行回归满足真实经济需求的目标，在自由市场条件下经营。1990 年 1 月 20 日由议会投票通过的新法案摧毁了社会主义合作社的组织结构，清算了一切基层合作社的合作社联盟和协会。而 BGZ 不仅仅是一个合作社联盟，没有被清算，合作银行仍然存在，但 BGZ 作为一个金融中心，与合作银行的关系不再是强制性的。

转型带来了经济秩序的混乱和农业的困难，也对合作银行带来了不良影响，过多的不良贷款导致破产。BGZ 被重组，私有化为股份公司。根据 1994 年有关合作银行和 BGZ 的法案，BGZ 被改造成合作银行持股的股份公司，合作银行把他们在前 BGZ 的股份改投到新的 BGZ S. A. 中去，并进行了充分的自愿投票。财政部持有大部分的股份，但合作银行仍保持它自愿合作的金融企业的法律特点。这一时期，在 BGZ 结构下有 1 662 个合作社，近 95% 的合作社在自愿协议的基础上与这家新银行进行合作。在 1995 年底，BGZ S. A. 有 49 个省级部门、52 个运营单位和 32 个分公司，有雇员 9 276 人，其中总部有 543 人，是当时波兰的第二大银行。

在 20 世纪 90 年代中期，波兰准备加入欧共体之前，经济出现了问题，这意味着合作银行要根据波兰政府签署的入欧协议，保持和集中资本。根据协议，合作银行被迫为自己筹集资金 300 000 欧元。在 1998 年，只有 19.5% 的银行达到了标准。通过把地方机构合并成一个机构，合作银行的资本得以充实，但并非每个银行都能成功，仅在 1999 年，就有 19 家银行倒闭，11 家银行联合成了 5 家大银行。

伴随加入欧盟第二指引的到来，波兰合作银行又面临较大的挑战，这意味着任何使用银行名称的金融企业，必须有最低 100 万欧元的自有资本，如果它独立开展业务，就必须拥有 500 万欧元的自有资本，达到这个水平的最后期限在 2007 年。这一指引迫使更多的合作银行合并，作为独立银行的数量继续减少。

经过长期对自由市场经济和欧盟指引的适应，2012 年年底，波兰有 572 个持续经营的合作银行。他们的资本更加强大，根据合作的原则，培养了自愿、民主的组织精神。当代波兰合作银行更加现代化，它们装备了现代电子设备，有 3 000 多个崭新的办公场所，但它们的意义不在于数量多或外观好，其最重要的价值和力量在于与农村中小企业的关系，了解它们的问题和需求，通过银行业务促进财富增长，降低失业率，推动整个区域的经济发展。

新的信贷储蓄合作运动发展得如此迅速，涉及了千百万的社员，引起不同利益群体和政客的强烈反应，他们试图控制这一运动，把合作银行的活动限制在狭窄的范围内。在 20 世纪 90 年代和 21 世纪初，自由派政党几次试图在议会提案立法，由银行监管的首席督察对合作银行的利息进行严格的审核。最畅销的报纸也对信用合作进行负面报道，限制其活动范围的立法也在议会投票。在商业银行游说的巨大压力下，合作银行的发展政策对政府构成严峻的挑战。

2.9.5 波兰的信用合作社联盟

1990 年 1 月 20 日的合作银行法律和 1991 年 9 月 20 日银行法的修订开启了波兰合作银行成立地区集团的道路。1990 年后，合作银行已经建立了完整的自愿组织。一开始有三个审计联盟，他们的主要任务是：根据《合作社法》规则审计银行的相关情况；根据记账规则，审计其财务报告；对银行的经济和金融现状进行分析；内部和外部的专家报告、咨询、教学、培训等任务。在合作银行的联合组织中，农村合作银行联盟（KZBS）发挥了重要作用，它于 1991 年 3 月成立，当时的作用是帮助合作银行向区域性银行购买股份。KZBS 出版《合作银行之声》月刊，提供有用的国内外信息。

波兰合作银行隶属于三个以联合股份公司形式建立的区域性银行（非合作社法人）：马佐夫舍地区银行、波兰合作银行和大波兰经济银行。合作银行在 1990 年初的农业危机中得到政府的支持幸存下来，他们仍然是支持当地农业、加工业和小企业的重要元素。2011 年 6 月底，大波兰和马佐夫舍地区银行合并，所以现在波兰有两个合作银行协会：波兰合作银行有限公司与合作银行集团。

与波兰信用合作事业相联系的另一支力量是使用弗朗齐歇克·史蒂夫次克的名字作为商标，组织中低收入社员成立的储蓄贷款合作社

（SKOK），他们建立了自己的中心机构——全国储蓄信贷协会，这个组织是法人合作社，根据相关法律联合了波兰所有的区域和地方合作社。全国协会是所有协会的中央金融机构，执行审计和指导功能。SKOK 体系有特殊的储蓄保护项目和存款稳定基金，实行强制性的存款保险，它的金融业务是安全的。在开展业务 10 年以后，SKOK 成为全国第四大金融机构。他们有 100 万社员和 1 325 个单位。SKOK 在波兰的成功经验和模式也被分享到乌克兰、立陶宛和后苏联时代获得政治独立的波罗的海诸国，取得了非凡的成功。

2.9.6　小结

在近代，波兰是一个政局动荡多变的国家。合作思想早在 19 世纪中后期就从英国和德国传入波兰，波兰境内的信用合作事业有两个分支，一个分支在德占区。德占区的大众银行继承了舒尔茨的思想。在波兰第一个大众银行成立十年后，联合银行和其他合作社的合作社联盟成立，与此后成立的商业公司联盟联合银行一起，在一代代天主教牧师的领导下，推动了波兰贷款协会的发展。在德占时期，德国人也建立了合作银行，形成了波兰和德国社员的两个平行系统。另一个分支由史蒂夫·次克领导，注重解决农村的高利贷问题，效仿雷发巽的贷款协会模式。在推广信用合作事业的过程中，建立了由政府支持的合作社国家赞助基金，进行合作社的培训、宣传和推广。在第一次世界大战之前，这类合作社得到了迅速的发展。波兰恢复独立后颁布的合作社法，促进了以前德国、俄罗斯、奥地利三国统治下发展起来的各类合作社，尤其是合作银行的进一步发展。第二次世界大战以前，这些合作机构成为波兰经济发展的重要因素。第二次世界大战以后，计划经济体制使合作银行成为国家金融业的一部分，失去了其原有的性质和功能。伴随计划经济体制的结束，合作银行得以在自由市场条件下经营。但经济转型带来的不良贷款导致合作银行破产，合作银行的中央组织 BGZ 被重组为合作银行持股的股份公司，通过股份制形式理清了基层组织和中央组织之间的关系，恢复了合作组织的民主性特点。随着波兰加入欧盟和欧盟监管要求的进一步升级，基层各合作银行为满足资本要求，不得不进行合并，合并后的银行虽然数量减少了，但资本更加强大。尽管政治动荡，历经波折，但波兰的社会结构、政治和文化传统、宗教信仰等非正式制度为自愿、民主的合作银行的发展提供了适宜的土壤，新的信用合作事业在波兰得到快速发展，并对商业银行的利益构成挑战，引发了不利于信用合作事业发展的政治舆论。

2.10 总结

在德国信用合作实践的示范作用下，信用合作事业在欧洲很多国家得到了长足发展，尽管各国信用合作的组织形式各有特点，但都深受德国舒尔茨和雷发巽信贷协会的影响。很多国家存在两类信用合作社，一类主要在农村经营，另一类主要在城市经营，而在农村经营的信用合作组织往往发展得更快。农村信用合作组织作为金融市场的重要组成部分，在金融空白区域为农民和中小企业提供金融服务。多数国家的合作银行都是自下而上建立起来的，而芬兰的合作银行是自上而下建立，首先成立中央部门，然后成立单个信用社，最后是信用社从富人手里买走中央银行的所有权。在欧洲很多市场经济国家，信用合作事业取得了很好的发展，威胁到了商业银行的利益，面临较大的商业化压力。由于政治、经济、文化等各方面的差异，欧洲各国信用合作事业的发展历程和发展水平各不相同，尽管一些社会主义国家的信用合作组织曾遭遇较大的挫折，但因为其非正式制度与信用合作组织的相容性，在回归自由市场经济后如鱼得水，重新焕发了生机。至 2015 年末，欧洲的合作银行代表了 8 100 万社员和 76 万名员工，市场份额约占 20%。

欧洲国家的信用合作组织于 1970 年联合成立了欧洲合作银行协会，目前欧洲合作银行协会的成员包括奥地利、保加利亚、塞浦路斯、丹麦、芬兰、法国、德国、匈牙利、意大利、立陶宛、卢森堡、荷兰、波兰、葡萄牙、罗马尼亚、斯洛文尼亚、西班牙、瑞典和英国。协会各成员国信用合作机构的经营情况如表 2.4 所示。欧洲还有一部分国家的信用合作机构隶属于世界信用合作社理事会（WOCCU），其 2015 年的经营状况见表 2.5。可以看出，爱尔兰、奥地利、塞浦路斯、芬兰、法国、德国、意大利、西班牙等国都是信用合作社社员普及率很高的国家，普及率均在30%以上。同时，也可以看出，随着信用合作机构的发展，其客户群体发生了很大变化，绝大多数信用合作机构不再局限于为社员提供服务，其客户数量远远超过了社员数量。随之而来的是监管的变化，欧盟的统一监管开始把信用合作机构与商业银行的监管一视同仁。为确保对信用合作社的恰当监管，由 6 个欧洲协会和 WOCCU 组建了信用社欧洲网络，该网络用来交流信息，并对欧洲信用合作事务统一发声。

表 2.4　欧洲合作银行协会成员经营状况（2015 年 12 月 31 日）

国家	经济指标（百万欧元）			法人机构数	权益总额	其他指标		市场份额（%）		
	资产总额	客户存款总额	客户贷款总额			客户数量	社员数量	国内存款份额	国内贷款份额	普及率*
奥地利	307 426	204 658	207 878	514	19 664	4 660 000	2 388 000	35	35.8	77.8
保加利亚	2 374	2 130	1 051	n. a.	194	1 621 872	6 626	6.5	4	91.6
塞浦路斯	14 307	12 744	12 797	19	1 306	n. a.	600 000	28	20	n. a.
丹麦	185 432	8 388	149 963	59	8 772	1 065 000	350 000	3.9	30.5	26.7
芬兰	125 145	58 220	75 192	178	9 324	4 303 000	1 491 000	37.1	34.9	36.2
法国	3 605 203	1 491 646	1 743 851	92	209 669	115 700 000	25 389 841	61.8	59	53.5
德国	1 162 519	739 218	700 608	1 021	93 007	31 000 000**	18 283 324	21	20.7	51.5
希腊	2 539	1 880	2 647	9	171	352 285	163 628	1	0.8	5.1
匈牙利	6 386	4 366	2 707	105	463**	1 150 000	84 000	8.69	4.44	16.1
意大利	221 100	161 800	134 000	364	20 300	6 000 000	1 248 724	7.7	7.2	41.6
立陶宛	477	403	265	63	39	2 656	142 601	2.9	1.8	0.1
卢森堡	7 222	6 057	5 181	13	328	114 754	22 373	20.05	13	23.7
荷兰	670 373	337 593	426 157	106	41 280	8 600 000	1 945 000	35	n. a.	16.1
波兰	32 784	21 042	16 231	561	2 815	n. a.	994 263	9.4	7.5	7.9
葡萄牙	14 936	10 910	8 373	82	1 203	1 200 000	400 000	6.5	4.2	14.7
罗马尼亚**	199	134	132	763	6.3**	919 467	660 000	n. a.	n. a.	6.4
斯洛文尼亚	856	646	530	1	45	85 000	260	2.34	2.22	5.6
西班牙	131 406	102 363	82 092	62	10 159	10 471 049	2 822 238	7.8	6.8	32.5
英国	466 405	335 386	363 937	44	25 689	22 400 000	22 400 000	18.3	n. a.	2.6
瑞典	189 200	139 701	153 089	292	12 247	3 717 987	1 862 032	19.5	n. a.	1

注：*普及率由信用社用社员总人数除以有经济活动的人口数，**罗马尼亚为 2013 年的数据。

资料来源：The European Association of Cooperative Banks 网站。

表2.5		2015 年欧洲 WOCCU 成员的信用社概况				（百万美元）
国家	信用社数量	社员数量（人）	储蓄和股份	贷款	公积金	资产	普及率*
阿尔巴尼亚**	117	48 410	21.6	NA	NA	47.40	2.3%
白俄罗斯**	6	500	NA	NA	NA	0.15	0.01%
爱沙尼亚	21	7 689	61.04	51.50	2.56	98.50	0.9%
爱尔兰**	421	3 400 000	14 128.68	4 545.65	2 547.96	16 816.73	77.0%
拉脱维亚**	31	25 788	21.96	17.69	4.81	24.79	2.0%
马其顿	1	8 263	2.41	3.70	1.65	4.35	0.6%
摩尔多瓦	295	126 453	11.76	17.59	11.47	26.69	5.1%
俄罗斯	250	416 397	197.44	181.86	21.64	278.12	0.4%
乌克兰	588	764 600	40.70	75.54	12.25	86.98	2.5%

注：NA 表示数据不可得；＊普及率由信用社社员总人数除以有经济活动的人口数；＊＊截至
2014 年 12 月 31 日的数据。

资料来源：www. woccu. org。

3 北美国家信用合作制度的起源和发展

3.1 加拿大信用合作制度的起源和发展

3.1.1 德雅尔丹与加拿大早期的大众信贷协会

1900 年 12 月 6 日，在加拿大魁北克的李维斯，一个报道国会下议院辩论的记者——阿尔丰斯·德雅尔丹（Alphonse Desjardins，1854～1920年），建立了李维斯大众银行。德雅尔丹生于 1854 年的 11 月 5 日，他父亲早亡，妈妈是家里唯一的支柱。年轻的德雅尔丹经历了贫穷的苦难，但是父母把强烈的道德和宗教原则传给了他，也让他接受了大学教育。16岁的时候，他辍学以帮助他的家庭，不久他加入了加拿大民兵组织，但后来他又回到了李维斯，成为当地报纸《李维斯回音》编辑部的一名成员。1879 年，德雅尔丹开始发表魁北克议会的辩论，11 年后，政府停止为德雅尔丹提供津贴。1891 年，他在李维斯成立了一家日报，这家企业仅持续了几个月，但德雅尔丹几乎同时被指派报道渥太华下议院的议程，1915年，他因为健康状况而退休。①

作为一名记者，德雅尔丹用大部分的时间关注经济和社会科学，在对欧洲的信用合作事业进行深入研究后，他开始对在自己的家乡实践这种合作制度感兴趣。与此同时，他发现普通的工薪阶层缺乏足够的银行服务，导致很多人不得不求助于高利贷，高利贷导致的困境不时地引起他的注意。1897 年，加拿大议会开始考虑通过立法宣布高利贷为非法。作为一个议会记者，德雅尔丹听到了这个提案的证词和辩论，当他听到在一个案

---

① Pherson, Hector Mac. Cooperative Credit Associations in the Province of Quebec, University of Chicago, 1910: 7 – 12.

例中，一个人为一小笔贷款而被收取了 1200% 的利息时感到非常的震惊。从那时开始，德雅尔丹决定通过自己的努力来抑制这种罪恶。

早在 1898 年，德雅尔丹给当时关于欧洲大众银行的最著名的作家和倡导者亨利·沃尔夫（Henry W. Wolff）写信，咨询有关这一事业的原则和发展状况。在初次交流以后，德雅尔丹告诉沃尔夫，他要下决心透彻地研究这些制度并把他们引入到加拿大。德雅尔丹确信，在当时的环境下，这一事业将会给那些被普通银行拒之门外、被迫求助高利贷的人带来很大的实惠。

同年，德雅尔丹也写信给法国芒通大众银行的主任查理斯·赖内里（Charles Rayneri），并从他那里收到了一本有关大众银行的书。接下来，他从法国收集了很多有关银行业的小册子。德雅尔丹也给其他的欧洲信用合作事业的领导人写过信，包括意大利的卢扎蒂。随着信用合作知识的增加，把这些制度引入加拿大的信心也不断增长。德雅尔丹开始在公众平台上散布合作的福音，通过媒体与所认识的人交流。

1900 年 9 月 20 日，德雅尔丹邀请一些朋友到他的家中，向他们汇报在李维斯创建一个大众银行的计划。在详尽的解释之后，每个人都表示愿意采纳这个计划。在德雅尔丹家中会面的这些人指定了一个委员会，通过每周两次会面来全面研究这个问题。德雅尔丹期望这些研究能够促成规章的制定和当地大众银行的创建。在委员会会面的几个星期里，德雅尔丹继续与欧洲的合作运动实践者通信并拟定出创建银行的技术细节。委员会对于组织一个这样的银行非常担心，因为没有法律赋予他们这样做的权利。然而，德雅尔丹认为，在没有此类立法的情况下，不禁止就是允许。他认为，一旦这种银行证明自己是成功的，国会将会认可它的法律存在。

德雅尔丹认为在加拿大没有必要区分城市信贷协会和农村信贷协会，他决定把大众银行和农村合作银行融为一体；同时，德雅尔丹也抛弃了欧洲的无限责任原则。在几次会议之后，委员会开始拟定信贷合作协会的章程，并承诺购买最初的股份。在 18 次会议以后，1900 年 11 月 22 日，细则的拟定宣告完成。12 月 6 日，李维斯的几百个市民参加了协会成立会议并正式采纳了章程。Caisse 一词没有准确的英语对应词，但德雅尔丹选择了这个词，因为它可以被翻译成信贷协会，不像银行一词那样令人反感。80 多人在章程上签字并认购了总共 200 股股份。李维斯大众信贷协会的目标是鼓励社员之间的经济和金融责任；促进基督教徒的人道主义价值；对抗高利贷；为当地的个人、企业提供资金，帮助借款人通过自助实现经济独立。

信贷协会在 1901 年 1 月 23 日开业。第一笔存款只有 10 分，但是当天总共收到了 26.4 加元存款。为了减少开支，也因为没有任何成员受过必要的训练来管理业务，德雅尔丹决定不领报酬地亲自处理所有业务。办公室就在他的家里，所有的记账工作都由他来承担，当他不在的时候，则由他的家庭成员承担。开始，只在星期六晚上办公，但很快就改为一周有三个晚上营业。到 1901 年 5 月，协会就发展到 840 名成员，2 750 份股份，发放贷款 8 000 加元。任何李维斯的城市或农村居民要成为协会的成员，必须认购至少 5 元的一份股份，并同意每周支付 10 分。此外，还需要支付一笔数额很小的入门费，作为进入协会的准备金。申请人还必须被公认是诚实的、能按时还款、勤劳、清醒并有良好的习惯。成为成员以后，也可能因为破产、犯罪而被开除。

信贷委员会负责审批贷款。章程规定，委员会应该对小额贷款给予优先权，并且贷款人必须在贷款申请中说明自己的贷款用途。虽然申请人的品格和信用记录是最好的贷款担保证明，但是信贷委员会也确实要求一名或两名其他成员对本票进行背书，如果借款人违约，背书人将负责偿还贷款。除了信贷委员会，协会的管理机构是以真正的合作方式合作的成员，他们一人一票，不论持有股份的多少。具体来说，协会的行政决策由管理委员会制定，它是由全体股东大会选出的 9 名股东组成，负责批准新的股东，委任和监督雇员，采纳新的协会规章，建议股息率，并控制准备金。从管理委员会中选出 1 名理事长、1 名副理事长和 1 名秘书，组成执行委员会。监督委员会由成员选举出的 3 名股东组成，负责监督协会的所有业务。

协会的资金由成员股份投资、成员存款、贷款收益和成员的预付款构成，如果协会不能从股东那里得到充足的资金维持良好的运转，它可以从非股东那里借款。用来保证协会稳健运转的准备金至少等于所得资本的 2 倍，所有的入会费和每年净利润的 20% 进入准备金，这些资金可以用来投资。为弥补因协会经营或其他目的而带来的最初的意外损失，通过从每年新产生的收益中提取 10% 成立公积金，直到公积金达到资本的 50%。因此，德雅尔丹的大众银行所遵循的原则与绝大多数更早期的合作银行和信贷协会相同。

在最初的 6 年中，信贷协会总共发放贷款大约为 200 000 加元，没有损失 1 分钱。这一记录证明，合作原则提供了必要的安全性。德雅尔丹认为，协会的安全性源于大家彼此相识，再就是每个人都有兴趣成为协会的股东。信贷委员会首先评估申请人的诚信，然后决定是否需要背书人。贷款利息由管理委员会确定，它会考虑货币市场的总体状况、银行利率和对存款人的合理报酬。在早期，年利率被确定为8%。

贷款业务为投资者带来了利润，尽管合作者不愿意使用这个词。同样，德雅尔丹也反对使用股息一词，他使用了奖金一词来称呼对存款支付的利息和对股份支付的股息。在最初6年的经营中，李维斯信贷协会实现了5 800加元的利润，3 400加元转成了准备金，2 400加元发放了奖金，最初全体会议确定的每个人能够持有的股金上限为125加元，但更多的贷款需求使每人可以持有的股金上限提高到250加元，然后到500加元，1906年达到1 000加元。在最初的经营年份中，股息率平均为4%。股息率本来可以更高，但德雅尔丹坚持认为，在充足的准备金建立之前，股息应该保持在适度的水平。

德雅尔丹离家继续他在渥太华众议院的记者工作，把管理协会的事务留给了他的妻子。然而，6年以后，贷款协会的成长使得它不得不在商业地区租赁一个办公地点并聘用一个经理。尽管德雅尔丹一直打算使用李维斯大众贷款协会来证明这样的协会在加拿大是可行的，但他保守的性格使他推广这项实验的进程非常缓慢。在李维斯大众贷款协会成立一年之内，在相邻的农村社区也建立了一个这样的组织，第三个协会在1905年开始经营。

这三个协会起初没有合法的身份，但是德雅尔丹决定让他们得到法律的认可。他的工作为他在魁北克的立法机关中赢得了很多热心的朋友，1906年，在没有一票反对的情况下通过了"魁北克辛迪加法"。第二年，一个以该法为样本的议案提交到了加拿大众议院，组成特别委员会进行听证。德雅尔丹是主要的证人，并有加拿大总督的支持，但是这项议案却没有被通过。此后，大众信贷协会继续增长，到1914年，整个加拿大共有150个这样的协会为城市工人、农民和矿工提供服务。德雅尔丹全身心投入到组织信贷协会中。在1920年10月31日他去世的时候，有不少于220家这样的信贷协会，包括魁北克的187家，安大略湖区的24家，美国9家。仅在魁北克省就有大约30 000名成员，总资产近600万加元。①

3.1.2　加拿大大众信贷协会的扩张和发展

在他去世的前几个月，德雅尔丹已经向信贷协会提交了计划成立一个

① Moody, J. Carroll, Gilbert C. Fite. *The credit union movement*, 2ⁿᵈ edition, Dubuque：Kendall/Hunt Publishing Company, 1984：13 – 18.

联盟的大纲。随着信贷协会数量的增加，将它们控制在同一个中央组织下将会更有利于协会的发展。但是，他生前没能看到计划的实施。在他去世后，他的合作伙伴承担了这个任务，并于 1920 年 12 月 15 日成立了第一个信贷协会的区域联盟，此后，区域联盟接连成立，这些组织后来成立了信贷协会联合会。1932 年，随着魁北克联盟的成立，省级组织的概念得以实现。原联盟包括现有的四个区域联盟，后来增加了在 1934～1944 年期间建立的其他六个，目标是为信贷协会提供技术支持并进行适当的监督。

受 19 世纪 20 年代经济衰退和 30 年代大萧条的影响，信贷协会的数量、成员、总资产有所减少。1934 年，经济开始转入繁荣，随着神职人员、学者和社会领导人开始求助于合作制度进行经济改革，魁北克从危机中恢复过来。1944 年，有 877 家信贷协会，总资产为 8 800 万元。信贷协会开始覆盖整个魁北克省境内，由第一代的永久雇员提供集中的专业服务支持。然而 20 世纪 40 年代早期信贷协会的快速增长埋下了分裂的种子，主要原因在于集权和宗教信仰。1945 年，9 家信贷协会从区域联盟中分离出去，创建了一个小的持不同政见的联盟，但这未能影响德雅尔丹集团以一个温和的速度继续扩张。

1944 年，集团开始多元化经营。集团的官员创建了保险协会合作社（后来发展为德雅尔丹集团的保险联合会）以防止信用社可能发生的火灾、盗窃及诈骗。这个新公司也可以保护那些生活在没有消防服务的农村地区的成员财产，但难以做到全面覆盖。为了改善成员和家庭的财务状况，德雅尔丹人寿保险机构在 1948 年成立，在推出储蓄寿险及贷款保险计划后，又推出了一个创新性的家庭保险计划。

20 世纪 40 年代到 50 年代，信贷协会的数量爆炸式增长，支持信贷协会的基础设施不断建立。省级政府通过了信贷协会的法律，省级中央机构和存款保险设施也建立起来。随着一些新的会计、统计、培训、管理专家的聘用，组织的内部服务很快变得更加结构化和综合化。在 20 世纪 60 年代初，消费和更高的家庭支出使传统的生产性信贷受到质疑，集团的信贷行为更加灵活，更加现代化。城市、工业和公共部门的信贷协会在规模和范围方面开始超过农村信贷协会。到了 20 世纪 80 年代，不断变化的消费者需求呼唤新的服务方式，社员们要求信贷协会具备与大银行竞争的能力和全方位服务社员的渠道，如 ATM 机、网上/电话银行业务、信用卡等。与此同时，信贷协会的普及率稳定在约 20%。面对客户日益复杂的产品和服务需求，一些信贷协会转向并购以推动规模扩张，导致信贷协会数量持续下降，每个机构的平均成员人数急剧增加（从 1940 年的 100 名/信贷协会增加到 2010 年的 13 000 名/信贷协会），其中最大的信贷协会有近 100 万名成员，资产和成员的分布也更加集中。前 10 名信贷协会的总资产增加了一倍，从 1980 年的 24% 上升至 2010 年的 48%。各省的中央机构也开始整合以实现规模经营，安大略和不列颠哥伦比亚中心在 2008 年合并成立第一中央，紧随其后的是 2011 年的大西洋中心。加拿大信贷协会中心（CUCC）把自己的经营任务委托给第一中心，自己专注于全国行业协会的功能。①

3.1.3 小结

加拿大信用合作事业的起源比欧洲国家晚了大约半个世纪，在相似的历史条件下，信用合作制度的产生在等待一个领袖人物的出现，高利贷的罪恶深深刺痛了有强烈的道德和宗教原则的德雅尔丹，他承担起了这一历史使命。欧洲国家信用合作事业的成功实践给他在加拿大的实践提供了指引和信心，遵循欧洲先驱的信用合作原则，他在自己的家里创建了加拿大的第一个贷款协会。与欧洲国家信用合作组织区分雷发巽和舒尔茨贷款协会的传统不同，加拿大把大众银行和农村银行融为一体；同时，德雅尔丹也抛弃了欧洲的无限责任原则。德雅尔丹的大众银行所遵循的原则与绝大多数早期的合作银行和信贷协会相同：社员要承诺购买至少一份股份，还需要支付一笔数额很小的入门费，成员要有良好的品德，并要说明贷款用途，优先发放小额贷款，要求其他成员为贷款人的债务进行担保。成员一人一票，不论所持有的股份多少。如果协会不能从股东那里得到充足的资金维持良好地运转，可以向非股东借款。所有的入会费和每年净利润的 20% 进入准备金，并从每年新产生的收益中提取 10% 成立公积金，直到公积金达到资本的 50%。作为一个新事物，加拿大并没有对这类合作组织进行立法，因此，德雅尔丹对经营和推广这类组织非常谨慎，并且决心推动立法，最初在魁北克省的立法机关顺利通过了这类组织的立法，但在加拿大众议院的立法却不顺利。随着信贷协会数量的增加，一个个的区域联盟接连成立，并成立了信贷协会联合会。各省级政府也都通过了信贷协会的法律，支持信贷协会的基础设施不断建立。随着信贷协会的发展，德雅尔丹集团涉足了保险等行业进行多元化经营，并突破了传统的生产性信贷，发放更多的消费贷款。适应消费者不断变化的需求，信贷协会发展成为全能型银行。

---

① Deloitte, 21st century Co-operative：Rewrite the rules of collaboration, www. deloitte. ca.

3.2　美国信用合作制度的起源和发展

3.2.1　美国信用社制度的起源和发展

早在 1864 年，几个纽约的德国手工业者联合会组织了一个全市范围的工人联盟。他们试图根据舒尔茨·德利奇的自助原则，建立银行、医院、建房协会和生产合作社。然而，欧洲马克思主义者争取 8 小时工作日的热情很快就压过了舒尔茨合作社的热情。1870 年，马萨诸塞州一个波士顿的律师，塞缪尔·昆西（Samuel M. Quincy），也是马萨诸塞常设法院的成员，把舒尔茨的报告《德国大众银行：根据最新法律的组织》翻译成英文摘录。他的侄子约西亚·昆西（Josiah Quincy）是马萨诸塞参议院成员，把这个报告连同在本州立法允许开设这种银行的请求提交给了银行和银行业委员会。一个波士顿的杂志对这一想法给出了正面评价，并认为在美国引进这种银行是有利的。次年，一个参议院的议案提出成立这种协会，但在两个月之内，银行和银行业委员会的主席约西亚告诉这个委员会，这种立法是没有必要的，因为他发现可以根据现行立法组织这种协会。[①]

虽然马萨诸塞州的立法没有通过，但美国对信用合作的热情并没有消失。政治经济学家和其他的观察家继续呼吁美国需要合作银行来保证独立手工业者的存在和减少劳资冲突。此外，19 世纪 80 年代，人们已经清楚地认识到，缺少适当的银行和信贷设施会迫使普通人转向高利贷和当铺，他们通常收取 30% ~50% 的利率，被称为合法的抢劫。有人认为：穷人不应该在他们最困难的时候被抢劫，也不应该为借款而付出富人借款 5 ~10 倍的价格，呼吁以 6% 的利率提供贷款的制度。虽然各种类型的储蓄银行、储蓄和贷款协会相继出现，但无论是舒尔茨还是雷发巽的协会都没有马上在美国取得立足之地。德雅尔丹在加拿大推广信贷协会的同时，也参与到美国的信用合作事业中。欧洲领导人如舒尔茨和雷发巽的工作众所周知，德雅尔丹的信贷协会也为美国人所熟悉，但在 1907 年以前，没人效仿加拿大的经验。德雅尔丹表示愿意帮助美国成立信贷合作协会，但认为协会

---

①　Moody, J. Carroll, Gilbert C. Fite. *The Credit Union Movement-Origins and Development* 1850 *to* 1980：16 – 18.

要想成功，领导人必须出自美国。

美国信用合作事业的领袖人物是波士顿的爱德华·法林（Edward A. Filene），他在 1907 年的一次印度之旅后对信用合作产生了特别的兴趣。爱德华生于 1860 年，毕业于马萨诸塞的里恩高中，1878 年，在几个月的自学之后，他被哈佛大学录取，但在入学之前，他的父亲开始生病，爱德华不得不到他父亲开办的家庭服装商店工作，他很快就表现出对商业的兴趣和才华。爱德华 5 岁的时候受伤导致跛行，成为他终身未婚的原因之一；但是他深深关注大众的生活，生意和公共服务耗去了他的一生，可以说，他真正意义上的家庭是整个社会。爱德华的波士顿商店生意兴旺，其成功来源于他的商业和管理实践，他坚持客户的钱应该花得值。他也是一个开明的雇主，他为员工提供优厚的工资和福利，支持员工协会，并赋予他们为商店制定规则的权利，包括工作时间和假期。尽管爱德华的生意很好，但他的生活非常简朴，唯一的奢侈品是旅行。爱德华谦虚地称自己是一个来自波士顿的店主，但实际上远不止这些，他是一个积极的自学成才的知识分子和国际主义者，他大部分的时间和金钱试图解决人类的社会问题。1907 年 2 月初，爱德华到达印度的加尔各答，非常迫切地到印度的村庄去研究他所听说的信用合作事业。在印度的村庄里，爱德华看到了从未见过的贫穷，他认为印度农民的一个希望是农业合作银行。英国政府已经敦促农民成立协会以接受他们贫乏的存款，然后政府借给协会一笔和社员存款金额相等的资金。反过来，协会为社员提供贷款，绝大多数的贷款是5～25 卢比。爱德华对协会的工作和没有报酬的志愿者印象深刻，当他离开印度的时候，更加坚信信用合作能够帮助穷人。回到美国以后不久，他致电老罗斯福总统，推荐印度的农业合作银行，并拜访他，再次推荐这种制度，但最终不了了之。①

当时还有另外一个叫皮埃尔·杰伊的波士顿人，相信合作银行是解决信贷问题的现实选择。1906 年，杰伊被任命为马萨诸塞州立法机关银行部的委员。在 1906 年的下半年，杰伊读到了沃尔夫的《大众银行》一书，他深受鼓舞，搜集有关资料，并联系到了德雅尔丹。1908 年，杰伊和德雅尔丹在渥太华见面，这次见面给了杰伊很大的启发，解决了他的很多疑问。1908 年 10 月 22 日，德雅尔丹在美国新罕布什尔州的曼彻斯特帮助指导一个大众信贷协会，顺便到波士顿访问了杰伊，并见到了法林等人。杰

---

① Moody, J. Carroll, Gilbert C. Fite. *The Credit Union Movement-Origins and Development* 1850 *to* 1980：19－22.

伊建议立法机关通过一项法律，把信用合作组织置于恰当地限制和监管之下。立法过程非常顺利，1909 年 4 月 15 日，通过了马萨诸塞州信用合作社法，该法把信用合作社定义为"促进社员节俭而成立的合作协会"。它规定，至少要有七个发起人来申请组建信用合作社的许可证，信用合作社成立以后，可以以购买股份或存款的形式接受社员储蓄并发放贷款。绝大多数协会的章程要求付一笔小额的入门费，并要求分期付款购买一份 5 美元的股份。信用合作社实行民主管理，不论持有股份多少，都是一人一票。由社员选举出理事会，然后理事会选出理事长和其他官员。信贷委员会和监督委员会也由社员选出，由信贷委员会审批所有的贷款，贷款必须用于有益的目的。理事和委员会的成员都提供没有报酬的志愿工作。①

马萨诸塞州是美国第一个通过设立信用合作社的普通成文法规的州。尽管杰伊后来不再主管银行部的立法工作，但他仍然密切关注信用合作事业的早期发展。新的马萨诸塞立法机关银行部的部长邀请杰伊帮忙写一本小册子，阐释什么是信用合作社和如何组织信用合作社，在德雅尔丹的帮助下，小册子顺利完成。杰伊继续通过通信和传播文献的方式推动信用合作事业的发展，但是杰伊对于信用合作社的发展采取了相当谨慎的态度。当马萨诸塞州的一个出版商建议通过宣传的方式在美国各地推广信用社时，杰伊回答："对推广这类银行业机构保持兴趣是可取的，但是我认为在人们对这个课题了解不多，也没有任何的国家监管机构去指导它们的情况下，就在全国范围内发起很多这样的组织并不明智，没有什么比发起了很多这种组织却有很多失败对这项事业的发展更加不利。"杰伊希望准备一个细则模板，来指导新的信用社的开办和稳健经营。尤其是，他认为这一制度是对这个国家有用的制度，必须确保它不能进展得太快，要沿着谨慎的、并能很好地证明它的优点的路线推进。但事实是，杰伊不需要担心信用合作社在美国，甚至在马萨诸塞州的快速发展，因为没有专门的机构来推动，这一事业进展得非常缓慢。②

1910 年，只成立了 2 家信用合作社，这更多地归功于德雅尔丹的工作。1910 年夏天，银行部委员办公室准备了一本主要由杰伊和德雅尔丹完成的小册子，随时提供给需要的人。同时，当时的银行部部长蔡平（Chapin）也邀请德雅尔丹指导信用合作社的组织和经营。这年秋天，德

---

① Moody, J. Carroll, Gilbert C. Fite. *The Credit Union Movement-Origins and Development* 1850 *to* 1980：22－26.

② Moody, J. Carroll, Gilbert C. Fite. *The Credit Union Movement-Origins and Development* 1850 *to* 1980：26－27.

雅尔丹接受邀请在马萨诸塞州组织信用合作社。德雅尔丹的工作由波士顿商会的劳资关系委员会予以资助，法林是该委员会的主席。作为德雅尔丹这次访问的直接结果是波士顿妇女教育行业信用合作社的成立。该信用社要求社员有诚实的品德，社员限制在所了解的人之中，每个社员要交50美分的入门费和以每周或每月分期付款的方式认购至少5美元的股份，贷款限于小额贷款，可以分期偿还。在它经营的第一个10年中，总共向2 210个借款人发放贷款330 000美元，所有的贷款损失只有292.43美元，这一数据说明信用合作社坚持了解它的社员产生了良好的结果。1911年，马萨诸塞的信用合作依然发展缓慢，全州新成立了17个信用合作社，只有1 623名社员。到1913年，全州共有信用合作社34家。①

信用合作社并不是单枪匹马地与高利贷作战，罗素塞奇基金会（Russell Sage Foundation）也致力于解决穷人所面临的信贷问题。1909年，该基金会成立了全国救济贷款协会联合会，开始推动新的贷款协会的成立，并改组原来的贷款协会，在各州推动小额贷款公司的许可和监管立法，并制定统一的利率。1912年10月，德雅尔丹应邀访问纽约，并对有志于信用合作社的人发表演讲，接下来访问了新贝德福德（New Bedford）、福尔里弗（Fall River）、波士顿和里恩（Lynn）等地，并会晤了对信用社感兴趣的罗德岛总督。在福尔里弗，德雅尔丹组织了一个信用社。②

罗素塞奇基金会希望在纽约对信用合作社进行立法，在杰伊、德雅尔丹等人的帮助下，汉姆准备了第一个纽约信用合作社议案。在议案向立法机关提交前，达切斯（Dutchess）县的参议员富兰克林·罗斯福（后来的小罗斯福总统）提交了一个议案，为纯农业信用合作社的成立做准备，几乎就是马萨诸塞农村信用合作社的翻版。在听证和辩论期间，罗斯福等人撤回了他们的提议转而支持罗素塞奇基金会的议案。纽约信用合作社议案在1913年的5月成为法律。在法律通过不久，就收到了很多关于组织信用合作社的问询，他们决定起草一个实施细则与法律一起发布。到1915年9月，有19个信用合作社根据法律开始营业，其中11个在纽约市。③

但信用合作社在马萨诸塞州的发展让人灰心，该州亟须一个组织来积

---

① Moody, J. Carroll, Gilbert C. Fite. *The Credit Union Movement-Origins and Development* 1850 *to* 1980: 27 – 29.

② Moody, J. Carroll, Gilbert C. Fite. *The Credit Union Movement-Origins and Development* 1850 *to* 1980: 29.

③ Moody, J. Carroll, Gilbert C. Fite. *The Credit Union Movement-Origins and Development* 1850 *to* 1980: 30 – 31.

极推动信用合作社的发展。因此，1914 年 1 月 7 日，法林和其他几个人一起成立了马萨诸塞信用合作社（MCU），该组织的目的是倡导储蓄、鼓励组织信用合作社向个人社员贷款，同时也向当地的信用合作社提供贷款。该组织既有信用合作社的权利，也作为一个中央机构向其他的信用合作社提供帮助，承担信用合作社推广的责任。要成为 MCU 的成员，个人或信用合作社需要向理事会提出申请，申请通过以后，要交一笔小额的入门费，并认购 1 股股票，价值 5 美元。未经理事会同意，股份在 5 年以内不能撤资，除非社员死亡。社员在 MCU 的存款每次不低于 100 美元，存款经同意可以提取，但要求提前 30 天通知。存款利息每半年支付一次。信用社的资本、存款和盈余或借给社员，或存到储蓄银行、信托公司或国家银行，但资金的主要目的是向社员提供贷款。借款人要向信贷委员会申请并经该委员会的多数人同意。每笔贷款申请必须说明贷款的目的，优先发放小额贷款，章程对到期未还款的借款人规定了每月 1 美元缴 2 美分的罚金。社员如果不履行与信用社的协议、犯罪或欺骗信用合作社，可能被信用合作社开除。如果社员私生活有丑闻，或习惯性地拖欠债务，也会被开除。MCU 聘请律师威廉·斯坦顿（William J. Stanton）作为全职的总经理，开业两个月以后，MCU 的股份达到 9 045 美元，存款 5 500 美元。①

在 1914 年 4 月 1 日 MCU 的第一次理事会上，斯坦顿被授权为小的信用合作社提供业务表格，并吸收其他信用合作社为社员。是否可以吸收信用合作社为社员不在章程的范围之内，银行部的部长对此不满，但没有反对。在 MCU 理事会、监督委员会和信贷委员会的第一次联席会议上，决定年利率不超过 6%，最高贷款额度为 500 美元，除非社员能对超过的部分提供抵押。三个委员会的成员一致同意，贷款政策对个人成员和信用合作社成员一视同仁。MCU 的组织工作停滞不前，但斯坦顿认为，信用合作社的种子已广泛撒播，未来会有收获。尽管斯坦顿努力工作，但对信用合作社感兴趣的人似乎很少。在整整一年中，马萨诸塞州只成立了 16 个信用合作社，其中仅有一部分是 MCU 组织工作的结果。此外有 5 个信用合作社进行了清算，在信用合作社法律通过 4 年半后的 1914 年底，只有45 个信用合作社正常经营。②

MCU 不仅努力组织新的信用合作社，它也是州信用合作社联盟的先

---

① Moody, J. Carroll, Gilbert C. Fite. *The Credit Union Movement-Origins and Development* 1850 *to* 1980：31 – 32.

② Moody, J. Carroll, Gilbert C. Fite. *The Credit Union Movement-Origins and Development* 1850 *to* 1980：32 – 35.

驱，唯一的不同是信用合作社成员不用缴纳会费，只是与个人社员一样认购股份。MCU努力为成员信用合作社提供各种服务，如提供商业表格、组织和经营信用合作社的建议，代表信用合作社与监管部门联络，帮助财务困难或清算的信用合作社，发起信用合作社官员的全体会议讨论有关信用社共同利益的相关事项。接下来，经理事会投票决定，MCU不再向个人社员提供贷款。MCU的领导人认为，该组织应该是马萨诸塞信用合作社的总社，它的目标应该是鼓励基层信用合作社的成立，为整个信用合作事业提供公共支持，协调和指导整个州的信用合作事业。因此，MCU游说各个信用合作社成为自己的成员。1914年底，有16个信用合作社成为MCU的成员。信用合作社要成为MCU的成员，必须通过组织和业务经营方面的检查。MCU曾经否决了一个信用合作社的成员申请，指导理事会认为该信用合作社应该按照MCU的标准来经营。①

1915年4月27日，在波士顿成功举行了第一次全州范围内的信用合作社会议。大卫·沃尔什（David I. Walsh）州长盛赞信用合作社事业："这一事业甚至比储蓄银行和合作协会更能为普通大众带来好处，因为每个银行对于没有抵押的25美元贷款都是大门紧闭的。这一事业的伟大之处在于，它为银行不能服务的群体提供了服务，它将帮助所有人。"汉姆向德雅尔丹汇报信用合作社在马萨诸塞取得的进展，德雅尔丹提醒他应该注意信用合作社不要只注重做纯粹的生意，要注意信用合作社的教育和社会效益。波士顿会议以后，法林在推动信用合作方面开始发挥更加积极的作用。在当时的银行部部长和斯坦顿的帮助下，法林帮助起草了新信用合作社经营的8项原则，包括：信用合作社在合作的基础上进行组织；人的联合而不是股份的联合，社员一人一票，并限制每个社员的股份；严格排除浪费和挥霍的借贷；只吸收诚实和勤勉的人成为社员；限于在一个小的社区或人群中经营；发放小额贷款并分期偿还；允许品德和勤劳作为发放贷款的基础；要求按时偿还贷款。②

法林充分意识到，信用合作事业的成功依靠合作理念的开发，信用合作社组织和经营背后的精神必须不同于一般的营利性企业。同时，信用合作社必须坚持稳健的商业做法，没有什么比信用合作社的失败导致社员失去储蓄更能伤害到信用合作社的发展。虽然信用合作社已经得到州的认可

①　Moody, J. Carroll, Gilbert C. Fite. *The Credit Union Movement-Origins and Development* 1850 *to* 1980：35.

②　Moody, J. Carroll, Gilbert C. Fite. *The Credit Union Movement-Origins and Development* 1850 *to* 1980：36 - 37.

和主要政治家的支持，但是如果政治家感到他们正在支持一项有风险的事业，官方的支持很快就会消失。然而，法林相信，如果坚持以上 8 项原则，信用合作社将会朝着健康而有用的方向发展。但在 1915 年，由于遭到高利贷群体的反对，信用合作事业有所退步，它需要更好的领导和健康的经济面貌来彰显其在经济生活中的作用。①

信用合作社的发展非常缓慢。1915 年，MCU 雇用律师乔治·艾尔维尔（George W Elwell）作为宣传委员会的实地推广秘书。为什么信用合作事业，一个简单的自助观念在赢得支持上如此缓慢？人们对于一项新的金融事业持怀疑态度是很自然的。很多的商业和工业企业已经向员工提供信用，人们认为信用合作社是没有必要的。有些公司使用员工的储蓄增加公司的营运资金，但如果这些公司陷入财务困境，员工的储蓄肯定会遭受损失，因为在很多情况下，员工不了解自己的钱被投到了哪里，或者他们知道投到了哪里，但因为怕失去工作而不敢质疑。信用合作事业不仅有来自雇主雇员协会的竞争，还有来自日益成长的莫里斯银行计划（Morris Plan of Banks）的竞争，这个信贷机构不同于一般的商业或储蓄银行，它为很多被传统银行抛弃的人提供服务。到 1915 年，这类机构在 6 个城市迅速发展，但主要集中在美国的东部和南部，自成立开始，这些机构发放了 2 300 万美元的贷款。但几个月以后，信用合作事业的领导人便不再担心，因为莫里斯银行是一个披着虚假外衣的纯粹商业机构。②

但马萨诸塞银行委员会日益增长的不友好情绪令人担忧。马萨诸塞州的财务部长指责信用合作社的贷款政策，并指出很多信用合作社管理不善。1914 年和 1915 年有 15 个信用合作社清算，占到马萨诸塞州信用合作社法通过以后成立的信用合作社总数的 23%，而在 1914 年以前，只有 2 个信用合作社进行清算。MCU 的总裁费力克斯·沃伦伯格（Felix Voren-berg）指出，只有 2 个信用合作社是被银行部部长清算，其他的都是自愿停止经营，但他同意对信用合作社管理的指责。例如在一次会议上，一个信用合作社的理事长批评有些信用合作社的利率超过了 10%。为了解决这一问题，法官亚伯拉罕·科恩（Abraham K. Cohen）提议，除非信用合作

---

① Moody, J. Carroll, Gilbert C. Fite. *The Credit Union Movement-Origins and Development* 1850 *to* 1980：37.

② Moody, J. Carroll, Gilbert C. Fite. *The Credit Union Movement-Origins and Development* 1850 *to* 1980：45 – 47.

社同意对它的账目和经营方法进行检查，否则不能加入MCU。①

　　信用合作社还面临另一方面的打击，在银行部部长的支持下，马萨诸塞州的立法机构提出了一个议案，取消原来立法中对信用合作社的免税支持。批评者认为，信用合作社根本不是非营利的合作机构，有些信用合作社的利润很高。但最终立法机构拒绝了改变信用合作社免税政策的提议。此外，1916年还有两项其他的议案影响信用合作社。一项议案提议所有的储蓄和贷款机构必须由银行部进行审计，这对于信用合作社，尤其是小的信用合作社是一个沉重的负担；另一项议案提议把信用合作社的监管移交给小额贷款监管机构。艾尔维尔作为MCU的注册游说议员，成功地击败了这些提案。在这些提案以后，有个立法委员提出限制在存在协会的地区组建信用合作社的提案。艾尔维尔认为，该项提案为已有的协会提供垄断机会，并可能成为政治工具。幸运的是，提案人最后撤销了他的提案。在艾尔维尔的努力下，信用合作事业逃脱了对它的很多不利限制。虽然如此，信用合作社并没有引起重大的反对或足够的支持。法林对信用合作社的推广活动资助了数千美元，并在信用合作社的组织工作中发挥了相对积极的作用，它指派了几个助手对信用合作事业进行详细的研究并提交了一份报告。报告指出，信用合作社面临的问题是一些马萨诸塞立法议员的持续的敌意和银行部部长的不友好态度。银行部部长桑代克已经取消了几个信用合作社的许可证，并拒绝为其他的信用合作社发放许可证；他还禁止一个信用合作社从另外一个信用合作社借贷。该报告提议雇用另外一个兼职人员研究MCU和各个信用合作社的经营情况，以促使他们的业务管理和账目标准化。②

　　1916年，信用合作社的领导人被迫对这一运动进行重新审视。作为外部批评和内部讨论的结果，法林和其他领导人决定成立一个新的组织——马萨诸塞信用社协会（MCUA），以使这一事业焕发生机和活力。同时，法林等人提出了向MCUA发放许可证的议案，该议案在1917年4月13日被通过。MCUA的目的是传播信用合作社的意义，组织和帮助信用社，以不超过6%的年利率向信用合作社发放贷款，并在总体上促进和帮助信用合作社。法林选择约翰·克拉克·比尔（John Clark Bills），一名哈佛大学法学院的毕业生，作为MCUA的领导人。然而比尔在推动信用合

　　① Moody, J. Carroll, Gilbert C. Fite. *The Credit Union Movement-Origins and Development* 1850 *to* 1980: 47 – 49.

　　② Moody, J. Carroll, Gilbert C. Fite. *The Credit Union Movement-Origins and Development* 1850 *to* 1980: 49 – 50.

作事业方面并不比他的前任做得更好。①

得益于信用合作社更好的组织和管理，以及 20 世纪 20 年代工业和金融总体的发展趋势，1920 年，信用合作事业迎来了转折点。法林深信信用合作背后的原则，他所需要的是一个能够履行组织工作的合适人选。1920 年春天，一个来自里恩的 40 岁的律师——罗伊·白金伦（Roy F Bergengren）拜访了法林，意欲应聘 MCUA 的管理领导人。几分钟的谈话之后，法林把这份工作交给了白金伦。在法林所有的人事决策中，这可能是最明智的决策。白金伦 1879 年 6 月 14 日生于马萨诸塞格罗斯特县，是一个瑞典移民医生的儿子，1903 年，毕业于达特茅斯学院，1906 年毕业于哈佛大学法学院，同年，他成为马萨诸塞的一名律师，开始在里恩执业。白金伦从未有过像样的法律业务，甚至都不能赚足够的钱养家，他主要为付不起钱的穷人提供法律帮助，并了解到了高利贷的罪恶。他最终得出结论，法律不能解决穷人迫切的经济问题，也不能解决他自己的财务困境，因此，他厌倦了法律工作，希望转向其他职业。②

当他接受法林提供的工作、领导 MCUA 时，他并没有多少关于信用合作社的知识，然而信用合作事业的服务原则、促进节俭的努力和减少对穷人剥削的企图，却深深感染了他。此外，这份工作也为他的家庭提供了一个更好的生活。因此，白金伦满腔热情地投入到信用合作事业中，对在美国经济生活中建立信用合作社作出了最大的贡献。他设想在一个城市或地区建立一个叫作分会的组织，来执行州联盟的命令。第一个地方分会在 1920 年设立。1921 年，马萨诸塞成立了 19 个信用合作社，比以前的任何一年都多。截至 1921 年年底，该州共有 82 个信用合作社。③

1921 年 6 月 18 日，很多信用合作社的代表集会，成立了马萨诸塞信用社联盟（MCUL），联盟的目的是促进信用合作社和社员的利益和联合。只要信用合作社向联盟理事会申请，并交纳 2 美元的入门费和 2～30 美元不等的第一年的会费，就可以成为联盟的成员。信用合作社的个人社员交纳 1 美元的会费也可以成为联盟的成员，但没有投票权。④

---

① Moody, J. Carroll, Gilbert C. Fite. *The Credit Union Movement-Origins and Development* 1850 *to* 1980：50 – 54.

② Moody, J. Carroll, Gilbert C. Fite. *The Credit Union Movement-Origins and Development* 1850 *to* 1980：57 – 58.

③ Moody, J. Carroll, Gilbert C. Fite. *The Credit Union Movement-Origins and Development* 1850 *to* 1980：58 – 59.

④ Moody, J. Carroll, Gilbert C. Fite. *The Credit Union Movement-Origins and Development* 1850 *to* 1980：59.

该组织成立后，白金伦认为自己短暂的信用合作社生涯该结束了，但法林希望他再尝试一次在全国范围内发动信用合作事业的机会，并承诺自己将为这次尝试提供资金支持。白金伦答应了这一请求，他们成立了一个叫作全国信用合作社推广局（CUNEB）的组织，并拟定了三个主要的目标：推动各州立法，给信用合作社发放许可证；组织新的信用合作社；成立一个全国性的组织，负责在全国推动信用合作社的发展。全国信用合作社推广局与马萨诸塞信用合作社联盟共享一个总部，办公设施非常简陋，弗朗西斯·哈本（Frances Habern）是他的唯一助手，他同时还担任MCUL 的财务主管。①

　　在 CUNEB 成立的第一年中，信用合作取得了较快的发展。白金伦充分意识到，除非有人进行卓有成效的教育，大多数的立法机关不会通过关于信用合作社的立法，他必须走出他在波士顿的办公室，到"草根"中传播这一事业。1921 年 12 月下旬，白金伦和他的妻子出发访问了几个州，主要目的是联络当地可以托付立法事业的人。②

　　几个星期以后，白金伦获得了法林的资助，得以继续他的联络，二人的努力为 1922 年的成功立法作出了巨大贡献。弗吉尼亚和肯塔基在短时间内通过了信用合作社的立法。同时信用合作事业也在康涅狄格、宾夕法尼亚、新泽西、西弗吉尼亚、佛蒙特、阿肯色、俄亥俄、伊利诺伊、密歇根、明尼苏达和华盛顿奠定了初步的基础。1923 年，法林和白金伦继续他们的立法努力，但只有田纳西和印第安纳州通过了信用合作社法。然而，南卡罗来纳和威斯康星州修改了他们的信用合作社法，与公认的信用合作原则保持一致。其他很多州的信用合作社立法也提上日程。③

　　回顾 2 年的立法经过，白金伦备受鼓舞。5 个州通过了信用合作社法，两个州修改了他们原来的法律，在 10 多个其他的州打下了良好的基础。这一成功应归于白金伦和法林，法林不仅付出时间精力，而且还利用自己的名声为白金伦引荐可能有帮助的人，但最重要的是，他为 CUNEB 提供了资金支持。资金几乎全部来自 1919 年由法林成立的合作社联盟基金，

　　① Moody，J. Carroll，Gilbert C. Fite. *The Credit Union Movement-Origins and Development* 1850 *to* 1980：60.

　　② Moody，J. Carroll，Gilbert C. Fite. *The Credit Union Movement-Origins and Development* 1850 *to* 1980：61.

　　③ Moody，J. Carroll，Gilbert C. Fite. *The Credit Union Movement-Origins and Development* 1850 *to* 1980：62－63.

1922 年更名为 20 世纪基金。①

尽管白金伦对来自 20 世纪基金的资金支持并不满意，但这并未动摇他在更多的州通过信用合作社法的直接目标。1924 年，有 3 个州通过了信用合作社立法。1925 年，伊利诺伊、艾奥瓦、明尼苏达、密歇根、佐治亚和西弗吉尼亚 6 个州通过了立法，成为信用合作社历史上最大的立法年。②

尽管 1925 年合作社立法取得了很大的进展，但在俄亥俄州却遭到了失败。在那里，强有力的建房和贷款协会把持着哥伦比亚的议会，他们公开与信用合作事业作对，直到 1931 年，俄亥俄州才通过了信用合作社法。建房与贷款协会的阻挠也是 1925 年密苏里州信用合作社法未能通过的主要原因。1925 年年底，有 24 个州通过了信用合作社法。虽然信用合作社立法取得了很大成功，但立法只是为组织和发展信用合作社提供条件。白金伦一直没有忘记这个根本的目标，他坚信没有什么比信用合作社在当地的成功经营更有说服力。在他的指导和当地信用合作社的努力下，在通过信用合作社立法的州，信用合作社迅速成长。③

美国邮政部希望创立一个服务机构，以增进员工福利，这为信用合作社发展提供了契机。幸运的是，该服务机构的负责人是法林最亲密的朋友亨利·丹尼森（Henry L Dennison）。与丹尼森一道，白金伦在邮政部门组织信用合作社，到 1925 年 9 月，邮政系统共成立 44 个信用合作社。虽然在公共服务部门中组织员工信用合作社取得了很大进展，白金伦对在工人中建立信用合作社的兴趣并不大，但几个月后，他开始对工厂主和工人大肆宣扬信用合作社的好处，因为他看到了在劳资关系协会和制造商协会参与下，信用合作社发展的巨大潜力，白金伦开始对在所有有共同联系的群体中组织信用合作社感兴趣。④

尽管信用合作社在很多州迅速发展，但法林的主要兴趣仍然在马萨诸塞州，他相信马萨诸塞州信用合作社的成功将会推动其他州信用合作社的发展。白金伦同意法林的观点，但他认为马萨诸塞州的信用合作事业应该

① Moody, J. Carroll, Gilbert C. Fite. *The Credit Union Movement-Origins and Development* 1850 *to* 1980：63.

② Moody, J. Carroll, Gilbert C. Fite. *The Credit Union Movement-Origins and Development* 1850 *to* 1980：64 - 65.

③ Moody, J. Carroll, Gilbert C. Fite. *The Credit Union Movement-Origins and Development* 1850 *to* 1980：66 - 67.

④ Moody, J. Carroll, Gilbert C. Fite. *The Credit Union Movement-Origins and Development* 1850 *to* 1980：69.

交由马萨诸塞州的联盟来推动，但马萨诸塞州联盟并没有足够的财力和人力来推动这一事业，因此，该州的信用合作社发展陷入了低谷。[①]

当银行部部长发现了信用合作社存在的问题时，马萨诸塞的信用合作社再次陷入麻烦。当时的银行部部长约瑟夫·艾伦（Joseph C Allen）指出了信用合作社法需要修改的地方：一是限制社员的股份为100美元，二是只向个人发放小额的救济贷款，三是禁止信用合作社发放房地产贷款。白金伦认为，这三点修改足以终结信用合作社在马萨诸塞州的发展，他成功地让银行委员会拒绝了艾伦的修改。基于委员会的报告通过的新法律使信用合作社从中受益，新法禁止任何个人、合伙人和公司像信用合作社那样吸收成员股份和存款并发放贷款。几乎没有任何主动的组织工作，1926年马萨诸塞州信用合作社取得了历史上的最大增长。[②]

信用合作社之间的拆借问题依然困扰着信用合作社事业，因为没有信用合作社之间拆借的规定，有些信用合作社积累了一些剩余资金，而这些资金只能存到储蓄或商业银行中，降低了信用社的盈利能力和资金的使用效率，剩余资金的投资成为一个令人头疼的问题。[③]

白金伦一直把信用社的宣传工作当成自己的重要职责，1922年，他写了一本小册子来阐述信用合作社的理念、历史和经营方法，也在杂志上撰写了很多宣传文章。白金伦最重要的出版物是他1923年的一本著作，题目是《合作银行业：信用社卷》，是美国第一部全面研究信用合作社历史、理念和经营的书籍。为了进一步宣传信用合作事业，1924年，白金伦发起了一份名字叫"桥"的简报。此外，他还在会议上发表演讲，为信用合作事业摇旗呐喊。他在CUNEB的第一个五年中，推动各州通过信用合作社立法、领导信用合作社的组织工作、宣传信用合作社、反击敌对实力，构成了他生活的全部。

1926年1月，白金伦向法林提交了一份很长的备忘录，描述了他在以后年份中的推广计划。他指出，最重要的问题是推进信用合作社联邦立法；次之是继续组织新的信用合作社，为此他希望雇佣实地推广人员；最后是组织更多的州联盟。考虑了白金伦的建议以后，法林也进行了长篇回

① Moody, J. Carroll, Gilbert C. Fite. *The Credit Union Movement-Origins and Development* 1850 *to* 1980: 69 – 70.

② Moody, J. Carroll, Gilbert C. Fite. *The Credit Union Movement-Origins and Development* 1850 *to* 1980: 70.

③ Moody, J. Carroll, Gilbert C. Fite. *The Credit Union Movement-Origins and Development* 1850 *to* 1980: 71.

复。他反对联邦立法的提议，因为他认为联邦立法可能会扰乱而不是帮助信用合作事业，因此他建议，最重要的事情是在 26 个已经有信用合作社立法的州继续组织信用合作社，联邦立法可以在全国信用合作社协会成立以后考虑。法林相信，取得全国性组织，如美国商会、美国银行家协会、农民和劳工组织和合作社协会等的支持，可能会事半功倍。法林还建议任命一名公共关系人员进行有效的公共宣传。① 1926 年 4 月，按照法林的建议，白金伦向 20 世纪基金理事会提交了一份行动计划。

信用合作事业面临的挑战不仅仅是如何定义信用合作社，还有如何确定信用合作社与更加广泛的合作事业的关系，如何确定信用合作社在整个经济中的位置。有些信用合作社的先驱把信用合作社看作合作事业的金融武器。很多早期的信用合作社组织合作购买计划，并允许社员从信用合作社借款以低于零售价的价格购买。北卡罗来纳的早期信用合作社与农民销售合作社相联系，信用合作社的资金用来支持这些合作社。②

白金伦高度赞同合作运动，有时候他把信用合作运动看作是更大的合作体系的一部分，法林也在很大程度上持这种观点。但在实践中，白金伦并没有把这种理念应用到信用合作社的实践中。美国信用合作事业的领导人认为，信用合作事业有自己的存在理由和特殊的服务领域。他们并不认为信用合作社应该与其他合作社有密切的联系。信用合作社有区别于一般合作事业的特殊功能，他们必须以保守的、有效率的方式来履行这些功能。③

1926 年和 1927 年中，白金伦花了大部分时间组织信用合作社，而把立法工作留给了别人。因为法林不同意聘用实地推广人员，白金伦求助于可以兼职组织信用合作社的热心志愿者。1926 年，他得到了几个人的帮助，其中最大的帮助来自托马斯·多伊格（Thomas W Doig）。因为这些志愿者的帮助，1926 年和 1927 年，几十个信用合作社建立起来。1927 年，白金伦认为，信用合作社的试验阶段宣告结束，再也不需要为了表明它的有用而组建和经营信用合作社。④

---

① Moody, J. Carroll, Gilbert C. Fite. *The Credit Union Movement-Origins and Development* 1850 *to* 1980：76 – 78.

② Moody, J. Carroll, Gilbert C. Fite. *The Credit Union Movement-Origins and Development* 1850 *to* 1980：79 – 80.

③ Moody, J. Carroll, Gilbert C. Fite. *The Credit Union Movement-Origins and Development* 1850 *to* 1980：80 – 81.

④ Moody, J. Carroll, Gilbert C. Fite. *The Credit Union Movement-Origins and Development* 1850 *to* 1980：81 – 82.

为了保持这种良好的发展势头，1927 年晚些时候，白金伦策划了1928 年 1 月的大规模组建活动。白金伦计划付给任何一个成功组建信用合作社的社员 25 美元，外加组建费用。1928 年 1 月，有 271 个新的信用合作社成立，表明了信用合作事业的巨大潜力。但是在整个 20 世纪 20 年代，农村信用合作社仍然没有取得多大的进展。在总结推广活动的成果时，白金伦意识到，很多信用合作社是在缺乏充分准备的情况下组建起来的，最终导致了较高比例的清算。①

为解决信用合作社多余资金的投资问题，法林认为下一步的工作重点是组织州信用合作社联盟。白金伦提议建立一个投资信托，以最保守的方式进行投资，但被法林否决了。而马萨诸塞州信用合作社联盟则打算组织一个基金进行投资，但股票市场的崩盘打消了所有的有关投资安排的兴趣。②

1929 年是另一个繁忙的立法年，有 5 个州通过了信用合作社法，分别是亚利桑那、堪萨斯、马里兰、蒙大拿和佛罗里达。此外，有些州则进一步修改了信用合作社法。1929 年，信用合作社的领导人成功击退了来自几个州的攻击。其中田纳西州要求修改信用合作社法，对每个信用合作社收取和商业银行一样的检查费用，CUNEB 聘请律师反对这一议案，使得这一议案消灭在萌芽中。更严重的问题来自密歇根，该州提出了一个议案，要求信用合作社的贷款限制在抵押贷款，社员范围限制为有一个共同的雇主，该州的信用合作社在 CUNEB 聘请的律师的帮助下，成功地挫败了该议案。这表明信用合作事业仍有强大的敌对力量。③

信用合作社的发展进一步显示了州联盟存在的必要性。1929 年，白金伦对于州联盟的功能和目的的认识更加清晰。第一个功能是对付敌视信用合作社的高利贷者和不了解信用合作社作用的银行部部长的防御或进攻，并增补和修改信用合作社法。第二是交流观点和经验。召集联盟会议、发展地方分会、召开经理会议、与州的官员和其他对信用合作社感兴趣的人会晤是州联盟的重要目标。第三是交易业务。第四是提供研究和

---

① Moody, J. Carroll, Gilbert C. Fite. *The Credit Union Movement-Origins and Development* 1850 *to* 1980: 83 – 84.

② Moody, J. Carroll, Gilbert C. Fite. *The Credit Union Movement-Origins and Development* 1850 *to* 1980: 88.

③ Moody, J. Carroll, Gilbert C. Fite. *The Credit Union Movement-Origins and Development* 1850 *to* 1980: 89 – 90.

信息。①

然而，1929 年州联盟的发展依然十分缓慢。虽然有几个州联盟，它们在改善本地信用合作社经营状况方面的作用非常有限，但马萨诸塞州信用合作社联盟是个例外。马萨诸塞州联盟的领导人认为，信用合作社要取得长远的成功，必须有效地进行经营。1929 年 3 月，马萨诸塞州联盟举行了一次培训，有 50 名信用合作社的代表参加。1929 年 10 月，当马萨诸塞州联盟告诉法林，他们已经在财务上实现独立并对法林的资助表示感谢时，表明马萨诸塞州信用合作社联盟已经成熟。②

20 世纪 30 年代的经济危机导致很多银行倒闭，而信用合作社则相对稳健。因此，经济萧条为信用合作社的进一步发展提供了机会。虽然信用合作社的总数继续增长，但是在经济最萧条的时候，确实有些信用合作社因发放房地产贷款而倒闭。1932 年和 1933 年，信用合作社法又相继在 6 个州和哥伦比亚特区通过。③ 1931 年和 1932 年，白金伦继续聘用付费的信用合作社组建人员，每年的平均费用为 6 500 美元。④ 除了组建信用合作社，白金伦继续致力于组建州信用社联盟，他认为至少要有 15 个强有力的州联盟的支持，才能组建全国信用合作社联盟。⑤ 此外，白金伦还致力于扩大信用合作社的服务范围，建议信用合作社增加人寿保险和借款人保护保险。1932 年，马萨诸塞州还建立了中央信用合作社基金，社员最低投资额为 50 美元，最大投资额为 20 000 美元，但占总资产的比例要在 5% 以下。该中央基金为当地的信用合作社提供贷款，多余资金用于法律允许的投资，扣除准备金和管理费后的收入给信用合作社社员发放红利。⑥

为了加强信用合作社的宣传工作，白金伦在 1932 年 9 月建议法林访问各地信用合作社的领导人，并在公众面前就信用合作社发表演讲。1933

---

① Moody, J. Carroll, Gilbert C. Fite. *The Credit Union Movement-Origins and Development* 1850 *to* 1980: 91.

② Moody, J. Carroll, Gilbert C. Fite. *The Credit Union Movement-Origins and Development* 1850 *to* 1980: 91 – 92.

③ Moody, J. Carroll, Gilbert C. Fite. *The Credit Union Movement-Origins and Development* 1850 *to* 1980: 93 – 97.

④ Moody, J. Carroll, Gilbert C. Fite. *The Credit Union Movement-Origins and Development* 1850 *to* 1980: 101.

⑤ Moody, J. Carroll, Gilbert C. Fite. *The Credit Union Movement-Origins and Development* 1850 *to* 1980: 102.

⑥ Moody, J. Carroll, Gilbert C. Fite. *The Credit Union Movement-Origins and Development* 1850 *to* 1980: 103.

年 1 月 12 日，法林从波士顿出发，20 天中在 12 个城市作了 36 次演讲，收到了非常好的效果，激起了普通民众对信用合作社空前的热情。这次旅程的高潮发生在 1933 年 1 月 14 日的芝加哥伊利诺伊州信用合作社联盟的答谢宴会上，成千上万的人争睹这位为信用合作事业做出巨大贡献的慈善家的风采，并自发地给予他至高的礼遇。这次旅行的成功进一步推动了信用合作社的发展，信用合作社从 1929 年的 1 100 家，发展到 1932 年的 1 700 家。①

1932 年，白金伦告诉法林，他已经启动信用合作社联邦立法的事情，但法林仍旧持不同意见，他认为信用合作社的当务之急是刺激消费者的购买力，他担心联邦立法会导致对信用合作社的严格监管。尽管与法林意见不一，但白金伦开始全力推动信用合作社的联邦立法。在经历多次失败以后，1934 年 6 月 26 日，富兰克林·罗斯福总统签署了联邦信用合作社法案。该法案阐明信用合作社的目的是促进节俭和为节俭与生产性目的提供贷款，任何七个人在经农场信贷管理局（FCA）的理事许可后，取得信用合作社的许可证，可以根据理事会制定的政策借款和贷款，大部分内容和各州的信用合作社法相似。把信用合作社置于 FCA 的监管之下只是权宜之计，当务之急是寻找合适的人选领导 FCA 的信用合作社部，从而使联邦和州许可的信用合作社成为一个整体，而不是对手。当 FCA 要求白金伦推荐信用合作社部领导人人选时，他推荐了克劳德·奥查德（Claude Orchard）。奥查德接受了这一位置，从而使信用合作事业避免了分裂的担忧。②

联邦信用合作社法的通过，完成了白金伦的第一项长期目标。在他看来，接下来成立一个全国性的信用合作组织是必要的。经过几次讨论以后，奥查德提议 1934 年 8 月在科罗拉多的艾斯蒂斯帕克召开会议，讨论是否要组织一个全国性的联盟（credit union of national association，CUNA）以及其他有关问题。白金伦要求与会代表起草一份关于全国联盟的章程和细则。在会议当天，提交了 5 份草案，其中白金伦的草案为大家所接受，但关于怎样支持该组织的问题，会上未能得到解决。8 月 10 日完成了章程和细则的修改，白金伦决定把这些文件签到羊皮纸（上等纸）上，有 52 名代表在这份历史性的文件上签字。但除非有更多的州联盟

① Moody, J. Carroll, Gilbert C. Fite. *The Credit Union Movement-Origins and Development* 1850 to 1980: 106 – 108.

② Moody, J. Carroll, Gilbert C. Fite. *The Credit Union Movement-Origins and Development* 1850 to 1980: 110 – 122.

加入，否则 CUNA 就只是一个纸上的组织，因此下一步的工作是让更多的州联盟加入 CUNA。①

第一次 CUNA 理事会会议于 1935 年 1 月 27 日在堪萨斯城召开，来自 34 个州联盟和哥伦比亚特区的代表参加会议。会议的第一件事是选举理事长，37 位理事一致投票选举法林为理事长，然后选举白金伦为常务理事。第一次理事会的很多讨论围绕怎样支持 CUNA 的问题，这个事情与借款人保护保险紧密相关。白金伦否定了那些向借款人收取保险费以赚取利润支持州联盟和 CUNA 的想法，认为 CUNA 的资金应该全部来自会费，强调信用合作社的目的是服务，而不是利润。但所有的信用合作社领导人认为，保护信用合作社和借款人家庭的保险是绝对必要的。因此，理事们投票通过了 CUNA 的保险项目，并责成执行委员会在 6 个月内设立该项目。理事们还讨论了其他可能的服务和利润来源，他们投票决定在 CUNA 开业时建立一个供应部门，并提出建立一个联络部门和一个人寿保险公司。唯一令人头疼的问题是如何确定会费。信用社数量很多的伊利诺伊和纽约州反对 CUNA 的资金应该全部来自会费，他们认为资金应该主要来自 CUNA 提供的服务，不足的部分以会费来补充。最后，多伊格确定每个成员每年交纳 10 美分的会费。解决该问题以后，理事们创建了一个组织和联络部门为那些需要帮助的信用合作社提供帮助，把中央银行、审计、联系和统计等问题留待下次会议解决。最后，理事会讨论了 CUNA 新的总部所在地，一致同意选择威斯康星的麦迪逊。②

到 1935 年，CUNA 属下已经有 3 600 个信用社，大约 75 万社员。③ 此后，美国信用社走上了常规的发展道路。CUNA 属下的信用社近年来的发展情况如表 3.1、表 3.2 和表 3.3 所示。可以看出，最近 10 多年来，并购导致信用社的数量有所下降，但社员总数不断上升，信用社的规模不断扩大，前 5、前 10 和前 20 大信用社的市场份额分别由 1994 年的 6.2%、8.8% 和 12.2% 上升到 2010 年的 10.8%、14.3% 和 19.1%。2015 年年底，信用社的数量为 6 100 家，资产总额 1.2 万亿美元，社员数量为 1.03 亿人，信用社的社员普及率达到 48.8%。

① Moody, J. Carroll, Gilbert C. Fite. *The Credit Union Movement-Origins and Development* 1850 to 1980：123 – 139.

② Moody, J. Carroll, Gilbert C. Fite. *The Credit Union Movement-Origins and Development* 1850 to 1980：149 – 152.

③ Moody, J. Carroll, Gilbert C. Fite. *The Credit Union Movement-Origins and Development* 1850 to 1980：159.

表 3.1 1995～2010 年美国信用社的进入和退出 单位：家

年份	新入	收购	购买	清算	转成银行	转成私人保证	其他消失	退出总数	退出率	年底存活数量
1994	—	—	—	—	—	—	—	—	—	12 051
1996	20	293	11	17	1	1	1	324	0.0276	11 442
1998	8	215	5	28	3	11	0	262	0.0233	10 991
2000	13	292	13	18	3	0	0	326	0.0307	10 314
2002	7	265	7	23	1	4	3	303	0.0304	9 686
2004	3	332	6	11	3	0	4	356	0.0380	9 014
2006	10	313	2	23	1	0	3	342	0.0394	8 359
2008	4	275	1	19	1	1	4	301	0.0372	7 799
2010	5	190	7	19	0	0	2	218	0.0289	7 334

资料来源：转引自 John Goddard, Donal McKillop and John O. S. Wilson, US Credit Unions: Survival, Consolidation and Growth, working paper, 2013 – 001。

表 3.2 1994～2010 年行业集中度的趋势（年末数据）

年份	前 5 大信用社市场份额	前 10 大信用社市场份额	前 20 大信用社市场份额
1994	6.2	8.8	12.2
1996	6.1	8.8	12.5
1998	6.5	9.2	13.2
2000	6.7	9.6	13.8
2002	7.4	10.7	15.0
2004	8.1	11.4	15.8
2006	9.0	12.4	17.3
2008	10.1	13.7	18.8
2010	10.8	14.3	19.1

资料来源：转引自 John Goddard, Donal McKillop and John O. S. Wilson, US Credit Unions: Survival, Consolidation and Growth, working paper, 2013 – 001。

表 3.3 美国信用社近年发展概况

年份	信用社数量	信用社平均资产（百万美元）	资产中位数（百万美元）	资产总额（百万美元）	贷款总额（百万美元）	盈余资金（百万美元）	储蓄总额（百万美元）	社员总数（千人）
2008	7 966	103.7	14.5	825 802	575 814	217 870	691 766	89 914
2010	7 486	123.8	17.6	926 610	575 664	317 415	797 303	91 760
2012	6 956	148.8	21.1	1 034 868	610 290	386 283	889 579	95 065
2015	6 100	N/A	N/A	1 215 944	796 827	132 886	1 026 566	103 710

资料来源：NCUA and CUNA E&S。

3.2.2　美国的信用合作社联盟

美国基层的信用社组织起来成立州协会和全国信用社协会（CUNA）。地方协会和全国协会主要在意识形态领域运作，努力保持信用合作体系的内在价值，教育信用社社员和组建新的信用社。信用社地方协会或全国协会最重要的工作是保护和改善信用社的立法。这并非易事，因为其他的金融竞争者在国家层面的立法会议上积极表达对信用社政策的反对意见。信用社联盟也建立了自己的经济研究和统计部门，此外，联盟也经常举办讲座课程和研讨会。

很多信用社协会经营稳定基金以帮助信用社恢复经营或快速清偿能力。大多数州有一个中央信用社，有些在协会的保护下经营，有些则独立经营。他们不是真正的中央银行，大部分只是借款给信用社的管理人员，因为他们被限制从他们自己的信用社借款。信用社协会开发了大量的辅助服务，其中最重要的是全国信用社协会的互助保险协会，拥有很大的业务量；CUNA供应合作社致力于标准化会计表格，并为信用社提供办公材料。

美国集团信用社网络是信用社运动流动性管理、信贷和清算服务的主要来源。集团信用社网络由美国中央信用社和42个集团信用社构成。美国中央信用社向42个集团信用社提供批发的金融和付款服务。反过来，42个集团信用社作为代表成员信用社的金融中介，向他们提供金融和付款服务。此外，集团信用社在满足联邦储备银行对信用社的准备金要求方面提供过渡便利。1980年的货币控制法允许所有的存款机构进入联邦储备服务，在联储的监管中，集团和中央信用社是银行的银行。绝大多数的集团信用社服务于本州的信用社。然而，也有集团信用社提供跨州服务，在地区基础上为信用社提供服务。信用社认购集团信用社的股份，是集团信用社的所有者。

美国中央信用社根据堪萨斯信用社法注册，作为一个集团信用社从事经营活动，不以营利为目的，为集团信用社网络提供便利，使成员信用社能够更方便地获得资金，并帮助成员信用社投资。开始的目标是为信用社提供低成本的流动性，在中央信用社的存款通过集团信用社网络融通给需要流动性的成员。中央信用社把多余的存款用于投资，把收益返还给社员。除了中央信用社开发的支付服务，很多集团信用社提供货币和股份支票交易。在很多州，信用社依靠集团信用社网络提供的服务支持他们社员的财务和支付系统需要，而没有必要依赖银行业的支持。

中央信用社成员股份提供了权益或资本金的投资，有三个目的：一是用来实现集团信用社网络中的成员资格；二是为集团信用社网络的服务提供资金；三是作为从信贷市场融资的基础。中央信用社的集团成员资格需要购买占中央信用社资产0.1%~0.5%的成员股份，集团成员资格股份承诺以6个股份存单的形式持有。中央信用社为属下的集团和附属机构充当主要的金融机构，也为附属成员提供除信用额度以外的类似服务，但附属机构可以个案审查的方式申请信用额度。信用社协会的主要金融机构是它的集团信用社，因此，中央信用社鼓励协会使用它的集团信用社服务。

在1980年货币控制法出台以前，信用社依靠银行业提供很多支持服务，因为他们无法直接获得联邦储备银行的服务。该法的通过使得集团信用社网络可以直接进入联邦储备银行的服务，并使得网络能够在一个新的放松管制的金融服务环境中竞争。自从1980年，集团信用社网络的重点一直是通过增加新的投资、流动性和支付服务来寻求规模经济。2009年，由于次贷危机导致的投资失败，联邦信用社管理局为中央信用社注资100亿美元。2009年3月20日，对中央信用社进行托管。由于没有购买者接管中央信用社的经营，2012年10月29日，中央信用社被正式关闭。

3.2.3 美国农场信贷体系的起源与发展

当有人在为改善城市工人的信贷供给努力的同时，为农民提供合作信贷的事业也在推进中。多年来，农民一直缺乏长期和短期信贷，无论是私人银行家和政府都没有采取相应的措施满足农民的需求。幸运的是老罗斯福入主白宫，他对农民和农业有深深的同情心，一方面是因为通过他的西部旅行了解了农民和他们的问题，另一方面是因为与爱尔兰伟大的合作运动领导人赫里斯·普朗科特（Horace Plunkett）爵士的联系，使他意识到农业的困难需要得到特别的关注。1908年，罗斯福设立了农村生活委员会，该委员会的调查认为缺乏农业信贷体系，并建议成立信用合作组织。然而，在老罗斯福离开白宫以前，他所采取的唯一的具体行动是任命了国家货币委员会成员，该委员会的一份调查报告积极评价了德国的土地抵押信用合作制度，一个农场抵押贷款的合作计划，激发了在美国引入这种制度的讨论和兴趣。在合作农业信贷方面唤起美国人的兴趣应归功于大卫·鲁宾（David Lubin），一个罗马国际农业研究所的美国代表。他写信给老罗斯福总统，推荐雷发巽和舒尔茨的合作信贷体系，并自己花钱给美国的农场领导人、商人、报纸编辑和政府官员寄了数千本小册子。这一邮递运动引起了人们关注信用合作的热情。国会召开了关于农场融资的一次特别会议，经过一周的讨论之后，国会采纳了鲁宾的建议，组团去欧洲研究各种类型的合作体系。塔夫脱总统也对农民的信贷需求很感兴趣，他授意美国在欧洲的大使馆收集这方面的资料。梅隆·赫里克（Myron T Herrick）向塔夫脱总统报告了欧洲的农村信贷制度，他反对欧洲为这类机构提供政府补贴的做法，因为这些补贴不仅违背了雷发巽和舒尔茨·德利奇最初的原则，而且他认为美国农民接受政府补贴从而成为被其他人资助的特权阶层是不可思议的。国家的唯一责任应该是许可立法，然后依靠本地自愿的努力成立这类机构。信贷协会应该由本地小规模的农民在无限责任的基础上组成，无限责任将迫使协会慎重选择成员。1912 年 10 月 11 日，塔夫脱总统公开发表了赫里克的报告以及给各州州长的一封信。1913 年 4 月 26 日，美洲和美国委员会派往欧洲的考察团出发进行为期 3 个月的考察，1913 年年底发布了他们的考察报告。该报告倾向于采纳雷发巽型的合作信用协会，但摒弃了他的无限责任原则，报告解释其原因是因为美国的农民不愿意相互信任。该报告的直接结果是在 1916 年 7 月 17 日通过了联邦农场信贷法案。①

这项法案在全国的 12 个地区建立了 12 个联邦土地银行（FLB）和几百个作为土地银行代理机构的国家农场贷款协会（NFLA），为农民提供长期贷款以开发和扩大农场。按照合作制的原则，每个农民贷款的一定比例需要购买协会的股票，从而使每个农民成为协会的所有者。这种土地银行的概念来自德国长达一个世纪的、成功的农业地产信贷抵押体系。

然而 1916 法案未对短期贷款的提供作出安排。第一次世界大战以后，随着农业生产机械化程度的提高，农场主的生产成本不断提高；同时，来自欧洲农产品的市场竞争也刺激了对短期贷款的需求。1923 年，国会通过了农业信贷法案，创建了 12 个联邦中期信贷银行（FICBs），分布在根据 1916 年法案设立的 12 个地区中。中期信贷银行不直接向个人贷款，但作为农业合作社、商业银行和其他贷款机构的贴现银行提供服务。但商业银行大量参与的预期并没有实现，所以联邦中期信贷银行并没有明显改善农民短期信贷的流动性。

不久之后，美国陷入大萧条，农产品的价格在整个 20 世纪 20 年代一

---

① Moody, J. Carroll, Gilbert C. Fite. *The Credit Union Movement-Origins and Development* 1850 to 1980：39－44.

直呈下降趋势，当战时需求结束的时候，价格加速下降。无力支付费用和偿还贷款的农民，离开了他们的农场，给 FLB 留下了大量的违约贷款。到1933 年，近一半的国家农场贷款协会失败，农场丧失抵押品赎回权也非常普遍。国会通过 1933 年紧急农场抵押法案和农场信贷法两项新法律而介入。紧急农场抵押法案试图通过延长还款时间和提供紧急融资贷款以挽救拖欠贷款的农场。农场信贷法案设立了农场信贷体系（FCS）作为一个合作性贷款机构为农业提供短、中、长期贷款，所有三种类型的贷款在每个农业区都是可以得到的。该法设计了如下体系：12 个联邦土地银行通过联邦土地银行协会提供长期农业不动产贷款；12 个联邦中期信贷银行为当地生产信贷协会和其他为农业生产服务的贷款机构提供短期和中期贷款；12 家合作银行（BC）为农民合作社提供贷款；一家中央合作银行与地区合作银行一起参与超出地区合作银行贷款能力的贷款。

1933 年，富兰克林·罗斯福总统的一个行政命令把现有的所有农业信贷组织放到一个新机构——农场信贷管理局（FCA）的监督之下。农场信贷管理局最初是独立的机构，在 1939 年成为美国农业部（USDA）的一部分，但根据 1953 年的农业信贷法，它再次成为一个独立的机构。这一法案创建了一个有 13 名成员（其中 12 个农业区各有一名，另外一名由农业部长任命）的联邦农业信贷委员会，为农场信贷管理局制定政策，使农民借款人在国家层面上能够表达意见。作为一个农业信用合作组织的监督机构，农场信贷管理局在联邦信用合作运动中也发挥了重要作用，从 1934 年起，它负责许可、审查和监管所有的联邦信用合作社。在 1942 年把监管权移交给美国联邦存款保险公司之前，农场信用管理局许可和检查每年超过 4 000 个信用合作社。

1968 年，农场信贷体系偿还了所有的政府资本，使它完全由其农民借款人所有。农场信贷管理局认为，它和农场信贷体系的权利需要扩大，以满足农民和农村社区不断变化的信贷需求。在 1971 年联邦农业信贷委员会提议的农场信贷法案中，给予银行和协会对农业生产贷款更大的灵活性，并被授权提供渔民和农村房屋贷款。

在 20 世纪 70 年代和 80 年代初，农场信贷体系的机构增长迅速，当时的贷款量最高达到 800 多亿美元。20 世纪 70 年代的经济繁荣时期，农民大举借贷，以扩大业务满足美国农业出口的需求，特别是对苏联的出口，两位数的通货膨胀提高了农产品的价格并推高了农地的价值。经济繁荣结束于美国联邦储备委员会遏制通货膨胀的货币紧缩政策。20 世纪 80 年代早期和中期，利率飙升和外国对美国农产品的需求下降，同时，其他国家货币贬值，导致美国农产品的竞争力下降，几个欠发达国家的债务危机也进一步限制了美国农产品的出口，需求萎缩制造了大量的过剩产品，价格低迷和收入降低导致农民贷款偿还能力下降。1985年，估计有20万~30万农民面临财务失败，农地价值急剧下降。1985年和1986年，农场信贷体系机构报告的净损失分别为27亿美元和19亿美元，为美国金融机构历史上的最大损失。当农场信贷体系的财务生存能力处于风雨飘摇中的时候，国会再次予以救济。

1985年农场贷款修订法案重组了农场信贷管理局，给予它更多地监督、规管和强制执行的权力，类似其他联邦金融监管机构的权力；法案还设立了全职的、总统任命的三人委员会，其中一名成员担任农场信贷管理局的主席和首席执行官。按要求，农场信贷管理局每年至少检查一次每个直接贷款机构，可以使用其新的执法权力，使陷入困境的机构逐步获得安全稳健的银行实践能力，并纠正任何违规的行为。根据1985年法案，成立了农场信贷体系资本公司，为财务较弱的农场信贷体系机构和其借款人提供技术和财政援助。不过，很快资本公司就难以处理众多农场信贷体系借款人所面临的重大问题而需要联邦直接援助。

1987年的农业信贷法案授权40亿美元的联邦援助来救济陷入困境的机构，包括2.8亿美元美国财政部担保的15年债券。成立一个新的农场信贷体系财务援助公司来发行债券，并设立了FCS援助委员会来管理该项目。该法还创建了农场信贷体系保险公司（FCSIC），确保对农场信贷体系银行发行的全系统、统一的债券和其他债务及时支付利息和本金。

该法案还授权农场信贷体系机构做出结构性改变，包括在每个地区的联邦土地银行和联邦中期信贷银行合并为一个地区农场信贷银行（FCB）。同一地区的农场信贷管理局与联邦土地银行协会（FLBA）自愿合并为一个新的实体——农业信贷协会（ACA），合作银行也可以被合并。设立了联邦土地信贷协会（FLCA）作为能够发放长期按揭贷款的直接贷款机构。所有这些结构变化使农场信贷体系更有效率。

法案也创建了联邦农业抵押公司（farmer mac），以建立农业不动产和农村房屋贷款的二级市场。1996年的农场信贷体系改革法案，给了联邦农业抵押公司更多的权利来购买和收集贷款，并发行用本金和利息偿还抵押的支持证券，而不是担保其他零售贷款人发行的债券。政府与农场信贷管理局新政策的财政援助和执行机构帮助农场信贷体系从20世纪80年代的危机中恢复过来，重获安全和稳健的做法，变得更有效率。20世纪90

年代和 21 世纪更加强劲的经济，在农场价格和收入上升的同时，进一步稳定了农场信贷体系。2005 年，农场信贷体系连本带息偿还了政府的所有财政援助。农场信贷管理局本身不接受任何政府拨款；相反，农场信贷管理局的经营通过农场信贷体系的核定付款额而获得资金支持。今天，农场信贷体系的结构包括：4 个地区农场信贷银行；81 个农业信贷协会和 3 个联邦土地信贷协会，每一个从他所隶属的农场信贷银行接受资金；还有 1 个合作银行（CoBank），它有农场信贷银行（向 5 个农业信贷协会提供贷款资金）的权利和合作银行（它向农业和水产合作社以及农村公共设施提供贷款；为美国农业出口和进口融资；向农民拥有的合作社提供国际银行业务）的权利。今天，大多数的协会采用了农业信贷协会的母子结构，全资拥有联邦土地信贷协会子公司，以支付短期、中期和长期贷款，这种结构使得一个整合的全方位服务的贷款公司成为可能。

3.2.4 小结

美国的信用合作社源于马萨诸塞州。19 世纪 60 年代，舒尔茨信贷协会的原则就开始在马萨诸塞州传播，一些热心人士提出了舒尔茨大众银行的立法动议，但未被通过。此后，在这个市民社会中，有关信用合作组织的立法问题也几经周折。得益于加拿大德雅尔丹的帮助和美国领导人的努力，美国的信用合作事业顽强成长。虽然遭受挫折，美国有关信用合作社的立法最早在马萨诸塞州通过。法律规定了信用合作社的设立和经营规则，与加拿大的规则基本相同，立法强调没有报酬的志愿工作，并赋予了信用合作社免税的待遇。当有人建议在美国各地推广信用社时，信用合作事业的领导人认为，在没有任何的国家监管机构去指导他们的情况下，就在全国范围内发起很多这样的组织并不明智，必须确保它不能进展得太快，要沿着谨慎的、并能很好地证明它的优点的路线推进。但事实是没有专门的机构推动，这一事业进展缓慢。1913 年，信用合作制度的立法在纽约州通过，但信用合作社在美国的发展非常缓慢，马萨诸塞州的银行委员会也在指责信用合作社的管理不善，很多的信用合作社被清算，并且贷款利率过高，由此显示了统一经营原则和监管的必要性，因此成立了马萨诸塞州信用社联盟作为信用合作事业的联盟组织推动信用合作事业。一项有利于社会的事业同样需要合适人选来推动。经济的好转、法林的资助和白金伦的加入，使信用合作组织在美国的发展突飞猛进，美国的很多州纷纷通过了信用合作社的立法。因为建房和贷款协会势力的反对，几个州的信用社立法被推迟。在各州通过信用社法的同时，各州的信用社得到了快速发展，信用合作社的州联盟也纷纷成立。1934 年，富兰克林·罗斯福总统签署了联邦信用合作社法案。从 1909 年马萨诸塞州通过信用社立法到联邦合作社法案的通过，前后历时 25 年，信用合作事业领导人不屈不挠的持续努力，为美国的信用合作运动赢得了初步的胜利。随后，美国信用社全国联盟也宣告成立，越来越多的州联盟加入了全国联盟，同时为基层信用社提供中央银行服务的中央机构也陆续成立，美国信用社走上了常规的发展道路，进入了成熟阶段。但 2008 年的金融危机使美国的中央信用社集团因投资失败而被关闭。尽管信用合作社也在农村地区有所发展，但美国农业信贷问题的解决深受德国雷发巽型合作信贷协会的影响，并摒弃了他的无限责任原则，与之相应的立法是 1916 年通过的联邦农场信贷法案。农场信贷法案设立了农场信贷体系（FCS），作为一个合作性贷款机构为农业提供短、中、长期贷款，它被置于农场信贷管理局（FCA）的监督之下。作为一个美国政府发起的机构，农场信贷体系在 1968 年偿还了所有的政府资本，成为一个借款人所有的机构，业务范围也不断扩大。尽管在它的存续过程中，由于经济衰退几次陷入困境，但都在政府的救助下存活下来，相应的结构变革也使它在坚持合作原则的前提下更加稳健、更有效率。

3.3 总结

加拿大信用合作事业是在欧洲信用合作事业的影响和德雅尔丹的推动下，适应民间的金融需求，从市民社会成长起来的。此后经过政府的立法给予了合法的身份，它的发展历程较为顺利。至 2015 年 12 月底，加拿大的信用社数量为 695 个，社员数量为 1 035 万名，资产规模约为 2 492 亿美元，信用社的普及率达 44.1%，如表 3.4 所示。

因为美国社会经济的复杂性，信用合作事业在美国的发展并不像在加拿大那样一帆风顺。竞争对手的敌意和政客的质疑，使得美国信用合作事业的推广一波三折，但在最初的二三十年中，得益于法林和白金伦的不懈努力，美国信用合作事业的发展最终在世界舞台上独树一帜，成为世界信用合作事业中的奇葩。在美国信用合作先驱们的努力下，位于美国威斯康星州麦迪逊的 CUNA 国际最终发展为世界信用合作理事会（WOCCU），对推动信用合作事业沿着正确的道路前进发挥着重要作用。

表 3. 4 　　　　　　　　　　2015 年北美国家信用社发展概况

国家	信用社数量	社员数量	储蓄和股份（百万美元）	贷款（百万美元）	公积金（百万美元）	资产（百万美元）	普及率*
加拿大	695	10 348 048	201 30. 54	208 398. 31	20 946. 94	249 276. 16	44. 1%
美国	6 100	103 709 631	1 026 565. 81	796 826. 86	132 886. 48	1 215 943. 59	48. 8%

注：*普及率由信用社社员总人数除以有经济活动的人口数。

资料来源：www. woccu. org.

4　亚洲国家信用合作制度的起源和发展

4.1　日本信用合作制度的起源和发展

4.1.1　第二次世界大战前日本的信用合作

随着明治维新后资本主义的发展，1880 年前后，日本出现了购买、销售、消费等自发性组合。根据 1898 年农商务省的调查数据，组织总数为 346 家，其中信贷 144 家，销售 141 家，购买 39 家，生产 14 家，利用 8 家。①

甲午战争后，日本资本主义迎来了产业革命，货币经济向农村渗透，许多农民债台高筑，日本政府计划创设产业组合。农商务省主张雷发巽模式，内务省主张舒尔茨模式，最后根据日本的实际情况，选择了雷发巽模式的农村合作金融，制定了以德国"产业及经济组合法"为原型的产业组合法案，于 1900 年 9 月 1 日施行。产业组合的主要业务有：向组合成员的产业进行必要的资金贷放及存款（信贷组合）；销售组合成员生产的物品或其加工品（销售组合）；购买产业或生活所必要的物品，向会员出售（购买组合）；加工会员生产的物品，或提供会员用于产业的必要品（生产组合和利用组合）。

作为事业种类，认可了信贷组合、销售组合、购买组合、生产组合四种，但 1906 年之前是禁止兼营信贷事业的，主要考虑信贷事业免受其他事业的影响。产业组合以具备一定公权力的自治村落为单位建立，实现了在信贷、流通方面的规模经济和范围经济，排除了商业资本和金融资本。

---

① 木原久：《日本农村金融制度的建立》，载于瞿振元、大多和严主编：《中日农村金融发展研究》，中国农业出版社 2007 年版，第 15～17 页。

考虑产业组合的自主性，政府没有进行积极的培育支持，产业组合的设立较慢，设立的组合也没有实现全体农民的组织化。在日俄战争后，以信贷组合为中心的产业组合快速增加。1904 年设立了 1 232 个组合，其中信贷组合为 751 个。①

在资金不断外流的背景下，如果没有适当的金融，则无法实现有利的销售和购买，从而无法排除逐利资本。在这一认识的基础上，政府开始积极支持产业组合的培育，系统农会发挥了巨大作用，其中作为国策的合作金融的奖励政策功不可没。1906 年，对《产业组合法》进行了修改，允许信贷组合兼营，并简化设立手续。尽管兼营有一定的风险，但也有以下好处：一是通过信贷事业，可以掌握组合成员确切的信用状况；二是通过社员的账户进行货款结算，使贷款和赊销款可以有效回收，沉淀资金增加了存款；三是信贷事业的发展为组合经营奠定了财务基础。②

1909 年对产业组合法进行了第二次修改，规定购买组合可以创设联合会及产业组合中央会。1917 年的第三次修改，将信贷组合的设立范围由市町村扩大到市区，但禁止市区信贷组合兼营其他事业，认可它的票据贴现和一定程度的吸收成员以外的存款。1925 年，设置在城市、市区的信贷组合增加到 221 个。吸收存款的范围扩大到组合成员家属和非营利法人，贷款范围也从产业资金扩大到生活资金，业务范围的扩充促进了信贷组合业务的扩张，为事业发展奠定了基础。1917 年的修改还认可了农业仓库作为产业组合的事业，以此为基础进一步扩充了信贷事业的服务。这一时期，产业组合数量和成员数量显著增加，但农业成员的比例下降。在 20 世纪前十年，信贷组合的资金得以充实，1917 年摆脱了超贷状态，这一期间，购买事业和销售事业也得到极大发展。③

该时期产业组合良好的发展态势得益于以下几个条件：一是成员经过前期民间非正规金融的锻炼，具有相当程度的信用意识；二是在出资、运营方面农村干部起到了示范作用；三是以自治村落为基础的共同体功能发挥了作用，降低了交易费用；四是恰逢处在外部经济和农业经济增长时

①　木原久：《日本农村金融制度的建立》，载于瞿振元、大多和严主编：《中日农村金融发展研究》，中国农业出版社 2007 年版，第 27～32 页。
②　木原久：《日本农村金融制度的建立》，载于瞿振元、大多和严主编：《中日农村金融发展研究》，中国农业出版社 2007 年版，第 33 页。
③　木原久：《日本农村金融制度的建立》，载于瞿振元、大多和严主编：《中日农村金融发展研究》，中国农业出版社 2007 年版，第 35～38 页。

期；五是产业组合自有资金的累积降低了对外部资金的依赖；六是存款利率相对高于其他金融机构；七是产业组合自身经营决策的自主自立性和组合成员的自主、自发性。截至 1940 年底，产业组合总数超过 15 000 个，其中超过 13 000 个组合都经营信贷业务，单独经营信贷业务的信贷单营组合只有 600 家左右。①

1921 年，产业组合法进行第 4 次修改，除信贷组合外，认可了全国联合会的设立，联合会可以加入其他联合会。1923 年产业组合法第 5 次修改，产业组合中央会加盟国际合作社联盟（ICA），日本的合作金融开始了国际联合。一方面，由于第一次世界大战后的经济萧条，许多产业组合面临困境。1925 年以后，提出了产业组合的振兴革新运动。运动的中心是打破营利主义风潮，以信贷事业为中心，向信贷、销售、购买、利用 4 种兼营化推进，强调综合事业。另一方面，在战后危机的局势下，商人等开始了"反产业组合运动"。产业组合被资金不足所困扰，提高了建立自身中央银行的必要性。《产业组合中央金库法》于 1924 年 3 月实施，确立了单协、县联、中央金库的信贷事业的三段结构。当时，除了资金不足外，产业组合、信贷组合和联合会之间的地区差距扩大，非常强调其相互协调和运用的功能。产业组合中央金库的作用是吸收所属团体的剩余资金，贷放给资金不足的团体，传递政府低息贷款以及购买国债等。产业组合中央金库的注册资本 3 000 万日元，其中政府出资 50%，15 年期间免除分红，其余 50% 由产业组合联合会和产业组合出资，理事长、理事、监事、评议员等高级职员均由政府任命，业务范围、放贷利息和章程变更等均需农商务和大藏省的主务大臣认可。中央金库的资金来源有资本金、存款和金融债券，其中金融债券的资金比重一直较高，1934 年达到 85%，发挥了财政资金向农村流动的主渠道作用。②

1933 年制定了产业组合扩充五年计划，消除产业组合空白町村、推荐 4 种事业兼营，实现了一市町村一个产业组合。产业组合的发展遭到了作为农民交易对手的农村地方批发商的联合反抗，形成反产业组合运动。为此，1933 年 12 月，设立了全国农村产业组合协会，认为中小商业者的困难是因为萧条和垄断资本造成的，并非因为产业组合事业的扩大。1938 年，又提出了第 2 次产业组合扩充 3 年计划。通过这两次扩充运动，产业

---

① 木原久：《日本农村金融制度的建立》，载于瞿振元、大多和严主编：《中日农村金融发展研究》，中国农业出版社 2007 年版，第 41 页。

② 木原久：《日本农村金融制度的建立》，载于瞿振元、大多和严主编：《中日农村金融发展研究》，中国农业出版社 2007 年版，第 46 ~ 48 页。

组合丧失了自主运动的性质，成为国家战时物资动员的实施机构。1943年通过了农业团体法，各种组合统合成农业会，并在全国范围设中央农业会和全国农业经济会。产业组合中央金库改名为农林中央金库。根据1945年7月的战时农业团令，中央农业会与全国农业经济会合并成为战时农业团。随着民主化政策的推进，1945年8月，将战时农业团改名为全国农业会。①

4.1.2 第二次世界大战后日本的合作金融

1947年11月，公布了农业合作金融法，根据罗虚戴尔的原则诞生了西欧方式的合作金融。合作金融培育政策按照英国方式、法律体系按照美国方式制定。1947年12月制定了农协法。农协事业的范围非常广泛，几乎涉及农村的所有经营活动。农协系统的组织为综合农协、三级组织（农协——县联合会——全国联合会）、分区制。

农协与产业组合的差别如下：产业组合以发展产业及经济为目的，而农协的协同组织特点更加明显；产业组合具有地域组合的特征，而农协是以农民为主体的职能组合；产业组合只允许信贷、购买、销售和利用，行政监督权逐渐增强；农协的法定范围更加自由，加入和退出更加自由，管理运营方面能够确保民主；农协参与农业公共设施建设。②

由于农产品价格下降和农资价格上涨，以及接受了农协前身农业会的不良资产，1950年，出现亏损的农协数量占到全部的43%。1950年11月开始了农协振兴革新运动，完善了农协的各项制度。但农业综合事业计划在组合成员间产生了阶层分化，1956年，实施了农业革新扩充3年运动，1959年实施了农协体制改善运动，基本上完成了第二次世界大战后农协的整备重建。1955年后，稻米收购价格提高和储蓄增加使农协的资金逐渐充实。

农林中金为实现资金自立，1950年进行了24亿日元的增资，政府出资20亿日元，团体出资4亿元，并增发债券；同时，通过财政向农林渔业融资，实现了由财政补助向财政融资制度的转变。为了应对新的资金需求，1961年创设了农业现代化资金制度，同年创设了农业信贷保证保险

---

① 木原久：《日本农村金融制度的建立》，载于瞿振元、大多和严主编：《中日农村金融发展研究》，中国农业出版社2007年版，第53~56页。

② 木原久：《日本农村金融制度的建立》，载于瞿振元、大多和严主编：《中日农村金融发展研究》，中国农业出版社2007年版，第62~63页。

制度，信贷补充制度也从损失补偿向债务保证转变。①

农协事业在 20 世纪 70 年代得到了快速发展，购销交易额和存款贷款急速扩大。在经营收支方面，更多依赖于信贷和共济事业。农协阶段的资金有所增加，确立了农协的自给体制，但由于农业的特点，造成资金余额变动幅度的扩大；长期低息资金由财政资金提供，农协的信贷出现减少的倾向，加上资金来源的扩大，剩余资金开始增加。

20 世纪 80 年代末的泡沫破灭导致经济崩溃，金融机构经营恶化，由此拉开了金融自由化及市场改革的大幕。农业生产环境的恶化，导致对农业投资积极性的下降，农协的各项事业都受到严重影响。为了提高竞争力和信赖度，2000 年 10 月，决定设立 JA 银行，农协、信联和农林中金作为一个整体的金融机构进行运营。2002 年 1 月，JA 银行开始运营，它有两个支柱：一是遵守自主规则、通过监管保证 JA 银行的可靠性；二是向成员和利用者提供更多的金融服务和开发信贷事业的共同系统。

农协的成员分为两类，一类是具有表决权的正式组合会员，身份为农民；另一类是没有表决权的准组合会员，身份为农协的利用者。非成员对农协服务利用量的上限为 25%。农协分为两类，一类是综合农协，一类为专业农协。2006 年 4 月 1 日，日本共有综合农协 901 个，专业农协 1 325 个。综合农协兼营金融、共济、购买、销售、指导等各项事业，以一个或几个市町村为区域设立，农协之间基本没有重复区域。专业农协以特定的专业为中心，如畜产、乳制品、果树园艺等，目前专业农协基本不经营信贷事业。②

4.1.3　日本的信用合作社联盟

日本农协系统的金融机构基本上是按行政区域设置的，分为三个层次，包括基层的协同组合、都道府县的信用联合会、中央的农林中央金库和全国信联协会。农协系统的三级金融机构虽然有上下级关系，但它们在经济上独立核算、独立管理，而且它们的会员和业务范围也不尽相同。综合农协作为最基层的一级，包括农业协同组合、渔业协同组合和森林协同组合，入股的是市、町、村的农民、其他居民和团体。信用农业协同联合会是中层农协金融机构，入股的是所属各综合农协和本地区农协的县一级

---

① 木原久：《日本农村金融制度的建立》，载于瞿振元、大多和严主编：《中日农村金融发展研究》，中国农业出版社 2007 年版，第 71～73 页。

② 木原久：《日本农村金融制度的建立》，载于瞿振元、大多和严主编：《中日农村金融发展研究》，中国农业出版社 2007 年版，第 95～97 页。

其他事业联合会，以及非农协的其他农业团体，最高权力机构是农协团体代表大会，有 47 个机构设于日本的都、道、府、县，在基层农协和农林中央金库之间起桥梁纽带作用。县信联以其所属会员为业务往来对象，通过办理存款业务来调节各农协之间的资金余缺，加强对市、町、村农村金融工作的领导。信联的存款主要来自基层农协的转存款，贷款的主要对象是基层农协以及会员农户。20 世纪 70 年代以后，信联对系统外的贷款呈上升趋势。根据《农业协同组合法》的规定，信用农业协同联合会不能兼营信用事业以外的其他金融业务，如保险、供销等其他业务，如有需要，必须单独设立别的联合会来办理。

农林中央金库是最高农协金融机构，由各地农业、渔业信用联合会、森林组合联合会以及其他有关的农林水产团体入股，总库设在东京，在全国有 36 个分支机构。它原本是一个半官方组织，到 1959 年金库偿还了全部政府出资，成为纯粹的民间专业金融组织。根据《农林金库法》，它的业务包括金库固有业务和按政府法令规定办理的委托代理业务。前者包括对会员单位的存、贷、汇兑业务；后者主要是农林渔业公库的委托放款和粮食收购款的代理支付业务。除此之外，农林中央金库还有权力发行农林债券，吸收社会资金以供中长期贷款业务使用，它还可以经营外汇业务。金库的存款主要是县信联的转存款，利率高于一般存款，而且还加付系统利用奖励金。贷款投向主要是信联，在资金充裕的条件下，经主管大臣批准也可以向与农业有关的行业企业发放短期贷款。农林中央金库及其支库与全国信联组成了一个覆盖全国的农协汇兑网络，为其所属团体办理汇兑业务[1]。

在日本信用合作的三级框架体系中，综合农协主要是向会员提供合作性资金运用，县信联和农林中央金库主要是进行商业性资金运用。总体上看，综合农协筹集资金较多而运用能力相对薄弱，对县信联和农林中央金库依赖性很大。除这三级机构外，信用合作还设有全国信联协会。全国信联协会通过对农协系统金融活动的调查研究，为会员提供情报、协调关系和改进工作等方面的服务。

4.1.4　小结

19 世纪末期，日本自发的信用合作运动伴随资本主义的发展在农村初步发展起来，但日本信用合作事业的发展没有领袖人物，政府在其中发

---

① 高伟：《日本农协金融的早期发展概况及启示》，载于《济南金融》，2005 年第 5 期。

挥了较大的作用。20世纪初，日本政府根据本国的实际情况，选择了雷发巽模式的农村合作金融，制定了产业组合法案。为避免其他事业影响信贷事业，法案起初禁止各组合兼营信贷事业。日本的产业组合以自治村落为单位建立，自发的产业组合发展缓慢，但信贷组合发展较快。此后政府开始了积极的支持和培育，修法允许信贷组合兼营，并简化了设立手续。此后又不断修改法律，允许设立产业组合的联合会，扩大信贷组合的地域范围，以信贷事业为中心的产业组合得到了快速发展。但产业组合的发展触及了商人的利益，遭到了他们的抵制，但这并不能阻止产业组合事业的发展。随着产业组合的发展，基层组合之间的协调变得越来越重要，产业组合中央金库应运而生。它可以通过发行金融债券融资，对满足农村的资金需求起到了重要作用。此后的产业组合扩充运动，使产业组合逐渐失去了农民自主运动的性质。第二次世界大战以后，日本制定了农协法，农协遵循罗虚戴尔的合作原则，农协事业几乎涉及农村的所有经营活动。农协的发展并非一帆风顺，经过了几次革新运动，农协的各项制度进一步完善。农协事业在20世纪70年代得到了快速发展，在经营收支方面，更多依赖于信贷和共济事业。20世纪80年代的泡沫破灭使农协的事业受到影响，为此，2000年立法设立JA银行，农协、信联和农林中金作为一个整体的金融机构进行运营。尽管日本的农协当前也面临一系列的问题，但它是亚洲国家中农业合作制度实践成功的典范。通过农协各项事业的发展，日本较为成功地实现了农民富裕和农业现代化的目标。

4.2 印度信用合作制度的起源和发展

4.2.1 国家干预合作社管理

印度合作运动是由政府发起的，在政府的鼓励和支持下得到广泛传播，并不断多元化。但它的问题在很大程度上也是缘于政府过度的介入和干涉。[①]

20世纪初，殖民政府的官员认为，印度农民对高利贷者的依赖是他们负债和贫困的主要原因。当时，合作事业已经在欧洲取得了成功。印度

---

① 关于印度的讨论基于：Dame Pauline Green，India cooperative movement—A statistical profile 2012，National Cooperative Union of India，2012：10－17.

官员相信，合作运动是把印度农民从沉重的债务负担和高利贷者的暴行下解放出来的最好手段，开始在全国积极推动信用社发展。1904年，通过合作信贷协会法案，并于1912年制定了更全面的合作社法，标志着政府开始积极鼓励和促进合作社发展。合作思想得到了广泛的认同，被印度各邦政府采纳，此后，"合作"成为各邦的主题。

合作立法的爱德华法律委员会，确认并重申了国家积极推动合作社的必要性。10年后，麦克拉根委员会主张："每一个村庄应该有一个合作社，每个村庄都应该被合作社覆盖"。1928年，印度主管农业的皇家委员会提交报告，建议合作运动应继续致力于扩大农村信贷，国家应该资助合作社并对这一部门进行保护，并认为合作失败将是印度农村最美好希望的失败。彼时，国家已深入参与推进农业信用合作社。协会的数量剧增，多元化的经营范围远远超出了农业信贷。当时争论的焦点为：是否每个村里应该有一个合作社，村级合作社是否应该有单一目标或多重目标。

1930年后，农村信用领域的发展主要由印度储备银行（RBI）发挥作用。1934年的印度储备银行法案对银行内部成立农业信贷部（ACD）和为合作信用体系扩大融资设施作了具体规定，重点放在成立、加强和促进财务可行的邦合作银行、中央合作银行、营销协会和基层农业信用社上。自1942年开始，RBI也开始向邦合作银行提供农产品季节性生产和销售的信贷便利。政府在这一阶段的政策并不像以前那样积极推动合作社，这一政策上的沉寂持续到1945年，印度政府成立了农业金融委员会和合作社规划委员会。当时，印度农村合作运动已经出现了问题，大量的合作社因为严重的延期偿付而背负冻结资产的问题。委员会建议对合作社成员的冻结资产进行清算，标志着国家干预合作社管理的开始，随之社员的信贷纪律受到侵蚀。合作社规划委员会认为，合作社的小规模是合作社失败的主要原因，主张对合作社的竞争予以国家保护。

1950年，印度共和国成立后，中心转移到快速、公平的经济发展。合作社，特别是农村金融合作社，再次成为关注的焦点。印度全国农村信用调查局主张国家入股合作社并参与治理和管理，这为政府对合作社的直接干预铺平了道路。政府政策的出发点是：政府应该保证通过合作社向农村地区供应充足、廉价的制度信贷；随后这一思想演变成：如果提供廉价制度信贷的机构破产，必须对其进行重组，或创建新的机构。

政府对合作社非常关注，但关注的焦点是政府支持的扩大和机构重组，而不是强调恢复和加强作为真正意义上的合作社基石的自治、相互帮助和自我管理。国家把合作社作为向农村地区发放制度信贷的唯一手段，直接注入了大量的资金。鼓励上级合作银行接受公众存款，并向其他金融机构借款。然而，他们很快就发现，合作体系被不断增长的负债缠身。后来引入商业银行为农村部门融资。1969年，各大商业银行被国有化，商业银行在农村地区的渗透率大幅提高。这一趋势是和政府的行政命令联系在一起的。随着政府金融对合作社参与程度的增加，其对合作社各项职能的干预不断加大，导致对信用合作一般规范的妥协，最终影响了合作社的资产质量。

国家通过注入额外的资本和"专业"的员工来加强机构，而不是解决缺陷的根源。国家和员工表现得像资助人，而不是金融服务提供者。在整个过程中，政治上的权宜之计也导致了信用纪律的松弛。印度政府1989年核销了农民的贷款，大大恶化了合作社已经薄弱的信贷纪律，并损害了其金融健康。它还开了一个不良的先例，政府宣布一系列不同程度的减免方案，从利息冲销到部分贷款核销，政治阶层的竞争性民粹主义严重削弱了合作信贷结构的健康和公信力。

4.2.2　信用合作体系的重整

国家通过合作社渠道传递发展计划，特别是对穷人的补助项目。然而，这种趋势也使合作社成为分发政治赞助的渠道。为克服这一不良的趋势，农业信贷审查委员会认识到鼓励成员储蓄对合作社的重要性，也强调在地方一级合作社进行更好的商业规划和自我维持的必要性。国家资助、政治化对合作社带来了毁灭性影响，由此带来的对合作社和合作社角色的损害，导致了重整合作运动的需求。在20世纪90年代后，政府设立了几个委员会为合作社改革提供建议。布拉姆·颇喀什委员会重视合作社自力更生、自治和充分的民主制度，并提供了一个示范的法律。此后的委员会都赞同这个建议，并强烈支持用建议的示范法律取代现行法律。他们还建议，精简和改造监管机制，引入审慎规范，将合作银行充分置于1949年的银行监管法案之下。为实施这些改革，他们建议政府为信贷合作机构的资本重组提供金融援助。但这些建议的实施一直进展缓慢，因为政府不愿分摊成本和稀释他们的权力，把监管权力让渡给印度储备银行。1995年，安得拉邦政府通过了互助合作社法，标志着改革迈出重要一步。接着，其他8个邦也通过了类似的立法来调整互助合作社。

所有邦的新法律都规定合作社是民主的、自力更生的、以社员为中心，没有任何国家的参与或财政支持。这些法律规定，根据旧法登记的合作社要迁移到新的法案，但旧的法案没有废除，也没有采取任何严肃措施鼓励和促进老的合作社转换到新法案的框架下。因此，大多数现有的合作社，继续依照旧的法律经营。然而，新的法律确实导致了新一代自治金融合作社的出现，尽管在全国范围内发展得缓慢而不平衡。虽然根据新自由法案注册的合作社数量正在慢慢增加，但从旧法向新法转变的主体主要在商品合作社领域。信用合作社和初级农业信贷协会（PACS）向新法转移的速度缓慢，很大程度上是因为在新法的框架安排下，他们没有资格获得再融资。这些举措没有对合作社功能的发挥产生显著的影响，合作运动继续恶化。

4.2.3 印度合作金融体系的现状和运行机制

根据印度邦合作银行全国联合会（NAFSCOB）的数据，2013 年，印度共有 112 309 个基层农业协会（PAC），这相当于在全国每 6 个村庄有一个基层农业协会。因此，基层农业协会在印度农村的数量，比商业银行（CB）、地区农村银行（RRB）更多。此外，合作信贷组织（CCS）的农村网点比商业银行和地区农村银行加在一起的两倍还多，客户多出 50%。然而，各地网点密度有很大的差异。基层农业协会系统的社员总人数大约 1.2 亿，下层种姓和第五阶层（Untouchables）部落占 36%，小农户 37%。只有一半的社员是借款人，弱小农民社员中的借款人比例低于平均水平，而第五阶层社员中借款人的比例最低。

即使在基本功能方面，各邦之间也存在相当大的差异。在有的地区，有一些纯粹的储蓄和信贷协会，只从成员获取资源，与非成员之间没有金融往来。在马哈拉施特拉邦，除了常规的基层农业协会系统，大约有 22 000 个储蓄和信贷协会。在喀拉拉邦，基层农业协会从社员和非社员吸收存款。

据 NAFSCOB 估计，2013 年，有 62% 的基层农业协会系统是营业的，30% 可能是营业的，其余 8% 处于休眠、解散或清算状态，各邦的数量有较大差异。合作信贷组织的结构也有较大差异，大多数的邦有不同的机构来承办长期贷款（LT）和短期贷款（ST），但安得拉邦有一个统一的机构提供长期和短期贷款。大多数邦都有一个三层结构，包括基层农业协会、地区中央银行（DCCB）和邦最高银行（SBC）。而在古吉拉特邦，邦最高银行与下级组织进行大部分的交易，没有总部以外的分支机构；在马哈拉施特拉邦，邦最高银行通过多个像其他商业银行一样的分支机构进行正式的银行活动。除了结构不同，各邦在会计实务水平、监督和审慎规范方面也各不相同。上级两层，即邦最高银行和地区中央银行被监管，并遵循审慎监管和会计准则，但这些规范不适用于基层协会。

参与农业信贷领域的主要正规部门包括商业银行、地区农村银行和农村合作社，农村合作社处于亏损状态。合作社曾在农村信贷市场占主导地位（根据1991年全印度债务和投资调查的数据，约占65%的份额），但现在作用微弱。合作社分支机构持续增加，但在农村信贷市场的份额下降，从1992～1993年的62%左右下降至2002～2003年的约34%。商业银行农村分支机构的数目下降，但他们的客户规模更大。在小农为主的农村，合作系统的触角比其他类型的金融机构更加广泛。

在印度，信贷合作组织的功能主要集中在信贷上，基层合作社历来为信用分配机构，上层机构的创建往往是用来确保基层获得再融资。因此，该机构是由各级借款人驱动的，从而导致严重的利益冲突。在管理方面，底层机构在各个方面都由上级进行管理。在几乎所有的邦，合作机构的选举职能都由邦政府授权。同样，审计职能也属于国有审计制度。由此，合作社失去了自我治理的权利，一些属于社员大会和理事会的权利不得不仰仗政府。不但内部治理存在问题，外部监管也不像对商业银行那样严格。中央监管机关（RBI）没有能力确保金融机构遵守审慎规范和对财务恶化的银行进行惩罚。央行困境的主要原因是合作银行由中央银行和邦政府双重控制。两者之间具体的管辖权模糊，邦政府不愿执行RBI的纪律处分。修订法律的努力也遭到失败，各邦政府，甚至联邦政府，都没有帮助监管当局。相反，他们的行为提供了一种鼓励违约的氛围。整个体系的贷款回收率一直处于低位，明显影响机构的盈利能力。没有外部资金的注入，该系统是不可持续的。

4.2.4 小结

为了对抗高利贷，在英国殖民政府的推动下，20世纪初，信用社在印度组建起来。随后几年，通过了合作信贷协会法案，并制定了更全面的合作社法。政府的委员会认为，应该每村一社，并应该大力推进农业信贷协会。信贷协会发展很快，并进行了多元化经营。在20世纪40年代，印度大量的合作社经营不善，面临清算，国家开始干预合作社的管理，合作社的信贷纪律受到侵蚀。印度共和国成立后，农村金融合作社再次成为关注的重点。但国家入股并参与合作社的治理和管理，破坏了合作组织自我管理、自负盈亏的经营原则，为印度信用合作社的经营失败埋下隐患，政治阶层的竞争性民粹主义严重削弱了合作信贷结构的健康和公信力。此后对信用合作社恢复合作原则的改革，也因为政府不愿分摊成本和削弱自己的权力而进展缓慢。政府的立法不当和执法不力，也严重影响了信用合作制度在印度的实践效果。

4.3 总结

与其他大洲相比,亚洲地区人口稠密,政府面临较大的发展压力,因此,政府对信用合作组织的参与相对较多。此外,亚洲国家的文化、政治体制和经济体制多元化,建立在民主管理基础上的信用合作制度面临较大的挑战,其实践效果相对较差,除韩国、尼泊尔的信用社普及率高于10%以外,其他国家和地区的普及率都非常低,平均普及率仅为3%左右(见表4.1)。多数国家和地区,尤其是人口大国的信用合作社在政府的干预下发展。在有的国家和地区,如日本政府支持政策较为合理,信用合作事业取得了较好的发展成就,但有的国家和地区的信用社则遭到了政府的不合理干预,甚至成为权力争夺的牺牲品。

表4.1 2015 年部分亚洲国家和地区信用合作社的发展情况

国家	信用社数量	社员数量	储蓄和股份(百万美元)	贷款(百万美元)	公积金(百万美元)	资产(百万美元)	普及率*
阿富汗	27	119 405	2.65	16.24	1.67	20.93	0.7%
阿塞拜疆	107	30 155	26.07	64	34.14	70.45	0.4%
孟加拉国	812	493 203	257.33	224.48	21.90	273.75	0.5%
柬埔寨	20	48 684	4.50	10	0.6	20	0.5%
中国香港	41	86 558	1 533	47	41	1 631	1.7%
印度	2 705	21 060 430	50 663.25	33 116.82	6 952.70	60 450.92	2.6%
印度尼西亚	912	2 640 692	1 621	1 396	236	1 890	1.5%
伊朗	966	415 000	234.66	33.52	NA	NA	0.7%
日本**	896	3 790 000	350 912	122 779	NA	586 841	3.43%
韩国	910	5 752 000	53 272.68	37 153.67	2 772.67	56 111.67	16.0%
吉尔吉斯斯坦	135	20 047	2.19	15.19	NA	17.53	0.5%
老挝	24	5 545	1.34	1	0.05	2	0.1%
马来西亚	286	257 927	144	80	1	373	1.3%
蒙古	253	39 146	35	38	1	49	1.9%
缅甸	2 228	388 258	43	48	NA	NA	1.0%
尼泊尔	4 207	2 500 000	1 051	1 339	37	588	12.3%
菲律宾	1 649	4 091 059	2 004	1 745	86	2 646	6.6%
新加坡	22	103 444	549	131	22	671	2.3%

国家	信用社数量	社员数量	储蓄和股份（百万美元）	贷款（百万美元）	公积金（百万美元）	资产（百万美元）	普及率*
斯里兰卡	8 423	1 039 458	54	12	11	83	7.2%
中国台湾	340	217 909	738	307	75	844	1.3%
泰国	2 277	4 078 311	22 801	47 899	NA	57 101	8.2%
越南	1 148	2 097 584	3 035	2 651	2 613	2 705	3.2%
亚洲合计（日本除外）	27 492	45 484 815	138 072.67	126 327.92	12 906.74	185 548.26	2.9%

注：NA 表示数据不可得；*普及率由信用社社员总人数除以有经济活动的人口数；**日本的普及率根据世界人口署和 WOCCU 的数据计算。

资料来源：www. woccu. org.

5 大洋洲国家信用合作制度的起源和发展

5.1 澳大利亚信用合作制度的起源和发展

5.1.1 澳大利亚信用合作的发展历程

澳大利亚的信用合作事业可以追溯到 1905 年。第一部州合作社法是新南威尔士州在 1923 年通过的。早期的信用社运动相当成功，但是第二次世界大战和相关的经济环境抑制了信用社的发展。1944 年，澳大利亚联邦政府废除了禁止信用合作社注册的法令，澳大利亚的信用合作社重新得到法律认可。1945 年，7 家信用社在新南威尔士州注册，但他们中的大部分是建房协会或友好协会。1946 年，澳大利亚第一个真正意义上的信用社——天主教储蓄贷款合作社（1948 年后改名为通用信用社）在悉尼成立，它是由从加拿大返回澳大利亚，并渴望复制他所知道的加拿大信用合作社的凯文·耶茨（Kevin Yates）建立的。1948 年，昆士兰的第一家信用合作社成立。1949 年，第一个信贷协会——SA 公共服务储蓄和贷款协会有限公司在南澳大利亚注册。20 世纪 50 年代中期，约 40 家信用社在新南威尔士州注册；同时，在美国全国信用合作社联盟（CUNA）国际（即现在的世界信用社理事会 WOCCU）的帮助下，制定了信用社章程。1954 年，维多利亚州和塔斯马尼亚州颁布了合作社法案，两个州的信用社开始注册。1956 年，新南威尔士州储蓄与贷款合作社协会有限公司成立，它是澳大利亚第一个信用社代表机构，于 1958 年成为 CUNA 国际的会员，改名为新南威尔士州信用社联盟公司（NSWCUL）。此后几年，信用合作社得到较快的发展，各地纷纷成立了信用合作社。每个州政府都为在本州经营的信用社制定了自己的信用社立法，并建立了相应的监管制度。1964 年，NSWCUL 发起了中央银行项目，信用社有了自己的中央银行。

20 世纪 60 年代，昆士兰信用合作社协会、塔斯马尼亚信用社联盟（TASCUL）、澳大利亚首都领地信用社联盟、南澳大利亚信用社联盟（CULSA）和西澳大利亚信用社联盟（WACUL）、维多利亚信用合作社协会（VCCA）相继成立。1966 年，澳大利亚信用合作社联盟联合会成立，并引入了担保贷款。稍后，维多利亚信用合作社协会加入澳大利亚信用社联盟联合会和 CUNA 国际。1969 年，澳大利亚第一部信用合作社法——新南威尔士州信用合作社法颁布。20 世纪 70 年代初期，澳大利亚信用社联盟联合会成立了信用社基金（CUFA），新南威尔士州信用社联盟成立了存款保护基金。[①]

澳大利亚信用社的数量在 1973 年达到了 833 家的峰值，但由于合并和清算，2006 年注册的信用社只剩下了 149 家。这一时期，发生了许多重要的事件，包括 1983 年联邦政府放松金融部门的管制和 1994~1995 年取消信用合作社的免税地位。

澳大利亚的金融体系以 4 大全国性银行为主，占行业资产的 80%~90%。近年来，第 5 家全国性银行已经诞生，虽然规模远远超过了非全国性机构，它仍然比其他四个全国性的银行要小得多。其他三类金融机构分别是区域经营银行、建房协会和信用合作社，由于兼并和收购，数量正在减少。自 1990 以来，地区银行的数量从 11 家下降到了 6 家，而建房协会（类似于美国的储蓄和贷款协会）的数量已经从 25 家下降到了 13 家，信用社数目由 1990 的 41 家增至 1999 年的 75 家，2005 年下降至 66 家。[②]

5.1.2 澳大利亚信用社税收豁免的取消

1973 年之前，澳大利亚信用社在所得税方面执行和所有其他金融机构一样的政策。在澳大利亚信用社联盟的游说下，政府于 1973 年年底通过了 1936 年《所得税评估法》修正案。在修正案中对信用社来自非公司社员贷款的利息所得给予税收豁免，效果等同于信用社不缴纳所得税。

最初，政府的税收损失很小，但随着时间的推移和信用社数量的增长，政府和竞争对手要求信用社也要像其他金融机构缴税的呼声不断增长。政府采纳了竞争中立的原则，即所有组织必须在一个公平的环境下竞争。信用社试图努力保留免税政策，对政客进行游说，并安排了请愿活

① A chronology of credit union in Austrilia, http://www.mycuhistory.com.au.

② Gasbarro, Dominic, Phil Hancock, J. Kenton Zumwalt. Impact of Taxation on Credit Unions in Australia, Filene Research Institute, 2007: 2-3.

动。理由是：与银行不同，信用社没有外部资本来源，资本形成的唯一方法是本身产生的经营盈余。征税会削弱资本的形成，使信用社处于危险之中，而信用社的倒闭也不符合竞争的最佳利益。因此，取消免税并不是促进竞争，可能会使竞争更有利于银行。但议会最后的投票导致取消税收减免的法案得以通过。该法案规定，在 1995 ~ 1997 年的 3 个税收年度，信用社的税率为 20%。过渡期后，从 1998 年开始，税率提高至与一般企业税率相同。

20 世纪 90 年代，信用社领域继续合并，经营效率得以提高。但是，由于流动性和贷款质量的要求，信用社的贷款活动受到限制。此后不久，监管政策发生变化，允许信用合作社进入低风险的房地产贷款领域。监管层试图创造一个公平的竞争市场，但技术进步使具有规模经济和范围经济的大金融机构处于更加有利的地位，大银行能够从资本市场上得到成本更低的资金。相反，信用社普遍缺乏这些优势，新增的税收负担，减少了内部产生的资金来源。随着税收豁免的取消，信用社被迫收取费用，并引入账户维护费。由于监管政策的变化，四类金融中介机构的差别减少，全国性银行的市场份额在增加，地区银行和建房协会的份额在减小，信用社市场份额稍有增加，增长速度大幅放缓。1990 年，信用社的总资产占全国四类金融机构总资产的 1%，2005 年，总资产份额增加到约 1.9%。全国性银行的总资产由 1990 年的约 80% 增加到 2005 年的 90% 以上。[1]

5.1.3 澳大利亚信用社的去合作化

随着信用社的不断合并，信用社的数目持续下降，行业集中度日益提高，10 大信用社的资产份额由 1995 年的近 25% 升至 2006 年的超过 50%，资产也有较大的增长。由于资产证券化的使用，信用社资产负债表上的大多数资产都是住房抵押贷款。

由于竞争的加剧和监管的影响，许多小的信用合作社通过并购退出市场。20 世纪 90 年代初推出了风险加权资本要求，并伴随着不断增强的监管监督和压力，迫使资本薄弱的信用社与更强的信用社合并。1993 年免税地位的取消，使他们与非互助组织相比处于竞争劣势。1999 年，公司法取代了专门的合作社法适用于信用合作社，对信用合作社施加额外的报告和合规要求，导致了敌意收购和章程的改变，并在无意间开启了去合作化的道路。监管机构要求的不断加码增加了小规模信用社的经营成本和对

---

① Gasbarro, Dominic, Phil Hancock, J. Kenton Zumwalt, Impact of Taxation on Credit Unions in Australia, Filene Research Institute, 2007: 2 – 21.

志愿理事的需求，合并或加入一个能够实现规模经济的更大的组织，并对理事提供报酬成为首选策略。某些信用社运动的领导人也表示支持信用社的股份化，这意味着信用社将转向其核心原则的对立面。①

5.1.4　小结

澳大利亚信用合作社的立法也是从各州开始的，第一部州合作社法是新南威尔士州在 1923 年通过的。1944 年开始，澳大利亚的信用合作社重新得到法律认可，信用合作社得到较快的发展。每个州都为在本州经营的信用社制定了法律并建立了相应的监管制度。1964 年，在信用社行业层面上发起成立了中央银行，各地区的信用社联盟也纷纷成立。20 世纪 70 年代后，由于兼并和收购，信用社的数量越来越少，规模越来越大。澳大利亚信用社行业的重要事件是政府对于信用社免税地位的处理。1973 年之前，澳大利亚信用社不享受所得税优惠，但在澳大利亚信用社联盟的游说下，政府于 1973 年年底通过了对信用社来自个人社员贷款的利息所得给予税收豁免的法律，但随着时间的推移和市场占有率的扩大，政府和竞争对手要求免除信用社税收优惠地位的呼声不断增长。尽管信用社联盟进行了斡旋和游说，但最终取消税收减免的法案得以通过。从 1998 年开始，信用社适用与一般企业相同的税率。由于监管政策的变化，信用社和其他金融中介机构的差别越来越小。1999 年，信用合作社开始适用公司法而非专门的合作社法，额外的信息披露导致了敌意收购和章程的改变，在无意间开启了去合作化的道路。

5.2　新西兰信用合作制度的起源和发展

5.2.1　新西兰信用社的早期发展

信用合作社在新西兰已经存在了 100 多年。20 世纪初，许多小规模独立的信用合作社在新西兰成立，但规模和影响力有限。20 世纪 50 年代，一直在南太平洋积极推广信用社的神父马龙·加内（Marion Ganey），会见了汉弥尔顿的一个天主教教友汤姆·迈克尔（Tom Mitchell）和马塔塔的

---

① Davis, Kevin. Australian Credit Unions and the Demutualization Agenda, *Annals of Public and Cooperative Economics*, Volume 78, Issue 2, June 2007：277 - 300.

神父博伊德（H. Boyd）。两人对加内的想法非常感兴趣，这导致了两个姊妹教区信用社——圣约瑟夫信用社和圣玛利亚教区信用社的建立，它们分别是现在的北方信用社和第一信用社的前身。

1959 年，汉密尔顿特许会计师柯林·史密斯（Colin Smith）当选为圣玛丽亚教区信用合作社的财务经理。1961 年，神父加内在新西兰的一个研讨会上提到了一个统一的信用合作社运动的重要性，史密斯着手组织新西兰信用社联盟。到 1964 年，联盟有 9 个成员信用合作社。史密斯担任联盟的理事长职务直到 1986 年去世。他周游新西兰，推广教区和行业雇员信用合作社；他还前往海外，了解其他国家信用社的进展，并在 1967 年与当时的 CUNA 国际建立了直接联系。

到 20 世纪 80 年代初，新西兰有几百家信用合作社，高峰时期达到 300 多家。随着运动的成熟，这些较小的信用社开始被大信用社合并，或转移其债权债务，一直持续到今天。新西兰有两个信用社的联合机构，其中最大的一个是新西兰信用合作社协会（NZACU）。2001 年，新西兰信用社减少到 56 家，其中 79% 的信用合作社隶属于新西兰信用合作社协会，拥有 83.5% 的成员和 80% 的总资产。另一个是曼彻斯特统一信用合作社协会（AMUCU），它基本是一个友好协会，通过它的地区部门给成员提供便利。2001 年，AMUCU 代表了 16% 的信用合作社，14.5% 的成员和 18% 的总资产。剩余的 3 个信用合作社也都是友好社会，独立经营，不隶属于任何一个行业协会。到 2001 年，社区信用社的比例从 1996 的 37% 下降到 34%，行业信用社从 43% 下降到 38%，而混合型的信用社从 20% 增加至 28%。2016 年年底，信用社大约剩下 36 家，其中有 25 家属于 NZACU，其他几家或者是独立的，或属于 AMUCU。[①]

两个信用社全国协会代表其成员的利益，作为其成员的中央银行，为其成员提供借记卡技术服务、自动取款机（ATM）和资金的电子汇划，网络银行、电话银行和手机银行等服务。但两个协会之间少有合作。

5.2.2　新西兰信用社的合规成本

20 世纪 90 年代以来，新西兰的信用合作社经历了广泛的并购活动。通常合并的动机是提高效率，增强与大银行竞争的能力。而新西兰信用社的合并是被迫的，而不是因为通常的战略原因。2001 年 11 月，新西兰政府撤销了 1978 年证券法对信用社经营无抵押存款的豁免，从此，他们必

---

① https：//nzcuemployees.co.nz/.

须与作为受托公司的审慎监管人有一个信托契约。这一身份转变让信用社的存款成为排名第一的证券，产生了巨大的成本，并需要遵守操作层面上的审慎标准，如增加资本储备和流动性水平。许多规模较小的信用合作社不可能符合这些条件，因而在行业协会和监管机构的鼓励下寻求与大机构合并。①

合并影响到了信用社的捐赠和劳动成本。行业信用社和少数社区信用社，是由传统的雇主、行业协会和宗教团体捐赠资金和提供免费劳动力的。因此，信用合作社的投入成本只涉及家具、设备、印刷和文具。随后的合并活动导致2001年只有55%的信用社收到捐赠资本，而不是1996年的74%。至于劳动力成本，1996年和2001年分别为11%及30%。②

新西兰1982年信用合作社法律规定，信用合作社不能给社区发展组织或社会企业发放贷款，只能给个人成员贷款。他们也不能像银行一样借钱发放贷款，而必须依靠成员的储蓄。自2008年全球金融危机以来，新西兰信用社已受到日益增加的合规成本的严重影响，这些额外的负担包括储备银行的监管，遵守非银行吸收存款者法案，金融市场管理局（FMA）额外征收的基金，等等。由于这些新要求的影响，新西兰的微型金融部门正在退步。例如，服务超过2000名成员的AWHI信用社，决定在2014年10月停止运营。其首席执行官雷切尔·莫（Rachael Mo）表示，该组织已成功经营了23年，但合规成本的增加扼杀了它。2008年之前，该信用社的合规成本为20 000美元，但2013年暴涨至70 000美元，2014年，接近100 000美元，占每年收入总额的11%。③

5.2.3　小结

信用合作社在新西兰历史悠久，但早期信用合作社影响力有限。20世纪50年代，信用合作社在新西兰重新焕发了活力。信用合作社的复兴在很大程度上归功于天主教神职人员的推广，最初的信用社是教区信用社。新西兰的信用社虽然没有舒尔茨和雷发巽的区分，但他们被分成社区信用社、行业信用社和混合型的信用社。新西兰有两个信用社的联合机构，它们为成员合作社提供中央银行服务，但两个协会之间并不团结。随着信用合作运动的成熟，规模较小的信用社逐渐被大信用社合并，以提高

①② McAlevey, Lynn, Alexander Sibbald, David W. L. Tripe. New Zealand Credit Union Mergers, *Annals of Public and Cooperative Economics*, Vol. 81, Issue 3, 2010: 423 – 444.

③ Jeffs, Lindsay. Financing Community Economic Development in New Zealand, *Whanake The Pacific Journal Of Community Development* (1) 2015: 15 – 28.

经营效率。但20世纪90年代以来的合并在更大程度上是被迫的，因为新西兰政府的监管政策改变了信用社的身份，信用社被要求遵守资本充足率和流动性水平等审慎标准，从而产生了巨大的成本，许多规模较小的信用合作社不得不寻求合并。但合并使信用社的角色产生了混乱，严重影响到信用社的捐赠和劳动成本。这些日益增加的合规成本，把很多规模较小的信用社逼入了关闭的困境，由此导致了新西兰微型金融部门的退步。

5.3　总结

大洋洲的主要国家都是移民国家，其信用合作事业发展较晚，其发展过程深受美国和欧洲信用合作运动的影响。因为大洋洲国家的政治制度和文化传统与欧美国家一脉相承，尽管信用合作制度也是一个外来事物，但与其经济社会环境有更多的相容之处，因此，后发优势使其发展得较为顺利。大洋洲主要国家信用社社员的普及率较高，2015年的平均普及率为19%。但由于大洋洲主要国家经济发展程度和金融包容的程度较高，而信用合作社联盟的力量较为薄弱，信用合作事业没有欧美国家那样幸运，在发展过程中受到了来自政府政策的挤压，因此很多信用社走上了去合作化的道路。大洋洲各国信用社发展的概况见表5.1，澳大利亚和新西兰是信用社普及程度最高的两个国家。

表5.1　　　　　　　2015年大洋洲各国信用社概况

大洋洲国家	信用社数量	社员数量	储蓄和股份（百万美元）	贷款（百万美元）	公积金（百万美元）	资产（百万美元）	普及率*
澳大利亚	91	4 100 000	60 770.91	55 872.6	5 818.25	70 706.11	27.0%
斐济	16	12 477	7.47	7.88	1.09	10.42	2.1%
基里巴斯	8	184	0.02	0.02	0.01	0.01	0.3%
新西兰	13	180 916	773.50	445.59	106.85	673.08	6.2%
巴布亚新几内亚	20	244 986	262.15	100.8	77	350	6.0%
萨摩亚	3	1 345	1.3	2.28	0.24	2.04	1.1%
所罗门群岛	9	4 378	3.87	3.25	0.04	2.98	1.2%
密克罗尼西亚	1	2 180	1.98	4.29	0.2	4.66	3.2%

大洋洲国家	信用社数量	社员数量	储蓄和股份（百万美元）	贷款（百万美元）	公积金（百万美元）	资产（百万美元）	普及率*
帕劳	1	224	0.02	0.03	NA	0.05	1.5%
东帝汶	42	10 229	4.26	2.12	0.1	3.44	1.5%
汤加	4	1 523	0.64	1.36	0.06	1.4	2.4%
图瓦卢	1	205	0.07	0.06	0.001	0.08	0.8%
瓦努阿图	2	556	0.34	0.05	NA	NA	0.3%
所有成员国	124	4 525 902	61 806.56	56 418.9	6 002.10	71 729.19	20.4%
所有非成员	75	32 132	19.52	21.17	1.72	24.94	1.7%
大洋洲	199	4 558 034	61 826.08	56 440.1	6 003.82	71 754.12	18.9%

注：NA 表示数据不可得；* 普及率由信用社社员总人数除以有经济活动的人口数。

资料来源：www.woccu.org.

6 拉丁美洲国家信用合作制度的起源和发展

6.1 巴西信用合作制度的起源和发展

6.1.1 巴西政府重新重视信用社

巴西的信用社成员在拉丁美洲是最多的，但其普及率却是拉丁美洲最低的。根据 WOCCU 的数据，拉丁美洲的信用合作社在 2015 年平均的普及率为 8.1%，而巴西只有 4.5%。

20 世纪 40 年代，巴西第一信用合作社在里奥格兰德州成立，它以农业为基础，类似于大多数 20 世纪 60 年代前成立的信用社。也有几个卢扎第式的信用社，其成员是开放的，也为非成员提供服务。1965 年，共同联系的规则在巴西被严格执行，信用社只能用于农村金融。20 世纪 90 年代，巴西中央银行（BCB）再次对信用合作社运动感兴趣，制定了一系列的监管政策来重整信用社。信用社网络被允许创建合作银行。与对商业银行的监管要求相比，监管降低了对信用社风险管理的要求，中央银行也降低了设立信用合作社的资本要求，允许微型企业和其他自然人组建信用社。2003 年，BCB 逐步放宽共同联系规则并允许自由加入信用社。此外，央行逐步增加了对单一信用社的合规要求，促使其中央组织发挥作用，鼓励单个信用社加入一个网络。大多数的变化旨在鼓励信用社的增长和合并，扩大其经营规模。在一系列政策措施的推动下，巴西信用合作事业得到迅速发展，在 2000~2008 年间，新设立了 494 个信用社。但从 2008 年开始，巴西信用社的数量从 1 378 家下降至 2010 年的 1 318 家，这一下降反映了现有信用社关闭的数量大于新建信用社的数量。与此同时，巴西信用社成员的数量从 2002 年的 150 万增加到 2010 年的 510 万，显示了信用社在经济社会中与日俱增的重要性。

6.1.2　巴西信用社的类型

巴西农村信用社大致包括三种类型：一是农村信用社，数量最多；二是互助信用社，成员来源于同一个行业；三是自由进入合作社，成员来源于任何职业。巴西中央银行认为，去除共同联系的要求是一个全球性趋势，并将协调农业生产和商业化之间的不匹配，因为可以自由加入，他们更容易合并，这是达到规模经济和减少经营成本的重要途径。据 BCB 的数据，2010～2014 年，自由加入类型的信用社增长了 24%，而同期其他类型的信用合作社（互助和农村信用社）的人数则下降了 25%。根据巴西央行数据，2014 年，自由加入的信用社只有 26%，但他们的信贷资产组合份额占到总量的 62%。

共同联系要求的取消促进了该行业的增长，但这一取消也可能增加信息不对称或违约率，因此，在放宽共同联系要求后，中央银行增加了对信用社的公司治理和合规要求的压力。据 BCB 的报告，2010～2014 年之间，巴西信用社的数量减少。这主要是由于合并、市场退出和经营许可的拒绝，部分是因为增加规模、实现专业化治理和服务延伸的行业治理。在这一过程中，自由加入类型的信用社似乎发挥着不可低估的作用。

单个信用社往往选择加入信用社网络，通过中央组织协调活动。如果没有这些中央组织，信用合作社运动的规模会小很多。中央组织负责报告、培训和经费保障，从而使单一的信用社获得管理方面的规模效益而降低成本。中央机构通常是联盟的一部分，使合作社网络的单一信用社在同一品牌下经营。巴西 3 个主要的信用社网络是：SICOOB，SICREDI 和 UNICRED。信用社网络的成长导致信用社一体化，扩大了规模，提高了效率，与此同时，通过开设更多的网点实现金融包容。

6.1.3　巴西信用社的发展现状和问题

在大多数拉丁美洲国家，信用社构成许多小企业、穷人和工薪阶层的重要金融资源。与小额贷款机构不同，信用社在巴西像毛细血管一样已经发挥了比较大的作用。根据巴西央行的数据，2014 年，43% 的市有信用社提供服务。信用合作社在小额信贷领域已经发挥了重要作用。2011 年 12 月，单笔低于 5 000 卢比的贷款组合总共有 48 亿卢比，平均贷款规模为 530 卢比，而这种规模的贷款恰恰针对最低收入阶层。信用社在 2014 年的信贷组合为 3.3 亿美元，其中小额信贷在 2014 年的违约率最低，为 1.8%，低于银行的 4.2% 和小贷机构的 4.7%。

巴西的大部分信用社位于东南部和南部地区，也是经济最发达、金融服务最充分的地区。南部地区曾经是巴西信用合作运动的"摇篮"，目前还是最为活跃的地方。根据 BCB 数据，2014 年，南方 90% 的市有信用社分支机构，相比之下，北部地区只有 17%，东北地区只有 9% 的市有信用社。信用社的普及率在南部地区达到 12.2%，而在北部和东北部只有0.8%。2014 年，巴西有 6.4% 的市一个银行分支机构都没有，但其中只有 1/4 由信用社填补空白。此外，2014 年，巴西 72% 的小城市没有信用社存在。①

巴西信用社可以填补贫困地区发展政策的不足，是公共政策的显著推动者。为避免信用社经营失败，巴西中央银行设有一个特殊的合作部门，已推动了一系列的研究项目和一项促进信用社良好治理和管理的项目。近年来，信用合作社在巴西发展壮大，主要得益于巴西农业企业的发展、税收优惠以及提供金融服务的低成本。

尽管近几年巴西信用社的数量在增长，但也有很多的信用社停止营业。为了在金融市场上实现规模经济，许多信用社选择了合并和收购。②巴西信用社由社员所有者管理，其缺点是专业水平低和代理问题严重。巴西信用合作社在创建时缺乏规划，导致人手和管理支持的不足，因此，合作社暴露在政治干扰和个人利益中。尽管他们对农业发展和贫穷的城市地区很重要，但很多因为管理不善而失败。

6.1.4 小结

巴西的信用合作事业起步较晚，但发展并不顺利。20 世纪 90 年代以前，信用合作社受到严格管制，只能被用于农村金融，严格执行共同联系规则，信用合作事业没有取得多大的影响力。90 年代后，政府重新重视信用社，在监管政策方面对合作银行的要求低于商业银行，取消了共同联系的要求，鼓励信用社的成长和合并，鼓励他们加入一个信用社中央组织，享受税收优惠。21 世纪以来，信用合作事业得到了迅速发展，在巴西社会中的作用与日俱增。和信用合作社的传统分类不同，巴西的信用合作社大致分为三种类型：数量最多的农村信用社、成员来源于同一行业的互助信用社和自由进入合作社，其中自由进入合作社发展迅速。共同联系

---

① Kalliala, Oskari. Credit union correspondents and financial inclusion in Brazil, 2016.

② Carvalho, Flávio Leonel de, et al. . Exit and Failure of Credit Unions in Brazil: A Risk Analysis, Revista Contabilidade & Finanças, April 2015, 26 (67): 70 – 84.

取消导致的信息不对称问题由央行更加严格的监管所弥补。尽管中央网络的存在提高了巴西信用合作事业的效率，但巴西的信用社中央网络并不统一，有三个分而治之的中央组织。信用合作事业是深化金融包容的重要力量，但在贫困地区，信用社的数量还远远不足。此外，巴西的很多信用合作社也因政治干扰和个人利益问题导致管理不善而失败。

6.2 多米尼加信用合作制度的起源和发展

6.2.1 通货膨胀导致早期信用社的失败

多米尼加共和国信用社发展的历史与其他拉丁美洲国家有相似之处，经历了几个阶段的成长，也遭遇了几次严重的下降。多米尼加的信用社始于 20 世纪 40 年代，当时天主教会开始推动信用社的发展以帮助穷人，并为建立全国联合会（FEDOCOOP）做准备。从那时起直到 1957 年，信用合作社的成员和数量迅速增长。但教会与政府的冲突与动乱，对信用社在 20 世纪 50 年代末至 60 年代初的发展造成了不良影响。1963 年以后，包括美国国际开发署在内的几个捐助者，为 FEDOCOOP 注入资金，到 20 世纪 70 年代，农村信用社的机构总数就已经超过 100 个，成员则达到 37 000 个。

在 20 世纪 50 年代和 60 年代，其他拉丁美洲国家也经历了类似的发展，外部提供的资金通过拉丁美洲信用社区域联盟（COLAC）注入信用社。成立 COLAC 的一个主要原因是为外部的捐助资金提供进入信用社的渠道。主要是通过美洲开发银行的资助，COLAC 的信用社系统在 20 世纪 70 年代和 80 年代早期迅速增长，1988 年年底，作为 COLAC 股东的 17 个国家联合会，约有 400 万信用社成员和约 5 亿美元的贷款组合。虽然 FEDOCOOP 是一个小联盟，但它在 COLAC 发挥了不相称的重要作用，因为从 1976 ~ 1981 年，FEDOCOOP 的理事长也担任 COLAC 的理事长，FEDOCOOP 在这一时期从 COLAC 收到了大量资金和技术援助。

但多米尼加的信用社是脆弱的，在 20 世纪 70 年代末和整个 80 年代遭受了重大挫折。通货膨胀和缺乏灵活性的利率，侵蚀了 COLAC、成员组织和单个信用社资金的购买力；与此同时，整个系统面临严重的贷款回收问题和腐败问题。FEDOCOOP 是第一个崩溃的国家协会。1980 年，它的许多成员信用社——特别是农村地区的信用社，成为僵死的信用社。随后，玻利维亚、洪都拉斯和秘鲁等国较强的联盟也变得脆弱。

这些信用社的根本设计是有缺陷的。它强调了借款人的福祉，几乎没有考虑到存款人和股东的利益。外部提供的优惠资金削弱了信用社动员存款和股本的能力，可贷资金局限在作为主要来源的外部资金上，削弱了贷款回收的纪律。在某些情况下，通过外部资金的注入促进了贷款快速扩张，减弱了信用社在收集成员信息的基础上发放有信用价值的贷款的能力。伴随固定的名义利率和加速的通货膨胀，信用合作社和他们的协会越来越变成"经济租金的分配器"，而不是金融中介。贷款回收迅速恶化，业内人士和其他寻租者获得贷款后不再偿还。份额持有人看到合作社的恶化，争相要求贷款，额度至少等于各自持有的份额价值，然后拖欠贷款以挽回他们的股本。信用合作社无法回收贷款，因此无法偿还国家联盟的债务。相应地，国家联盟无法偿还从 COLAC 获得的贷款，捐助者对违约感到失望，停止了对 COLAC 的资助。

6.2.2 国际援助下的信用社转型

1983 年美国国际开发署（AID）在多米尼加共和国资助了一个试点项目，目标是恢复一些濒死的信用社。该项目的主要着力点是协助国有的农业发展银行（多米尼加共和国农业银行）首次提供存款服务。该项目使多米尼加共和国农业银行从 1983 年的零存款，到 1992 年年底开立了 15 万个存款账户，动员了约 2 800 万美元的存款，这包括了帮助 4 个濒死的信用社动员存款和加强管理。后续的 AID 援助项目扩大了活动范围，包括了 15 个位于农村地区的信用社，该项目的主要目的是将这些信用社从借款人为主、经常被用来作为外部资金渠道的家长式机构，转变为反映市场价格和存款人利益的金融机构。

该项目通过提供技术援助和培训，而不是提供转贷资金，增强了信用社的能力，这包括帮助他们开发更有吸引力的存款工具，制订有竞争力的贷款和存款利率，并鼓励聘用全职职业经理人。此外，还成立了一个新的协会，为这些重组的信用社提供持续的技术援助，包括提供中央流动资金。

尽管 1988 年严重的金融危机破坏了金融中介的信心，通货膨胀从 1983 年的 8% 提高到 1990 年的 100% 以上，信用社面对整体的经济压力和历史包袱，项目建设仍然成效显著。到 1992 年年底，这 15 家信用社已经动员了相当于 700 万美元的存款，而在参与这个项目之前，只有一个信用社吸引到了一些存款。在项目期间，约有 20 000 名新成员加入了这些信用社。在 1991~1992 年间，存款的增长尤其显著，部分表明了项目的有效性，部分反映了经济趋稳，这两年内，通货膨胀率降低到了不到 5%。约 50% 的贷款发放给了小生意的经营者，包括一些农民。

该项目的一个重点是缓解委托代理问题。在很大程度上，这是通过把信用合作社从借款人为主的组织转换为以存款人为主的组织。强调存款动员对信用合作社及其成员的约束。如果提供的储蓄工具是有竞争力的，组织是管理良好的，成员愿意把他们的储蓄存到信用合作社。而此前因为外部资金的介入而"窃取"信用社资金的行为一直被社会所接受，而当信用社的资金主要是当地人的存款时，通过贷款违约窃取信用社的资金变得不能容忍。通过绩效工资，信用社的全职经理也被激励以符合社员的利益，特别是存款人利益的方式行事。为了促使新一代全国联合会关注其成员信用社的福祉，新的章程禁止信用社处理外部转贷资金。

交易成本问题是通过储蓄动员解决的，因为储蓄为信用合作社的信贷管理人员提供了有价值的信用信息。现代管理技术，改进的数据处理，规模和范围经济也有助于降低动员储蓄和与更多的、不太熟悉的社员交易而导致的交易成本。

审慎监管问题似乎更难解决。只要信用社交易不多，很少接受存款，或如果他们是垂死的，很少需要审慎监管。而随着存款金额的增加，这个问题变得越来越重要。在很大程度上提供技术援助的个人被安置在中央银行，在项目期间基本上提供了这种监管。1993 年年底，多米尼加共和国的政策制定者试图建立一个替代的监管制度。①

根据 WOCCU 的数据，截至 2015 年年底，多米尼加共和国有信用社 15 个，社员 645 331 个，信用社的普及率达到 9.4%，发放贷款 6.6 亿美元。

6.2.3　小结

多米尼加的信用合作事业源于 20 世纪 40 年代教会的推动，但教会与政府的冲突也对信用社的发展带来了负面影响。20 世纪 60 年代，国际组织的资金援助虽然促进了信用合作社数量的增加，但严重破坏了信用社的自主原则和信贷纪律。20 世纪 70 年代和 80 年代的通货膨胀和信用社缺乏灵活性的利率安排引发的贷款回收和腐败问题，导致了信用合作事业的崩溃。此后国际组织改变了援助信用合作事业的思路，不再提供转贷资金，

---

①　Adams, Dale W., Using credit unions as conduits for microenterprise lending: Latin-American insights, International Labour Office Geneva, 1995.

而是通过提供技术援助和培训增强信用合作社的能力，这些能力建设项目卓有成效。

6.3　总结

拉丁美洲的信用合作运动起步较晚。为了促进该地区的经济发展，20世纪60年代，国际推广者在拉丁美洲发起了一场较大的信用合作推广运动，信用合作社在一些国家，如玻利维亚、哥斯达黎加、多米尼加共和国、洪都拉斯和秘鲁经历了快速增长。乐观情绪导致了COLAC的建立和外来资金的注入，希望进一步推动这些合作社的发展。但在接下来的20年中，信用社的发展远不如在20世纪60年代那样理想。通货膨胀、经济停滞和衰退，以及信用社体系政策的灵活性太小，导致该地区许多信用合作社的实力严重恶化。拉丁美洲大多数低收入国家的信用合作社是脆弱的。信用合作社成长时也面临一些困境：他们失去了信息优势，被迫依靠付酬的而不是志愿的管理人员，他们必须越来越多地依靠正式制裁保证合同的执行。信用社的成长迫使其行为越来越像正规的金融中介机构。[①]　根据WOCCU的数据，2015年拉丁美洲和其中的加勒比海国家的信用合作社的发展情况如表6.1所示。数据显示，拉丁美洲国家信用合作的实践效果相对较差，2015年的社员普及率平均为8.5%，而加勒比国家和地区普及率则相对较高，平均为20%（见表6.2）。

表6.1　　2015年加勒比地区以外的拉丁美洲国家信用社的经营概况

国家	信用社数量	社员数量	储蓄和股份（百万美元）	贷款（百万美元）	公积金（百万美元）	资产（百万美元）	普及率*
拉丁美洲							
玻利维亚	26	538 290	752	684.7	76.4	982.8	8.0%
巴西	582	6 339 462	29 503.17	16 098.4	4 577.64	28 239.61	4.5%
智利	7	1 250 000	1 661.17	2 002.65	643.36	2 283.27	10.3%
哥伦比亚	193	2 708 000	3 722.86	3 826.75	607.55	4 700.18	8.5%
哥斯达黎加	58	682 949	2 862.34	2 920.08	195.25	4 148.39	20.4%
厄瓜多尔（a）	900	4 758 802	NA	NA	NA	8 100	46.2%

---

① Adams, Dale W., Using credit unions as conduits for microenterprise lending: Latin-American insights, International Labour Office Geneva, 1995.

国家	信用社数量	社员数量	储蓄和股份（百万美元）	贷款（百万美元）	公积金（百万美元）	资产（百万美元）	普及率*
萨尔瓦多（a）	32	205 380	392.6	385.7	19.8	489.8	5.1%
危地马拉	25	1 518 544	1 188.79	795.75	181.13	1 418.09	16.9%
洪都拉斯	89	917 471	757.42	744.15	113.81	1 038.64	17.0%
墨西哥	142	5 140 944	4 316.03	3 211.50	859.52	5 264.51	6.4%
尼加拉瓜	6	34 900	6.35	0.005	NA	NA	0.9%
巴拿马	182	118 424	397.13	385.79	53.98	727.22	5.0%
巴拉圭	52	695 000	643.03	1 198.86	335.4	1 611.99	15.1%
秘鲁	165	1 602 802	2 531.30	2 307.52	138.94	3 011.05	8.0%
乌拉圭	54	800 000	103.26	188.99	104.97	249.92	36.7%
所有成员国	1 437	19 046 405	45 563.61	31 130.3	6 969.19	49 610.83	6.4%
所有其他国	1 076	8 264 563	3 273.86	3 620.50	938.54	12 654.63	22.5%
拉丁美洲	2 513	27 310 968	48 837.47	34 750.8	7 907.73	62 265.46	8.1%

注：NA 表示数据不可得；（a）为 2014 年 12 月 31 日数据；*普及率由信用社社员总人数除以经济活动人口数。

资料来源：www. woccu. org.

表 6.2　　　　　　　　　2015 年加勒比国家和地区信用社的经营概况

国家和地区	信用社数量	社员数量	储蓄和股份（百万美元）	贷款（百万美元）	公积金（百万美元）	资产（百万美元）	普及率*
巴哈马	7	41 547	315.99	219.51	23.48	370.71	18.3%
巴巴多斯	34	176 143	803.42	702.25	104.35	939.54	85.6%
伯利兹	9	124 376	334.86	262.28	106.98	395.91	58.3%
百慕大群岛地区	1	3 333	9.02	8.74	1.03	10.11	7.2%
开曼群岛地区	1	16 215	245.87	198.16	25.34	274.99	41.2%
库拉索地区	8	29 542	110.06	151.63	10.71	201.08	30.4%
多米尼克	8	67 787	217.13	171.51	16.81	246.36	137%
多米尼加共和国	15	645 331	704.14	656.98	130.72	910.05	9.4%
格林纳达	10	58 020	175.34	158.25	5.14	214.37	79.4%
圭亚那	28	34 212	18.76	16.50	4.65	29.42	7.0%
海地（a）	70	529 209	71.93	67.56	NA	111.09	8.4%
牙买加	34	999 416	589.95	502.31	139.47	748.84	52.8%

国家和地区	信用社数量	社员数量	储蓄和股份（百万美元）	贷款（百万美元）	公积金（百万美元）	资产（百万美元）	普及率*
蒙特塞拉特地区	1	5 587	16.88	13.84	0.91	18.88	141%
圣基茨和尼维斯	4	22 208	83.91	69.51	12.89	102.12	60.3%
圣卢西亚	15	87 074	205.38	182.24	19.37	249.24	77.6%
圣文森特	4	62 868	117.71	87.40	17.36	119.66	88.9%
苏里南（a）	3	9 513	3.01	2.17	0.35	3.78	2.4%
特立尼达和多巴哥	128	651 388	1 605.99	1 156.86	251.59	1 982.4	75.3%
所有成员国家和地区	316	3 067 927	5 626.85	4 619.01	875.74	6 897.7	26.2%
所有其他国家和地区	70	529 209	71.93	67.56	NA	111.09	8.4%
所有加勒比国家和地区	386	3 597 136	5 698.78	4 686.57	875.74	7 008.8	19.9%

注：同表6.1。

7 非洲国家信用合作制度的起源和发展

7.1 肯尼亚信用合作制度的起源和发展

7.1.1 储蓄信贷合作社的发展历程

肯尼亚合作社运动可以追溯到 1908 年, 当时, 欧洲的农民在凯里乔附近的伦布瓦建立了生产和销售合作社。1930 年之前, 因为殖民统治者的不鼓励政策, 合作社发展非常缓慢。储蓄信用合作社是金融中介机构的重要形式, 这些协会每月接受社员股份交存, 如果有其他社员愿意为它们担保, 社员可以从协会获得 2~3 倍于他们股份的贷款。在那个时代, 发展储蓄与信贷协会很困难, 殖民政府认为, 在非洲很难找到聪明的人能够取得成员的信任, 并开展业务和记账。政府在 1931 年开始参与合作社, 颁布了第一个合作条例, 以规范肯尼亚合作社协会的业务。1963 年肯尼亚独立后, 政府继续推动这一事业, 合作社和储蓄信贷协会运动被当成使人在短时期内参与现代经济发展的手段。①

肯尼亚合作社有着旺盛的生命力, 增长强劲, 对经济发展做出了重大贡献。据估计, 全肯尼亚 63% 的人口直接或间接参与合作社。肯尼亚合作社对社会和经济发展的最大贡献在金融领域, 包括储蓄和信贷合作社、农村储蓄和信贷合作社、合作银行和合作保险公司。一方面, 作为肯尼亚第四大银行的合作银行, 有超过 135 亿肯尼亚先令 (1.8 亿美元) 的资本; 另一方面, 所有储蓄和信贷合作社合并资产总值约 2 000 亿肯尼亚先令

---

① Bwana, Kembo M. , Joshua Mwakujonga. Issues in SACCOS Development in Kenya and Tanzania: The Historical and Development Perspectives, Developing Country Studies, Vol. 3, No. 5, 2013: 114 – 121.

（约合 27 亿美元），其中大约 1 500 亿肯尼亚先令（约合 20 亿美元）是成员的存款，包括股份和储蓄。多年来，肯尼亚注册合作社的数量和成员人数一直在增长。2007 年年底，肯尼亚有 11 635 个注册合作社，其中 5 122 个是储蓄和信用合作社，占到所有合作社的将近 50%，是各类合作社中数量增长最快的合作社；肯尼亚有合作社社员 851 万，其中储蓄与信贷合作社社员为 629 万，占到所有合作社社员的 3/4。[①]

7.1.2　肯尼亚政府监管的放松

1997 年自由化之前，储蓄信贷合作社通常是由政府控制的。例如在 1985 年，合作社发展和市场部发出通知，限制储蓄信贷合作社投资定期存款和房地产，也不鼓励对债券和私人企业的金融投资。这些准则的目的是确保流动性，但却导致了组织的低回报。1997 年之后，国家从参与合作社日常运作中部分退出。但与政府退出相伴随的是合作社的治理不善，业绩整体下滑。[②]

肯尼亚共和国 1997 年的 6 号文件"开放经济环境中的合作社"规定了肯尼亚合作社发展的现行政策框架。该政策的目的是使合作社成为自主、自立、自我控制和商业上可持续的机构。政府的角色被重新定义，从试图控制合作社发展转变为寻求规范和促进合作社的自治。工信部的"肯尼亚合作发展政策 2008"对 1997 年的立法框架进行了完善，旨在扩大肯尼亚可持续增长的经济空间，重点是对合作社进行重组、强化和转变为充满活力的经济实体，可以像私营企业一样，面对创造财富、创造就业和减少贫困的新挑战。

1997 年的合作社法案授权成员通过选举管理委员会负责自己合作社的运作，但合作社还没有为这种自由做好准备。合作社第一次面对没有政府监管的局面，自由化对合作社的直接影响主要是负面的，这表现为很多合作社的腐败和管理不善案件被举报。针对这些情况，2004 年修订了 1997 年法案。2004 年《合作社法（修订）》的主要内容是通过合作社发展专员办公室，重新执行国家对合作运动的规定。立法规定由政府承担的角色包括：制定合作社发展的政策和法律框架；为合作社的成长、发展提

①　Wanyama, Fredrick O., Surviving liberalization: the cooperative movement in Kenya, Coop AFRICA Working Paper No. 10.

②　Bwana, Kembo M., Joshua Mwakujonga. Issues in SACCOS Development in Kenya and Tanzania: The Historical and Development Perspectives, Developing Country Studies, vol. 3, No. 5, 2013: 114 – 121.

供必要的组织、登记、经营、推进和解散服务；通过政策、立法和监管协商，发展合作伙伴关系。尽管该法案扩大了政府监管合作运动的职权范围，但合作社的注册仍然是主要事务。2004 年修订的合作社法阐明了合作社注册的要求和程序，并概述了肯尼亚所有的基层合作社的运作程序。合作社发展和市场部是政府协调肯尼亚合作社发展的官方机构。按照该政策，工信部的主要职责包括：根据法案登记和清算合作社，执行合作社法，制定合作社政策，支持发展有利于合作社成长的环境，合作社审计的登记，进行问讯、调查和检查。该部有 700 多名技术人员（合作人员和审计师）和 300 多名支持人员，这些工作人员检查规范 1 万多家合作社。

除了这项立法，还有 2008 年的储蓄与信贷合作社法，规定了储蓄与信贷合作社的许可、规范、监管和推广。该法规定了设立储蓄与信贷合作社的监管部门，以许可储蓄信贷合作社开展存款业务并监管他们。在许可程序上，储蓄与信贷合作社首先必须按照 1997 年的合作社法注册为合作社；此后，他们必须在满足一系列要求的前提下，从储蓄与信贷合作社监管部门取得许可证，以开展存款业务，包括满足监管部门规定的最低资本要求。在取得许可以后，储蓄与信贷合作社只能从事监管部门规定的业务。在开展这些业务时，储蓄与信贷合作社必须依法治理并由监管部门进行监督、检查、建议和规范。当储蓄与信贷合作社管理不善时，监管部门有权干预储蓄与信贷合作社的管理。该法还规定了存款担保基金的设立，以担保每个储蓄与信贷合作社社员最高 100 000 肯尼亚先令（合 1 333 美元）的存款（不包括股票）。①

7.1.3 肯尼亚信用合作社的组织网络

全国性的合作社组织是以业务种类为基础组织的，包括肯尼亚储蓄和信贷合作社联盟（KUSCCO）、肯尼亚合作银行联盟和肯尼亚农村储蓄和信贷协会联盟（KERUSSU）。这些组织的成员主要是合作社协会和一些初级合作社。

肯尼亚合作银行。肯尼亚合作银行是肯尼亚合作运动的一项成果，于 1965 年注册为合作社，1968 年获商业银行牌照。它的主要目标是动员储蓄，并向合作运动提供信贷设施，特别是面向农业部门的合作社协会，以促进会员产品的营销。尽管该银行在银行法下获准从事银行业务，但仍保

---

① Wanyama, Fredrick O.. Surviving liberalization: the cooperative movement in Kenya, Coop AF-RICA Working Paper No. 10.

留其合作传统。为了确保银行合作制，长期以来，70%的银行股份由合作社持有，而个人合作者持有30%的股份。但在该银行2008年11月首次公开募集7亿股后，这种所有权结构发生了改变。该银行雇用超过1 300名员工，将进一步扩大其分支网点，推出按揭产品并加强其信息通信技术，以加强与储蓄和信贷合作社的联系。这家银行不仅为合作社提供银行服务，而且也为合作社运动提供了可负担的信贷来源。例如，它每年向储蓄与信贷合作社提供大约35亿肯尼亚先令（合4 670万美元）的贷款，以增加其流动性水平，使他们能够满足社员的贷款需求。此外，合作银行可以为大部分农业部门的捐赠者提供一种渠道，使得合作银行可与众多的捐赠者，如联合国粮农组织、欧盟等进行合作。作为根据《银行法》授权的银行，合作银行是透明的，符合所有的监管要求。

肯尼亚储蓄信贷合作社联盟。肯尼亚储蓄信贷合作社联盟（KUSCCO）汇集了3 500多个活跃的储蓄信贷合作社（SACCO），有超过400万的合作社社员。KUSCCO是肯尼亚最活跃的合作社联盟，它有14个办事处，125名员工，分布在肯尼亚的所有省份。KUSCCO为会员提供一系列服务，会员数量持续增加。它的核心任务是代表储蓄信贷合作社在决策和立法过程中争取利益。此外，KUSCCO还提供共享服务，包括：教育和培训；业务发展、咨询和研究；风险管理；通过中央财政计划向储蓄信贷合作社提供贷款；通过KUSCCO的住房公积金为储蓄信贷合作社提供抵押贷款便利。KUSCCO积极维护储蓄信贷合作社的利益，特别是在制定政策和立法方面，2008年储蓄与信贷合作社法的制定和颁布就是一个证明。

肯尼亚农村储蓄信贷合作社联盟。肯尼亚农村储蓄信贷合作社联盟（KERUSSU）是肯尼亚农村储蓄和信贷协会和其他形式的储蓄信贷合作社的全国联合机构，它于1998年注册为合作社联盟。KERUSSU拥有48个农村SACCO，其中40个是活跃的，社员超过335 056人。KERUSSU的会员具有以下共同特点：业务主要基于农村地区；成员的主要收入来源是以农业为基础的活动；大多数成员住在农村地区。KERUSSU的主要目的是通过游说和宣传维护成员的利益，其他目标包括协调成员的储蓄和信贷活动。虽然KERUSSU有良好的目标，但其活动效果有限，这部分归因于其薄弱的治理和管理体系。例如，它没有发展出充分的网络结构，仅由一个非常小的团队组成，很大程度上依赖于聘请兼职顾问来开展活动。①

---

① Wanyama, Fredrick O.. Surviving liberalization: the cooperative movement in Kenya, Coop AFRICA Working Paper No. 10.

7.1.4　小结

源于 20 世纪初的肯尼亚信用合作运动，和欧洲殖民者的合作社传统直接相关，但在殖民政府统治时期，因统治者不相信肯尼亚人有能力经营管理合作社而持不鼓励态度，信用合作运动的发展非常缓慢。但 20 世纪 30 年代，殖民统治者颁布合法社法律，开始支持合作社运动。肯尼亚获得独立后，政府继续推动这一事业。肯尼亚储蓄与信贷合作社生命力旺盛，对经济发展做出了重大贡献。1997 年之前，储蓄信贷合作社的日常运作通常是由政府控制的，投资受到严格限制。1997 年之后，国家退出合作社的日常运作，计划重新恢复合作社的自主性质，但合作社本身未做好迎接这种自由的准备，普遍因治理不善而业绩下滑。政府不得不修改法律，通过工信部对 1 万多家合作社进行监管。2008 年的储蓄与信贷合作社法规定了储蓄与信贷合作社的监管部门和允许开展的业务。肯尼亚的储蓄与信贷合作社首先必须注册为合作社，然后在满足一系列要求的前提下从储蓄与信贷合作社监管部门取得许可证，需依法经营并接受监管，并设立了存款担保基金以保护社员的利益。肯尼亚的合作社组织按业务种类设立了三个全国性联盟，其中的肯尼亚储蓄信贷合作社联盟为争取储蓄信贷合作社的利益作出了重要的贡献。

7.2　尼日利亚信用合作制度的起源和发展

7.2.1　尼日利亚南部金融合作社的兴衰

尼日利亚殖民政府在 1935 年开始引入合作社，其中最著名的一种是合作储蓄和信贷协会，社员的数量在 20 世纪四五十年代开始增长。尼日利亚南部地区增长得更快，因为这种形式的社会组织更适合当地的价值体系、行为规范和决策模式，它提供了一种管理家庭财务的替代方法。

所有协会基于经典、简单的金融中介模型：只要购买规定的最低份额成为协会的会员，就被赋予了会员权利，并迫使会员在定期会议上进行储蓄。协会将基于会员的贷款需求发放贷款，主要以股份和储蓄作为抵押，最高信用额度通常为个人储蓄的 3 倍。协会很少有自己的办公场所，社员会议大多是在主席的住所召开。

1940 年底，二级合作协会开始出现，他们由会员协会建立和控制。

他们的商业模式也沿用经典的合作行业中介模型：成员协会必须向二级协会贡献股份，并要向二级协会缴纳一定份额的储蓄。作为回报，更有信誉的初级协会可以从二级协会使用贷款，通常采用与初级协会类似的最大信贷限额。直到 20 世纪 70 年代，该模型在许多领域运转良好，贷款需求不是很高，或被僵硬的规定人为压低了。银行也不总是有过剩的流动性，整个系统由合作社核查人员监控，他们中的大部分人都受过良好教育。事实上，合作社立法规定，在向社员发放股息之前，必须由合作社的审计人员进行强制审计。直到 20 世纪 60 年代早期，这一规定是被严格执行的，合作社审计人员的数量足够审计大多数协会。在尼日利亚的很多地方，初级和二级协会运转良好，能够收回贷款，并能从自己的收入中支付费用。

像许多其他发展中国家一样，尼日利亚的政治家发现了合作社作为农村和经济发展工具的潜力，以及后来作为共享来自石油出口国家财富的代偿机制。一届届政府采取的方法并不是鼓励自助、储蓄、审慎的贷款、谨慎扩张、自控和认真选择社员，而是提供外部补贴使合作社更具吸引力。在 20 世纪 70 年代到 80 年代中期，通过合作社对低息贷款的分配，使得合作社在数量和地域上快速扩张。这一扩张恶化了合作社的运转效果：更简单的贷款发放程序，更低的回收率部分或全部消耗了股本，更低的社员大会出席率，较低的储蓄倾向和外部贷款在总负债中占主要地位，等等。

协会数量的增长与国家合作部门能力的发展不相匹配。虽然更有效的监测系统和交通工具允许核查人员参加协会的会议，合作社审计人员的数量没有多少增加。因此，合作社的审计人员无法像以前一样频繁地审计初级协会。这对合作社的簿记质量产生了负面影响，并阻止了合作社发放股息。因为合作社被立法禁止由私人审计师进行账户审计。

20 世纪 70 年代建立的二级协会——合作融资机构（CFA），只是名义上由初级协会建立。在许多地区，他们取代了以前的初级协会认为，过时的二级合作社联盟。CFA 的主要资金来源于政府，包括国家预算和尼日利亚农业合作银行（NACB）。初级协会的会员认为，政府贷款是国家的馈赠，他们没有偿还初级协会贷款的意愿，进而影响了初级协会偿还 CFA 贷款的能力。整个三层管道体系，从 NACB 到国家 CFA 和初级协会，逐渐分崩离析，因为没有哪个机构能够收回他们的到期贷款，这些机构耗尽股本并最终破产。到 20 世纪 90 年代末，只有两个 CFA 存活下来，还有旧的 NACB。在 21 世纪初，在包奇州和贡贝州，两个仅存的 CFA 改变了他们的商业模式，停止了所有金融中介业务。

7.2.2 尼日利亚东部储蓄和信贷体系的现代化转型

20世纪40年代，尼日利亚东部有人建议将伊苏苏（Isusu）转变成为金融合作社，在现代合作社的框架内延续Isusu的实践。Isusu是一个自发的储蓄和信贷体系，虽然在一些地区，Isusu已经演变成臭名昭著的高利贷者控制的工具，但总体而言管理良好。在东部地区有大量的Isusu俱乐部，涉及的资金总额也非常大。

1952年，在公务员卡克斯顿·伊窦伍（J.T. Caxton-Idowu）的推动下，尼日利亚的Isusu在帕斯省开启了现代化的进程，他拟定了章程，规范他们的活动，进行合作理念教育，并把Isusu注册为一个合作社。当时有4个从英国引进的合作储蓄和信贷协会，Isusu成为有本地血统的第5家合作社。在10年期间，这种合作社的数量从1952年的5个增加到1962年的94个，包括转型的Isusu。这种现代化转型的Isusu金融合作社在该地区的比例从1952年的20%上升到1962年的44%，他们的营运资金和储蓄从20%提高到52%，他们的成员从23%上升至58%。

20世纪80年代，一些Isusu决定成立一个协会，后来改名为努首（NUSHO），尝试与银行联系获得贷款，但银行并未回应他们的需求，因为银行无法给一个没有法人地位的非正式协会组织提供贷款，也无法理解Isusu的经营原则。随后，Isusu决定在协会层面建立金融中介和流动性交易的中央银行功能。在1986年开始的几年里，该协会得到一个德国新教教会组织的金融支持，并自2000年以来，从联合国开发计划署得到技术援助。到2000年年底，NUSHO为约900个小组、15 000名成员提供服务，贷款余额约为20万美元，储蓄占贷款余额的18%，没有核销政策，拖欠贷款占21%，利息收入为28%，净息差占贷款余额的3%。NUSHO是尼日利亚第一批三个小额信贷协会之一，但它未能跟上其他小额信贷部门发展的步伐，因为它无法随着时间的推移调整其商业模式，没有投入足够的资金进行管理信息系统和能力建设。到2010年，NUSHO已经失去了领导尼日利亚小额信贷机构的动力。

Caxton-Idowu开启的Isusu现代化的经验被广泛复制，并晋升为合作社协会注册局局长。在与尼日利亚第一银行合作的过程中，合作部门在1968~1970年之间动员了10个Isusu市场女性俱乐部，这些妇女每天都有收入。合作部门把Isusu注册为合作社，并提供培训和审计服务；银行为收集存款和支付贷款的管理创建了一个特殊的部门。传统上，成员要么等待轮到他们的特定时间接收贡献份额的总量，要么在没轮到的时候向Isusu 申请贷款。而在新的条件下，任何人都可以在任何时候向银行申请贷款。到 1973 年，Isusu 已经明显失去了传统的自治和自力更生能力，银行和政府的联合干预打乱了他们的内部控制，给他们的财务状况带来了灾难性的后果。到 1980 年，这些协会无一例外地以失败而告终。

大约在 1990 年，在 GTZ 公司的支持下，非洲农村和农业信贷协会（AFRACA）进行了一系列的技术援助。尼日利亚中央银行利用自己的农业金融部门的技术人员进行了一个试点项目，它发起了一个连接储蓄和信贷协会、非正式组织和银行的模型。到 1993 年，有 8 个商业银行，包括 22 个州的 54 个分支机构参与。313 个小组与银行建立了联系，包括 137 个合作社和 176 个非正式小组。农业贷款是对商业银行的强制要求，他们没有自己的利益，但发现 AFRACA 方法比其他方法更高效。该计划在 1993 年似乎停滞不前，1994 年 1 月 1 日，金融部门放松管制，利率上限远低于通货膨胀率，熄灭了银行的创新热情。

在尼日利亚西部、东南部和东北部地区的一少部分金融合作社，它们有自己的商业模式和金融纪律，但他们以前的制度现在已所剩不多了。甚至可以说，以前的合作银行已经消失了，要么与其他银行合并以满足新的最低资本要求，要么从市场上消失。

7.2.3　尼日利亚信用合作的消亡及原因

总体而言，合作社在尼日利亚缺乏良好的声誉。在有其他存款设施的地方，很少有人会把存款委托给他们。如果用严格的衡量银行的标准来衡量，信用社很少会被认为是有信誉的，因此，在 20 世纪 80 年代和 90 年代成立的社区银行，没有一个是合作制的社区银行。服务、指导、建议、监测、监督和审计金融合作社的政府，几乎没有管理能力；同时，很少有学校和学院提供相关课程，培训的能力也很低。金融合作社的全国顶层机构早已消失，目前信用社几乎没有金融或其他支持服务。

东非成功的信用社模式在尼日利亚没有被很好地借鉴。首先，它们都在各自的中央银行及其分支机构的直接授权和支持下，在良好的监管、定期报告、严格的监督和约束下运行。其次，业务是在指定的办公室进行，而不是每月一次在会议主席的家里。再次，政府支持储贷合作机构，但没有不必要的干扰，大部分的推广工作留给了二级合作联盟和全国最高合作联盟。他们以半商业性服务提供者的身份提供技术援助和培训，积极鼓励捐助者支持小额信贷项目。最后，立法、政策、管理支持和捐助者干预，创造了一定范围的规模经济。①

7.2.4　小结

尼日利亚的合作储蓄和信贷协会也是由殖民政府引入的，它在更加适合它的尼日利亚南部地区发展得更快。协会基于经典、简单的信用合作模式运行。1940 年年底，出现了由会员协会建立和控制的二级合作协会。整个系统由合作社核查人员监控，初级和二级协会得到了可持续发展。但此后政府的补贴使得合作社快速扩张，协会数量的增长与国家合作部门能力的发展不相匹配，恶化了合作社的运转效果。政府建立的二级协会取代了基层协会建立的联盟，由此破坏了协会成员的财务纪律，影响到初级协会的贷款回收，政府建立的二级协会以破产而告终。在尼日利亚东部，试图将"草根"的储贷机构转变为现代的金融合作社，但银行和政府的联合干预打乱了他们的内部控制，导致它们失去了传统的自治和自力更生能力，最终无一例外地以失败而告终。因此，金融合作社在尼日利亚声名狼藉，全国顶层机构早已消失，基层信用社几乎没有金融或其他支持服务。

7.3　总结

非洲多数国家曾是欧洲国家的殖民地，他们大多在 20 世纪 60 年代前后取得独立。非洲的储蓄和信贷协会实践在 1955 年始于加纳上西镇的一个小村基帕洛（Jipara），这一思想是由罗马天主教牧师约翰·麦克纳提（John McNulty）从爱尔兰带来的，当时，他决定帮助这个小镇组建储蓄和信贷合作社，他培训了 60 个人，主要是教师。基帕洛储蓄与信贷合作社成功的故事在整个非洲大陆被广泛复制。因此，非洲的信用合作是一支相对年轻的力量。信用合作组织在一些教育培训工作做得充分的国家取得了较好的发展成效，但在另一些国家则未能获得一个好名声，其中的原因包括经济上的通货膨胀、政府的不合理政策和参与者的素质等。总体而言，非洲的信用合作社普及率相对较低。根据 WOCCU 的数据，2015 年非洲信用合作社普及率平均为 6.8%，贝宁、肯尼亚、卢旺达、塞内加尔、塞舌

---

① Marx, Michael T., Hans Dieter Seibel. The Evolution of Financial Cooperatives in Nigeria: Do They Have a Place in Financial Intermediation? Cooperative Finance in Developing Economies, Edited By Onafowokan O. Oluyombo, Soma Prints Limited, 2012.

尔、多哥这几个沿海的小国或岛国的信用合作社普及率较高，均在20%以上；而埃塞俄比亚、几内亚比绍、利比里亚、马拉维、尼日尔、南非、赞比亚和津巴布韦等国家的信用合作社力量则非常薄弱，普及率均在3%以下（见表7.1）。

表7.1　　　　　　　　2015年年末非洲国家信用社发展概况

国家	信用社数量	社员数量	储蓄和股份（百万美元）	贷款（百万美元）	公积金（百万美元）	资产（百万美元）	普及率*
贝宁	36	1 272 020	101.43	84.95	19.61	153.25	22.6%
布基纳法索	67	1 181 025	309.23	159.50	74.48	427.33	11.9%
喀麦隆	228	471 202	255.41	207.78	23.27	341.47	3.7%
埃塞俄比亚	5 500	1 112 195	38.28	23.93	NA	NA	2.1%
冈比亚	71	67 897	19.83	15.24	NA	NA	5.9%
加纳	476	571 479	155.05	89.17	20.29	185.45	3.8%
几内亚比绍	6	9 726	0.31	0.13	0.04	0.39	1.0%
科特迪瓦	64	673 307	176.69	76.29	NA	NA	4.9%
肯尼亚	5 769	5 432 009	3 549.73	4 511.78	427.97	5 355.92	21.3%
莱索托	90	76 000	NA	NA	NA	7.30	6.3%
利比里亚	45	3 459	0.73	0.57	NA	NA	0.2%
马拉维	42	87 103	9.41	7.41	1.56	11.77	1.0%
马里	70	911 794	74.72	76.04	20.44	116.52	10.8%
毛里求斯	138	66 000	NA	NA	NA	35.00	7.0%
尼日尔	44	180 584	15.98	20.83	13.38	26.36	2.1%
卢旺达	416	1 607 560	101.83	46.30	27.80	137.20	22.8%
塞内加尔	214	1 767 506	315.95	334.42	136.44	523.41	23.0%
塞舌尔	1	14 114	10.84	13.57	1.31	20.20	21.2%
南非	26	33 400	NA	NA	NA	23.00	0.1%
斯威士兰	73	40 582	NA	NA	NA	100.40	4.7%
坦桑尼亚	5 559	1 153 248	283	545	NA	599.50	4.3%
多哥	82	1 196 652	206.46	164.84	NA	NA	28.2%
乌干达	1 940	1 325 517	163.18	168.90	NA	136.57	7.2%
赞比亚	11	20 767	4.76	15.70	NA	18.97	0.3%
津巴布韦	72	163 000	4.40	1.5	1.43	6.50	2.0%
所有成员国	6 632	6 647 263	4 000.99	4 845.53	474.41	5 914.80	10.1%
所有其他国	14 408	12 790 883	1 796.23	1 718.32	293.63	2 311.70	5.8%
非洲所有国	21 040	19 438 146	5 797.23	6 563.84	768.03	8 226.50	6.8%

注：NA表示数据不可得；*普及率由信用社社员总人数除以有经济活动的人口数。

资料来源：www.woccu.org.

8 信用合作制度的演变规律和影响因素

8.1 信用合作制度发展的制度经济学解释

8.1.1 信用合作制度安排是一项诱致性制度变迁

制度是人类社会中的个人所遵循的一套行为规则，它是人类对付不确定性和增进个人效用的手段。诱致性制度变迁是指现行制度安排的变更或替代，或新制度安排的创造，它由个人或一群人，在响应获利机会时自发倡导、组织和实行。诱致性制度变迁必须由某种在原有制度安排下无法得到的获利机会引起。虽然诱致性制度变迁是自发形成的制度安排，但在成为正式制度安排的变迁中，往往也需要政府的行动来促成。

根据马克思的唯物主义历史观，信用合作制度是社会矛盾发展到一定阶段的必然产物。商品经济和私有产权的发展使得货币信用成为经济发展中不可缺少的部分，但正规的货币信用制度却把农民和手工业者排斥在外，使他们不得不求助高利贷资本，而高利贷对社会生产力的破坏性为诱致性信用合作制度的变迁奠定了基础。

制度产品与其他产品一样，它的获得需要支付一定的费用。为什么在众多的制度安排中，信用合作制度会成为底层人群的制度选择？在技术条件给定的前提下，交易费用在社会竞争性制度安排选择中起决定作用，能用最少费用提供出来的制度安排最终将在制度产品的竞争中胜出。舒尔茨和雷发巽用德国社会作为实验室，实验了多种为底层人群提供金融服务的做法，最终在比较权衡的基础上定义了能用最少的费用实现特定收益的信用合作制度的模板。农民和小手工业者等社会弱势群体，在高利贷的压榨下，出于安全和经济两方面的原因，彼此结成了通过互助实现自助的社会团体。在先驱们的不断努力下，这些团体得到国家法律的承认，进而成为正式的制度安排。这一制度安排在其发源地德国是最优的制度安排，那么在其他推而广之的国家中是不是最优？这应该被放到该社会的整个制度结构中去评价。

8.1.2　信用合作制度的发展受制于该社会的制度结构

通过借用其他社会的制度安排来完成本社会制度变迁的可能性，降低了该社会在社会科学研究方面的投资费用。然而，制度移植可能比技术移植更困难，因为一个制度安排的效率极大地依赖于其他有关制度安排的存在。信用合作制度的诱致性制度变迁能否成为这个社会正式的制度安排，取决于这个社会的制度结构，包括该社会的正式制度和非正式制度安排。正式制度安排是指制度安排中规则的变动或修改，需要得到其行为受这一制度安排约束的一群人的准许。而非正式制度安排中规则的变动和修改纯粹由个人完成，用不着也不可能由群体行动完成。一个社会的非正式制度包括价值观、伦理规范、道德、习惯、意识形态等。一个有效的制度安排是制度结构中其他制度安排的函数。[①] 只有其他的正式制度和非正式制度都与信用合作制度契合时，这个社会中信用合作制度产品所提供的收益才可能大于费用，从而成为该社会的最优制度安排。但如果该社会其他的制度安排与信用合作制度不契合，制度安排的移植则很难顺利完成。因为信用合作制度安排"嵌在"制度结构中，所以它的效率还取决于其他制度安排实现它们功能的完善程度。因此，研究信用合作制度安排的有效性需要结合该社会具体的制度结构进行讨论。

信用合作制度的建立是一个耗时、费力并要投入资源的过程。要使它的一套行为规则被接受和采用，个人之间需要谈判并取得一致。因此，在信用合作制度萌芽并发展的过程中，它会和这个社会的其他制度安排相互作用。这一发展过程是在一个由历史决定的外生制度结构中发生，并以这个外生制度结构为条件。所以，信用合作制度安排尽管从抽象的理论观点来看可能是有利的，由于它与该社会制度结构中其他现行制度安排不相容，因而可能是不适用的。因此，在一个社会有效的信用合作制度安排在另一个社会未必有效。

在影响信用合作制度变迁的过程中，政府的影响很重要。虽然政府不

---

① 林毅夫：《关于制度变迁的经济学理论：诱致性变迁与强制性变迁》，载于 R. 科斯、A. 阿尔钦、D. 诺斯等著：《财产权利与制度变迁——产权学派与新制度学派译文集》，上海三联书店、上海人民出版社 1994 年版。

能决定一个制度如何发挥作用，但可以决定什么样的制度存在，因此政府的政策作为制度变迁函数中的一个变量，会影响到信用合作制度的产生和发展①。如果政府法律限制信用合作制度，或对这一制度的某些做法进行限制，则会减少信用合作制度的社会收益或增加它的社会成本，从而阻碍该制度的发展；而取消或减少带有限制性的政府政策，则会增加该制度的社会收益，或降低它的社会成本，有助于信用合作制度在该国的发展。政府可以通过制定政策矫正制度供给不足，但这需要激励。只有在政府收益高于费用时，政府才会推动信用合作制度的建立。但政府即使有激励促成新制度的变迁，它在建立最有效的制度安排方面也可能因为诸如意识形态、官僚机构问题等方面的原因而失败。

意识形态是影响制度变迁有效性的重要非正式制度安排，它是关于世界的一套信念。较高的意识形态禀赋能使人更加诚信和遵守纪律，因此个人搭便车或违犯规则的可能性较小。② 意识形态是一项稳定的非正式制度安排，但可以通过教育培训来慢慢改变，因此，如果一个社会的意识形态不利于信用合作制度的成长，教育就变得非常重要。

执政者为实现他的意图，必须拥有一套官僚机构来执法、征税和提供其他服务，但每一个官僚机构本身都是理性的个体，它与执政者的利益不可能完全吻合。即使执政者采取一系列的激励措施，每个官僚机构也都不可避免地拥有自己的效用函数，官僚的自利行为不会被彻底消除。因此，即使执政者支持信用合作制度，但如果官僚机构的执行成本大于它能得到的收益，那么信用合作制度的新制度安排也可能建立不起来。

8.1.3 信用合作制度是某个历史阶段的过渡性制度安排

信用合作制度发展的历史是一部矛盾斗争的历史。它的产生是小生产者和高利贷资本矛盾冲突的产物，通过人的联合和互助实现自助，这种联合突破了血缘和宗族的联系，是普通人之间的联合。正是这种联合，赋予了每个社员力量，使他们能够通过信用合作组织为自己的生产和生活提供保险。它的发展过程也充满了各种矛盾：在发展初期争取成为正式制度安排的过程中，仍然面临和各种高利贷资本的矛盾；在发展的过程中，面临社员之间的矛盾、志愿者和雇员的矛盾、社员和管理人员的矛盾等；在发

①② 林毅夫：《关于制度变迁的经济学理论：诱致性变迁与强制性变迁》，载于 R. 科斯、A. 阿尔钦、D. 诺斯等著：《财产权利与制度变迁——产权学派与新制度学派译文集》，上海三联书店、上海人民出版社 1994 年版。

展的成熟阶段，除了委托代理的矛盾，民主管理和经营效率的矛盾，还有和商业银行资本的矛盾。这些矛盾既推动着它的发展，又阻碍着它的发展。正是这一系列矛盾的斗争和统一，导致它在发展过程中会不断地进行制度变迁，最终回归到它的对立面——投资者所有企业。

为了防止它代表少数人的利益，走到其本身的对立面，设计了一系列的制度来制约。如在股东层面上，它对成员的股份和存款金额进行限制；在管理层面上，通过完善治理结构来缓和社员和管理层之间的委托代理问题；在市场层面上，通过合并和多元化来应对规模和效率的矛盾，使得机构具有可持续性。但这些矛盾只能被缓和，不可能被解决，根源在于信用合作制度本身：它是一个非营利组织，通过民主参与实现为社员提供最好服务的目标。在解决这些矛盾的过程中，它变得越来越不像最初的自己，进而进化成这个社会最主流的、效率最高的投资者所有的公司制度。

信用合作制度存在的客观历史条件是金融市场服务的不充分，一个社会只要存在金融供给的不充分，存在金融排斥，信用合作制度就有其存在的合理性。但当整个社会经济发展水平提高，金融市场竞争程度加剧，或技术进步降低了金融服务的成本时，信用合作制度存在的基础也会逐渐弱化，整个社会的经济会越来越多地以最有效率的投资者所有的公司制度来运行。因此，在一个社会中，信用合作制度只是历史长河中的过客，最终会过渡到追求效率的对立面。

8.2 世界各国信用合作事业的发展阶段

在资本主义经济发展初期，农民和小手工业者面临普遍的金融排斥，信用合作制度应运而生。德国舒尔茨和雷发巽在顺应历史潮流，帮助弱势群体获得廉价信贷的过程中，摸索出来的成功信用合作模式逐渐被各国所效仿。尽管各个国家大致处在一个相似的历史发展阶段，但面临的实际情况并不相同，信用合作实践的发展各有特色。但总结整个信用合作制度的发展规律，可以把信用合作制度的发展概括为三个阶段，即初级阶段、成长阶段和成熟阶段。有些国家的信用合作事业经历了初级阶段和成长阶段，现在已经到达成熟阶段；有些国家则经历了初级阶段，目前尚处于成长阶段；而有些国家的信用合作事业由于各种原因，目前仍然停留在初级阶段，难以成长壮大。

8.2.1　初级阶段

在初级阶段，作为一项诱致性的制度变迁，信用合作制度填补了商业银行的金融服务空白，为社员提供了低成本的贷款和相对高收益的小额储蓄，一定程度上体现了人们的利他动机。"信用合作社追求保护弱者，把他们从高利贷者的勒索中解救出来，他们强调志愿活动、民主梦想和普通人潜在能力的开发。"① 初级阶段的信用合作制度代表了人们对高利贷的反抗和对公平正义的美好追求。在社员范围上，信用合作社强调社员的共同联系，社员具有很强的同质性，信用合作社的规模较小，社员之间信息相对透明。在经营管理上，遵循简单经营原则，强调志愿服务，节省经营费用；在业务范围上，产品相对单一，提供储蓄、贷款等基本类型的金融服务，并尽力降低贷款社员的利息负担。在这一阶段，信用社正处在推广复制过程中，信用合作社数量少、规模小，抱团取暖越来越重要，信用合作社之间的联合逐渐兴起，地区或全国的联盟组织逐步建立，开始发挥教育培训、争取立法和推广组建新的信用合作社的功能。在初级阶段，能否建立起有号召力的联盟组织，对信用合作事业的发展具有重要意义。如果能有领袖人物出现，则会有利于联盟组织的建立和团结。政府对于信用合作事业的态度至关重要，决定了信用合作事业能否顺利进入到成长阶段。如果诱致性制度变迁能够得到政府立法的承认，成为正式的制度安排，并给予税收减免等优惠政策，信用合作事业将顺利发展，进入成长阶段；如果政府采取反对或压制的政策，不能及时提供制度支持，这一诱致性制度变迁则面临失败的风险，信用合作事业将长期处在初级阶段。如在亚洲、非洲、拉丁美洲的一些发展中国家，尽管有的国家的信用合作行业已经历了很长的发展历史，但却始终跨越不出发展的初级阶段。

8.2.2　成长阶段

随着信用合作组织在一国或地区范围内被广泛发动起来，信用合作事业进入成长阶段，对解决该国（地区）的金融排斥问题作出重要的贡献，该国（地区）的经济得到一定程度的发展。在社员范围上，信用合作社社员的共同联系仍能得以保持，信用社为提高经营效率，试图招募越来越多的社员，社员的普及率大幅度提高，扩大社员范围的要求日益强烈。在经营管理上，随着信用社经营规模的扩大、经济的发展和人工成本的提高，

---

①　Croteau, John T. The Economics of Credit Union, Wayne State University Press, Detroit, 1963.

简单经营原则被逐渐抛弃，信用合作社的利他主义动机可能被讲究实际的商业决策所替代，开始聘用专业的经理和工作人员，进行专业化管理，对志愿服务的强调越来越少；因为社员数量的增加，社员民主参与的热情也逐渐下降；随之信用合作社的委托代理问题也变得越来越重要，需要设计复杂的激励机制来解决。在业务范围上，为满足社员日益增长的金融需求，信用合作社开始提供越来越丰富的金融产品和服务。在这一阶段，信用社处于快速发展过程中，数量越来越多逐渐达到顶峰，但也会有很多信用社因经营不善被清算；信用合作社的地区网络和中央网络建立完毕，担负起行业规范、政治游说和提供中央银行服务的功能，基层信用社对联盟的依赖性增强，整个行业的发展步入正轨。信用社与商业银行的竞争逐步展开，为追求规模效益，信用社的并购需求不断增加。信用社的优势充分发挥出来，政府立法逐步规范信用合作社的发展，以降低行业发展的系统风险，逐步趋向审慎监管。那些支持信用社行业发展的国家仍然对其财务实施减税或免税的优惠待遇。一般而言，这一阶段的信用社行业都会建立存款保险制度，以保护社员的利益。这一阶段信用社的发展能否继续走向成熟阶段，关键取决于政府的监管政策，如果政府的监管过于严格，会显著增加信用社的合规成本，影响信用社经营的可持续性，扼杀很多规模较小的信用社。处在这一发展阶段的国家有欧洲的英国、西班牙和大洋洲的新西兰等国家。

8.2.3 成熟阶段

随着信用社普及率的提高，信用合作事业进入成熟期。当一国的信用合作行业发展到成熟阶段，也意味着该国的金融行业发展到了成熟阶段，实现了最大限度的金融包容。信用社的社员范围会更加广泛，所谓的共同联系会更加松散甚至取消，信用社为更多的客户提供更加多样化、专业化的产品和服务，具备运作良好的存款保险机制，和商业银行的相似度越来越高，从而迎来和商业银行较为激烈的竞争。这一时期信用合作组织的并购已基本完成，信用社的数量和市场格局基本稳定，规模也越来越大，但作为地方性金融机构，仍然具有合作组织的特点，为弱势群体和中小企业提供金融服务。这一阶段的监管逐步过渡为审慎监管，要求信用合作组织按照银行法注册，在很多方面遵循商业银行的监管标准；同时政府给予合作金融组织的优惠政策也会面临商业银行的指责，有些国家取消了给予信用合作行业的税收优惠政策。而信用合作机构也会在合作制和去合作制（商业化）两条道路中选择何去何从。在有些国家，信用合作组织为解决委托代理、多元化经营和规模经济等内部矛盾，经历否定之否定，走上了合作制度的对立面、转型为商业银行。信用合作行业处在成熟阶段的国家有德国、美国、荷兰、加拿大、澳大利亚、日本等国家。如澳大利亚的合作银行正处在去合作化、转型为股份制商业银行的过程中；荷兰的拉博银行在经历了合作制还是商业化的大讨论后，决定依然保持合作制的本质，重申合作的原则是组织的核心要素，社员和客户代表通过行使影响力使合作银行在正确的轨道上运营；而在美国，基层信用社的独立性更强，除了零星的合作社转型为商业银行外，绝大多数仍然保持合作的性质。

8.3　影响信用合作制度成长的有利因素

为什么有的国家信用合作事业能够成功过渡到成熟阶段，而有的国家历经多年实践却依然止步于初级阶段？这是信用合作事业发展中的一个谜。为解开这个谜，笔者试图通过以上对于代表性国家信用合作运动起源和发展历程的介绍归纳出一些有利于信用合作事业发展的条件。

8.3.1　较高的社会民主水平

信用合作组织是社员所有，为社员服务，由社员民主控制的一种机构。民主控制原则是国际上信用合作的核心原则之一，如果该原则不能被信用合作组织所遵循，为社员服务的宗旨就难以实现，合作组织就会成为某些控制者的牟利工具，这是许多国家合作组织异化的原因之一。而信用合作组织章程上所规定的民主控制能否被遵守，取决于一个社会的民主氛围、信用合作行业自律制度的约束和社员的民主素养。如果社会的民主水平较高，公民参与各项活动的民主素养就高，合作社的章程规定就容易被落实；相反，如果社会的民主水平较低，公民民主素养未被充分养成，合作社的章程规定能否被落实就取决于信用合作行业是否有强有力的领袖人物和行业的自律约束，以及这个社会的道德素养。我们大致可以推测，如果一个社会的民主水平较低，缺乏强有力的行业领袖人物和自律约束，人们自身的行为也缺乏道德约束的话，这个社会的信用合作事业就很难发展起来。

8.3.2　政府对信用合作的制度供给

因为信用合作制度的益贫性，是政府推进本国金融包容和发展本国经济的好帮手。但政府是否愿意支持信用合作事业的发展，还取决于政府所代表的群体的利益。如果一个政府是代表大多数国民利益的政府，它需要对选民负责，有压力和动力提高国民的福利，尤其是占多数选票的弱势群体的福利。因此，政府将会通过立法确认信用合作的制度安排，并提供如减免税等恰当的制度支持。相反，如果一个政府代表某个群体的利益，支持发展合作制度的意愿就会受到制约，因为合作制度对这样的政府是一把双刃剑。一方面，合作制度发展有利于提高弱势群体的福利水平，增加民众对政府的认可程度；但另一方面，合作制度的属性是联合，从地区联合到最高的中央联合。尽管它是一种经济力量，并独立于政治和宗教运动，但民众联合的力量是巨大的，这只经济力量本身就是一支政治力量，可能威胁到政府的权威。因此，各国政府对待合作制度的态度各不相同，有的政府通过立法给予其合法地位，甚至给出免税等鼓励政策，还有的政府甚至给予了资金支持；而有的政府则对其发展持消极态度，使这种诱致性变迁的制度安排始终处于非正规状态，更得不到任何政策优惠和资金的支持。政府如果对合作社持不支持的态度，该国的合作事业必定难以得到发展，但政府持支持态度是否必然导致合作事业的顺利发展？答案是否定的。如果政府不能理解合作制度的运行规律，过分的支持反而不利于本国信用合作制度的发展。从前述对世界各国信用合作发展概况的描述可以看出，日本信用合作制度的发展得到了政府的支持，取得了较好的发展效果；而印度的信用合作制度也得到了政府的支持，但效果却很差；非洲和拉丁美洲一些国家的信用合作制度不仅得到了政府的支持，还得到国际的援助，但很多以失败而告终。所以政府的支持需有度，以不干扰自立、自主的信用合作原则为前提，才能保持该国信用合作制度的生命力。

8.3.3 较高的法治程度

如果一国有了合理的合作社法律制度供给，接下来是能否保证这些法律制度的落实和执行，取决于该国的法治程度。法治包括两个部分：一部分是形式意义上的法治，强调以法治国、依法办事的治国方式、制度及其运行机制；另一部分是实质意义上的法治，强调法律至上、法律主治、制约权力、保障权利的价值、原则和精神。如果一国的法治程度较高，法律公正、公开、平等，公民遵章守法、依法行事、违法必究，那么该国的信用合作组织就能很好地按照法律和章程规定进行治理和经营，保障信用合作组织的最终目标是服务社员，从而保证信用合作组织在初级阶段和成长阶段能够沿着正确的方向前进，弱势群体的利益得以改善。相反，如果一国的法治程度较低，即使政府有了合作社法律的制度供给，合作社内部却不一定能够遵照法律规定执行，而不遵照执行受到惩处的成本也不高，长此以往，合作事业就会偏离合作的轨道，失去生机和活力。事实上，法治是以民主为基础的，一个社会的法治程度很大程度上和民主程度正相关。

8.3.4　富有人格魅力的领袖人物

从以上各国信用合作制度的发展历程可以看出，信用合作制度卓有成效的国家，离不开有强烈正义感和人格魅力的领袖人物，如德国的舒尔茨和雷法巽、意大利的卢扎第、加拿大的德雅尔丹、美国的法林和白金伦、波兰的斯坦尼斯劳·斯达切克（Stanislaw Staszic）、爱尔兰的诺拉·赫利希、肖恩·福德和谢默斯·麦克恩（Seamus MacEoin），西班牙的天主教神父阿里斯门迪，新西兰的天主教神父马里恩·盖尼（Marion Ganey），博伊德（H. Boyd）和汤姆·米切尔（Tom Mitchell），在非洲发起合作社运动的罗马天主教牧师约翰·麦克纳尔蒂（John McNulty），……世界各国合作运动的领袖人物不胜枚举。在这些领袖人物的启蒙和引领下，其所在国家的信用合作事业从无到有，从少到多，从多到合，最后汇成金融业一股强大的清流，为实现本国的普惠金融做出了卓越的贡献。首先，信用合作事业的先驱们富有强烈的同情心和正义感，他们深刻理解高利贷给穷人们带来的苦难，深深同情弱势群体的境遇，并希望能够帮助他们。其次，先驱们也是理性的，认为只有同情是不够的，一时的捐赠和资助也是不可靠的，提高穷人福祉的行动需要有制度来保障其成为一项可持续的长久事业，合作制度就是他们所寻找到的制度保障，这一制度保证人们能够通过互助实现自助。最后，这些先驱人物也都是富有人格魅力的人，他们乐于帮助穷人，热心社会公益事业，善于鼓舞人心，有着强烈的社会责任感和事业心，不急功近利追求私人回报。他们中的很多人是牧师，或家庭有基督教背景。这些富有人格魅力的合作运动的领袖人物有力地保证了该国合作运动沿着正确道路不断成长壮大。

8.3.5　社会的宗教传统

宗教是指团体性与组织性的信仰、教义和礼仪的体系，亦即人类对具有超人威力之神秘力量或现象赋予意义，视为绝对理想之主题，并生出畏惧、神圣、信赖、归依、尊崇之念，进而实行祭祀、祈祷、礼拜之仪礼，将戒律、信条列为日常生活的规范，以期安心立命及向上发展完美之人格。宗教力量有助于匡正世道人心，确立伦理道德，乃至于发动社会反省、调整舆论风潮等积极功能。合作制度作为一种引导人类向善、避开物欲困扰和堕落的制度，本质上具有一定的道德要求，需要参与者自身具备一定的道德水准，以遵章守法，通过互助实现自助。宗教的很多信条与信用合作制度是一致的，甚至有些天主教的牧师把信用合作制度当成福音进行传播。因此，可以看到在一些基督教、佛教等宗教传统较为深厚的国家，信用合作制度的推广会较为顺利。一方面，宗教更容易产生信用合作的领袖人物；另一方面，宗教的信徒更容易领会贯彻信用合作的原则。

8.3.6 信用合作行业的外部支持

信用合作事业在世界各地的发展是参差不齐的，有的国家发展得很早很成功，而有的国家则未能建立起成功的信用合作制度。那么作为一项自发、自立的运动，外部支持和参与会对一国的信用合作事业产生什么样的影响？综观上述各个国家的信用合作实践可知，信用合作组织外部支持的效果是不确定的。如果外部支持投资于信用合作组织的教育培训和能力建设，如制度建设和管理培训，是有利于信用合作组织发展壮大的；但如果外部仅仅提供免息或贴息的可贷资金支持，其效果往往事与愿违，社员会把这些援助的资金当成免费的午餐，不仅不会推动信用合作制度的发展，反而会破坏信用合作制度赖以生存的信用基础。如印度政府对信用社的资金支持，国际发展组织对非洲和拉丁美洲国家信用合作组织的资金支持多以失败而告终。

8.3.7 统一团结的全国信用社联盟

由于单个信用合作社规模小，经营的产品是标准化的，为了提升自身的竞争力和为社员提供更好的服务，信用合作社都会形成自下而上的联盟，来提供一些具有规模效应的服务和产品。地区的联盟可以有多个，但一个能够通过提供充分的服务把基层信用社紧紧地团结在自己周围的统一的全国性联盟更加有利于信用合作事业的发展壮大。有些国家的信用社通过联合形成了全国的统一联盟，对基层组织的服务能力非常强大，如加拿大、美国、德国、荷兰、波兰、日本等国家，联盟既有行业协会的功能，提供咨询、培训、信息和政策法规的游说等，也提供中央银行的各种功能，包括资金拆借、流动性、金融科技、投资，甚至存款保险和其他保险业务；各个基层合作组织虽然独立经营自己的业务，向客户提供独立的产品和服务，但在大的战略上与上级组织保持一致，并受到上级组织的监管约束。而有些国家的全国性信用社联盟并未团结成一个统一的组织，对基层信用社的服务能力和凝聚力相对较弱，其功能主要局限在一般行业协会的部分功能上，则不利于信用合作事业的发展壮大。如爱尔兰的全国信用社联盟分而治之，未能团结为一个统一的全国联盟，随着现代科技的发展，在与商业银行正面交锋的过程中，基层信用社的服务能力就会受到制约，从而影响到信用社行业进一步壮大。信用社联盟制定约束信用合作组织行为的示范规章制度，对合作金融组织进行监督管理，维护整个行业的声誉，同时处理和维护合作组织与政府之间的公共关系，信用社联盟的自律功能也大大提高了政府的监管效率。

8.4 信用合作制度实践效果影响因素的实证分析

从前面几章的介绍和 WOCCU 的数据可以看出，信用合作在世界各国的发展情况有很大的差异，这对信用合作的实践者和研究者而言都是个谜。本书在上一节通过归纳的方式总结了一些有利于信用合作事业发展的条件，那么这些条件能否得到实证的支持？本节拟在世界层面上使用 78 个国家（地区）的数据，实证分析影响合作制度实践效果的核心因素。以往对信用合作事业成败的原因仅从一个国家内部去寻找，而很少有学者放眼世界各国的信用合作事业寻找其中共性的原因，也未有学者对于信用合作制度实践效果的影响因素在跨国层面上进行实证研究，本节的研究具有一定的创新性。

8.4.1 法治水平是影响信用合作制度实践效果的决定性因素

如果一个国家能够合理制定并有效执行信用社法律，从而信用社内部的民主控制能够正常发挥作用，信用社能够提高全体社员的福利水平和社员入社积极性，从而提高信用社的普及率；但如果一个国家不能合理制定并有效执行信用社法律，从而民主控制不能正常发挥作用，非话语权社员就会被边缘化，失去参加信用社的兴趣，信用社将向投资者所有企业漂移，信用社的普及率将难以提升。因此，我们关心的是，哪些因素影响了信用社内部民主控制作用的正常发挥，这需要进一步从信用社民主控制的内容进行分析。

保障信用社内部民主控制的主要内容包括：是否按章程规定定期召开社员大会或社员代表大会，社员大会是否按法定程序进行，理事会和监事会的选举是否表达了全体社员的真实意愿，是否有合理机制保证社员真实表达自己的意愿，能否保证社员大会对信用社重大事项的决策权，理事会、监事会能否合格履职，等等，所有这一切无不受到信用社所处外部环境的影响。如果外部环境是法制健全的，信用社违背民主控制的原则、理事会和监事会不能合格履职等事项，都会被起诉追责，因此，外部环境高水平的法治能够有力保障信用社内部民主控制原则的贯彻执行；相反，则会导致对信用社内部民主控制的软约束，信用社的本质规定将形同虚设，影响社员参与积极性和信用社的普及率。

作为社会人的信用社社员深受所处环境法治水平的影响，如果外部环境法治水平较低，民主控制原则将难以被贯彻；相反，如果信用社所处社会环境的法治水平较高，信用社内部的民主控制将会得到更好地贯彻执行，从而会有更好的实践效果。基于此，提出以下研究假设：一个国家的法治水平越高，信用社内部民主控制原则越能够得到贯彻执行，该国合作制度的实践效果会越好，即合作制度的实践效果与一国法治水平正相关。

8.4.2 变量、模型和数据

实证模型的被解释变量是信用合作制度的实践效果，用信用合作社的普及率作为代理变量，它是指一国信用合作社社员总人数占该国经济活动人口数的比例，这个比例越高，表明该国合作制度的实践效果越好。各国信用合作社社员的人数来自世界信用合作社联盟（www. woccu. org）和欧洲合作银行联盟（www. eacb. coop）①。各国经济活动人口数根据联合国人口统计署（www. prb. org）的数据计算得出。

立法和执法水平是一国（地区）合作制度顺利发展的基础，试图利用信用合作制度的国家（地区）都会为信用合作组织立法，这些立法通常要坚持和体现罗虚戴尔原则，但在实践过程中能否贯彻执行信用社的立法精神，取决于该国的法治程度，一国的法治程度用世界正义工程（The World Justice Project，WJP）创建的法治指数来衡量②。WJP 对法治理论进行了概念化和操作化界定，发展出了评估法治效果的因子体系和具体变量。法治指数于 2008 年推出后，指标体系在不断发展完善。2011 年以后，

---

① EACB 于 1970 年在比利时注册，是一个非营利性组织，它代表、促进和捍卫其 28 个成员机构和合作银行在银行业务以及合作社立法方面的共同利益，是欧洲银行业领先的专业游说协会。成员方的合作银行在金融和经济体系中发挥着重要作用，是当地和社会增长的驱动力，拥有4 050 家本地经营银行和 58 000 家网点，为 2.1 亿客户，主要是消费者、中小企业和社区提供服务。协会的成员分为正式成员和准成员两类，正式成员资格向任何在欧盟成员国注册的合作银行国家协会和中央机构开放，准成员资格向非欧盟成员国的合作银行国家协会和中央机构开放。

② 资料来源：WJP 法治指数的年度报告，参见 www. worldjusticeproject. org。

指数体系中的大类因子基本趋于稳定①。在 2014 年之前，WJP 对除 "非正式司法" 以外的八大因子分别打分排序，并未直接给出一个总的分数，因此，2010 年和 2012 年度法治指数的总分根据 WJP 法治指数年度报告中每个国家八大类因子的得分进行算术平均得出，而 2014 年度法治指数的总分则直接来自 WJP 的法治指数年度报告。因为 2010 年及以前年度法治指数的指标体系并不稳定，为保持数据的可比性，使用 2011 年的数据代替 2010 年度的数据，2011 年的数据基于 2011 年第二季度的测量数据得出。2011 年、2012 年和 2014 年度，WJP 分别对 66 个、97 个和 102 个国家的法治水平进行了评估，有信用社普及率数据的 105 个样本和 2014 年法治指数的 102 个样本中，只有 78 个国家是重合的，因此，实证分析只包含这 78 个国家的总共 234 个样本数据。2010 年、2012 年法治指数数据的缺失值则根据等于最近样本值的原则进行补齐。WJP 对各因子的打分进行了标准化，法治指数的总分介于（0，1）区间，数值越大表明法治水平越高。

一国信用社的实践效果除了受到该国制度环境因素的影响外，该国的经济发展水平和农业发展情况也可能会影响其实践效果。因此，在研究模型中加入人均 GDP 和农业产值占 GDP 的比例等控制变量，数据来源于世界银行（www.worldbank.org）。综上所述，构建如下研究模型：

$$Penetration_{i,t} = \beta_1 + \beta_2 Law_{i,t} + \beta_2 X_{i,t} + \sum CT + \sum Year + \varepsilon_{i,t} \quad (1)$$

其中 $Penetration_{i,t}$ 为信用合作社的普及率，代表一国合作制度的实践效果；$Law_{i,t}$ 为一国的法治水平；$X_{i,t}$ 为控制变量，包括人均 GDP 的对数（$\ln GDP_{i,t}$）和农业产值占 GDP 的比例（ADP）；鉴于样本国家所在各个洲的政治、地理条件和历史传统差异较大，把各洲和加勒比海地区作为虚拟变量加以控制，$CT_1 \sim CT_7$ 分别代表加勒比海地区、非洲、美洲、亚洲、欧洲、拉丁美洲和大洋洲；考虑到制度因素对信用社实践效果的影响是潜移默化的结果，时间较长，本研究使用了 2010 年、2012 年和 2014 年的间隔年度数据，$Year_1 \sim Year_3$ 分别代表 2010 年、2012 年和 2014 年。本研究涉及的所有变量数据的统计性描述见表 8.1。

---

① WJP 目前测量法治水平的大类因子有九个方面：有限的政府权力、没有腐败、开放的政府、基本权利、秩序与安全、监管执行、民事司法、刑事司法、非正式司法。在九个大类因子下设 40 余个二级因子，70 余个三级因子。变量数据来自调查和事件统计，专业人士和广大公众均为评估主体，指数得分通过等权重的算术加权而成；指数的信度、协调性和稳健性也接受外部统计审查，以保障科学性和公信力。

表 8.1   研究变量的描述性统计

变量	观测值	均值	标准差	最小值	中位数	最大值
Penetration	234	0.0961	0.1344	0.0001	0.0417	0.6679
Law	234	0.5824	0.1442	0.3500	0.5350	0.8900
ln*GDP*	234	4.4709	0.9591	0	4.7664	5.4553
ADP	234	156.45	88.14	1	158.50	315
CT_1	234	0.0385	0.1927	0	0	1
CT_2	234	0.1667	0.3735	0	0	1
CT_3	234	0.0256	0.1584	0	0	1
CT_4	234	0.2436	0.4302	0	0	1
CT_5	234	0.3205	0.4677	0	0	1
CT_6	234	0.1795	0.3846	0	0	1
CT_7	234	0.0256	0.1584	0	0	1
$Year_1 \sim Year_3$	234	0.3333	0.4722	0	0	1

8.4.3　实证结果及讨论

8.4.3.1　总体样本回归结果

本研究对法治水平影响合作制度实践效果的分析基于 3 个回归模型:
(1)只有法治水平一个解释变量;(2)加入控制变量人均 GDP;(3)加入
所有控制变量。在控制洲变量和年份变量的基础上,对样本数据进行 OLS
回归估计,结果见表 8.2。3 个模型中法治水平的系数均为正,且在 10%
和 5% 的水平上显著。这验证了本研究提出的假设,各国信用合作制度的
实践效果与该国的民主程度正相关。控制变量人均 GDP 和农业产值占
GDP 比重的系数均不显著。

表 8.2   使用法治指数的总样本回归估计结果

解释变量	方程（1）	方程（2）	方程（3）
Law	0.3008 *	0.2967 *	0.3526 **
	(0.1441)	(0.1394)	(0.1329)
ln*GDP*	—	0.0087	0.0083
	—	(0.0101)	(0.0101)
ADP	—	—	0.1484
	—	—	(0.0981)
常数	0.2335 **	0.1889	−0.0287
	(0.0731)	(0.1043)	(0.1244)

解释变量	方程（1）	方程（2）	方程（3）
洲虚拟变量	已控制	已控制	已控制
年份虚拟变量	已控制	已控制	已控制
R^2	0.43	0.43	0.42
样本量	234	234	234

注：括号内数值为聚类稳健标准误，***、** 和 * 分别为在 1%、5% 和 10% 水平上显著。

8.4.3.2 高法治水平与低法治水平组的估计结果

为了更进一步测度法治水平对合作制度实践效果的影响，按照法治水平的中位数将样本分为高法治水平组和低法治水平组，重复以上 3 个模型，估计结果见表 8.3。高法治水平组的 3 个估计结果中，法治指数的系数均为正，且均在 5% 的水平上显著，而其他控制变量的系数均不显著；而低法治水平组中，法治指数的系数均为正，且远低于高法治水平组，但均不显著。这表明一国的法治水平与该国的合作制度实践效果正相关，在高法治水平区间内，法治水平对合作制度实践效果有着大而显著的正向影响，而在低法治水平区间，合作制度的实践效果较差，且法治水平的微小提高对合作制度实践效果的改善影响不显著。以上估计结果意味着只有当外部法治达到一定水平时，外部法治水平的提高才会对信用社内部民主控制的发挥起到显著促进作用，社员的利益才能得到保障，信用社通过互助实现自助的作用才能得以发挥，从而激发社员参与合作的积极性，提高信用社的普及率。与总样本回归的结果相同，农业产值占比的系数在两组的估计中均不显著。

表 8.3　　　　使用法治指数的高法治水平组与低法治水平组的估计结果

解释变量	高法治水平（Law > 0.535）			低法治水平（Law ≤ 0.535）		
	方程（1）	方程（2）	方程（3）	方程（1）	方程（2）	方程（3）
Law	0.4878 **	0.4850 **	0.4892 **	0.1822	0.1645	0.2002
	(0.1934)	(0.1753)	(0.1166)	(0.1951)	(0.2118)	(0.1824)
ln*GDP*	—	0.0012	0.0014	—	0.0062	0.0058
	—	(0.0192)	(0.0184)	—	(0.0082)	(0.0083)
ADP	—	—	0.0212	—	—	0.1233
	—	—	(0.2504)	—	—	(0.1124)
常数	0.2239 *	0.2189	0.2141	0.2701 **	0.2458 **	0.2175 **
	(0.1092)	(0.1647)	(0.1293)	(0.0913)	(0.0756)	(0.0538)

解释变量	高法治水平（Law > 0.535）			低法治水平（Law ≤ 0.535）		
	方程（1）	方程（2）	方程（3）	方程（1）	方程（2）	方程（3）
洲虚拟变量	已控制	已控制	已控制	已控制	已控制	已控制
年份虚拟变量	已控制	已控制	已控制	已控制	已控制	已控制
R^2	0.45	0.45	0.45	0.44	0.44	0.45
样本量	117	117	117	117	117	117

注：括号内数值为聚类稳健标准误，***、**和*分别为在1%、5%和10%水平上显著。

8.4.4　研究结论及启示

以上研究结果显示，合作制度的实践效果与一国的法治水平正相关，在较高的法治水平上，法治对合作制度实践效果的影响更大更显著，而在较低的法治水平上，法治水平对合作制度的实践效果影响不显著。这一研究结论对合作制度实践具有重要的启发意义。一国要更好地发展合作事业，应该健全信用社的法律体系，并在实践中严格贯彻执行信用社的有关法律规定。

第二篇

信用合作社的运行机制

9 信用合作社的内部治理

信用合作社的内部治理包括两层含义：一是信用合作社内部社员大会、理事会、监事会三权的分权结构和内部制衡关系；二是理事会与经理层的经营决策权与执行权的分权结构和内部制衡关系。

9.1 信用合作社的内部治理规范

信用合作社的社员既是共同所有者，又是服务的使用者，因此，服务的使用者会影响信用合作社。信用合作社的组织设计要确保社员参与重要决策的民主权利，因此，既要保证社员权力的行使，又要实现有效的管理控制。信用合作社的安全性和稳定性是社员大会（社员代表大会）、监事会、管理委员会、审计人和国家金融监管部门之间平衡互动的结果。因此，明确的经营方针、符合社员利益的经营方向和有效的监督是决定信用合作社成功的基本要素。

9.1.1 信用合作社的组建

信用合作事业由人道主义理想和热情所激发，但因其经营金融事务，事先的计划和学习是必要的。如在爱尔兰，吸取早期信用合作运动失败的经验，在组建信用合作社之前，发起人和社员会事先组建学习小组，进行信用合作理论与实践方面的教育和培训，使参与者清醒认识到自己将来的权力和义务。

对信用合作社感兴趣并希望成为社员的人一般都可以加入信用合作社。但很多国家的信用合作社法律限定社员需要有某种共同联系，这些共同联系包括一个特定的职业、在一个特定地区居住或工作、由特定的雇主所雇佣或从特定的雇主退休、一个真正组织的成员等，大部分信用合作社以社区为基础，社员在特定的区域内工作或生活，共同联系使信用合作社为社区工作提供了凝聚力。

信用合作社是一个独立法人，有自己的章程，合作社的发起人希望加入合作社的人都应该深刻理解这些规则。信用合作社的最高权力机构是社员大会，由社员选举理事会和理事长、秘书以及会计等工作人员。在很多国家信用合作制度发展的初级阶段，除了会计可以因为履行职责领取报酬外，其他职位都是志愿服务。信用社的贷款申请由理事会指派的信贷委员会审核并控制风险，由社员选举监事会来履行检查监督职能。随着信用合作事业的发展壮大，更多的信用社招聘领取报酬的职业经理人和财务人员进行经营管理。

信用合作社的成功取决于其吸收储蓄的能力，社员存款越多，可以为社员提供贷款的资金就越多，贷款资金的利息产生收入，储蓄和贷款的良性循环可以带来更多的准备金和更高的股息，提高信用合作社财务上的可持续性。

9.1.2 社员的权利和义务

早期德国雷发巽和舒尔茨的信用合作社是无限责任的，但现代的信用合作社几乎都是有限责任的，即社员的债务限于他们在信用合作社的股金，这意味着如果信用合作社遭遇财务问题，社员被要求偿付的债务不高于他们的股金。社员有权了解信用合作社的财务状况，从信用合作社及其联盟组织得到信息和培训，并有机会获得如贷款、储蓄和保险等金融产品和服务。

拟加入信用合作社的人必须符合其规定的资格条件，并填写表格申请社员资格，然后由理事会成员或一个由理事会授权的社员资格委员会批准。社员资格申请被批准以后，需要缴纳一定的股金，有的信用合作社还要求社员支付一笔小额的入社费。信用合作社的社员应该清楚认识到社员资格也包含了相应的义务，社员应尽可能参与信用合作社的活动，至少要参加每年的社员大会。

章程是信用合作社管理的关键约定，社员和管理人员应该熟知章程的所有内容，以更好地贯彻执行章程的规定。章程规定社员之间、社员和作为法人的信用合作社之间的法律关系，它把信用合作社和社员以及其他章程规定的利益相关者联系在一起。所有社员享有章程规定的权利，也必须履行章程规定的义务，但社员有权拒绝履行超出章程规定的义务。章程对于社员权利的保障、信用社实践功能的发挥和互助目的的实现起着至关重要的作用。

9.1.3 社员大会与投票

社员大会是合作社的最高决策机构，是合作社民主管理的基础。但有的信用合作社社员数量众多，其决策机构可以是社员代表大会，这些代表由社员民主选出。社员大会（代表大会）负责审批每年的会计报表，并对理事会和监事会的履职情况进行审议。社员大会实行一人一票原则，只在非常有限的范围内允许累计投票。只有社员参加会议和有关的投票和选举，才能实现民主控制的合作原则。因此，章程必须对会议和投票做出法律规定，包括召开会议的方式，通知的办法，必要的法定人数，制定、改变或废除章程的方式等。

信用合作社的最终控制权在社员大会手中，这个会议接受报告、选举理事长和信贷委员会成员，并授予他们管理权。在大多数国家的法律中，监事会的成员也是选出来的。一人一票的民主原则保证了信用合作社控制在社员手中，信用合作社的服务最终符合社员的要求，而不是管理人员或大股东的要求。信用合作社采取的这些制度安排已经超越经济意义，一人一票的原则给人们以必要的平等和尊严，而且把人权提升到财产权之上，体现了社员平等的价值观。

9.1.3.1 成立大会

新的信用合作社成立时，应该遵循一定的程序召开成立大会。成立大会一般在信用合作社注册以后召开，由注册申请的签字人以书面形式通知到所有社员。出席成立大会的社员（通常是注册申请的签字人加上在成立之前被接收为社员的人）通过无记名投票的方式，选出第一届理事会和监事会的成员（理事和监事），执行有关的法定职责。

9.1.3.2 年度社员大会

法定的年度社员（社员代表）大会是信用合作社有效控制和社员民主参与的重要环节，信用合作社也可以在特殊情况下召集特别社员大会。社员大会召开之前应该以书面形式或其他形式通知到每一名社员或社员代表。作为监督人的监事会要参加大会并发表意见，也必须被通知到。会议通知还必须送达相应的行业协会和监管部门，并要在信用合作社的办公场所公告。

年度社员大会的一般程序应包括：理事会接受委托，确定参加会议的人数是否达到法定人数，采取控制会议过程的议事程序；会议进入正式阶段后，考虑会议的主要事务，包括接收、讨论和采纳理事会、其他委员会、财务人员和审计人员等的各种报告；在任命计票人以后，进行民主选举，选出理事会和监事会的空缺。在所有的事务完成以后、会议正式结束之前，宣布选举结果。信用合作社因其特殊的金融属性还应该考虑监管部门、信贷委员会和其他委员会的专业报告。

在年度社员大会上，社员对有效提名的候选人进行投票，选出理事和监事填补理事会和监事会的空缺。提名程序能够保证每一个需要选举的空位至少有一个候选人，即使特定职位没有竞争，社员也没有反对候选人，也必须对理事会和监事会成员进行投票选举。社员大会投票为无记名投票，选举为多数票同意，被选举人的名字应该通知监管部门和相关的协会。

年度大会是内部治理体系的中坚力量，是信用社的最高决策机构，因此，年度大会的组织要强调内部责任，充分保证社员的参与，可以通过举办论坛的方式增加社员与理事会的互动，并监督理事会和管理层的权力。年度大会亦是接受社员反馈及指导的机会，在年度大会上应鼓励理事会与普通社员对话，因为理事会的最终职责是代表社员的意愿。①

信用合作社的社员可能因为某种原因被开除，开除社员的原因包括：故意违反章程或拒绝遵守章程；泄露因作为管理人员而获得的机密信息；在借款和借款用途等方面的欺诈行为；恶意和故意散布有关信用合作社财务管理的虚假谣言等。信用合作社可以通过召开特别大会，由出席会议的多数社员投票表决免除监事会成员的职务。为保证程序公平，信用合作社的理事长必须在会议召开前足够长的时间内通知到该成员，该成员可以要求把他的书面陈述通报给其他成员，并在会议上宣读，保证开除程序是公正的。

社员大会的投票原则是一人一票。很多国家的法律规定，在信用合作社的社员大会上代理投票仅限于非自然人的社员，因此，团体或机构可以授权一个被理事会所接受的个人社员代表它进行投票。社员应积极参与对自己开放的各个层面上的相关会议，保证以民主的方式处理信用合作社的各项事务。社员应该以建设性的方式来参加各种会议，参加讨论时应避免争论老生常谈的事情或重复别人的观点而浪费时间。信用合作社应该提倡客观专业的方法，管理人员和社员应该熟悉法律规定、章程和程序，以积极的行为促进信用合作社的健康发展。

9.1.4 理事会、其他委员会、员工和管理层

信用合作社必须以有效的方式来管理，雇佣专业经理人是大势所趋，

---

① CU Governance, WOCCU, www.woccu.org.

但其互助性质永远不可抛弃。信用社的管理人员包括：理事长、副理事长、财务主管、秘书、理事会、监事会和其他主要委员会的成员、雇员、信贷工作人员或信贷控制工作人员等。

9.1.4.1 理事会

信用合作社的章程中应该规定理事会的人数，根据 WOCCU 的建议，信用合作社的理事会应该由不少于 5 人、不大于 9 人的奇数个理事组成。如果理事会少于 5 人，很难充分代表不同的社员群体，而大于 9 人则会增加达成共识的困难和可能的后勤问题。[①] 理事会应该反映社员的年龄、性别、种族结构和金融需求。

第一届理事会必须在成立大会上通过无记名投票的方式从社员中选出。理事的任期一般都有限制，任职期限不超过一定年限，如 3 年或 5 年。有兴趣的信用合作社社员，符合诚信品德和能力标准，应被允许参与提名过程，提名过程向一般社员开放，有助于规范理事会和提名委员会的权力。

作为信用合作社的内部管理机构，理事会必须对信用合作社的行为和后果负责。因此，理事会首先是对全体社员负有义务的。社员有权利质疑理事会的行为，并追究理事会的责任。理事会亦有责任制定针对管理者的政策并检查政策的执行情况。作为全体社员的公仆，理事会对信用合作社在市场中的定位负最终责任。一旦理事会制定了满足这些目标的政策，职业经理人就应该执行这些政策。为了确保这些政策的执行，理事会必须根据事先定好的成功标准，定期检查职业经理人的工作进度。

对于处在不同发展阶段的信用合作社，理事会担负着不同的使命。对于处在发展初级阶段的信用合作社，理事会负责总体控制、领导和管理信用合作社的事务、资金和记录。理事会应该对以下问题作出决策[②]：

（1）社员申请，包括指定社员委员会来负责批准社员申请工作；

（2）贷款申请，包括任命贷款委员会或指定贷款员工；

（3）贷款利率和存款利率；

（4）保管资金或财产、员工的履约保证和由信用合作社授权支付相关费用；

（5）建议股息率；

（6）每个社员股份、存款和贷款的最大金额；

---

① CU Governance, WOCCU, www. woccu. org.

② Quinn, Anthony P., *Credit Unions in Ireland*, Dublin, Oak Tree Press, 2nd edition, 1999.

（7）资金投资；

（8）招聘和员工的就业期限；

（9）财产的购买、销售、翻新、修理和变更；

（10）信用合作社借款；

（11）从信用合作社账户取款的支票、汇票或类似单据的签字；

（12）开除管理人员或各种委员会的成员，监事会除外。

（13）向审计人提交账目；

（14）安排年度大会、特别大会以及理事会；

（15）通过费用申报或发票的形式批准费用支出；

（16）填补理事会或相关委员会的临时空缺；

（17）建立合理的内部结构以有效处理信用合作社事务。

对于规模较大、经营时间较长、已实行专业经理人经营的信用合作社，为了保证信用合作社经营的可持续性，理事会应该制定持续经营的计划，包括当前有竞争力的经营计划和意外情况下的计划。具体包括：审阅信用社的经营战略；制定主要的行动计划；认清信用合作社愿意接受的风险类型和程度，制定风险政策；审查年度预算；制定面向未来的业务计划；制定绩效目标；批准主要资本支出及收购；评价信用社绩效；等等。①

9.1.4.2 管理人员

在信用合作社的成立大会或信用合作社选举理事的年度大会或特别大会以后，理事会接着将选举理事长、副理事长、财务主管和秘书。监事会的成员应该主持理事会会议，并通过无记名投票进行选举。

理事长的职责包括主持会议和领导理事会；考虑到会议投票的公平性，理事长可以投第二票或弃权票。副理事长在理事长不在或无行为能力时执行理事长的职能。财务主管的职责包括：每月提交未经审计的最新财务报表；保管所有的资金、证券和与资产有关的单据；准备和保存会计账簿和财务报告；根据理事会的指示保存现金；在社员年度大会上向社员报告财务状况；当审计人需要时，为其准备和提交财务报告。财务主管可以是常务理事，但专业职能可以委托给经理人。秘书的职责是为所有会议作会议记录，会议记录应包括会议的时间和地点、出席社员的名字、主持人的名字、讨论事项的简短说明、提议的决议和做出的决定以及是否全体一致同意还是大多数同意。会议记录必须装订成册，此外，秘书也必须保存

---

① CU Governance, WOCCU, www.woccu.org.

理事和监事签字的登记簿。①

9.1.4.3　监事会

监事会是每个信用合作社都必须设置的重要机构，由 3～5 人组成，它的一般职能是监督理事会的履职情况。信用合作社的第一届监事会在成立大会上通过无记名投票的方式从社员中选出。监事会的成员通常被称为监事，有权但不强求参加其他委员会的会议。其主要职能包括保存监事会会议记录；至少一年两次检查账簿和文件，包括证券、现金账户和贷款记录；核对信用合作社的账簿和报表；确认员工的所有相关行为符合法律和章程的规定；为下一届年度大会或特别大会提供检查结果报告和调查报告。

监事会成员的任期从其被选举出来的会议闭会开始，任期一般为 3 年左右，较长的任期有利于保持连续性和专业知识。如果有 3 名监事，在每次的年度大会上应该有一名退休；在 5 人监事会中，每次年度大会应有两名监事退休。服务时间最长的监事将最先退休，但如果所有成员服务时间相同的话，可以通过抽签决定退休的顺序。退休的成员可以重新参加选举或任命，除非章程另有规定。如果在特别大会上出席会议的大多数社员投票通过免职决议，监事会的成员可以被免职，但理事会没有权利任免监事会成员。监事会成员被免职以后，理事会必须召集特别大会来选举监事会成员以填补空缺。

如果监事会认为某个管理人员的行为违背了法律或章程，可以通过停职进行处罚。为保证程序公平，管理人员停职前需召开会议，并由监事会成员一致投票决定，然后召开一个特别会议对该官员免职并补充空位，被免职的管理人员有听证的机会。

9.1.4.4　专业委员会

信用社可能还有一些由理事会任命的专业委员会，如信贷审批委员会、信贷控制委员会、社员资格委员会和计划与发展委员会等。每一个委员会中至少有一名成员必须是信用合作社的理事。信贷审批委员会根据法律和章程的规定对贷款申请作出决定，也可以由理事会或信贷官来决定贷款申请，取决于信用合作社的章程和贷款政策。信贷控制委员会的主要职能是根据贷款协议保证社员按时偿还贷款，作为防范措施，贷款审批委员会的成员和与财务事务相关的人，如信贷官员、财务主管等，不能作为该委员会的成员，但在一些志愿者资源有限的小规模的信用合作社中，截然

---

① Quinn, Anthony P., *Credit Unions in Ireland*, Dublin, Oak Tree Press, 2nd edition, 1999.

分离贷款审批和贷款管理职能可能会有实际困难。社员资格委员会由理事会任命，人数最少为1人，多者不限，根据章程而定，委员会至少每月一次通知理事会由其批准的社员人数，并将有疑问的申请提交给理事会决定。

9.1.4.5 其他

社员的个人隐私受法律保护，信用合作社所有的管理人员、员工和志愿者必须签字承诺履行职务时的保密义务。

尽管某些类型合作社的理事因为提供服务而领取报酬，但在有些国家，不允许直接或间接地为信用合作社理事会或各种委员会的成员支付工资，但允许支付或报销经理事会批准的理事或委员会成员在代表信用合作社或为信用合作社的利益提供服务的过程中所引发的必要的费用。作为例外，财务主管可以领取报酬，但其金额需要在社员大会上提前批准。具备专业能力的管理人员和志愿者可以为信用合作社提供商品或服务，但应该注意公开透明和避免利益冲突。

很多国家的法律规定，宣布破产和破产进行中的人，有与信用合作社有关的犯罪行为的人，包括欺诈和不诚实的犯罪的人，禁止参与信用合作社的建立、管理或经营。这些法律禁入的人不能担任理事、监事或其他主要委员会成员、志愿者、审计人、收款人或清算人。在理事会或委员会任职的人被宣布破产或犯特定罪行时，必须立即辞职。

理事会和各类委员会的成员在被选举出来之后，应该积极参与信用合作社的活动，以确保信用合作社的有效运行。定期参加会议是必要的，出席会议的人数要达到最低法定人数以保证会议的有效性。决策的有效性关系到信用合作社的运行质量，所有管理人员应该积极学习以提高决策水平。

9.1.4.6 职业经理人

一些规模较大的信用合作社倾向于招聘经理人（他们不是理事），他们执行由理事会所决定的日常业务，这些经理人需要具备管理技巧，与利益相关者有认同感以及较强的沟通能力。信用合作社主要的利益相关人是存款和借款的社员，也包括为公众利益而作为监管者的政府、管理层和员工、更广泛的社区、行业协会和信用合作社团体。志愿者和领取报酬的员工之间的良好关系对信用合作社的顺利运行至关重要。

信用社的管理层应对其行为和后果负责。具体来说，管理层有责任准备战略计划和预算，执行董事会批准的政策，并完成战略计划中规定的目标。经理的职责应该包括以下内容：为理事会准备财务和其他报告；根据要求参加理事会和其他会议；保证理事会对有关发展情况的了解；处理信件并通报给理事会和相关的管理人员；监督员工；研究业务状况；应要求与社员打交道；处理监管事务；及时处理审计和年报；与行业协会打交道并提供必要的信息；与财务主管密切合作并提供财务报告；与审计人打交道；保管支票簿、本票和包括有关贷款合同在内的合同和提名；管理归档系统；管理计算机系统；监督办公室管理；监督每天的现金结存、存放和银行对账以及更新日记账；处理员工工资；作为钥匙保管人对办公室的警报系统负责；确保了解并遵守法律规定，包括健康和安全、税收、反洗钱和就业法律；提醒管理人员和理事会存在的问题，尤其是法律、保险和会计事务的专业建议。①

9.2　信用合作社的内部治理及现实困境

作为合作性金融组织，信用社缓解了正规信贷的配给约束，成为全球经济增长和经济发展的重要工具。为了降低成本，实现规模经济，很多信用社不得不进行合并扩张，但随着信用社规模的不断扩大、社员数量的不断增加，信用社的治理问题也逐渐显现，玛丽（Mary，2014）② 的研究发现，肯尼亚大多数信用社在扩张阶段由于管理不善、裙带关系和挪用资金而遭受损失。

9.2.1　社员参与

9.2.1.1　社员大会参与率

作为信用社的所有者，社员有责任和义务去监督和管理信用社，但是拉斯姆森（Rasmusen，1988）③ 通过对比股份银行和合作银行的运营管理发现，合作银行的社员很少会参与信用社的会议或管理；查维斯和索罗（Chaves and Soler，2008）④ 的研究进一步验证了拉斯姆森（1988）的结

①　Quinn, Anthony P. , *Credit Unions in Ireland*, Dublin, Oak Tree Press, 2nd edition, 1999.

②　Mary, Awino Anyanga, A Survey of Corporate Governance Practices by Savings and Credit Co-operative Societies in Kakamega Municipality Kenya, *International Journal of Management Research & Review*, 2014, 5 (4): 583–600.

③　Rasmusen, Eric, Mutual Banks and Stock Banks, *The Journal of Law and Economics*, 1988, 31 (2): 395–421.

④　Chaves, Rafael, Francisco Soler, Antonia Sajardo, Co-operative Governance: the Case of Spanish Credit Co-operatives. *Journal of Co-operative Studies*, 2008, 41 (2): 30–37.

论，他们选取了在 2004 年春季积极开展业务的 83 家西班牙信用社作为研究样本，调查问卷显示，从不参加社员大会的社员比例达到 63%，偶尔参加的社员比例为 33.3%，经常参加的社员比例只有 3.7%，总体而言，西班牙信用社社员的大会参与度极低，仅为 6%，而且参加信用社会议的社员中也很少有人会发表意见或对信用社的运营管理提出问题。数据显示，46% 的会议中都没有人发言，而且，研究也表明社员对信用社会议的参与度与信用社的规模并没有明显的关系，即无论信用社规模的大小，信用社社员的参与率都很低。斯皮尔（Spear，2004）[1] 利用英国信用社的二手数据研究信用社治理时也发现了社员参与率低的现象，他认为社员参与率低是导致理事会和监事会对信用社有很大控制权的主要原因。美国联邦信用合作社管理局的研究也发现，只有很少的社员愿意参加信用合作社的年度大会，不足以进行管理人员的竞争选举，不得不劝说社员接受职位。在很多信用合作社中，管理权掌握在一个人或最多一小群人的手中。在这样一种情况下，增长、提升和管理的质量依赖于一小部分人的能力、时间和热情。

9.2.1.2 一人一票的投票制度

社员大会是信用社的最高权力机构，按照一人一票制投票选举信用社的代表以及决定信用社的相关事宜。在选举代表时，社员应该根据被选举人的经验和可信度等标准理性投票，但是马思琳阿瓦蒂等（Maslinawati etc.，2013）[2] 研究马来西亚信用社的治理情况时发现，由于社员接受教育的水平相对较低，专业知识有限，在选举的时候并没有通过某些专业知识来判断被选举人的能力，而通常是根据对被选举人的熟悉程度或被选举人的知名程度来判断。另外，斯罗切斯和费雪（Desrochers and Fisher，2003）[3] 认为信用社的社员较多，而且比较分散，一个人的力量很难影响整个信用社的管理和决策，而且即使社员希望参与信用社的监督和管理，其需要付出的成本也相对较高，故一人一票的投票方式会促使社员采取"搭便车"的行为方式；另外，信用社的规模越大，社员之间的异质性越

---

① Spear, Roger, Governance in Democratic Member-based Organisations, *Annals of Public and Co-operative Economics*, 2004, 75 (1): 33 –59.

② Mohamad, Maslinawati, Intan Waheedah Othman, Reputation and Transparency of Cooperative Movement in Malaysia. *World Academy of Science*, *Engineering and TechnologyInternational Journal of Social*, *Education*, Economics and Management Engineering, 2013, 7 (8), 2013.

③ Desrochers, Martin, Klaus P. Fischer, *Theory and Test on the Corporate Governance of Financial Cooperative Systems*: *Merger vs. Networks*, Social Science Electronic Publishing, 2003, 17 (2): 231 – 252.

明显，"搭便车"行为发生的概率越高。目前，西班牙40%的信用社为了降低社员"搭便车"行为发生的概率，已经改变了原本一人一票的投票制度，而采用比例投票或其他方法进行投票（Cabo etc.，2006）[1]。

9.2.1.3 借款人或贷款人控制

根据信用社提供的服务以及社员的需求可以将信用社社员分为"净借款人"和"净贷款人"。其中"净借款人"是指在信用社存款数量比贷款数量多的社员，而"净贷款人"则指在信用社贷款数量比存款数量多的社员。这两类社员都是信用社的所有者，所以，他们有同样的权利通过一人一票的制度控制或主导信用社的管理机构和经营目标。布伦茨和贝克（Branch and Baker，1998）[2] 认为信用社极有可能存在"净借款人"和"净贷款人"控制的问题。这两类社员间最明显的冲突是：当"净借款人"主导信用社时，信用社的理事会或管理层为控制贷款风险、保护存款者的利益且提高信用社收益，会严格控制贷款流程，并且适当调高存贷款利率；而当"净贷款人"主导信用社时，信用社的董事会和管理层则更倾向于采用方便快捷的贷款方式，并尽可能地压低贷款利率。无论是"净借款人"控制信用社还是"净贷款人"控制信用社都不利于信用社的经营与发展。布伦茨和贝克的这一观点得到了很多学者的支持。

9.2.2 理事会、监事会和管理层

9.2.2.1 选举、流动性和有效性

信用社需要通过社员大会选举出监事会和理事会负责监督和管理信用社的事务。查维斯和索罗（2008）在调查中发现，西班牙信用社的理事会和监事会成员很少发生变化，他们任期时间都相对比较长，平均年限达20年。另外，理事会作为全体社员的代表，主要职责是监督管理层的绩效并及时向社员报告，但是，内托（Neto，2012）[3] 在研究巴西信用社的治理模式时发现，接近2/3的社员并不关心也不了解信用社相关信息，他认为巴西信用社社员不了解其信用社信息主要是因为他们入社只是为了获取某种服务而非经济利益。查维斯和索罗（2008）认为，为了保证信用社合理

① Cabo, Paula, Amparo Mélian, João Rebelo, The Governance Structure of Portuguese and Spanish Credit Cooperatives: Differences and Similarities. Corporate Ownership & Control, 2009, 6.

② Branch, Brian, Christopher Baker, Overcoming Governance Problems: What Does It Take? Paper presented at the Inter-American Development Bank (IDB) Conference on Credit Unions, Washington DC: IDB, March, 1998: 32.

③ Neto, Sigismundo Bialoskorski, Co-operative Governance and Management Control Systems: An Agency Costs Theoretical Approach, Ssrn Electronic Journal, 2012, 9 (2): 68-87.

有效的运营，理事会、监事会以及管理层的管理能力和专业技能是必不可少的，但是根据其调查显示，西班牙信用社仅有30%的管理人员具有工作经验和专业技能。另外，马思琳阿瓦蒂等（2013）在研究西班牙信用社治理情况时也发现，被选举出的理事会和监事会成员很难做到按照最佳的治理原则治理信用社。玛丽（2014）在调查肯尼亚信用社治理情况时发现，调查对象中33%的信用社没有明确的内部治理政策，他们的工作都是基于猜测，缺乏政策也意味着没有关于储蓄和信贷的明确程序，因此在实施公司治理方面缺乏一致性。

9.2.2.2 委托代理问题

随着信用社规模的逐渐扩大，在全体社员作为所有者的信用社中也会存在委托代理问题，即信用社所有者很难保证代理人做出与他们最佳利益一致的决定。查维斯和索罗（2008）认为决策者和所有者之间的利益冲突是导致信用社治理失败的重要原因。虽然理事会和监事会由社员选举，但很难避免理事会和监事会的成员对全体社员存在区别对待的现象，即他们很有可能会为投票给自己的社员争取更多的利益，而忽视信用社整体的利益（Labie and Rilleux，2008）[1]。另外，随着信用社规模的逐步扩大，成员异质性的不断增加会降低信用社本身所具有的信息优势和成本优势，信用社的管理也就更加复杂，此时，就需要具有特定技能和专业知识的经验人士参与信用社的管理。汉斯曼（Hansmann，1988）[2] 从成本最小化的角度分析，发现对于信用社的社员而言，当信用社规模较大时，雇佣专业管理者的成本要低于社员有效监督的成本。另外，马思琳阿瓦蒂等（2013）认为不雇佣专业性的人才会导致信用社行政效率低下和财务管理不善，不利于信用社的成长。决策管理的专业化可以增加信用社的经营管理能力，但同时也可能会导致委托代理问题的发生。詹森和梅克林（Jensen and Meckling，1976）[3] 指出，所有权和管理权的分离为管理者创造了利己行为的机会。布伦茨和贝克（Branch and Baker，1998）在研究信用社治理的过程中发现，在内部以及外部监管较弱的情况下，理事会和监事会的成员以及由理事会聘任的管理层极有可能会为了保护彼此的利益，进行合

---

① Labie, Marc, Perilleux A., Corporate Governance in Microfinance: Credit Unions. Working Papers Ceb, 2008.

② Hansmann, Henry, Ownership of the Firm. *Journal of Law*, *Economics & Organization*, 1988, 4: 267 – 304.

③ Jensen, Meckling, Theory of the Firm: Managerial Behavior Agency Costs and Ownership Structure. *Journal of Financial Economics*, 1976, 3 (4): 305 – 360.

谋，而损害信用社的利益。如给管理层较高的工资，而理事会和监事会的成员可以为自己、亲戚朋友以及支持自己的社员提供更优惠的服务，此时就会损害信用社全部社员的利益。

9.2.3　雇员和志愿者

信用社成立初期，信用社的管理和指导主要由志愿者（信用社的社员）承担，但随着信用社规模的逐渐扩大，志愿者的知识和经验都相对有限，所以信用社必然会雇佣专业的管理者以保证信用社的稳定运营。此时，志愿者的职责就会发生转变，由原本的参与决策转变为监督决策。布伦茨和伊万斯（Branch and Evans，1999）[1] 指出新招进来的员工容易受到前人工作方式和管理制度的影响，如果志愿者不能很好地转变其职能，信用社的治理效果就会受到影响。随着信用社规模的扩大，雇用专业的管理者成为必要，为了充分发挥管理者的管理能力，信用社通常会设置绩效工资，但当管理者过分追求个人绩效时，往往会将信用社置于较高的风险当中，此时，信用社也会面临委托代理问题（Labie and Rilleux，2008）。另外，作为一个不以营利为目的的合作性金融组织，信用社给予志愿者的工资通常相对较低，而管理层的工资往往会高于志愿者的工资，此时，信用社的志愿者可能会干预机构的管理，限制管理层的工资和竞争力，这往往会弱化信用社的管理水平，制约信用社的发展（Branch and Baker，1998）。

9.2.4　信用合作社的治理与绩效

虽然信用社是不以营利为目的的合作性金融组织，但内托（2012）认为信用社也不等同于一般的公益事业，它不仅要实现为社员服务的效果，还要尽可能地追求经济效率，所以，对信用社治理体系的建立要求更高，难度也更大。斯皮尔（2004）认为只要信用社有良好的治理体系，那信用社的绩效也必然不是问题，但是管理者的管理能力、社员的态度以及理事会与管理者之间的关系会影响信用社的绩效。奥德拉（2012）[2] 认为缺乏将管理层与决策层分开的明确且适当的规则，管理人员水平较低，社员和理事会不履行受托责任等都可能导致信用社发生问题，但只要克服这些问题就可以改善信

---

[1]　Branch, Brian, Evans A. Credit Unions: Effective Vehicles for Microfinance Delivery, World Council of Credit Unions (WOCCU), Madison, Wisconsin, August, 1999: 23.

[2]　Odera, Odhiambo, Corporate Governance Problems of Savings, Credit and Cooperative Societies. *International Journal of Academic Research in Business & Social Sciences*, 2012, 02 (11).

用社的发展状况，提高信用社的绩效。昌博等人（Chambo etc., 2010）①研究了非洲信用社的社会经济影响并指出，尽管合作社在扶贫、创造就业机会等方面具有重要意义，但是外部监管框架的缺失容易导致信用社发生风险。卡博和雷贝洛（Cabo and Rebelo, 2007）②认为要考虑信用合作社内部的产权分配及其治理结构，以便建立一个法律框架，以保证信用合作社在不丧失其特性的情况下克服其存在的治理问题，进而提高信用社绩效。信用社面临的主要挑战是要建立适当的治理体系，良好的治理体系可以提高信用社的绩效，并有利于信用社的长期发展（Thomsen, 2008）③。

综上所述，在信用社的治理中，民主决策是关系到治理成败的重要因素，但在很多国家的信用社发展过程中，民主决策的能力仍然很低，理事会缺乏合作社治理的技能。在决策过程中，民主需要技巧，管理层民主决策的范围也缺乏清晰的定义。当理事会超越自己的授权而不告知社员时，信任就会受到侵蚀。此外，信用社经营过程中，还有一定的伦理设定，要求集体利益高于个人利益，但这在很多国家都是一个挑战，"搭便车"、机会主义、贪婪、腐败和自私已经成为许多有前途的信用合作社消亡的主要原因。当合作社很小时，社员之间有更多的社会交往的时候，在经营过程中，自助是主要的。在合作社发展的这一阶段，社员之间的经济关系是互利的。当组织规模进一步扩大，社员之间相互不再熟悉，合作社本身可能会采取业务导向的态度，他甚至可能会丧失互助特点，社员之间的关系会变得互相排斥。

信用社经过长期的发展，也改变了原有的一些管理模式。随着信用社规模的不断扩大，社员数量大幅增加，原本基于志愿者管理信用社的治理模式也大都被专业人员管理所替代，信用社管理结构逐步趋向于股份制公司。但信用社是基于全体社员所有、为全体社员服务的不以营利为目的的金融组织，其治理模式相比于一般的公司更为复杂。信用社治理机制的好坏直接影响信用社的绩效，完善信用社的治理机制对信用社的发展具有重要的作用。从现有文献来看，信用社治理的最主要问题是社员的参与度不高，对监督和管理信用社的积极性不强，进而导致了理事会、监事会或管理层控制，以及委托代理问题。

---

① Chambo, et al. An Analysis of the Socio-economic Impact of Co-operatives in Africa and Their Institutional Context. International Co-operative Alliance (ICA) and Canadian Cooperative Association (CCA). Noel Creative Media Ltd, Nairobi Kenya, 2010.

② Cabo, P. J. Rebelo, The Portuguese Agricultural Credit Cooperatives Governance Model, Ciriec Working Papers, 2007.

③ Thomsen, S., *An Introduction to Corporate Governance-mechanisms and Systems*, Copenhagen: DJOF Publishing, 2008.

10 信用合作社产品和服务的特殊性

10.1 信用合作社产品和服务

作为一个金融中介机构，社员股金和存款是信用合作社的主要负债类产品，贷款是其主要的资产类产品，此外信用社也为社员提供一些激励性的服务，如贷款保险和人寿保险，甚至股票经纪。

10.1.1 股金账户

股金账户是信用合作社基本的资本项目，个人通过缴纳股金购买股份成为信用合作社的社员。对储蓄者而言，股金账户是一项很好的投资，因为它的收益率通常高于一般储蓄账户。不同于公司股份，信用合作社的股份转让会受到一定的限制：如果章程有要求的话，转让需要理事会的批准；受让社员持有的股份数额不超过个人持股的法律限额；股份不能转让给不符合社员资格的人。有的国家信用合作社的股金账户没有金额限制，服从社员股金存款的意愿，但有的国家限制社员股金账户的金额。不论社员在信用合作社的股金金额或账户数量多少，在社员大会上都是一人一票。股金是可提取的或不可提取的，可提取的股金存款是信用合作社维持资本基础的传统形式，在有关的约束条件下，社员一般可以通过提取股金来支配他们的存款。在理事会建议的基础上，信用社会在每年的社员大会上宣布上一个财务年度所有股金的股息，股息只能来自盈余或以前年度为分红所积累的公积金。对持有不满一年的股金可以按比例发放股息。股息对社员很重要，可以提高信用合作社的吸引力，但高股息不能以不恰当的信用合作社贷款的高利率为代价来发放。1989 年年底，美国的普通股大约占信用合作社总存款的 47.7%。每个社员所持有的股金必须登记到股金登记簿中，这些记录包括社员的姓名、地址、职业、持有的股份数额、付款金额、登记时间。

10.1.2 存款账户

存款账户是信用合作社提供给社员的最基本的负债类产品，通过接受社员存款来筹集资金，但存款利率不应该超过利用信用合作社资金发放贷款或投资所获得的收益。很多国家对社员股金和存款的总额设置上限，如爱尔兰信用合作社法规定：股金余额不低于 1 000 英镑的社员可以持有不超过 20 000 英镑的存款，但是社员股金和存款的总额不超过 50 000 英镑或信用合作社总资产的 1%，以较大者为限。这一规定可以防止个别社员的不当控制和风险集中。社员在提取股金和存款前应该提前通知，在实践中很多信用合作社一般一经请求马上可以提取。但在信用合作社有未清偿债务的社员不能提取股金或存款，除非在取款以后社员存款余额仍然等于或高于社员未清偿的债务。

10.1.3 贷款

加入信用合作社的一个主要优势是能够以比银行和其他金融机构更优惠的条件（如更低的利率）更方便地获得贷款。很多国家的信用合作社法对于贷款的额度和期限有所限制。尽管有一定的灵活性，但反对大额贷款是信用合作的传统。很多国家的信用合作社法对贷款的主要条件作了详细规定，包括有关贷款利率上限的规定。贷款利率非常重要，对信用合作社来说是收益，对社员而言则是成本，信用合作社的贷款利率一般比商业贷款机构的利率低。但在发达国家普遍的低利率时代，信用合作社只能通过利率折扣或利息返还来保持相对吸引力。如果社员提前偿还贷款，不收取商业性金融机构所收取的惩罚性费用。随着信用合作事业的发展，信用合作社的贷款类型不断扩大。

10.1.4 其他产品

信用合作社的其他类产品和服务还包括投资、保险、股票经纪等。

投资。信用社通过社员储蓄和为社员发放贷款这一基本功能赚取利息，但还有其他更广泛的投资范围。在美国，除了社员贷款以外，信用社可以把多余的资金投到其他机构，大多数信用社把剩余资金投到信用合作社集团，信用社也可以投资特定类型的政府债券和商业票据，也可以贷款给其他信用社，从其他信用社购买贷款，或在商业银行或其他机构存款。但根据法律，禁止信用社从事高风险投资，如公司债券和普通股。

保险。有些国家的信用社通过他们的联盟组织免费为储蓄人提供人寿保险和为贷款人提供贷款保护保险，但这一免费保险的赔付通常来自股息收入。

股票经纪。有些国家的信用合作银行还可以从事股票经纪业务，可以直接在股票交易所交易，并提供网上经纪服务，进行各种各样的股票市场操作。

此外，有些国家的信用合作机构还提供网上银行、借记卡和贷记卡、共同基金、租赁、年金等产品和服务。

10.1.5　代表性国家信用社的产品

在爱尔兰，信用合作社也发放商业贷款，但大部分是个人贷款，一些信用社对这些贷款提供特殊利率，但在审慎监管的背景下，大约有40%的信用社被爱尔兰中央银行信用社登记局（RCU）禁止发放任何商业贷款。信用合作社有内置的人寿储蓄和贷款保护保险。人寿储蓄保险提供给一定年龄如70岁以下、能积极工作或不能工作但身体健康、有资格的社员，社员死亡时得到的赔付根据存款时的年龄而变化，保险金与储蓄成比例，并且保险金只在社员死亡的时候支付。只要储蓄在，保险就是有效的，死亡时，保险加上储蓄的数额付给受益人。贷款保护保险是对社员未偿还的贷款余额保险，最高为特定的限额，不需要社员支付直接的成本，他们可以放心贷款而不用担心死亡时其家属背上债务，如果借款人死亡，贷款可以通过保险全额偿还，债务随着社员的死亡而终止。作为一项附加服务，一些信用社也提供死亡受益保险（DBI），一旦社员死亡，亲属会收到赔付以支付丧葬费。信用社可以提供的其他服务包括汇款、外币兑换、家庭和汽车保险等。在经济不景气之前，少数的信用合作社直接或作为银行代理人间接向社员提供按揭贷款，但在经济低迷的时候，极少有信用社继续提供抵押贷款。部分信用合作社提供借记卡和预付卡业务以及ATM（自动取款机）。爱尔兰信用社的主要收入来源是贷款利息和投资回报。一般来说，信用社的剩余资金，往往投资于存款账户、政府债券、银行债券、股票和集体投资计划。2013年平均的贷款利息为8.8%，大大高于平均回报率为3.1%的投资收益。[①]

在日本，作为合作组织的基层农协所提供的产品和服务包括：根据会

---

① McCarthy, Olive, Sharon Farrell, David Hewson The Financial Co-operative System in Ireland, Karafolas, Simeon（editor）, *Credit Cooperative Institutions in European Countries*, Switzerland: Springer Science and Business Media, 2016: 127－147.

员生产生活中的资金需要发放贷款和吸收会员的活期、定期存款。除了信用业务之外，他们还可以兼营保险、供销等业务，这显著区别于日本的其他金融机构以及其他各国的农村信用合作机构。农业贷款也是基层农协的一项主要业务。20 世纪 60 年代以前，农协主要发放短期贷款。随着资金的充裕，长期贷款的比例稳步上升。农户贷款的用途并不限于从事农业生产，只要农民需要，都可以向农协贷款，大致包括：农业周转资金、生活资金和工商业周转资金等短期贷款；生产性的设备资金和非农业生产投资，还有消费型的房屋建设改造和耐用消费品添置等长期贷款。农协剩余资金可以用于以下三个方面：转存于本县的信贷农协组合联合会，以供本系统使用；用于购买有价证券或者资金信托产品，以取得可靠的收益；用于同业拆借和系统外贷款。日本农协内设有农业信用基金保险协会，主要开展了生命保险、住宅保险、汽车保险、农业机械设施保险等。为了保证农村不具备贷款条件的人取得正常农业生产所需的贷款，只要向信用基金保险协会缴纳需要贷款额 0.21% ~ 0.7% 的保险金，即可取得贷款资格，贷款人到期不能偿还贷款，保险协会可代为偿还，其债权转到保险协会，保证了农村所有从事农业生产的人都能获得贷款支持。除了信贷业务和保险业务，农林中央金库还有权力发行农林债券，吸收社会资金供中长期贷款业务使用。对于汇兑业务，农林中央金库及其支库与全国信联组成了一个覆盖全国的农协汇兑网络，为其所属团体办理汇兑业务。外汇方面，进口的贷款支持主要是信联，在资金充裕的条件下，经主管大臣批准也可以向与农业有关的行业企业发放短期贷款。此外，农协的结算业务主要包括普通汇兑、电信汇兑、支票转账、托收承付等，会员从生产资料的购买到生产、销售等全过程的资金，均在农协合作金融系统内结算。

在其他一些信用社发展程度处在成熟阶段的国家，如美国、加拿大、德国、荷兰、意大利、澳大利亚等，其提供的产品和商业银行提供的产品非常相似，并且在很多国家像银行一样被监管。而在一些信用社发展处在初级阶段的国家，信用社只提供简单的储蓄、贷款和简单的支付等产品，如在非洲一些国家。在一些信用社发展处于成长阶段的国家，信用社的产品范围会进一步扩大，如在英国，一些信用合作社只提供简单的贷款和储蓄产品，而其他更现代化的信用合作社则提供更广泛的储蓄产品，包括现金账户和多种贷款及保险产品，还有一些信用合作社已开始提供住房贷款或抵押贷款。为实现低收入人群的金融包容，WOCCU 建议一些英国信用社发展成为全方位服务的现代金融合作社，提供活期账户、保险、资金汇兑服务和一系列储蓄和贷款产品，这有利于通过向穷人提供与传统金融机构类似的金融产品和服务把他们融入主流经济。

10.1.6　信用合作社的公积金

信用合作社的公积金问题一直备受争议，因为它涉及信用合作社的性质。信用合作社是否应该被看作是一个一般的公司，由社员付出代价来增强实力，还是应体现它的互助特征，把组织的收益返还给社员？这包含一定的伦理价值判断。监管机构鼓励更多的公积金，但事实上，很多证据表明法定公积金要求是足够的，管理层应该采取一个更加慷慨的股息政策，而不是年复一年的使公积金的数量不断增长。因为多余的准备金或未分配资本对信用合作社来说不同于投资者所有企业，当一个投资者所有企业积累起过剩的准备金，它实际上增加了股东的权益，也增加了个人股份的价值，但在信用社，增加资本公积就是从现在的股东手中取得可能的收益，对未来股东进行更多的保证。在有些积累了 100 年甚至更长时间准备金的互助储蓄银行，现在能够用准备金投资的收益支付他们大部分的经营费用。[①] 对于公积金的质疑似乎有利于支持高股息，而反对高股息则基于政治上的考虑，担心税收或冒犯竞争对手，而不是基于财务和伦理基础。

10.2　信用合作社产品和服务的道义性

从世界各国信用合作的实践来看，信用合作组织都是发端于艰苦的年代或贫穷的人群中，这种情况类似于发展经济学所描述的贫困的陷阱："因为穷，享受不到良好的教育，引起人力资本的退化；因为穷，缺少物质资本的投入，许多赚钱的机会擦肩而过；因为穷，被限制了活动范围和自由，游离于主流社会之外而日益边缘化；因为穷，影响你的情绪和精神状态，从而一蹶不振而荒度人生。"[②] 在这种情况下，贫穷的人生活在低水平的均衡中，但这种均衡很容易被诸如生病、生意失败等意外事件打破，这时的人们不得不求助于高利贷，因为正常的商业化金融服务是不会

---

① Croteau, John T., *The Economics of Credit Union*, Wayne State University Press, Detroit, 1963.

② 张培刚：《发展经济学概论》，武汉大学出版社 2001 年版。

光顾到这些贫困群体的，于是穷人往往会成为高利贷的受害者。①

怎样使穷人走出贫困的陷阱，市场在这方面是失灵的，政府在这方面发挥的作用也是有限的，而合作制度使穷人找到了通过互助而实现自助的途径，在这里，资本是稀缺的，按市场定价，它的价格应该是很高的。但是，和其他金融中介的原理一样，即使是穷人，也会有微薄的积蓄，每个人需要资金和有闲置资金的时间可能不一致，因此，可以通过信用社这一金融中介把社员多余的钱集中起来，贷给那些需要帮助的人。这一制度相当于给每一个社员购买了一个保单，当他需要资金的时候，他不需要去求助于高利贷，而能以付得起的价格从信用社得到资金。他因为用自己的资金帮助过别人，所以当他有困难的时候也会得到别人的帮助，社员通过互助的方式也帮助了自己。即信用社在客观上是一种"人人为我，我为人人"的组织。虽然信用社是一个独立的法人组织，但其追求的目标是社员福利最大化，它没有独立于社员以外的自己的经济目标。作为一个非营利组织，为了实现其人道主义的经营目标，信用社在产品设计方面体现出它的道义性。

10.2.1 提供更有竞争力的社员股金和存款账户

各国信用合作社的实践表明，和商业银行支付的利息相比，信用合作社支付的股息和利息更加优惠。即使在今天，还有很多地方仍然保持这种传统。因此，对存款人来说，其市场状况得到了改善。但是，随着存款市场的竞争日趋激烈，不同金融机构之间的息差在不断收窄。信用合作社虽然是建立在人道主义基础上的，但假定人的动机是纯粹利他是不现实的。最大的可能是，投资者期望他们收到的信用合作社股份的股息率至少能够和他们把钱投到别处所获得的收益率相当。

为了防止利益冲突损害信用合作社存在的道义性，很多国家对信用合作社的业务做了一定的限制。如 1955 年由美国联邦信用合作社管理局做的一项研究表明，大约 60% 的联邦信用合作社都有某些类型的股份限制：3.3% 有最大股份不超过 500 美元的限制；14.6% 为 500～1 000 美元，20.4% 为 1 000～2 500 美元，15.6% 为 2 500～5 000 美元，5.9% 可以超过 5 000 美元。信用合作社越大，股份限额越高。② 对股份的限制源于以下几个原因：一是信用合作社的股息率与其他金融机构的利息相比更加优

---

①②　Croteau, John T. , *The Economics of Credit Union*, Wayne State University Press, Detroit, 1963.

惠，因此限制股份的数量；二是和流动性问题有关，对信用合作社来说，潜在的风险是一个或者几个大的股份持有人取走他们的股份，从而使信用合作社处于危险的境地。

10.2.2　提供更有竞争力的贷款产品

与存款市场上日益激烈的竞争相反，贷款市场仍然是弱竞争、充满混乱甚至误导的。以商业性金融机构分期付款的贷款实际收取的利率为例，报给借款人的名义年利率远低于贷款人付出的实际年利率，还要加上保险费用和其他成本，因此，借款人对他付出的真实成本并不清楚。而信用合作社的收费条款清清楚楚，所有产品都是设计出来为社员利益服务的。正是由于信用合作社的存在，才导致市场上的贷款利率不断下降，消费者得到的服务水平不断提升。一般而言，信用合作社会给社员提供很多优惠条件：清楚合理的利率，贷款条款符合社员需要，通常有同情收款政策。在贷款方面，信用合作社具有压倒商业性金融机构的最大优势。

10.2.3　提供无偿的贷款保险服务及其他服务

为解决贷款人出现意外致使还款负担落到其家人身上，很多国家的信用合作社提供免费的贷款保险。社员未偿还的贷款将会被自动保险，最高为特定的限额，不需要社员支付直接的成本。如果借款人死亡，贷款会通过保险来全额偿还，债务随着社员的死亡而终止。信用合作社其他形式的服务旨在指导家庭理性生活，很多信用合作社为社员提供财务咨询，有些信用合作社通过月报或邮寄出版物或在办公室里陈列的小册子，进行消费者教育，有些信用合作社有消费者教育图书馆，等等。所有这些服务都有成本，节省这些额外服务活动的信用合作社可能会比从事这些项目的信用合作社支付更高的股息率，因此，股息率本身不是衡量信用社在满足社员需求方面的唯一标准。

10.2.4　管理人员的贷款限制

信用合作社一人一票的民主管理原则是否会阻碍信用合作社获取足够多的资本以满足其成员的贷款需求？因为那些有大量存款的社员可能会担心存款被不谨慎的贷款政策浪费而抑制了向信用合作社投资的愿望。在有些国家，这种担心也通过法律限制得到解决。如在美国，通过信用合作社立法限制理事和各种委员会成员在本信用合作社借款的权利，有效地把信用合作社的控制权交到了那些存款多但借款少的人手中。美国将近半数州的信用合作社法禁止信用合作社管理人员的借款超过他们的股份数，联邦法律也规定允许信用合作社管理人员借款超过他的股份数，但超出的部分必须由其他信用合作社社员未抵押担保的股份担保。其他各州和加拿大各省的法律也有类似的条款，严格限制信用社工作人员借款从而防止利益冲突。因此，这一限制使得信用合作社的理事会和各类委员会由存款人而不是借款人控制。那些投入大量资本的人实行有效控制，但有时这种控制也可能导致保守的管理政策。这一限制也可能使需要借款的、有管理能力的社员不愿意成为管理者，因为这可能妨害他的借款能力。在美国，中央信用合作社向需要贷款的信用合作社管理者提供贷款的服务一定程度上缓解了这一问题。

10.3　信用合作社的利率

利率是信用社产品吸引力的重要基础，因此，要讨论信用社的产品和服务，信用社的利率是问题的核心。那么各国信用社的利率水平是否真的有竞争力，其拥有利率竞争力的原因何在？信用社的利率是否会影响整个金融市场的利率，从而提高所有人的福利水平？

10.3.1　信用社存贷款利率的限制和竞争力

从信用社的性质和成立的目的来看，他是一个为社员服务的非营利机构，因此，一般来说，在竞争充分的市场上，信用社的存款利率高于其他金融机构，而贷款利率低于其他金融机构，以吸引社员的加入。而在其他信贷机构不能覆盖、存在金融排斥的地区，经营成本较高，其利差也可能较高，以弥补其较高的经营成本。

信用合作社和其他金融机构竞争，但同时它在一定的限制下经营，社员贷款往往有一个设定的最高价格。美国和加拿大的大多数州或省的信用合作社法规定了贷款的最高利率。1980 年之前，美国的联邦信用社法规定，联邦信用社贷款的年利率不超过 12%。随着经济发展和市场利率的大幅变动，1980 年 3 月，美国联邦信用社的利率上限提高到 15%，并赋予 NCUA 委员会根据审慎原则，每隔 18 个月检视利率上限的合理性并上调利率的权利。1980 年 12 月，NCUA 委员会投票上调利率上限到 21%，但 1987 年 5 月，利率上限又被调低到 18%，该利率上限维持至今。但并不是所有的信用社收取最高利率，此外还通过年底的利息返还调整最初的利息收费。斯韦德勒（Swidler，2009）[①] 使用 2007 年 6 月美国 55 个州信用社、S 分章银行和 C 分章银行的短期存款利率、定期存款利率、消费贷款和住房贷款利率的数据研究发现，信用社的存款利率高于 S 分章和 C 分章银行，贷款利率低于 S 分章和 C 分章银行。根据 2016 年年底的数据，美国信用社的平均存款利率高于商业银行的平均存款利率，平均贷款利率基本上都低于商业银行的平均贷款利率（见表 10.1）。

表 10.1 信用社和银行储蓄、存款和贷款平均利率比较（2016 年 12 月 30 日）

产品	全国信用社平均利率	全国银行平均利率	信用社转型的银行平均利率
5 年 CD - 1 万	1.52	1.23	1.44
4 年 CD - 1 万	1.24	1.00	1.10
3 年 CD - 1 万	1.00	0.82	0.96
2 年 CD - 1 万	0.75	0.62	0.87
1 年 CD - 1 万	0.51	0.41	0.51
6 个月 CD - 1 万	0.33	0.25	0.29
3 个月 CD - 1 万	0.22	0.16	0.16
货币市场账户 - 2.5K	0.17	0.12	0.10
游戏支票账户 - 2.5K	0.10	0.09	0.06
普通储蓄账户 - 1K	0.13	0.12	0.08
经典信用卡	11.48	12.72	N. A.
30 年固定利率抵押贷款	4.24	4.14	4.17
15 年固定利率抵押贷款	3.50	3.46	3.46
5 年浮动利率抵押贷款	3.51	3.62	3.24
3 年浮动利率抵押贷款	3.33	3.55	3.63
1 年浮动利率抵押贷款	2.97	3.42	N. A.
无担保固定利率贷款，36 个月	9.17	10.09	11.24
5 年房屋净值贷款，80%	4.41	4.97	4.39
48 个月二手车贷款	2.81	5.07	4.45
36 个月二手车贷款	2.69	5.02	4.38
60 个月新车贷款	2.72	4.65	3.93
48 个月新车贷款	2.61	4.55	3.86

资料来源：www. snl. com。

---

① Swidler, Steve, Ph. D J, A Comparison of Bank and Credit Union Pricing: Implications for Tax Benefits of Subchapter S Incorporation, Finance Auburn University, 2009.

在爱尔兰共和国和北爱尔兰地区，对贷款余额收取的月最高利率为1%，这相当于 12.68% 的年利率。在爱尔兰，信用社是唯一的贷款利率上限受到管制的金融机构，根据 ILCU 的数据，ILCU 附属的信用社收取的平均贷款年利率是 8.8%（ILCU，2015），部分贷款利率更低，例如，普通的家装贷款利率为 7.25%。一些信用合作社也从经营剩余中向借款社员返还部分贷款利息，股东社员则得到股息。2014 年平均贷款利息返还在爱尔兰为 9.55%，北爱尔兰为 17.24%。一些信用社更愿意收取可允许的贷款利息，而在财政年度结束时给予慷慨的贷款利息返还，从而奖励社员偿还贷款。为了鼓励贷款，更多的信用社选择支付更高的贷款利息返还而非支付更高的股息。100 家 ILCU 所属的信用社 2014 年比 2013 年支付了更高的贷款利息返还。①

在英国，信用合作社也是唯一的由法律规定利率上限的信贷提供者。1979 年法案把上限设定在 12.68% 的年利率（或 1% 的月利率），这对许多在低收入社区经营的信用合作社提出了挑战，因为它们发放的是劳动密集、低附加值、通常高风险的贷款，12.68% 的年利率没有经济上的可行性。2006 年的信用合作社贷款最高利率令把月利率的上限从 1% 提高到2%（年利率 26.8%）。2014 年 4 月，为减少贷款余额，月贷款利率上限又从 2% 增加到 3%（年利率 42.6%），这虽然有利于扩大信用社业务的范围和规模，与其他金融机构的服务公平竞争，但也增加了信用社客户的贷款成本。

与金融市场竞争充分国家的信用社不同，西班牙的信用社在其他信贷机构不提供服务的地方发挥着更大的作用，因此，信用合作社能得到比私人银行和储蓄银行更高的贷款利率。西班牙的法律规定，如果合作社章程允许的话，可以对社员的出资支付利息，但此类收益不能高于法定利率的6 个百分点，以信用社的偿付能力比率和最低资本符合要求且没有未弥补亏损为条件，且不可计入经营成本或费用。高的经营成本和相应的低效率是西班牙信用合作社的主要弱点之一（见表 10.2）。②

---

① McCarthy, Olive, Sharon Farrell, David Hewson, The Financial Co-operative System in Ireland, Karafolas, Simeon（editor），*Credit Cooperative Institutions in European Countries*，Switzerland：Springer Science and Business Media，2016：127 – 147.

② Gemma, FajardoGarc´ıa, Soler Tormo Francisco, The Credit Cooperative System in Spain, Karafolas, Simeon（editor），*Credit Cooperative Institutions in European Countries*，Switzerland：Springer Science and Business Media，2016：213 – 231.

表 10.2　　　　　　　西班牙信贷机构的息差和税前利润　　　　　　单位:%

	2005 年		2007 年		2010 年	
	息差	税前利润	息差	税前利润	息差	税前利润
私人银行	1.04	0.91	0.98	1.13	1.10	0.50
储蓄银行	1.64	0.80	1.51	1.15	1.12	0.13
信用合作社	2.31	1.07	2.30	0.97	1.56	0.28

资料来源: Bank of Spain, AEB, UNACC.

根据《临时利率调整法》的规定，日本农协信用系统可以略高于私人银行利率的优惠利率吸引农户存款，并以优惠条件面向农户发放贷款，这使以家庭为单位、分散经营的日本农户能以较低的利率相互融通资金，促进了生产的发展。

10.3.2　信用社利率竞争力的来源

信用合作社的存款和贷款利息都比其他金融机构优惠，还为社员提供诸如保险之类的免费服务，这必然会收窄信用合作社的盈利空间。尽管信用合作社是非营利机构，但它不靠捐赠和补贴生存，它的收益必须能够覆盖它的成本。因此，在收益有限的前提下，信用合作社必须降低它的运营成本，信用合作社运营的低成本很大一部分来自它的志愿服务、共同联系和税收优惠。

很多国家信用合作社的法律规定，除了财务人员，其他管理人员不能从信用合作社领取报酬。在美国，早期信用合作社的管理层包括几十万不拿报酬的志愿者，并有很多的专家为这些志愿者提供帮助。只要信用合作社的规模不大，这种安排可以运转得很好。事实上大多数信用合作社的规模仍然很小，因此，志愿活动的原则并未过时。信用合作社的管理工作由几个委员会分担，每个志愿者不会承担太多的工作。信用合作社各个委员会的工作虽然是不拿报酬的，但会有一些无形收入，如声誉、不定时的差旅费用补贴、午餐、晚餐、会议费用和一些其他项目。对于一般管理人员而言，工作是有趣、愉快的，并不特别繁重，但那些承担直接责任的人，可能要投入相当多的时间和精力来工作。当然，志愿工作也有缺陷，在第二次世界大战后的 1948~1953 年期间，一项关于美国 565 个被清算的联邦信用合作社清算原因的研究显示，其中 251 个信用社因为管理人员和社员的漠不关心而被清算，占总样本的 44.4%。这些信用社完成了信用合作社的正式手续，但没有选择继续经营。

很多国家的法律规定，信用合作社只能在有共同联系的一群人中组织起来，如地域联系、工作联系等。存在共同联系的组织应该具有一定的优势，能保证成员的和谐性，使信用调查和贷款回收更加容易。此外，共同联系可以为信用合作社管理中包含的志愿工作提供激励，因为一个社员的利益和其他相关人的利益是一致的。

因为信用社的服务对象是被商业银行忽略的弱势群体，所以很多国家对信用社提供税收豁免的优惠政策。这一税收豁免地位给信用社在金融市场上带来了竞争优势，使其可以在低利差的情况下持续发展。但随着信用社力量的发展壮大，免税地位不断受到同业和研究者的挑战。如塔塔姆（Tatom，2004）[①] 的研究认为，存款市场中信用合作社的份额越大，银行的新车贷款利率越低，这表明处于免税地位的信用社市场份额压低了所有金融服务机构的新车贷款利率。为了保持税收的公平性，他建议监管机构对信用合作社服务低收入群体的目标进行监督，同时取消大的信用合作社的税收豁免政策。密歇根州银行协会（2015）[②] 认为，从公共政策的角度来看，信用合作社不能再有理由享受税收豁免政策。首先，免税政策是出于一定目的的税收减免，为了支持为低收入和中等收入消费者提供金融服务的公共政策。如今，对于许多信用社而言，它们已经不再本着成立之初的目的。其次，信用合作社和许多银行一样提供类似的产品和服务，偏向更富裕的客户，而不是服务需要贷款最多的消费者。莱特（Wright，2013）[③] 认为信用社虽然发展迅速，但仍然存在发展不平衡的问题。为了确保他们的金融服务使命与其免税地位相称，特别是为低收入群体提供存贷款业务，应当给信用社制定相关的问责制，因为信用社最初的目的就是为贫困阶层提供金融产品，让那些无法在银行得到贷款的人享受金融服务。

10.3.3　信用社利率对银行利率的影响

信用社与其他金融中介在同一个市场上竞争，如果信用社提供高的存款利率和低的贷款利率，会对市场利率产生影响，从而影响到其他金融中

① Tatom, John A., Competitive Advantage: A Study of the Federal Tax Exemption for Credit Unions, Department of Economics at DePaul University, 2004.

② Michigan Bankers Association, Market Distortion in Financial Services: Can the Credit Union Tax Exemption Be Justifed? Northwood University, 2015.

③ Wright, Joseph, Credit Unions: A Solution to Poor Bank Lending? Civitas, 2013.

介的利率。罗伯特和琼恩（Robert and Joanne，2000）[1] 使用 1998 年爱达荷州和蒙大拿州的 122 家银行提供的存款利率与信用合作社所占的存款市场份额进行研究，认为信用合作社的市场份额对存款利率有积极影响，并具有统计意义。芬伯格（Feinberg，2001）[2] 采用价格领导模型，商业银行和储蓄机构共同发挥价格领导者的作用，信用合作社代表竞争性边际，信用社的竞争性边际越大，或银行存款净需求的弹性越大，非信用合作社面临的净存款供应就越大，因此，信用社的市场份额和银行存款利率之间存在正相关关系；他使用银行无担保消费贷款和汽车贷款利率作为因变量的分析结果认为，信用合作社占市场存款的份额对汽车贷款利率有负影响。汉纳（Hannan，2002）[3] 的研究采用了整个国家的样本，纳入了美国所有的大城市地区，并采用了更多的机构存款利率数据，研究结果表明信用社的普及率对货币市场存款利率和支票利率具有显著的正向影响。

---

① Tokle, Robert J. , Joanne G. Tokle, The Influence of Credit Union and Savings and Loan Competition on Bank Deposit Rates in Idaho and Montana, Review of Industrial Organization, 2000, 17：427 – 438.

② Feinberg, Robert M. , The Competitive Role of Credit Unions in Small Local Financial Services Markets, Review of Economics and Statistics, 2001, 83 (3)：560 – 563

③ Hannan, Timothy H. , The Impact of Credit Unions on the Rates Offered For, Federal Reserve Baord, 2002.

11 信用合作社的规模

11.1 信用合作社最优规模的经济分析

泰勒（Taylor，1983）[①] 指出，信用社是最纯粹的合作形式，社员不仅面对市场上储蓄和信贷的替代品，而且要相互面对，一些社员可以只使用信用社的储蓄，而其他社员可以主要使用信用社的贷款，即信用社内不同类型的社员持不同的经济立场，存在一定程度的冲突，但不同类型社员之间的关系不一定是一直冲突的。为证明这个观点，他建立了一个简单的信用社模型，假设社员的贷款构成信用社的全部资产，负债由储蓄构成，平均运营成本是 U 型的，信用社没有任何储备，也没有法定准备金。

在图 11.1 中，用横轴表示信用社的产量。产量可以被看作资产（社

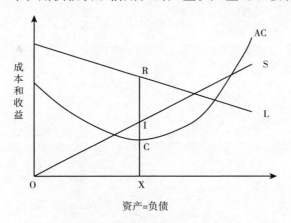

图 11.1 信用社的成本和收益

---

① Taylor, Ryland A., The Credit Union as a Co-operative Institution, Economic Theory of Co-operative Enterprises, Selected readings, Edited by Liam Kennedy, The Plunkett Foundation for Co-operative Studies, 31 St. Giles, Oxford, 1983, Printed by Parchment (Oxford) Ltd.

员贷款）或负债（社员存款），二者用一个共同的横轴来度量。每单位资产或负债的成本或收益用纵轴来表示。平均成本曲线 AC 代表信用社的成本，假定为长期最优。长期储蓄函数 S，是社员自由加入情况下，每个平均收益水平上所吸收的存款水平。类似地，贷款需求函数 L 是在每一个利率成本水平上，所有潜在社员的贷款需求量。

在第一种情况下，假设信用社是存款人占主导地位的，目标是最大化他们的平均净收益，因此，借款社员的加入是有利的，因为增加的借款社员使信用社具有更强的付息能力，其中长期借款需求是付息最大的来源。在图 11.2 中，平均净收益曲线（ANR）通过从每个产量水平上的借款需求中减去平均运营成本得出，通过允许足够多的存款社员加入使短期存款函数移到 S_1 的水平，存款人最大化他们的平均净收益。从产量 0 到产量 A_1，现在的存款人和新进入的存款人是互补的，A_1 以上则变为互相冲突的。

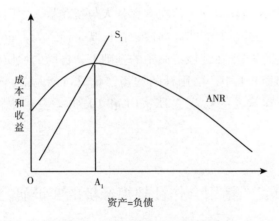

图 11.2　存款人主导下的最优规模

第二种情况假设信用社是借款人主导的。这群人希望有更多存款人为信用社提供存款，以最小化他们的平均借款净成本。借款社员的利益和存款人的利益是互补的。在图 11.3 中，平均净成本函数（ANC）通过把联合生产成本加到长期储蓄函数上得出。ANC 代表每个产出水平上的借款成本。接受新的借款社员加入符合现有借款人的利益，只要这使得他们能够在较低平均净成本的产出水平上经营。短期贷款需求 L1 代表借款成员的最佳需求数量，它和平均净成本曲线 ANC 在它的最低点相交，对应 A_2 的产量。从产出 0 到 A_2，现有借款人和新的借款人之间的关系是互补的，超过 A_2 则变为冲突的。

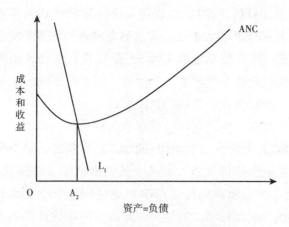

图 11.3　借款人主导下的最优规模

与一般的合作社相比，信用社社员在经济利益上没有太大的冲突。一是尽管现有借款人与新借款人之间和现有存款人与新存款人之间有相似的冲突，现有借款人与新借款人，现有存款人与新存款人之间的关系总有一个是互补的。二是社员并非非此即彼，往往既是借款人，也是存款人。因此，社员不太可能局限在纯经济原则的基础上，自助的性质更可能压制自利的性质。在图 11.1 中，信用社的均衡产量更可能是 X，这里，借款人的价格是 RX，存款人的收益是 IX，RI 和 CX 的差是信用社运营的共同成本。

11.2　信用合作社规模经济的实证研究

从理论上看，信用社的长期均衡在长期运营成本的最低点上，应该有一个适度的规模，那么现实中是否存在一个适度规模？适度规模有多大呢？学者们对不同国家信用社的规模进行了实证研究。

克鲁托（Croteau, 1963）①基于美国 240 个资产规模在 100 万美元以上的信用社（拥有总资产 10.56 亿美元，大约相当于当时美国所有信用社总资产的 1/6）的调研问卷，将信用社按规模分为四组：100 万~190 万美元、200 万~490 万美元、500 万~990 万美元、1 000 万美元以上。发现在所有组中，信用社借款的平均利息支出占总收入比例和信用社规模成

---

① Croteau, John T., *The Economics of Credit Union*, Wayne State University Press, Detroit, 1963.

反向变动，表明信用社规模越大，来源于社员股金的资金越充裕。信用社规模和信用社收入中用于支付股息的百分比之间存在直接的关系，规模最大的一组信用社，支付 80% 的股息率，最小的一组只有 71.4%，但以平均股份计算的话，真正的股息收益在不同规模组之间是大致相同的。在人员效率方面，规模效益表现的最明显，规模越大，每个员工处理资产和账户的数量越多。在规模和费用比率之间显示了一定的关联，规模上升，费用比率下降，但在规模最大的一组中，费用比率有所上升。对四组信用社的总资产收益率的比较发现，总资产收益率随着信用社资产的增加而下降，这可能取决于信用社的投资组合问题，最大的信用社很难把足够多的资产投到收益最高的个人贷款上去。在资金成本方面，规模最大的信用社支付股息的比例相对较高，小规模的信用社支付的借款利息也较高，但并未发现股息和借款利息与信用社规模之间的确定关系。总资产收益率和总资产息后收益率的结果反映了社员之间的互补和冲突。泰勒（1972）[1] 选取了美国 34 个州共 260 个资产规模在 100 万美元的大型信用社作为样本，研究发现大型信用社确实存在规模报酬递增的现象。而弗兰纳里（Flannery，1974）[2] 对泰勒的方法提出了质疑：一方面，泰勒采用信用社的总资产来衡量信用社的规模，而非其他的实际指标，另一方面，泰勒仅使用了资产规模在 100 万美元以上的信用社作为研究的对象，其研究结果不具有代表性，既不能解释信用社总体也不能解释较小资产规模信用社的规模报酬情况。弗兰纳里修正了泰勒在研究信用社规模经济时存在的问题，使用贝尔—墨菲模型估计信用社的成本函数，虽然统计结果并不支持信用社行业存在规模报酬递增的假设，但是弗兰纳里认为数据受限，即样本数据中没有统计信用社所得到的补贴，而规模越大的信用社往往得到的补贴越少，所以弗兰纳里的研究结果也支持信用社行业存在规模报酬递增的现象。虽然泰勒（1972）和弗兰纳里（1974）都认为信用社在运作过程中存在规模报酬递增的现象，但库特（Koot，1978）[3] 认为二人的研究都存在一定的问题，库特（1978）修正了泰勒用总资产作为衡量信用社规模的单一指标，仍然采用贝尔—墨菲模型估计信用社行业的成本函数，使用来

---

① Taylor, Ryland A., Economies of Scale in Large Credit Unions, Applied Economics, 1972, Vol. 4: 33 - 40.

② Flannery, Mark J., An Economic Evaluation of Credit Unions in the United States, Research Report No. 54, Federal Reserve Bank of Boston, 1974.

③ Koot, Ronald S., On Economies of Scale in Credit Unions, *Journal of Finance*, 1978, 33: 1087 - 1094.

自 CUNA 于 1976 年对 360 家信用社的专项调查数据，加入了补贴对信用社的贡献，得出了不同的研究结果，认为美国信用社存在着明显的规模报酬递减现象，他认为信用社不同于一般商业银行的规模报酬递增的原因主要是信用社存在新老成员之间的经济冲突。沃肯和那拉蒂尔（Wolken and Navratil，1980）[1] 指出在库特和弗兰纳里的研究中，两人设定的成本方程是错误的，为了得到更准确的结论，他们在库特使用的数据基础上结合了国家信用社管理局于 1975 年提供的财务统计数据重新计算了信用社的补贴，并引入了影响成本的其他变量，进而对信用社规模报酬情况进行检验，发现结果与弗兰纳里（1974）的研究结果一样，即信用社存在规模报酬递增的现象。维洛克和威尔逊（Wheelock and Wilson，2011）[2] 以及维洛克和威尔逊（Wheelock and Wilson，2013）[3] 也分别采用了不同方法研究了信用社的成本和规模之间的关系，都发现规模越大，信用社的平均运营成本越低，即美国信用社存在规模报酬递增现象。自 20 世纪 80 年代后，美国信用社的数量一直在降低，但每个信用社的规模却不断扩大，1982 年，联邦信用社监管机构允许信用社可以有多个共同联系，因此美国信用社在资产规模不断扩大的同时，信用社成员关系也越来越复杂。易默斯和施密德（Emmons and Schmid，1999）[4] 开发和模拟了信用社成立和合并的模型，以检验信用社社员之间的关系和社员数量对信用社运营成本的影响，发现信用社社员关系越复杂，运营成本越高，但是在社员关系相同的情况下，信用社的平均运营成本会随着社员数量的增加而逐渐降低，即信用社存在规模报酬。对此，莱格特和斯特伦德（Leggett and Strand，2002）[5] 以及威尔考克斯（Wilcox，2006）[6] 采用不同的方法和数据进行分析时都得出了与易默斯和施密德（Emmons and Schmid，1999）类似的

① Wolken, John D. , Frank J. Navratil. Economies of Scale in Credit Unions; Further Evidence, *Journal of Finance*, 1980, 35: 769 –777.

② Wheelock, David C. , Paul W. Wilson. Are Credit Unions Too Small? Review of Economics and Statistics, 2011, 93: 1343 –1359.

③ Wheelock, David C. , Paul W. Wilson. The Evolution of Cost-productivity and Efficiency Among US Credit Unions, *Journal of Banking & Finance*, 2013, 37 (1): 75 –88.

④ Emmons, William R. , Frank A. Schmid. Credit Unions and the Common Bond, Federal Reserve Bank of St. Louis Review, 1999, 81: 41 –64.

⑤ Leggett, Keith J. , Robert W. Strand. Membership Growth, Multiple Membership Groupsand Agency Control at Credit Unions, Review of Financial Economics, 2002, 11: 37 –46.

⑥ Walter, Jhon R, Not Your Father's Credit Union, Social Science Electronic Publishing, 2006: 353 –377.

结论。但是，弗里德（Fried，1999）① 研究了美国信用社并购的效率，对 1 654 家参与合并的信用社的研究发现，大约有 50% 的收购信用合作社和 20% 的被收购信用社经历了服务效率下降。

研究美国信用社规模经济的文献很多，且学者们得到的结论也基本一致，即社员关系一定的情况下，美国信用社存在规模报酬递增的现象，但学者对于澳大利亚信用社规模经济的研究却未能得出一致结论。克莱普（Crapp，1983）② 研究了澳大利亚新威尔士信用社的规模经济问题，他使用 1979 年和 1980 年在新威尔士信用社注册局注册的所有信用社共 570 个样本的数据，研究发现新威尔士的信用社并不存在规模经济现象，但是技术进步的信用社具有明显的成本优势。克莱普对新威尔士信用社不存在规模经济现象给出的解释与弗兰纳里（1974）相同，即没有考虑合作组织取得的政策优惠。1980 年，澳大利亚信用社行业发生变化，信用社同其他金融中介机构一样要在澳大利亚金融部门解除管制的新环境下调整运作模式，可以提供信用卡，因此，布朗和奥康（Brown and O'Connor，1995）③ 认为克莱普的研究使用的数据有缺陷，为了排除技术进步对平均成本曲线的影响，他们使用了 1983 年、1986 年、1990 年及 1993 年 4 个年份的横截面数据对澳大利亚信用社规模经济情况进行研究，不仅按照信用社的资产规模将信用社分为大、中、小子样本，而且也控制了信用社成员之间的关系对信用社规模经济的影响，将信用社分为社区信用社和行业信用社两个子样本，研究结果表明小型行业信用社面临着严重的规模不经济，而其他类别信用社的规模报酬不变，其研究结果支持了克莱普（1983）的结论。1998 年，澳大利亚信用社服务有限公司（CUSCAL）建议低于 500 万澳元的信用合作社应考虑与更大的信用合作社合并，伊秀（Esho，2000）④ 发现这一行业定位与已有文献的研究结论相悖，即在已有文献都表明信用社不存在规模报酬递增的情况下，澳大利亚信用社服务有限公司却提倡信用社扩大规模，于是他再次研究了澳大利亚信用社的规模经济问题，发现已有文献之所以会得出一致的结论是因为他们在研究信用社规模经济时通常

① Fried, Harold O. , C. A. Knox Lovell and Suthathip Yaisawarng. The Impact of Mergers on Credit Union Service Provision. *Journal of Banking and Finance*, 1999, 23: 367 – 386.

② Crapp, Harvey R. , Scale Economies in the NSW Credit Union Industry, *Australian Journal of Management*, 1983, 1: 33 – 43.

③ Brown, Rayna, Ian O'Connor, Measurement of Economies of Scale in Victorian Credit Unions. *Australian Journal of Management*, 1995, 20 (1): 1 – 24.

④ Esho, Neil, Scale Economies in Credit Unions: Accounting for Subsidies Is Important. *Journal of Financial Services Research*, 2000, 18 (1): 29 – 43.

忽略了信用社优惠政策这一重要数据，因此伊秀搜集了106家信用社从1985～1993年的数据，试图检验考虑信用社优惠政策后澳大利亚信用社的规模经济，研究发现澳大利亚新南威尔士州信用社确实存在规模报酬递增的现象。伊秀在研究过程中，首先将信用社按照总资产规模划分为3组，即总资产小于500万元、总资产在500万～2 000万元、总资产大于2 000万元，为了检验政策优惠对信用社规模经济的影响，建立了不考虑优惠政策和考虑优惠政策两个成本函数模型，同时将信用社样本分成了无优惠政策和有优惠政策信用社两组，并分别进行回归，研究结果表明无论有无优惠政策，都存在规模报酬递增的现象，从而支持了澳大利亚信用社服务有限公司的提议，即资产规模小于500万美元的信用社应当与其他信用社合并。但戈登和拉尔斯登（Garden and Ralston，1999）[1] 使用DEA方法提供的X效率和配置效率，发现相对于其他信用社，合并基本上不能改善这些指标。

还有一些文献对哥伦比亚、新西兰及日本等国家信用社的规模经济进行了研究。穆瑞和怀特（Murray and White，1980）[2] 选取1972～1975年期间在哥伦比亚地区持续经营的共152家信用社作为样本的研究认为，哥伦比亚信用社存在规模报酬递增现象。他们1983年的研究再次证明了哥伦比亚信用社存在规模经济和范围经济[3]。随着理论的不断完善，吉姆（Kim，1986）[4] 扩展了穆瑞和怀特对成本函数的假定，再次验证了哥伦比亚信用社存在规模经济的结论。斯巴德和麦克莱韦（Sibbald and McAlevey，2003）[5] 搜集了新西兰112家登记在册并持续经营的信用社作为样本，并将样本按照总资产分成5.5万～50万元、50万～250万元及250万元以上3组进行分析，结果表明资产规模在50万～250万元的信用社是三组中最有效率的，即新西兰的信用社存在适度规模。在政府政策导致新西

① Garden, Kaylee A., Deborah E. Ralston. The X-efficiency and Allocative Efficiency Effects of Credit Union Mergers. *Journal of International Financial Markets Institutions & Money*, 1999, 9: 285 – 301.

② Murray, John D., Robert W. White, Economies of Scale and Deposit-Taking FinancialInstitutions in Canada, *Journal of Money Credit and Banking*, 1980, 12: 58 – 70.

③ Murray, John D., Robert W. White, Economies of Scale and Economiesof Scope in Multiproduct Financial Institutions: A Study of British Columbia Credit Unions, *Journal of Finance*, 1988, 38: 887 – 902.

④ Kim, Youn H., Economies of Scale and Economies of Scope in Multiproduct Financial Institutions: Further Evidence from Credit Unions, *Journal of Money Credit & Banking*, 1986, 18 (2): 220 – 22.

⑤ Sibbald, Alexander, Lynn McAlevey, Examination of Economies of Scale in Credit Unions: A New Zealand Study, Applied Economics, 2003, 35 (11): 1255 – 1264.

兰信用社数量大幅下降时期，使用未参与并购的信用社作为参照组，检验了信用社的合并效率，发现该时期信用社变得更有效率，尤其是那些参与并购的信用社，此外，Malmquist 指标分析显示，与信用社数量轻微下降时期相比有显著的技术进步。[1]

夫库亚玛（Fukuyama，1996）[2] 使用非参数前沿方法，利用 1992 年日本农协信贷事业的样本数据研究了日本农协信贷事业的规模效率，发现 53.1% 的农协信贷事业表现出规模报酬递减的状态，而 43.9% 的农协信贷事业表现出规模报酬递增的状态。夫库亚玛等（1999）[3] 使用 DEA 方法，利用 1992~1996 年的样本数据检验了夫库亚玛（1996）的结论，结果发现规模报酬递减的农协信贷事业占总样本的 73%，规模报酬递增的占 23%，其余的表现出规模报酬不变。蒂尔昌德（Deelchand，2009）[4] 使用超越对数成本函数和中介法研究了日本农协信贷事业的规模经济，其样本包含了 293 家样本 2003~2006 年的数据，并将样本分成小型、大型以及总体样本三部分分别进行回归，研究结果表明无论是全样本还是子样本都表现出规模不经济的状态，即大规模的农协信贷事业不一定具有成本优势，但蒂尔昌德的研究没有考虑信用社风险和技术进步对规模经济的影响。

如果信用社存在规模经济，那么规模越大的信用社存活下来的概率就越大，而小规模信用社更加容易被清算或合并。德卡瓦胡等（De Carvalho etc.，2011）的研究认为，信用社规模是决定信用社生存最重要的因素。信用社在坚持合作原则的同时又面临对银行类金融机构保持竞争优势的压力，造成大量因合并而导致的市场退出。合并是信用社达到规模经济的一种方式，信用社越大，市场退出的可能性越小，信用社的规模是市场退出的缓冲垫。[5]

综上所述，泰勒（1983）对于信用社规模经济的理论分析推断，在长期发展过程中，信用社存在一个适度的规模，且在该规模上信用社的长期

① McAlevey, Lynn, Alex Sibbald, David Tripe, New Zealand Credit Union Mergers, Annals of Public & Cooperative Economics, 2010, 81 (3): 423 –444.

② Fukuyama, Hirofumi, Returns to Scale and Efficiency of Credit Associations in Japan: A Nonparametric Frontier Approach, Japan & the World Economy, 1996, 8 (3): 259 –277.

③ Fukuyamaa, Hirofumi, Ramon Guerrab, William L. Weber, Efficiency and Ownership: Evidence from Japanese Credit Cooperatives, *Journal of Economics & Business*, 1999, 51 (6): 473 –487.

④ Deelchand, Tara, Carol Padgett, Size and Scale Economies in Japanese Cooperative Banking, Icma Centre Discussion Papers in Finance, 2009.

⑤ Carvalho, F. L., M. D. M. Diaz, S. B. Neto, et al, Exit and Failure of Credit Unions in Brazil: A Risk Analysis, *Revista Contabilidade & Finanças*, 2015, 26 (67): 70 –84.

运营成本最低。从已有文献的实证研究结果来看，每个国家的最优规模是不一致的，而且可能会发生改变。因为影响信用社运营成本的因素有很多，从微观角度来看，信用社的总资产、贷款量、存款量、信用社的技术进步、会员数量和关系、信用社获得的补贴以及风险等都是影响信用社运营成本的重要因素；从宏观角度分析，一个国家的政策制度、市场环境、信用社的运作模式都会对信用社的运营成本产生重要影响，这也是每个国家信用社的最优规模不一致而且最优规模会发生改变的重要原因。

11.3　信用合作社的合并

规模小、数量多，是处于初级阶段的信用合作社的特点，也是信用合作社存在的合理之处，即为居住分散的弱势群体提供金融服务，这些服务对银行来说是不能覆盖成本的。随着信用合作社的发展，社员之间的关系越来越松散，甚至开始为非社员提供服务，也越来越依靠更加专业化的产品、服务和管理，信用合作社的成本也在不断提升，最好的解决办法之一是寻求规模效益，但作为互助组织，信用社无法吸引市场资金获得规模的提升，因此，合并是信用合作社发展到一定程度后的必然结果。此外，在发展过程中，有些信用社因经营不善，也产生了被合并的需求。大规模的合并往往发生在成长阶段的后期，通过合并，信用合作组织的规模扩大，数量大幅度减少。

有些国家信用社的合并是市场力量的体现，而有些国家的合并则是政府意志推动。如在爱尔兰，自 2009 年以来，爱尔兰注册管理局一直积极鼓励信用社合并，尤其是那些在财务或治理方面存在重大问题的信用社。根据欧盟/国际货币基金组织对爱尔兰的金融支持计划（2011：9－10），爱尔兰政府致力于获得"必要的权力，如果必要的话，通过政府部门的财政支持促进更高程度的合并"，ILCU 向会员提供谋求合并的信用社信息。遵照信用社委员会的推荐意见，根据 2012 年信用社法案，于 2013 年 1 月 1 日成立了信用社重组理事会（REBO），作为法定机构，负责促进和监管信用社重组，支持金融稳定和长期的可持续性。[①] 2001 年 11 月，新西兰政府撤销了证券法对信用社经营无抵押存款的豁免，这一政策变化给信用

---

① Simeon, Karafolas, (editor), *Credit Cooperative Institutions in European Countries*, Switzerland：Springer Science and Business Media, 2016：127－147.

合作带来显著的资金和时间成本，并需要依照更严格的审慎标准经营。许多较小的信用合作社发现不可能符合这一标准，因而寻求合并，这一趋势也受到行业协会和监管机构的鼓励。① 西班牙信用社也在从事整合过程，以扩大规模，这种整合通过兼并、资产和负债的一般安排、创建二级合作社或合作集团、或机构保险体系（SIP）实现。综观各个国家信用合作事业的发展，信用合作组织的数量基本遵循先扬后抑的规律，而规模则是先抑后扬。

---

① Mcalevey, Lynn, Alexander Sibbald and David Tripe. New Zealand Credit Union Mergers, *Annals of Public and Cooperative Economics*, 2010, 81（3）: 423–444.

12　信用合作社的风险管理

和商业银行相似，信用合作组织在经营过程中面临信用风险、利率风险和流动性风险。信用合作组织要持续经营并发展壮大，必须对以上风险进行有效的管理和控制。风险管理旨在保护信用合作社的资产免于潜在的危险，包括对有形资产的直接威胁，如现金盗窃，也包括对无形资产的间接威胁，如管理人员利用职务之便贪污被捕对信用社声誉的损害。

12.1　信用风险及其管理

12.1.1　信用风险管理方法

信用合作社的主要产品是社员贷款，社员贷款应该符合信用合作社的贷款政策，并根据当前市场条件合理定价。不良贷款的形成与核销会影响信用合作社的财务绩效，由良好的贷款清收政策支持的稳健贷款政策有助于减少信用合作社的贷款损失。贷款和清收政策基于合作原则和每个信用合作社的目标，由理事会负责建立并印刷成册，以帮助信用合作社的所有员工理解贷款发放标准和清收政策。贷款和清收政策主要包括：贷款委员会和信贷管理人员的职能和权利、贷款发放指南、抵押和贷款利率、拖欠和核销控制等。

信用合作社在满足社员贷款需要的同时，也要注意控制不良贷款，发放贷款时必须对社员信用进行有效评估。信用合作社可以开发贷款申请评估系统，以提高贷款申请的处理效率。比较常用的信用风险评估系统有信用档案和信用评分。信用档案是一项客观评估贷款申请的工具，可以用来快速区分常规的贷款申请和需要进一步调查并由委员会审批的贷款，从而提高贷款审批的效率，使审批人能够快速关注那些真正需要评估的问题。信用档案中应考虑的因素主要包括现居所居住时间、职业、工作时间、信用历史、债务比例和还款能力等。信用评分系统应根据可以得到的实际数据和信用合作社的实际经验开发，系统开发完成后，还需要验证它区分有信誉和没信誉贷款申请人的统计概率，因此，建立和维护一个有效的信用评分系统需要时间和成本。

不良贷款是信用合作社失败的重要原因，不良贷款可能源于管理人员的失误，也可能源于信用合作社不能控制的社员的个人问题、财务困难和意外事件。信用社应建立良好的清收系统以减少违约和核销贷款。清收系统包括三个方面：贷款政策、清收识别和后续措施。良好的贷款发放政策是预防违约的最好办法。一旦贷款发生拖欠，第一要务是识别是否清收，一旦贷款部门意识到可能拖欠贷款，应在贷款到期后立即与社员取得联系。如果贷款不能及时归还，必须采取后续措施，以降低案件移交法院处理的可能性。[1]

12.1.2 各国信用风险管理实践

在美国，金融监管放松促进了信用合作社的发展。随着 Q 规则的取消、合作社共同联系范围的扩大，加剧了信用合作社之间的竞争。随着共同联系范围的扩大，新借款人的信息成本优势下降，违约率提高，信用风险增加。[2] 为防范信用风险，美国信用合作社有非常严格的内控制度。当信用合作社收到社员的贷款申请时，信贷人员或信贷委员会会详细分析借款人的财务历史和道德品质，以正确评价其现状和还款能力；在贷款发放后，由信贷人员负责监测借款人的经营状况，以便迅速、准确地预测和识别信用合作社在授信业务上面临的风险；同时对信用合作社管理层、会计人员、审计人员、贷款专员执行不同的管理对策，实行岗位轮换制度，并严格执行职工的休假制度，同时每年对所有员工的信用进行评估，防止内部违法犯罪行为的发生。[3]

在加拿大，信用合作社发放贷款时一般要求社员签订贷款担保协议。为了防止信用风险的发生，魁北克省的信用社使用加拿大中央信用社（credit union central of canada，CUCC）建立的完全电脑化的网络系统，通

① Lee, Pamela A. , *Management of Credit Union Finance*：*Procedures and Controls*, Kendall/Hunt pulishing Company, Dubuque, Iowa, USA, 1991：65 – 70.

② Pearce, Douglas K. , Recent Developments in the Credit Union Industry. *Economic Review*, 1984（6）：3 – 19.

③ Ioan, Viorica, Credit Risk Management. *Risk in Contemporary Economy*, 2012, 1（6）：1314 – 1314.

过电脑网络预警系统，对贷款单位及个人经济情况、还款能力、市场情况、财务收支情况等加以分析和确认，如出现不良信号，立即预警，同时将分析情况分别送给业务部门和审计部门。而在萨斯喀彻温省信用合作社系统，信用社协会成立储蓄担保公司，作为信用社联盟内部的独立的风险承担者和监管者，储蓄担保公司的存款保险和控制部门建立基于风险的检测系统，对每个信用社社员的活动进行严密监测，以分析单个社员的风险及整体风险；而在风险防范部门，则是通过加强与信用社的联系，提高信用社决策者的风险管理能力来防范风险。①

在爱尔兰，2008 年金融危机的爆发造成信用合作社投资减值达 7 300 万欧元，导致其面临越来越大的压力；同时贷款和投资收入下降、经营成本和逾期还款比例却在上升，在 2009 ~ 2013 年间，贷款拖欠金额翻了一番。为了缓解信用社面临的困难，自 2009 年以来，爱尔兰信用合作社委员会积极鼓励信用合作社的合并，尤其是存在重要财务或经营困难的合作社，一方面能保护社员的利益，另一方面合并后信用合作社还存在成功的可能。在 2010 年，爱尔兰中央银行发布了一份促进合作社发展的文件，支持实行外部稳定偿付能力机制，帮助面临短期困难的合作社解决问题，而面临长期困难的信用合作社将会被中央银行清算。

在拉丁美洲农村地区，由于农民能获得的基础设施服务较少，且质量不高，同时农业受价格波动、天气状况和贸易限制的制约，信用合作社更易发生信用风险。拉丁美洲国家农村金融机构最常用的信用风险管理手段包括：规定每次贷款金额的上限、要求抵押品价值超过贷款金额、规定每个借款人的额度、对每个借款人做风险评估和预留准备金、奖励按时还款（如减少费用、简化未来信贷的审批手续等）以及采用第三方机构的评级和监督服务。这些国家的农村金融机构在分析贷款接受对象的偿债能力时，首先分析的是员工的业务水平及信息的透明性，金融机构对这一点的重视度甚至超过了对贷款者抵押品的重视度。作为一个独特的信用风险管理方法，拉丁美洲农村金融机构要求农户必须与至少一个农产品购买者签订销售合同，以保证生产出来的农产品能及时销售。②

---

① Long, Robert, David Hughes and Brenda Lumrating. Canadian credit union centrals and Desjardins group archived, 2010.

② Wenner, Mark D. , Sergio Navajas, Carolina Trivelli. Managing Credit Risk in Rural Financial Institutions in Latin America. *Enterprise Development & Microfinance*, 2007, 18 (18): 158 – 174.

12.2 利率风险及其管理

12.2.1 利率风险及其管理方法

信用合作社处在一个日益开放、自由竞争的市场环境中，是市场利率的接受者，它的资产负债表不可避免地受到市场利率变化的影响。测量资产负债表对市场短期利率变化敏感性最简单的方法是缺口分析技术。决定资产负债表利率敏感性的关键是利率敏感性资产和负债的匹配，而不是流动性分析中的到期时间。利率敏感性资产是在监测时期内（如6个月内）受短期利率变化影响的有收益的贷款或投资。在代表性的6个月期间内对利率敏感的资产包括：在6个月内重新定价的可变利率贷款；到期时间小于6个月的固定利率投资；6个月内收益根据当前市场重新定价的浮动利率投资。利率敏感的负债包括：社员存单和6个月内到期或重新定价的应付票据。

缺口（GAP）比率等于某一天的利率敏感性资产减去利率敏感性负债除以总资产。与资产规模相对应的缺口规模的相对比值比缺口的绝对数量能更好地衡量利率敏感性。如果信用合作社的缺口比率是正的（即利率敏感性资产大于利率敏感性负债），当利率提高时，利差增加，营利性改善，因为资产收益比资金成本对变化的短期利率更敏感。同样，具有正缺口比率的信用合作社在利率下降时，利差将减少。如果信用合作社的缺口比率是负的，则相反。如果信用合作社的缺口比率等于零，短期利率的变化对信用合作社的资产收益和资金成本效果是相同的。

利率敏感性缺口可能涉及到信用合作社的全部利率敏感性账户，虽然这些资产负债表账户可能没有与短期利率变化对应的收益和成本，但它们的重新定价却可能影响信用合作社的利差。例如，信用合作社的固定利率贷款组合每隔6个月将基于贷款组合的平均到期时间还款，信用合作社会利用这些偿还的贷款以当前的利率去发放新的贷款（即固定或变动利率）、投资短期或长期证券或为社员取款提供资金，任何一种资产运用都会影响信用合作社未来的利差。因此，在计算信用合作社总的缺口时也应该包括这部分可重新定价的账户。

在一个固定利率组合中，比例较高的短期贷款，降低了组合的平均到期时间并提高了它的可重新定价性，同样，比例较高的固定利率抵押贷款降低了可重新定价的能力。因此，信用合作社的固定利率贷款组合的潜在利率敏感性取决于贷款的类型和比例。集中于固定利率抵押贷款的贷款组合比集中于消费贷款的贷款组合对利率的敏感性更低一些。不同于投资者所有公司的股份，信用合作社的股金在利率不断上升的市场上也可能是利率敏感的。因此，在分析缺口时，也要考虑股金的潜在的利率敏感性。

可以使用信用合作社 6 个月可重新定价的缺口比率乘以 6 个月期间内短期利率的预期变化，更进一步估计短期利率的变化对信用合作社预期总利差的影响，绝对值的大小决定了利率的敏感性。可重新定价的缺口比率在 - 10% 和 + 10% ，表明利率风险较低并且在利率周期中有相对稳定的利差；而比率小于 - 20% 或大于 20% ，表明利率风险较高，需要考虑资产和负债期限的重新匹配。缺口分析是最简单的管理利率风险的资产负债管理工具，存在一定的局限性，若有必要，信用合作社还可以使用一些更为复杂的资产负债管理工具，如仿真技术、久期分析等，对利率风险进行管理①。

12.2.2　各国利率风险管理实践

利率风险通常产生于资产负债重新定价时的错误匹配。20 世纪 70 年代，美国通货膨胀率居高不下，"石油危机"的爆发更加剧了通胀率的上升，高通货膨胀推动名义利率上升，远远高出 Q 条款的利率上限，此时，债权人要求更高的利率水平作为其贷出款项实际购买力下降的补偿。与此同时，美国国会逐步放松并取消利率限制，这些变化改变了市场的货币需求，同时导致利率波动加剧，资产结构和利率结构的不匹配引发了信用社的利率风险。② 在利率波动下，资产证券化可以被金融机构用作一项资产负债工具去管理因资产负债的期限结构错配引起的利率风险，增加原始债权人的流动资产③。住房抵押贷款是美国信用合作社的重要资产，其资金来源主要是居民短期存款，固定利率抵押贷款的利率在整个贷款期限内是不可调整的，所以贷款方承担了全面的利率风险。为了化解利率风险，美国实行住房抵押贷款资产证券化，放开了对抵押贷款利率的管制，使信用

①　Lee, Pamela A. , *Management of Credit Union Finance：Procedures and Controls* , Kendall/Hunt pulishing Company, Dubuque, Iowa, USA, 1991：53 - 58.

②　张鹏：《20 世纪 60 年代以来美国金融创新及其主要外部动因》，中国社会科学院 2013 年博士论文。

③　Hess, Alan C. , Clifford W. Smith, Elements of Mortgage Securitization. *The Journal of Real Estate Finance and Economics* , 1988, 1 (4)：331 - 346.

合作社及时收回资金，满足了流动性的需求。

在英国的北爱尔兰，法律规定的信用合作社贷款的最高年利率曾经为12.68%，该利率可以根据理事会的决议下调，但信用社的政策是将年利率保持在12%，如果市场上的贷款利率明显低于信用合作社的贷款利率，那么社员就会选择去其他金融机构借款，从而降低信用合作社的收入；在存款和投资方面，信用社在投资上获得的收益受到市场利率的影响。为了降低利率风险，信用合作社通常会采取以下措施①：一种方法是降低贷款利率，但这通常不是首选方案；另一种方法是在信用合作社资金充裕时，年底对社员进行利息返还；再者是多向成员宣传信用合作社贷款的优势，包括期限灵活、保险福利以及如果提前偿还贷款会有优惠等。

在澳大利亚，信用合作社最常见的利率风险主要是资产负债表中的固定利率与市场利率不匹配。信用社活动中非交易性投资组合面临的主要风险是由于市场利率变化造成的金融工具未来现金流量或公允价值变动的损失。这一利率风险主要通过监控信用合作社的金融资产和负债的敏感性，以贴现现金流量计算，使用金融衍生工具来应对利率的变动。信用社通常以利率互换这一衍生工具来管理资产与负债之间的重新定价不匹配。为了管理利率风险，信用社量化了可接受的风险参数，并且使用第三方的利率风险管理系统来检测这些参数的效果，并由理事会定期审核风险管理框架，将结果向理事会和风险管理委员会报告。②

12.3 流动性风险及其管理

12.3.1 流动性风险及管理方法

流动性是指信用合作社满足资金需求的能力，只要信用合作社在被要求付款时不存在问题就是有流动性的，即现金加上容易转换为现金的资产能够满足当前的贷款和取款需求。流动性管理有助于平衡信用合作社未来的现金需求和对剩余现金的短期或长期投资，确保信用合作社在需要现金时能够以可接受的成本获得资金。

流动性危机来自时间错配，当投资没有到期而不能满足当前的资金需

---

① Armagh Credit Union, Financial Risk Management Policy, http://star. arm. ac. uk.

② Anual Report, 2016 of Credit Union SA Ltd., https://www.creditunionsa.com.au.

求时，流动性危机就会发生。在资产方面，如果信用合作社有证券或其他时间敏感性投资时，必须保证在未来需要时能够转换成现金；同时，信用社也要对收回贷款的数量和时间做出合理安排。在负债方面，管理层通过分析过去的经营情况，可以估计社员存款到期转存的比例，但当经济状况发生变化时，社员可能会为当前的支出提取现金，或者转投比信用合作社存款更有吸引力的投资工具，在这种情况下，信用合作社应注意社员存款期限和投资期限的匹配。如果到期时间不匹配，就可能引发流动性危机。

管理现金流的工具是现金流预算。现金流预算是基于贷款增速和社员储蓄增速等业务状况，来预测信用合作社未来的现金流。根据以往的经验，管理层可以做出相对准确的现金预算，从而比较准确地预测将来的现金需求或剩余。当信用合作社成长、提供的服务发生变化或经济状况发生变化时，需要检视自己的流动性政策。

如果一个信用合作社发生了流动性危机，可以采取以下应对措施：一是开发储蓄。在面临流动性问题的时候，信用合作社可以动员社员潜在的储蓄。二是出售或抵押证券。如果持有长期证券并且市场是有利的，可以出售证券；如果市场不利，证券可以用作抵押品从其他金融机构借款。三是向上级信用社借款。如果存在联合的上级信用社时，往往可以提供证券转让项目。四是限制贷款。通过限制新增社员贷款来减少资金需求，发放更小额度的贷款或终止特定类型的贷款。五是提高贷款利率[①]。

12.3.2 各国流动性风险管理实践

流动性危机通常是因为不能预测到的经济变化所导致。在20世纪70年代末80年代初，美国很多信用合作社受到经济影响而陷入流动性危机。其他机构不断提高的存款利率使信用合作社股金账户中的社员资金不断流出；与此同时，不断增长的利率降低了前些年购买的证券的市场价值，使得信用合作社很难把这些投资转变为所需的现金。愿意借钱给信用合作社的机构收取的利率接近或等于法律所允许的信用合作社贷款利率的上限，导致零利差或负利差。随着资金不断撤离，又无法以经济可行的办法获得资金，信用合作社经历了一次严重的流动性危机。虽然绝大多数信用社最后在经济好转时存活下来，但有些信用合作社最终酿成了流动性危机。他们通过限制贷款和提供各种形式的存单做出反应，这导致社员转向别处借

---

① Lee, Pamela A. , *Management of Credit Union Finance*: *Procedures and Controls*, Kendall/Hunt pulishing Company, Dubuque, Iowa, USA, 1991: 75 – 84.

款，几个月之内，问题由流动性不足转换成了资金过剩，收益受到挤压①。为了避免流动性风险的扩大，美国国家信用合作社管理局（NCUA）与美国联邦储备委员会和财政部合作，实施了一系列措施，通过剥离不良资产，解决个别信用合作社的问题。2008 年，NCUA 获得国会批准，将中央流动资金贷款限额从 1.5 亿美元增加到 41.5 亿美元②。同时，在 NCUA 支持下成立国家信用合作保险基金，主要对经营困难的信用合作社提供资金和支付破产倒闭信用合作社的社员存款③。

立陶宛中央信用合作社（LCCU）负责管理信用合作社的流动性风险和提供紧急贷款。2013 年，信用合作社增速放缓，贷款增长率为负，除了受到经济危机影响外，更受到中央银行在 2013 年年中提出的对流动性和资本充足率的要求，要求信用合作社的流动性比率从 30% 增加到 60%，资本充足率从 13% 增加到 25%，资本充足率的要求大幅提高，造成信用合作社放贷能力大幅下降，诱发大批资本充足率水平处于红线附近的信用合作社出现再融资的举动，进而导致流动性出现紧缩；此外，较高的资本充足率要求可能降低信用合作社的净资产收益率水平，其投资价值也将因此受到不利影响。为了满足流动性管理要求，信用合作社将其存款的 1% 作为储备金存入中央信用合作社。同时为了保持信用合作社的偿付能力，LCCU 成立稳定基金，信用社将其存款总额的 0.3% 作为年费支付给稳定基金，如果信用社发生破产危机，则以次级贷款或无偿分配资金的方式从稳定基金中获得资金④。

法国以中央合作银行为主建立起独立于商业银行体系的农业合作金融体系，由基层合作银行、地区合作银行和中央合作银行三级法人组成，强化流动性风险的管理。为了筹集稳定的长期信贷资金，法国农业互助信贷银行在中央银行和政府的支持下，通过发行债券筹集农业发展资金，这笔资金约占筹资总额的 15% 左右。债券分两类：一类由政府担保，向金融机

---

① Aggregate, Wagner W. , Liquidity Shortages Idiosyncratic Liquidity Smoothing and Banking Regulation. *Journal of Financial Stability*, 2007, 3 (1): 18 – 32.

② Goth, Peter, Donal Mckillop, John Wilson, Corporate Governance in Canadian and US Credit Unions, Research Report.

③ 王兴业：《发达国家农村合作金融风险管理经验及启示》，载于《农村经济》，2010 年第 11 期。

④ Liutvinskiene, Jurgita, Jurgita Meskauskaite-Cilliers, Credit Unions in Lithuania, Karafolas, Simeon (editor), *Credit Cooperative Institutions in European Countries*, Switzerland：Springer Science and Business Media, 2016：327 – 342.

构发行；另一类由中央银行担保，向农民发行①。

在澳大利亚，信用合作社通过持有流动资产组合来缓解筹集资金的压力，所持流动性资产组合与澳大利亚审慎监管局的审慎标准 APS210 相一致。APS210 要求信用合作社至少持有与调整后的负债9%相当的高流动性资产，信用合作社依照该政策，审慎持有最低10%的高流动性资产。信用合作社理事会流动性风险政策要求最低流动性资产持有率在12%～15%，允许超过15%流动性资产的流动资金投资于非流动性资产，而最低流动性持有率和流动资金总额每月要向管理层和理事会汇报，除了流动性投资组合外，信用合作社还拥有 5 000 万美元的透支额度②。

德国信用合作体系为了管理流动性风险，建立健全的资金融通体系，保证在资金融通方面的流动性和效益性，主要依赖合作银行体系调剂或借入资金。如地方合作银行将内部多余的约70%的资金存于区域性合作银行，后者再将多余的资金存于中央合作银行。在资金融通方面，主要采用两种办法：一是中央合作银行向地方银行提供再融资业务，二是中央合作银行参加地方合作银行的贷款项目③。

20 世纪 90 年代以来，荷兰地方合作银行（LCB）也曾面临存款缺口，即当地的存款增长太慢，不能适应当地的信贷需求；同时，留存收益太少，难以随国内和国际的扩张增加资本基础。为弥补存款和资本缺口，一方面，拉博银行作为地方银行的中央组织发行混合资本市场工具，为地方合作银行筹集资金，使它们能够很好地满足私人部门的信贷需求。另一方面，拉博银行集团为了能够从资本市场获得融资，必须符合金融市场的要求，即获得信用评级和履行严格的申报条件，这对保持有效的内部治理也产生了积极的影响。

---

① 吴治成：《农村新型金融组织风险管理问题研究》，东北农业大学 2012 年博士论文。
② Anual Report. 2016 of Credit Union SA Ltd. , https：//www. creditunionsa. com. au.
③ 张维：《农村信用社风险评价与防治体系构建研究》，华中农业大学 2010 年博士论文。

13　信用合作社的内部控制

信用合作社的内部控制是指信用合作社内部自觉主动地建立各项规章制度，确保管理有效、资产安全，最终实现安全与效率的目标。为此，信用合作社的内控制度必须保证国家有关法律法规和监管制度在各部门和各级人员中得到正确且充分地贯彻执行，以有效杜绝内部人员的违规操作、内部欺诈与犯罪行为。信用合作社作为金融机构，尽管在治理结构和经营目标方面与商业银行有所不同，但内部控制的目标、内容和遵循的原则是相似的。

信用合作社的内部控制应遵循以下目标：(1) 确保相关的法律法规和信用合作社内部规章制度的贯彻执行；(2) 确保信用合作社发展战略和经营目标的全面实施和充分实现；(3) 确保风险管理体系的有效性；(4) 确保业务记录、财务信息和其他管理信息的及时、真实和完整。为实现上述目标，信用合作社内部控制应遵循以下原则：(1) 全面原则，即内部控制应当渗透到信用合作组织的各项业务过程和各个操作环节，覆盖所有的部门和岗位，并由全体人员参与，任何决策或操作均应当有案可查；(2) 审慎原则，即内部控制应当以防范风险、审慎经营为出发点，信用合作社的经营管理，均应当体现"内控优先"的要求；(3) 有效原则，即内部控制应当具有高度的权威性，任何人不得拥有不受内部控制约束的权力，内部控制存在的问题应当得到及时反馈和纠正；(4) 独立原则，即内部控制的监督、评价部门应当独立于内部控制的建设、执行部门，并有直接向理事会、监事会和高级管理层报告的渠道。

信用合作组织的内部控制主要用来防范操作风险。为了实现内部控制的目标，首先，要建立健全的内部治理结构，分权制衡；制定明确的内部控制政策，规定内部控制的原则和基本要求。其次，对风险进行识别和分析，建立分工合理、职责明确、报告关系清晰的组织结构，明确所有与风险和内部控制有关的部门、岗位、人员的职责和权限。最后，在风险分析的基础上，建立应急预案，以应对可能发生的意外事件或紧急情况。最后，应该定期对内部控制情况进行审核评价，并根据评价结果进行持续改进。

13.1 分析和管理风险

风险分析的目标是识别风险并估计损失发生的概率，目的是做出应付风险的方案和决策，确定多少风险可以被消除、降低、分摊或转移，多少风险必须由信用合作社来承担。风险分析还需要对每一个被识别的风险敞口建立监控方案。风险的变化来自信用合作社经营规模的变化，经营方式的变化（如电子资金转移程序的采用）和社员、发起人及经济状况的变化。

随着信用合作组织规模扩大，抢劫风险也会随之增加。信用合作组织保管现金，需要在便利和减少入口之间权衡，尽量减少入口；应该审核处理现金的程序以消除不必要的风险敞口。在抢劫案件中，员工和社员的伤亡是比现金被盗更大的损失，在建筑物设计和员工培训中应注意减少风险，确保安全。盗窃风险虽不能完全避免，但可以由信用合作社承担或通过保险转移。一旦风险被尽量降低，信用合作社不愿意承担的部分风险可以通过保单转移给保险提供商。贪污挪用行为由信用合作社内部人员实施，通常通过虚假记账实现。防止潜在挪用风险的第一道防线是通过终端密码保护等预防技术维持强有力的内部控制，第二道防线是健全的检查技术，如对文件保存报告的检查和审批。

13.2 内控体系

由理事会批准的信用合作社的组织计划和操作程序必须建立清晰的权利和责任界限，隔离业务和记账功能，把工作任务分配给能够胜任的员工。

13.2.1 会计簿记系统

与公司和其他机构一样，法律要求每一个信用合作社建立和保留恰当的会计记录和控制体系，并采取充分的预防措施，确保这些会计记录的安全保管和储存，在理事会或监事会成员检查的时候随时可以提供。这些会计账簿应该是对信用合作社交易、收入和支出、以及资产和负债的正确记录和解释，应该真实和公允地描述和解释信用合作社的事务和交易。

很多国家的法律规定，账簿和记录必须保存在注册地址或理事会认为合适的其他地方，并在合理的时间供理事会和监事会成员检查。一般的记录要求保存一定年限，但持有证券的收据和各种登记簿则要求永久保存，如股金、存款、贷款、提名、社员和管理人员贷款、注册的章程和每年的收益等。定期及时地传递准确的信息能够保证管理人员、审计人员和监管部门履行职能，同时，也必须建立相关文件的安全监护系统。

理事会必须准备年度账目，包括损益表、资产负债表、审计说明和法律要求的补充信息，从而给出每个财务年度真实公允的财务状况。和其他公司机构一样，信用合作社在准备账目的过程中，也应该遵循持续经营假定和一致性会计政策，对这些会计原则的背离，必须在账目记录中进行调整。对外发布的账目必须经过审计，并包含审计报告。信用合作社应该保存一份最新的经审计的资产负债表和该资产负债表的审计报告，以供社员在合理的时间进行查阅，并在注册办公场所的显著位置张贴，通告社员这些文件是可以查阅的①。

13.2.2　内部过程控制

恰当的内控步骤包括交易授权、簿记政策和职责分开。当一笔交易涉及两个或更多的人或部门，其中一方的工作可以用来核对另一方工作的正确性。当一项交易涉及两个或两个以上的人时，会大幅降低欺诈或错误不被察觉的概率，因此，应该避免一个人从头至尾处理一笔交易。例如，现金出纳不应该记账，贷款人员不能支付他所批准的贷款，有权在支票上签字的人不应该核对银行账簿。但是，人手越少，做到职责分开就越困难。有些职责在一定程度上难以分开，监事会必须考虑另外的、更加广泛的审计检查。

信用社需要留存单据用以对账。要充分保留接触和使用资产的记录，建立双重控制系统，进入金库、卷宗或其他的储藏设施应该至少有两把钥匙或密码，并至少在两个人的控制之下。要使双重控制有效，每一个涉及的当事人必须小心保管他们的钥匙或密码。其他需要进行双重控制的事项包括备付金、可兑现的抵押品、未使用的汇票、证券、保险箱、保管的贵

---

① Lee, Pamela A., *Management of Credit Union Finance*：*Procedures and Controls*, Kendall/Hunt pulishing Company, Dubuque, Iowa, USA, 1991：96.

重物品、未激活的股票账户、备用的保险箱锁和钥匙、ATM 的备用钥匙、未发行的信用卡等。在双重控制的基础上进行独立核查，即由不参与日常业务的其他人复查并重新计算①。

13.3　监事会监督和年度审计

13.3.1　监事会监督

监事会与理事会并列设置，是对理事会和管理层行使监督职能的内部组织。为保护社员财产，监事会有义务对信用合作社的财产和经营情况进行检查，并亲自或雇用外部审计人员进行年度审计，按要求向监管机构报告。监事会的职责可以分为持续监督和年度监督两个方面。

监事会的持续监督职责包括检查信用社的政策和工作程序、保护社员财产、检查经营情况、检查理事会的会议记录、评估管理层的绩效、确保信贷政策合规。（1）检查信用社政策和工作程序。评估信用合作社工作程序中所有的新政策和新变化对社员服务质量和社员资金安全性的影响，向理事会提供改变政策或程序的建议以改善信用合作社的效率和服务。（2）保护社员财产。保护信用合作社社员的财产不受内部挪用或外部抢劫的影响；检查信用合作社的履约保证和债务与财产保险，确保能够覆盖所有的潜在损失；评估内部安全设施，如报警系统和监控摄像机以确定他们在数量和能力上是否充分。（3）检查信用合作社的经营。处理社员问题和投诉，以及处理信用合作社经营的特别问题，通过向员工传递不当行为将受惩处的信号以防止潜在的损失。（4）检查理事会的会议记录。监事会的一名成员应该参加理事会的会议，或至少检查会议记录。（5）评估信用合作社管理层的绩效。通过与信用合作社员工的交流和自己对操作政策和程序的仔细检查，评估信用合作社管理层的绩效。（6）确保信贷政策合规。信用合作社应该建立与各种消费者信贷规章一致的政策，监事会必须确保信用合作社确实合规②。

监事会必须亲自或授权有资格的第三方机构履行年度审计。监事会必须把信用合作社现在的内控水平作为审计的有机组成部分。一些国家的行

---

①②　Lee，Pamela A.，*Management of Credit Union Finance*：*Procedures and Controls*，Kendall/Hunt pulishing Company，Dubuque，Iowa，USA，1991：96 - 98.

业协会或监管部门会发布内控指引来帮助信用合作社改善自己的内控水平。如美国全国信用社协会（CUNA）发布了一个内控手册以帮助信用合作社评估和开发内控体系。

13.3.2　年度审计

年度审计是威慑潜在的贪污行为并督促员工审慎处理信用合作社交易的重要手段。年度审计必须要事先计划，通常从监事会在审计之前的某次会议开始，为保证出其不意，会议应该避开信用合作社管理层举行，会议上应确定审计的截止日期，通常安排在月底，以方便监事会或聘用的外部审计人取得所需的资产负债表和财务报告。之后，审计按计划进行。第一步是现场突击检查。现场检查出纳现金、金库现金和其他现金资金。同时检查投资和可兑现的贷款抵押品，保证实际数量与账簿记录一致。第二步是余额确认。要求对所有的银行账户、其他人持有的投资和社员账户余额进行直接确认。第三步是检查文档和内控执行。检查社员的贷款文档，确保员工根据信用合作社的政策处理贷款；检查信用合作社的内控体系，以确定内控程序的质量及是否符合内控程序；检查信用合作社的开支是否正当。第四步是对账。核实信用合作社账户的所有银行对账单确定总账余额是否正确；同时，核对社员贷款总额、股金账户和总账账户，确定账户余额是否正确。第五步是重新计算。重新计算来自贷款和投资的预期利息收入和付给社员存款的预期利息支出，以确认信用合作社记录的余额是否合理。在信用合作社审计中，很多的程序涉及检查提交给计算机的信息和接收自计算机的报告和记录，监事会必须同时检查计算机本身实际的内部控制以保证数据的正确处理，确保依靠计算机来履行控制程序以维持信用合作社数据和报告的真实性和正确性[①]。

13.3.3　代表性国家的审计制度

审计对于信用社来说是至关重要的，甚至关系到一个国家信用合作运动的成败。因此，信用合作组织发展好的国家，都离不开一个有效的审计制度，社员尤其是管理人员应充分意识到高质量有效审计的重要性。很多理事会在处理财务事务方面非常简单，但他们依靠高质量的审计来抵制和

---

① Lee, Pamela A. , *Management of Credit Union Finance：Procedures and Controls*, Kendall/Hunt pulishing Company, Dubuque, Iowa, USA, 1991：101 – 104.

发现财务不轨。

爱尔兰的信用社法规定，在每次由多数人出席和投票的年度大会上，由社员选出一名审计人，在本次会议结束到下一次年度大会期间承担审计职责。合格的审计人要求持有执业证书并符合相关法律要求。为了公正和避免利益冲突，审计人不可以在任何与信用社有关联的机构担任公职。审计人应根据公司法的规定，确保基本的决定符合社员利益，并且审计人不受理事的影响。被指派的审计人有接触账簿和文件的权利，以及在大会上发表意见的权利。审计人必须向社员报告账目检查结果和信用社每年的账目。在报告以前，审计人应该和理事会以及监事会见面以提醒他们注意相关的问题。审计人有查看所有账簿和文件以及了解工作人员和志愿者所知范围内的信息的权利，审计人有权参加所有大会，并就有关的业务部分给出意见。当监管部门认为审计人不能充分履行职能时，可以采取恰当的措施。信用社法要求每个信用社在每年的 3 月 31 日以前向注册管理局提交规定格式的年度收益表、资产负债表和审计报告。信用社的标准章程也要求将这些材料提交爱尔兰信用社联盟，且必须免费提供给社员。

合作社审计是德国法律规定的最古老的强制性检查，在德国注册的合作社有义务按照法律接受定期审计。开始的时候，合作社并没有专门的审计协会，由独立的第三方审计机构进行审计。1934 年实施了强制性的合作社审计协会会员资格制度，为此，合作社必须成为已经被授予审计权力的审计协会的成员。德国各州没有专门设立各类合作社的行业自律组织，而是由各类合作社共同组织成立了 11 家区域性合作社审计协会，它们是各类地方合作社在地区一级共同的行业监督组织。德国合作社法规定，各类合作社企业，每年都要接受行业审计协会的审计。德国全国合作社联合会和 11 个区域性审计协会有一支强大的审计队伍，任务就是对各类合作社进行审计，其中 90% 以上的精力是对合作银行进行审计。联合会和协会虽然是合作社行业自律组织，不是政府部门，但受政府有关部门的委托，依法进行审计。对合作银行的审计是受联邦金融监管局的委托，依据商业银行法和合作社法审计，审计内容不但包括对资产负债、贷款、损益等业务财务情况，也包括合作银行的管理，如主要负责人和管理人员的行为、管理能力、执行制度情况等。对发现的问题，审计协会有部分的处置权和重要的建议权。这种严格的行业审计制度，保证了合作银行依法经营和健康发展。统计数据显示，在德国，合作社是最安全的私人法律形式。

在澳大利亚，合作银行董事会设立了审计委员会，协助董事会履行内部控制的责任，同时出具审计报告，审计委员会作为独立客观的一方，审查管理层向社员、监管层和公众提供的财务信息，同时负责审查信用合作社内部控制的效率和风险管理体系的建立，使其符合法规、监管、会计准则和理事会政策的要求。

14 信用合作社与政府的关系

14.1 政府的制度供给

在现代国家，任何一种正规组织的存在，都需要政府立法赋予合法身份。信用合作社作为一种经营金融业务的组织，政府立法不仅要保护信用合作社的合法地位，而且要保护社员和其他利益相关者的合法权益。信用合作社可以因为民间的需求自发成立，但如果没有法律的保护，会把信用合作社和社员两者都置于不安全的境地，致使信用合作社业务的开展遭遇障碍；即使政府进行了信用合作社的立法，但立法不恰当也可能束缚信用合作社功能的发挥并导致对社员利益的保护不力。缺乏立法和立法不当，是很多国家信用合作社不发达的原因之一。在信用合作事业取得成功的国家，如德国、美国、加拿大、爱尔兰、日本等国家，政府都有关于信用合作社的完整合理的立法和强有力的执法。除了日本农协和美国的农场信贷体系，德国、美国、加拿大、爱尔兰等国的信用合作组织都是民间力量自发展起来的，在确认它们对经济发展的积极作用后，这些国家都及时地以法律的形式对信用合作机构的身份地位、权利义务等进行了确认与规范，由政府主导推动的日本农协和美国农场信贷体系，则更是机构未建，制度先行[①]。

19 世纪中后期，德国合作经济不断发展壮大，顺应合作经济对法律的呼唤，政府于 1871 年颁布了第一部合作社法《产业及经济合作社法》，1889 年，重新颁布了《德国经营及经济合作社法》，其后合作社法几经完善，满足了信用合作及其他合作经济发展的需要；最新的《德国经营及经

---

① 石雨婷、鞠荣华：《信用合作组织监管的国际比较》，载于《世界农业》，2015 年第 1 期，第 63~66 页，第 76 页。

济合作社法》对合作社的法人地位、法律责任、社员出资、组织治理、盈余分配、法定审计、解散清算诸多问题作出了详尽的规定，该法为德国的农村信用社提供了基本的法律依据①。第二次世界大战后，德国于1949年颁布了《德意志合作银行法》，并于1976年将其修改为《德国合作银行法》，同时德国信用社也接受《联邦银行法》的调整。这些法律构成德国信用合作社最基本的法律规范体系。

美国第一家民间自发的信用合作社诞生于1908年，随后1909年美国马萨诸塞州通过了全美第一个信用社法，到1930年，美国有32个州都制定和实施了自己的地方性信用社法规。1934年，在美国信用社协会的努力下，美国国会通过了《联邦信用社法案》，使美国信用社在全国范围内获得了合法的身份。1934年的《联邦信用社法案》规定信用社由农业信贷管理局负责监管。一方面，随着信用社法律的调整，美国信用社的监管机构不断变化，最终，美国国会于1970年成立了国家信用社管理局，专门负责对联邦许可信用社的审批和监管工作，州许可信用社则由各州政府的相应机构监管。另一方面，由美国政府发起的合作银行机构——农场信贷体系，则适用美国在1916年通过的《联邦农场信贷法案》，该法设立了作为农场信贷体系组成部分的联邦土地银行，1933年修订的《农场信贷法案》确立了另外两个农场信贷体系机构，即农场信贷协会和合作社银行的身份，后因农民股份增多，美国国会于1955年通过了《农业信贷法案》对联邦合作银行和农业合作社进行规范。

魁北克省是加拿大信用合作事业的发源地，1906年魁北克省通过了《魁北克辛迪加法》，赋予了魁北克信用社合法身份，但在联邦层面的立法却没有通过。1934年，在民间力量的推动下，加拿大政府动议召开了一个关于合作交易组织的会议，经过3年的研究讨论，于1937年出台了《信用团体法案》，明确了加拿大信用社的地位并对其运营进行了规范。除了法律以外，政府还通过颁布有关规定对信用团体进行规制。政府的法律法规与储蓄担保公司的健康业务标准、信用团体会员的有关规章和实施细则、信用团体理事会制定的内部政策、以及信用团体经营过程有关程序规范等一道构成了加拿大关于信用团体运行的制度体系②。

爱尔兰农业组织协会于1894年成立了爱尔兰第一代信用合作社，其

---

① 郭丹：《各国合作社立法模式比较及对中国立法的借鉴》，载于《经济研究导刊》，2007年第8期，第138～141页。

② 韩俊、罗丹、潘耀国：《信用社在农村金融体系中具有不可替代的作用》，载于《调查研究报告》，2006年第152期，第1～13页。

模式主要是效仿德国农村的信用合作社，但好景不长，德国模式在爱尔兰没有取得成功，其中法律因素是爱尔兰信用社走向失败的重要原因之一。在 1896 年《友好社团法》下注册的信用社存款额不能超过总贷款额的 2/3，不能接受非社员的存款，也就是说自给自足是非法的，并且信用社也不能接受那些愿意帮助但不愿承担社员责任的人士的存款。除了法律不合理制约了信用社的发展外，爱尔兰政府也未明确信用社的监管机构以及监管方式①。

日本是亚洲地区最早对合作经济组织立法的国家之一，第二次世界大战前，日本就效仿欧洲国家对合作经济组织立法，1900 年颁布了《产业组合法》，1925 年还制定了《工业组合法》和《商业组合法》②。第二次世界大战后，日本政府颁布了《农业协同组合法》，并根据这一法律在全国范围内建立了农业协同组合，《农业协同组合法》明确规定了农协信用合作业务的性质、地位、服务对象、服务原则，完善了风险控制和保障机制，是日本农村信用社运营的基准法则。除此之外，日本还颁布了其他法律法规，如《农业合作社法》《消费合作社法》《农林中央金库法》《临时利率调整法》等，完善的法律体系为日本农村信用事业的经营提供了良好的外部环境。

1904 年，农村信用社出现在印度，得到了政府的大力支持，印度政府于 1904 年颁布了《信用合作社法案》，对信用社作出了法律规定；1912 年又颁布了《合作组织法案》，确立了合作组织的法律地位③。两次法案明确了村级信用社是信用合作体系的基础，组织管理包括理事长、秘书、理事会、监事会以及成员，同时也明确了组织成员的义务。但印度的信用社法律在现实中并未得到很好的执行，虽然法律规定信用社的理事长和理事会由社员选举产生，但印度政府具有很强的影响力。印度政府不仅干预信用社的贷款利率，同时鼓励富人管理信用社，最终印度大部分信用社都被富人控制。印度政府为了体现信用社为穷人服务的特点，要求信用社的利率必须低于某个限度，这也导致了信用社的理事会成员成为信用社资金的掠夺者，最终导致印度信用社走向衰败。

法国没有专门的、独立的合作社法律制度，其相关法律主要散见于

① 苏彤、胡烨桢：《雷发巽式信用社在爱尔兰移植失败原因探析》，载于《合作经济与科》，2008 年第 17 期，第 24～25 页。

② 欧阳仁根：《试论我国合作经济法律体系的构建》，载于《中国农村观察》，2003 年第 2 期，第 50～57 页。

③ 陈玉宇：《印度农村信用合作社的盛衰》，载于《改革》，1996 年第 4 期，第 59～62 页。

《国家农业法典》，该法典对农村信用社的内部机构设置、社员权利、业务经营范围、财务管理等方面作了规定。法国的农村信用社是在政府的外力介入下组建起来的，法国政府于 1894 年以立法的形式建立了一批小型互助性质的农业互助信贷银行，1899 年，各地农业信贷互助银行又自发联合组建了地区农业信贷互助银行。法国政府为了统一管理各地区农业信贷互助银行，在 1920 年根据《农业法典》组建了国家农业信贷管理局（后更名为农业信贷银行），由农业部和财政部双重领导。

英国的第一家信用社诞生于 20 世纪 60 年代，但却在 20 世纪 90 年代后才得以较快发展，其发展缓慢的主要原因是受到了法律的限制。英国于 1979 年通过的《信用合作社法》首次赋予了信用社合法身份，但该法案为了控制风险对信用社的发展施加了诸多限制。20 世纪 90 年代中期开始，英国政府开始不断完善《信用合作社法》，以期为信用社创造良好的法律环境。1995 年法律允许信用社成员的最大数量达到 5 万，1996 年允许在一个地区工作的人可以与居民一起加入信用社。在《信用合作社法》以后最重要的立法是 2000 年颁布的《金融服务和市场法》，该法进一步落实了信用社的监管机构，明确了信用社的监管框架，同时，也放开了信用社成员人数的上限，并设立了一系列的补偿计划，为社员提供了全面的保障。2007 年，英国政府宣布审查信用社相关法律，并于 2008 年颁布《英国信用社和工业与公共事业立法改革法案》。经过几年的协商，2012 年英国信用社法律在信用社成员、服务对象、存贷款利率、服务费收取以及不合格成员处理办法等方面都发生了巨大的改变①。

1992 年，为了使希腊立法与欧盟委员会的相关决议一致，希腊政府通过了关于信贷机构的 2076/1992 法律。参照信用合作社的规定，该法首次明确了以合作社的形式建立和经营银行业机构的可能性。希腊银行行长 2258/1993 号令规定了信用合作社可以提供的功能和服务。此外，2076/1992 法律和 2258/1993 号令首次将信用合作社与合作银行进行了区分。此后希腊信用社得到快速发展。在 1992 年之前，希腊在 1914 年和 1986 年的两部关于合作社的法律中提及了信用社。其中 1914 年的法律规定：合作社可以是信用、购买、销售、消费、生产或建房合作社。该法允许希腊设立信用合作社，但并未对信用合作社的经营做出详细规定，仅对农业信

---

① Jones, Paul A., British Credit Unions: Transformation and Challenge, Karafolas, Simeon (editor), *Credit Cooperative Institutions in European Countries*, Switzerland: Springer Science and Business Media, 2016: 237 – 239.

用社作了特别的规定。尽管如此，希腊农业信贷基本上是由希腊农业银行（ATE）行使，该银行成立于1929年，是一个农村地区的雷发巽银行。在一个长期以农村经济为主的国家里，ATE的存在阻碍了希腊信用合作社的发展。1986年有关合作社的法律取代了1914年的法律，该法规定，合作社可以向社员提供信贷和其他经济工具，这是该法有关合作社的唯一金融属性，此外，该法未授权任何其他金融服务。

以上国家的政府立法，有的是在行业组织推动和游说下，由政府通过并发展完善的，如在德国、加拿大、美国和爱尔兰等国家；有些则是政府效仿别国的信用合作法律主动制定并根据实际情况不断修正完善的，如在日本。基于行业组织推动通过的法律，体现了信用合作社的发展规律，具有较强的生命力，更有可能推动本国的信用合作事业走向成功。政府效仿别国进行的立法，只要符合本国的国情，并严格执行立法规定的原则，也不失为一条推动信用合作事业走向成功的捷径。而在一些亚洲、非洲和拉丁美洲国家，信用合作制度在推广的过程中一再受阻，政府的立法制度供给缺失、立法不当或执行不力都是重要原因。

14.2 政府的外部监管

在很多国家的信用合作实践已经取得成功的情况下，立法并不是难事儿，关键在于有关信用合作的法律能否付诸实施，即体现在执行层面上。而执行是否到位，取决于一个政府的执政能力和社会经济、文化、制度等很多因素。总体而言，法律执行具体体现在政府根据立法为信用合作组织提供完整的准入监管和过程监管服务。有些国家会把信用合作社作为金融机构由统一的银行业监管部门进行监管；有些国家则把它当成一类特殊的金融机构，指定特殊的金融监管部门进行监管；有些国家则把它当成一类普通企业进行管理，这类国家的信用合作组织通常来说难以顺利发展。

14.2.1 德国的政府监管

在德国，合作银行与其他商业银行的地位是相同的，统一由联邦金融监管局及联邦中央银行负责监管，监管局隶属于联邦财政部。合作银行的组织结构要遵循合作社法，业务运作要遵循商业银行法。联邦金融监管局是由联邦银行监管局、联邦保险监管局、联邦证券监管局合并而成的统一监管机构，在各州和地方设有分支机构，其对合作银行的监管只是非现场监管，监管的内容包括制定合作银行在资本充足率、组织机构和管理人员等方面的标准，持续监管各银行的相关指标等。作为德国中央银行的德意志联邦银行有遍布全国的网点，对金融机构进行日常监管，为联邦金融服务监管局的非现场监管提供依据。此外，德意志联邦银行还享有金融统计信息专属权，是全国唯一有权对金融机构行使统计权力的机构，金融机构必须每月向联邦银行报送各类统计报表。

合作社审计和政府监督是并存的，因为他们服务于不同利益并有不同的目的。合作社审计主要服务于信用合作社的贷款人和社员，而政府监督则是在一个运营良好、稳定和值得信赖的金融系统中服务于公共利益，旨在避免系统性风险，合作社审计和政府监督相互补充[①]。

德国对银行业金融机构的市场退出始终持谨慎态度，需要退出的合作银行，一般由信用合作联盟协调信用合作银行同业协会组织接管或兼并，债务则由信用合作银行同业协会和存款保险公司组织偿还。近年来，德国的小银行机构正在减少，由信用合作联盟牵头的地方合作银行每年都有合并，各合作银行对德国全国信用合作联盟有很强的依赖性。

14.2.2 美国的政府监管

美国的信用合作体系分为两部分，一是民间自发的信用合作社（credit union）体系，二是政府推动发起的农场信贷体系（farm credit system）。其中，信用合作社由联邦政府的国家信用社管理局（NCUA）和地方政府的金融管理局监管，农场信贷体系（FCS）由农场信贷管理局（FCA）负责监管。除政府主导的监管外，美国的合作金融监管体系中还包括存款保险制度主导的监管以及自律组织主导的监管，三者共同构成了多头、多层次的监管模式。

美国的信用社根据注册地不同分为联邦政府注册信用社和州政府注册信用社，前者由国家信用社管理局监管，后者由各州政府的信用社监管机构监管。国家信用社管理局由美国国会于 1970 年创建，是直接对国会负责的联邦机构，在此之前，联邦注册的信用社由农场信贷管理局（FCA）管理。它们的职能包括：（1）准入监管，申请成立联邦信用社需经国家信用社管理局批准并发放营业执照。（2）经营过程监管。管理局下设 6 个大区管理分局，分别负责对辖区内的联邦信用社进行现场与非现场检查。

---

① 石雨婷、鞠荣华：《信用合作组织监管制度的国际比较及对中国的启示》，载于《世界农业》，2015 年第 1 期，第 63～66 页，76 页。

（3）退出监管。对存在问题的信用社，通过其下辖的资产清算管理中心进行处置。（4）负责全国信用社存款保险基金的运营管理。

州注册的信用社按照各州立法设立，由各州信用社监管机构颁发营业执照。其监管部门因各州法律规定的不同而有所不同，但是除有些州指令代理机构（如银行部门）对信用社进行监督外，大多数州都有实施监管的特定机构或部门，有些州甚至成立了类似国家信用社管理局的独立监管机构。州注册信用社监管的经费主要通过收取稽核检查费用来筹措，但也有一些州由政府拨款以弥补监管机构经费的不足。

为保护存款人的利益，1970年美国国会批准成立了由联邦注册信用社强制参加的全国信用社存款保险基金。而州注册信用社依据其所属管辖州的规定，可选择向全国信用社存款保险基金投保，也可向当地存款保险合作社投保，还可选择其他已被认可的保险方案。全国信用社存款保险基金为参加保险的账户提供保险的最高额度为10万美元。该基金目前运转良好，已连续多年向投保信用社发放红利。信用社存款保险基金有权力对被保险人的业务风险进行检查。

美国的农场信贷体系（FCS）由农场信贷管理局（FCA）负责监管。作为由政府发起的合作信贷网络，FCS直接向农村地区的各类主体提供贷款。自1933年起，该机构开始由FCA进行监管。1985年以后，FCA根据授权拥有了更多的监管权力，包括对FCS的监督、监管和强制执行权[1]。

14.2.3　爱尔兰的政府监管

爱尔兰的信用社在当地非常重要，享有广泛的政治和社会支持。在爱尔兰，信用合作社作为互助协会，最初由企业、贸易和就业部的友好协会注册管理局注册和控制。友好协会的注册官在法律上独立执行法定职责，并且区别于公司注册官。注册管理局有广泛的监管和控制权，它的职责包括：确保在此注册的各种互助机构遵守他们的法定义务并保存这些机构实时更新的记录。为实现这一目标，要求它制定清晰的规则，提供和实施一个支持信用合作社创建和正常经营的现代法律框架，包括清晰的需要遵守的规则和有效的管理安排，保证信用社高效的注册和审慎的监督，并为公众提供高效的服务。信用社有义务按照法律规定向注册管理局提交章程及其修订的内容、年度收益和账目以及注册地址和管理人员的信息。注册管

---

① 石雨婷、鞠荣华：《信用合作组织监管制度的国际比较及对中国的启示》，载于《世界农业》，2015年第1期，第63~66页，76页。

理局对年度账目和收益进行核查，并且出于审慎考虑可以进行某些方面的专门核查。

拟建的信用社要向注册管理局提交相关申请材料，如果申请人符合有关法律规定的条件，注册管理局有义务为信用社注册。信用社一旦注册，必须参加由注册官批准的储蓄保护计划和保险计划（保护因员工或志愿者的欺诈或不诚实而导致的损失）。当所有规定的条件得到满足后，注册官将核发证明信用社已经注册的注册确认书。

注册官对信用社的控制职能除了注册和备案记录外，它的一般职能还包括监管信用社的管理和监督体系以保护社员的资金、维持金融稳定和信用社的福利，他也可能咨询信用社咨询机构和其他专家机构。在发生以下特定情况时，注册官可以给信用社下发监管令，这些情况包括：信用社不能满足对贷款人或社员的义务；缺少足够的资本来源，特别是缺乏充分的受托资金担保；未参加一个被批准的储蓄计划或令人满意地管理这一计划；受或可能受一名或一群社员支配，等等。不遵守注册官监管令是一项犯罪行为，触犯法律的信用社将被处以罚金。

每个信用社必须向官方监督机构注册管理局和ILCU等信用联盟提交年度账目。注册管理局有法定的义务确保年度账目符合要求的标准。注册管理局出于审慎考虑检查年度收益和账目，以确保信用社没有使社员的存款暴露在风险中。年度收益信息输入计算机保存在数据库中，该系统和爱尔兰信用社联盟的系统是兼容的，但是注册管理局和联盟关注的重点有所不同。在检查账目中注册管理局关注偿债能力和流动性测试以及比率分析，问题信用社将被重点关注并采取救治措施，来自注册管理局的专业会计师和其他人员将进行专门的或随机的后续访问。注册管理局的年度法定报告重点关注会计和审计缺陷，注册管理局有关信用社的法定报告必须在不晚于每年的9月底交给国务大臣①。

当前爱尔兰信用社的主要法律是1997年修订的信用合作社法，虽然也适用其他法律规定。信用社改由爱尔兰中央银行信用社登记局（RCU）监管，该部门在2003年设立，当时隶属于爱尔兰金融服务管理局（IFSRA），该局在2010年并入中央银行，它的功能与注册管理局相同。2006年以来，伴随爱尔兰的经济衰退，信用社行业正面临着不良贷款增加、贷款减少和收益下降等问题。但总的来说，大多数信用社有债务清偿能力。2010年，在爱尔兰财政部的要求下，对该部门进行了独立的

① Quinn, Anthony P., *Credit Unions in Ireland*, Oak Tree Press, 2nd edition, 1999.

战略审查，并在 2011 年年初进行了监管压力测试。自从 2010 年开始，爱尔兰信用社行业被置于严格的监督之下，信用合作社的经营方式和监管程度发生了重大变化，北爱尔兰信用合作社的监管被转交给英国的 PRA 和 FCA①。

14.2.4 英国的政府监管

1979 年的《信用合作社法》规定所有的信用合作社都由友好协会注册局监管，但此时信用社的法律并不清晰，而且为防止信用社发生风险，监管过于严格。英国政府于 2000 年颁布的《金融服务与市场法》最终确定了英国信用社的监管机构以及监管办法，根据该法，金融服务管理局（FSA）于 2002 年正式接管了友好协会注册管理局对信用社的监管，进一步明确了信用社的法律地位，也促进了信用社的快速发展。在金融服务管理局的监管下，信用合作社必须达到既定的经营标准，维持足够的资本水平，并达到流动性管理和贷款损失拨备标准②。除此之外，金融服务管理局对信用社的注册要求、授权、许可人员制度、管理制度和控制、反洗钱、贷款、资本、流动性、借款和监督、执行、消费者赔偿投诉以及费用等都制定了明确的标准③。

14.2.5 加拿大的政府监管

加拿大信用合作事业发展最好、最快的是魁北克省信用社，魁北克省最早的信用社于 1901 年创立，信用社的类型主要有两种：一种是以地域或社区为单位，为区域内居民服务；另一种是以某一特定集团为服务对象，为集团内成员服务。

魁北克省的信用社监管工作主要由两个机构实施，一是魁北克省政府金融监管局，其内设的信托及信贷机构监管处负责对贷款金融机构的市场准入和风险监管，对信用社的监管也由该处负责。二是信用社联盟，主要是根据省金融监管局的授权，对信用社进行检查、审计以及风险预警和防

①　McCarthy, Olive, Sharon Farrell, David Hewson. The Financial Co-operative System in Ireland, Karafolas, Simeon（editor）, *Credit Cooperative Institutions in European Countries*, Switzerland: Springer Science and Business Media, 2016: 127 – 147.

②　Jones, Paul A., British Credit Unions: Transformation and Challenge, Karafolas, Simeon（editor）, *Credit Cooperative Institutions in European Countries*, Switzerland: Springer Science and Business Media, 2016: 237 – 239.

③　Ryder, Nicholas, The financial services authority and Credit Unions—A New Era in Regulation? *Journal of Financial Regulation and Compliance*, 2003, 11（3）: 241 – 249.

范，联盟内设有专门的检查审计部门。魁北克省法律规定，为了保护公众利益，凡组建的信用社必须参加信用社联盟。魁北克省监管机构对信用社的监管采取现场、非现场检查相结合，以非现场检查为主的办法。监管内容包括两个方面：一是政府金融监管局侧重对信用社机构准入、市场退出和重大风险的监管，其中重大风险的监管是在信用社联盟内部的监管机构对信用社风险监管的基础上，有重点、有选择地进行；二是获得政府金融监管局授权的信用社联盟内部监管机构，侧重对信用社日常经营风险和内控管理情况的监管，这种监管涵盖的面很广，几乎涉及信用社的各个方面，法律规定，信用社联盟每 18 个月就要对信用社进行一次系统的检查①。

14.2.6　日本的政府监管

在日本，农村农协金融机构的增减设置，主要考虑金融环境是否需要，按照有关金融法规程序提出申请，新设机构所在地点要与当地政府联系，经大藏省批准方可设立。日本的农村合作金融体系的三级机构共同接受政府的双重外部监管，以及农协的内部监管，同时，完善的保险制度也保障了合作金融体系运行的安全、稳定。

日本合作金融由金融监管厅和农林水产部门共同监管。日本金融监管厅下设总务规划局、检查局、监督局和证券交易监督委员会。其中，监督局依照《银行法》《保险法》《证券法》，负责对银行、保险和证券类金融机构（包括农业合作金融机构）市场准入进行监管。为实现持续监管的目的，金融厅监督局主要采取以下措施：持续收集信用合作机构的信息和运行状态；通过现场调查（如检查巡视）和非现场调查（如监督措施）不断地进行细节确认；迅速、有效地积累和分析信息；在早期阶段，通过鼓励志愿服务确保金融机构管理安全。各级农林水产部门对信用合作机构进行辅助监管：其中农林水产省所属的金融科监管农林中央金库，农林水产省六大区所属的农政局监管辖区内信农联社，都道府县下属的农政部监管辖区内的农协合作金融部②。

另外，根据 1997 年修订的《日本银行法》和 2001 年修订的《存款保险法》，日本银行和日本存款保险公司也分别对金融机构有一定的监管职

---

① 人总行合作金融机构监督管理司赴加拿大培训团：《加拿大信用社监管情况及其启示》，载于《中国农村信用合作》，2003 年第 2 期，第 10～12 页。

② 日本金融监管厅网站，http：//www.fsa.go.jp/。

能，包括现场检查和非现场监测。日本银行对金融机构的现场检查和非现场监测具体包括：金融机构的信贷是否风险过高；金融机构在证券市场的投资是否风险过高；金融机构自身的流动性管理状况；金融机构的市场操作是否符合规范；金融机构的资本充足率和盈利能力。日本存款保险公司主要监督检查：（1）金融机构是否按要求缴纳保险费；（2）金融机构是否及时、准确地提供关于存款和存款人的数据信息；（3）要求进入破产程序的金融机构估算应偿还支付的存款数量。此外，如果金融机构逃避存款保险，公司有权对其依法做出处罚。

综上，在信用社发展的过程中，明确的监管部门对信用社的准入、经营过程和退出进行监管是必要的，且随着信用社发展趋向高级阶段，所需要的监管也趋向严格。与政府的监管相配合，行业联盟的自律和监管发挥了重要作用。从拉丁美洲国家的经验来看，在监管制度不到位的情况下，允许信用合作组织动员大量的资金是非常可怕的，如在哥斯达黎加，信用合作社成功地吸引了大量资金，用这些资金来建造新的房产，投资于非金融企业，也向经营区域外的成员提供贷款，当遭遇金融危机时，导致了信用合作行业的失败。

14.3　政府的支持政策

因为信用合作组织的益贫性，很多国家会通过立法给予信用社税收优惠地位，甚至有的国家或捐赠人还对信用社进行资金援助。

德国政府不仅给予信用社免税的政策待遇，还以出资参股的方式支持信用社的发展。此外，德国政府为保证信用社的有效运行，采取了合作银行体系和联邦中央银行之间的融资调剂方式来确保银行资金的流动性[①]。这些政策支持使德国信用合作制度成为世界信用合作事业的典范。

美国对信用社的支持使不以营利为目的的信用社能与美国的商业银行体系并行，成为美国金融体系中不可或缺的重要力量。美国政府不仅对FCS有资金支持和政府信用支持，还在信用社监管机构的设立、业务的拓展、税收待遇、资金清算、风险保障、社员资格等诸多领域都有法定的优惠内容。美国信用社有着独立于银行体系的监管系统；信用社除了支付其

---

① 杨勇：《德国农村合作金融模式对我国的启示》，载于《西部金融》，2011 年第 4 期，第 37～38 页。

持有的房地产税外，不需要支付任何所得税；美国在支持信用社发展的同时并不干预信用社的决策。此外，美国国会还为信用社建立了独立于银行体系外的信用社保险制度，包括存款保险基金和其他商业性保险①。

英国的中央和地方政府对信用社的政治和财政支持远远超出了免税。尤其是 20 世纪 80 年代和 90 年代，当信用社成为地方政府解决贫困和弱势群体问题策略的组成部分时，当地政府的支持尤为显著。另外，英国财政部于 1998 年 7 月成立了信用合作社特别工作组，并且在拨款和政策方面给予大力支持。1998 年进行的一项国家调查表明，87% 的社区信用社是在地方政府的支持下建立起来的，并且大部分信用社都分布在低收入地区。在公共资金资助的赠款和资源的支持及地方政府推广人员的干预下，信用合作社在此期间迅速扩张。这种支持有助于信用社早期的发展和增长，但地方政府最终不得不承认，过分的支持不利于信用社的长期稳定和实力增强，许多信用社得到了当地政府或其他资助者的财政支持，尚未建立起摆脱外部资金支持的业务模式。②

日本政府对农业协同组织的财政支持主要通过税收制度和直接财政补贴两方面实现。在设立产业组合中央金库之初，日本政府直接投资 20 亿日元，占金库总资金的一半，而且政府不收取分红利润，同时也免除所有的营业税和所得税。随着农协的逐步壮大和完善，日本政府逐步退出农协，但在以下两方面仍然给予农协很大的支持：日本政府规定对农业协同组织实行低税制，农业协同组织的各项税收都比其他法人纳税税率低 10%左右；财政补贴方面，日本政府补贴数额较大，补贴方式多样，如将政府资金以低息的方式委托农协保管，对民间资金补助贴息等。此外，日本政府为保障农协的发展，也设立了存款保险制度、农业信贷保证保险制度、农业共济支付等。③

爱尔兰信用合作社的利润不需要像银行一样缴纳公司所得税。信用合作社的盈余在提取公积金的前提下对股份分配股息，并在某些情况下返还部分贷款利息。2010 年，爱尔兰政府承诺，在欧盟/国际货币基金组织计划的支持下对信用社行业进行整固，并承诺若有必要可提供高达 10 亿欧

---

① 许秋红：《美国信用社的服务对象、业务范围和享受的优惠政策》，载于《中国农村信用合作》，2000 年第 11 期，第 41 页。

② Jones, Paul A., British Credit Unions: Transformation and Challenge, Karafolas, Simeon (editor), *Credit Cooperative Institutions in European Countries*, Switzerland: Springer Science and Business Media, 2016: 239 - 240.

③ 石田信隆：《政府对实现日本的农村金融发展所发挥的作用》，载于翟振元、大多和严编：《中日农村金融发展研究》，中国农业出版社 2007 年版，第 117 ~ 124 页。

元的注资，且政府已将 25 000 万欧元转给"信贷机构解决基金"，以解决困难信用社的资金问题。

政府和捐赠者的支持有助于信用社早期的成长，但过分的支持可能不利于信用社的长期稳定和实力增强。政策制定者往往认为，额外的资金能让信用社向政府和捐赠者的目标人群发放更多的贷款，但经验表明，捐赠者的介入可能会影响这些自助团体的内部平衡。在最坏的情况下，外部资金可能妨碍储蓄动员，将社员转换为受益人，将管理者和理事会转变为寻租者，使二级和三级机构管理人的目标从成员转向外部资金来源。在最好的情况下，外部资金应该对信用合作社及其成员施加适度的额外交易成本，避免信用社增加对外部资金的依赖，并采取激励措施引导管理层和成员的行为，以促进信用社的健康发展。[①]

14.4 信用合作制度与普惠金融

信用合作组织在欧美等国家的发展，使穷人和中、小企业从高利贷的压榨下解放出来，极大地提高了这些国家的金融包容度，为经济均衡发展做出了卓越的贡献。鉴于信用合作组织在帮助穷人方面的出色功能，一些发展中国家的政府也对信用合作组织产生了浓厚的兴趣，希望通过发展本国的信用合作组织，提高本国的金融包容度，与金融排斥作斗争。这一组织形式在拉丁美洲、非洲和东欧的很多发展中国家发挥了重要作用，缓解了这些国家的金融排斥问题；但各国的推广效果有所不同，有的国家信用合作事业生根发芽，得到了快速发展；而在有些国家则表现出水土不服，难以有效发挥作用。

与其他商业性小额贷款组织相比，合作金融是解决金融排斥、推进普惠金融的最有效形式，尽管有些国家的信用社抱怨过低的贷款利率上限不利于信用社为穷人提供更多的金融服务，但这种人道主义的互助合作组织在帮助穷人方面比商业性组织更有优势。孟加拉尤努斯的格莱珉银行模式本质是建立在合作原则基础之上的一种变形，它吸收了信用合作原则的精髓部分，为孟加拉和众多低收入国家的贫困人口缓解了金融排斥问题，但也正因为这一变形，导致了在拉丁美洲等国家推广的尤努斯模式成为高利

---

① Adams, Dale W., Using Credit Unions as Conduits for Microenterprise lending: Latin-American insights, International Labour Office Geneva, 1995.

贷的翻版。

2006～2011年，作为反击金融排斥战略的一部分，英国工党政府创建了一个金融包容性增长基金，通过信用合作社和社区发展金融机构（CDFIs）扩大廉价信贷的可获得性，目的是使遭受金融排斥的借款人成为信用社或CDFI的成员，从而避免求助于高成本的贷款公司。信用合作社和CDFIs接受了近1亿英镑的增长基金，其中的本金用于提供转贷资金，收入用于弥补管理费用。通过增长基金，向低收入家庭成员发放了405 134笔负担得起的贷款，总价值超过1.75亿英镑。增长基金合同只授予经评估有组织能力为大量低收入人群提供廉价信贷的信用合作社，增长基金本身对这些信用合作社实力的加强起到了重要作用。第三方独立评估显示，80%的增长基金贷款人通过参与该项目改善了经营和业务实践。英国联合政府再接再厉，于2011年3月宣布建立一个高达7 300万英镑的信用合作社现代化和扩张基金，取代即将结束的金融包容性增长基金。新基金将不再提供更多的转贷资金，而是旨在现代化信用社的支付和客户支持系统，因此，信用合作社以及一些CDFIs，可以把产品和服务输送给更多低收入人群①。

---

① Jones, Paul A., British Credit Unions: Transformation and Challenge, Karafolas, Simeon (editor), *Credit Cooperative Institutions in European Countries*, Switzerland: Springer Science and Business Media, 2016: 232 - 249.

第三篇

中国信用合作制度的探索与出路

15 信用合作思想在中国的实践

15.1 1949 年前中国的信用合作实践

15.1.1 近代信用合作思想的传播及早期的信用合作实践

20 世纪早期，一些留学国外致力于研究合作制度的学生和学者将西方合作主义思想引入中国。中国合作思想的启蒙始于两位日本留学归国的经济学教授在京师大学堂开设的名为"产业组织"的课程。一部分知识分子把合作制度看成是改造中国社会最适当的方法，主张通过组织合作社来进行生产、消费、社会教育，并幻想用不流血的办法建立没有剥削、没有压迫的新社会，其代表人物有徐沧水、覃寿公、薛仙舟等人。徐沧水认为，中国的城市需要开展消费和信用合作，以减轻城市平民的贫困。覃寿公则认为，中国最需要的是雷发巽式的农村信用合作社，因为中国到处都是贫困的小农，信用合作社可以帮他们免受高利贷剥削[①]。薛仙舟合作思想的特点是把合作社理论与孙中山的民生主义联系起来，他在德国留学期间树立了坚定的合作主义思想，并终身致力于发展中国的合作事业。1919年，他在担任复旦大学教务长时与该校的一些教员、学生发起组织了中国第一个城市信用社——上海国民合作储蓄银行;[②] 1926 年成立的长沙信用合作社也是有记载的中华人民共和国成立前为数不多的城市信用社之一[③]。后来，由复旦大学学生发起成立的平民学社逐渐把目光转向农村，认为在农村应该建立包括信用合作社在内的各类合作社。

---

① 俞家宝：《农村合作经济学》，人民出版社 1995 年版，第 48 ~ 49 页。

② 郗玉松：《合作社的起源与合作主义思想在中国的传播》，载于《学术探讨》，2011 年第 22 期，第 64 ~ 65 页。

③ 门闯：《改革开放前城市信用社建立与发展再探讨——以河南省新乡市汲县城市信用社为例》，载于《中国经济史研究》，2016 年第 3 期，第 89 ~ 102 页。

15.1.2　北洋政府统治时期的信用合作实践

在20世纪中国信用合作的实践中，中国华洋义赈会书写了浓墨重彩的一笔。1920年，时值北洋政府统治时期，华北晋、冀、鲁、豫、陕大旱，民不聊生，以河北省最为严重。为接受社会募捐以赈济华北各省的灾民，受灾省份人士纷纷组建义赈会。1921年，华北灾区粮食丰收，义赈会遂先后停止发放赈款，但当时尚有余款，各义赈团体决议设立"中国华洋义赈救灾总会"，各省原有的7个义赈会为总会的分会①。义赈会首先在河北省试点倡导信用合作社，作为一个社会团体，华洋义赈会并不直接办理合作社，只负责对合作社的帮助和指导。一般而言，各地的合作社成立后首先在所在县申请登记，取得法人资格。这些合作社如果需要得到华洋义赈会的承认和资金，必须向该会填报志愿书，华洋义赈会接到志愿书后随即派员对合作社的状况进行调查②。

对于华洋义赈会的赈灾工作，北洋政府采取支持的态度，但对其倡导的信用合作事业，因担心威胁到其统治，则采取观望甚至反对的态度，并采取行政手段进行干预，尽管如此，华洋义赈会仍在困境中坚持推动信用合作事业。在此期间，华洋义赈会对已承认的信用合作社的组织机构进行了完善，规定了信用合作社的业务范围，制定了《信用合作社社务成绩考分分等表》等，创办了宣传合作的报刊。到1930年，该会在河北倡办的合作社已有946个，社员25 727人③。

15.1.3　国民党政府统治时期的信用合作实践

到国民党政府统治时期，对合作社的态度由北洋政府时期的限制转变为支持，华洋义赈会倡导的信用合作社得到了持续发展。1927年国民政府建都南京后，国民党内一些上层人士便开始在江苏、浙江地区倡导合作运动，尤其是信用合作。在1931年前，国民政府虽然不断倡导，但这一时期的合作事业更侧重于宣传。1931年夏，淮河流域和长江中下游地区发生特大水灾，国民政府委托华洋义赈会主持救灾的农赈工作，华洋义赈会开始

---

①　张书廷：《华洋义赈会开创中国近代农村合作事业探析》，载于《淮北煤炭师范学院学报》（哲学社会科学版），2007年第3期，第5~8页。

②　薛毅：《华洋义赈会与民国合作事业略论》，载于《武汉大学学报》（人文科学版），2003年第6期，第665~672页。

③　实业部劳动年鉴编纂委员会编：《民国二十一年中国劳动年鉴》，第3编，第86~87页，载于《近代中国史料丛刊》第3编，第60辑，文海出版社。

借助行政力量促进信用合作的发展。通过赈灾,华洋义赈会将农村信用合作制度由试点的河北省推广到了长江、淮河流域。20 世纪 30 年代初,华洋义赈会在没有抵押的条件下,连续八九年将资金贷放给农村信用合作社并能如期收回的做法引起了银行界的关注。于是,上海商业储蓄银行于 1931 年春试探性地将 2 万元资金委托华洋义赈会贷放给河北农民,创造了城市商业资本流向农村的先例。为了确保放款银行的利益,激发更多的金融界人士关注农村,华洋义赈会制定了由华洋义赈会与银行按照一定比例联合放款的政策。有了政策保障,银行界投资农村信用合作社的积极性更加高涨,投放资金逐年增加,基本上解决了信用合作社贷款的资金来源问题。

1935 年,国民政府在实业部设立合作司。1936 年,在合作司的主持下,全国各地的各种合作社完成向其所在地政府的申请登记手续。至此,各级各类合作社被纳入了全国统一的管理系统。借助国民政府的力量,合作事业得到快速发展。截至抗战前夕,华洋义赈总会在河北、江苏、浙江、江西、安徽、湖南六个省的 191 个县共建立合作社 12 560 个,其中信用合作社 3 566 个①。

1937 年抗日战争爆发,信用合作一度陷入停顿状态。为配合抗战需要,1940 年 8 月国民政府"行政院"颁布《县各级合作社组织大纲》,在县建立乡镇保合作社及其联社,实现每乡、每保一社、每户一社员。由于1940 年后日寇将进攻重点转为解放区,国民党统治区的信用合作社得以稳定发展。据统计,1942 年全国合作社总数共计 160 393 个,其中信用社占 82.4%②。抗战胜利后,由于国民党当局忙于准备内战,无意发展合作事业,信用合作社数量急剧下降,虽然后来信用合作曾一度恢复,但随着国民政府的垮台,信用合作最终以失败而告终。由华洋义赈会倡导,后来得到国民政府支持的农村信用合作社对于农民摆脱高利贷剥削,发展农业生产,改善农民生活状况等发挥了积极的作用,但由于社会制度的原因,并未从根本上改善农民的贫困状况、消灭高利贷资本。

15.1.4　中国共产党倡导的信用合作实践

1921 年,中国共产党成立。以毛泽东为代表的共产党人对合作运动产生了极大兴趣,不断进行理论和实践探索。土地革命时期,毛泽东明确

---

①　葛文光:《解放前中国农村合作组织建设及其启示》,载于《电子科技大学学报》(社科版),2008 年第 10 期,第 91～92 页。

②　社会部合作事业管理局统计室编:《合作事业统计资料》,No. 1,1943 年。

提出，信用合作社是免除地主阶级对农民重利盘剥的需要①。在合作思想的指导下，共产党在不同地区开展了信用合作事业。

1. 中共苏区的农村信用合作

中共苏区（中央革命根据地）是由毛泽东、朱德领导的工农红军在赣南、闽西两地建立的土地革命战争时期全国最大的革命根据地。第二次国内革命战争时期，为了解决贫苦农民资金缺乏问题，彻底废除封建高利贷剥削，苏区政府掀起了轰轰烈烈的合作社运动。中共苏区信用合作社于1929年始于闽西苏区，后在赣西南苏区逐渐发展起来。其社员限于工农劳苦群众，严禁富农、资本家、商人及其他剥削者加入。为支持苏区信用合作社的发展，1934年5月，苏维埃政府颁发《为发展信用合作社彻底消灭高利贷而斗争》的布告，号召在苏区发展信用合作社。苏区信用合作社成为农民抵制高利贷剥削、改善群众生活环境、促进苏区经济发展的枢纽。虽然随着红军主力部队撤离苏区，苏维埃政府的信用合作社最终失败，但在当时发挥了重要作用。

2. 抗日战争时期的农村信用合作

1937年抗日战争全面爆发，中国共产党领导的八路军、新四军挺进敌后，先后建立了陕甘宁边区、晋察冀等抗日根据地和广东东江等19个大的抗日根据地。为了解决农民资金不足问题，中国共产党提倡农村信用合作。毛泽东明确指出，"在这个阶段上，一般地还不是建立社会主义的农业，但在'耕者有其田'的基础上所发展起来的各种合作经济，也具有社会主义的因素"②。为指导和规范边区信用合作社的发展，中共中央财政经济部于1939年颁发《各抗日根据地合作社暂行条例》，规定边区信用合作社实行自愿入社、自由退社等原则。在共产党的领导下，抗日根据地的信用合作社得到了迅速发展。1940年，在陕甘宁边区的赤水县建立了第一个粮食信用合作社；1943年，成立延安县南区沟门信用社，到1945年底，全边区信用社发展到86个，资本5亿元，吸收存款15亿元③；1947年，晋冀鲁豫边区开始试办信用合作社，据1947年下半年对太行区14个县、太岳区2个县的统计，共有信用社（部）526个，资金17 448万元。到1947年，全国解放区已有880多个信用合作组织④。抗日战争时

① 王观澜：《中共苏区的土地革命斗争和经济情况》，江西人民出版社1981年版，第320页。
② 《毛泽东选集（合订本）》，人民出版社1964年版，第639页。
③ 管延春：《当代中国农村合作金融史研究》，浙江大学2005年博士论文。
④ 王道志：《抗战时期陕甘宁边区农业合作状况分析》，载于《社科纵横》（新理论版），2011年第3期，第211~212页。

期中国共产党在抗日根据地和解放区的信用合作，改善了当地农民的生产、生活条件，推动了根据地和解放区的经济发展。

15.2 1949年后中国的信用合作实践

15.2.1 农村信用合作社的缘起与终结

新中国成立初期，在新解放区进行了土地改革，彻底摧毁了封建土地制度，农民成为土地的主人。但是，当时大多数农民还很贫困，为了使农民摆脱贫困状态，发展农村信用互助组织成为了经济发展的必然要求。毛泽东指出，农民可以通过信用社联合起来，支持合作运动，信用、生产、消费合作社相互促进。

1951年中国人民银行提出积极发展信用合作的方针，"一村一社"是信用合作的既定发展目标。在政府的支持下，遵循自愿、民办、民主管理、灵活利率原则，农村信用合作社（农信社）得到迅速发展。截至1955年6月末，全国80%的乡都有了农信社，数量发展到15万个，社员9 500多万人，占总农户的60%，基本实现了"一乡一社"目标[①]。1955年3月中国农业银行成立，农行的一项重要职能就是指导农信社开展业务。9月，农行总行召开全国分行行长会议，深入分析农信社在发展中存在的问题，要求全面整顿现有的农信社。1956年，农信社通过整顿合并为10.3万个，全国绝大多数地区一个乡建立了一个农信社，基本实现了信用合作化。

1958年"大跃进"运动前后，中国进入计划经济，农信社被下放给人民公社管理，其基本功能已经丧失。1959年，农信社从人民公社分离出来，下放给生产大队，改为信用分部，人员、财务归生产大队和人民银行共同领导。这种"一大二公"管理体制的施行，使信用社本身失去了独立性，正常的信用关系遭到破坏。1962年，国家决定全面整顿农信社的经营业务。11月，中国人民银行公布《农村信用合作社若干问题的规定》，明确"信用合作社是农村人民的资金互助组织，是国家银行的助手，是我国社会主义金融体系的重要组成部分，它在业务上由人民银行领导和

---

① 管延春：《当代中国农村合作金融史研究》，浙江大学2005年博士论文。

管理"①，这促进了农信社地位的独立性和业务的发展。到 1965 年末，信用社的各项存款达到 48 亿元，比 1962 年的 28 亿元增长了 70%②。

在"文化大革命"期间，农信社受到了较大冲击，规章制度被破坏、财务混乱、发展徘徊不定。1972 年，中国人民银行全面收回农信社的领导管理权。1977 年，国务院在《关于整顿和加强银行工作的几项规定》中提出"信用社是集体金融组织，又是国家银行在农村的金融机构"，③明确了国家银行对信用社的领导和管理。在农信社频繁调整的过程中，其身份、地位、待遇方面的规定越来越具体，农信社转变成国家银行是权宜之计，也是必由之路。

中国共产党的十一届三中全会以来，农村经济体制改革取得突破性进展，农信社也在不断改革中前行。恢复农村信用社组织上的群众性、管理上的民主性、经营上的灵活性（"三性"），重塑农信社集体合作性质逐渐成为社会各界的共识。随后，农行领导农信社开始改革试点，给予信用社扩大业务范围、铺设经营网点等自主权。改革虽然取得了一定成效，但是农村信用社的独立性却没有很大改观。1985 年前后，国家加大了对农信社的监管，收回农信社的经营自主权，1986 年又恢复了部分农信社的自主权。

1993 年，国务院发布《关于进行金融体制改革的决定》，指出"在农村信用合作社联社的基础上，有步骤地组建农村合作银行。将农村信用社联合社从中国农业银行中独立出来，办成基层信用社的联合组织"，这进一步推动了农信社独立性的发展。1996 年 8 月，国务院下发《关于农村金融体制改革的决定》，核心是恢复农信社的合作性质。1996 年年底，基本完成与农行的脱钩工作，由中国人民银行负责农信社的监管工作，自此，农信社脱离国有商业银行，成为一个相对独立的金融机构。经过 1996 年以来的改革，我国大部分农信社按照合作制原则进行了规范，自主性得到恢复，内部管理更加规范，资产质量也有所提高。但由于改革未深入涉及产权问题，导致社员入社的积极性不高，农信社在长期发展中存在的内部人控制问题也未得到根本解决，这意味着以恢复"三性"为导向的改革归于失败。

为了更深入地改革农信社，2003 年国务院下发《深化农村信用社改

① 杨峰：《中国农村信用合作社管理体制改革研究》，西北农林科技大学 2012 年博士论文。
② 张锦：《当前农村信用社改革难点及对策》，首都经济贸易大学 2002 年硕士论文。
③ 罗南旺：《论我国农村信用合作社改革与发展方向》，湖南大学 2001 年硕士论文。

革试点方案》，确定 8 个省（市）作为开展深化农信社改革的试点地区；2004 年，试点扩大到 21 个省、市、自治区。农信社改革在产权制度等方面均有突破，加快了农村信用社向商业化迈进的步伐。2011 年 8 月，银监会表示"将全面取消农村信用社资格股，鼓励符合条件的农村信用社改制组建为农村商业银行。"

15.2.2 农村合作基金会的产生与终结

农村实行家庭联产承包责任制后，农村改革不断深化，农村合作基金会作为改革的新生事物应运而生并迅速发展，它打破了农行、信用社一统农村的金融格局，成为促进农村金融发展的重要力量。

农村合作基金会在农村地区兴起之后，1984 ~ 1992 年，中央连续出台了一系列文件，鼓励农村合作基金会的发展。中央文件的鼓励，加上相关政策的配套与地方政府的积极推动，农村合作基金会得到了快速发展。1992 年，全国乡镇一级的农村合作基金会组织达 1.74 万个，村一级 11.25 万个，分别占乡镇总数的 36.7%，村总数的 15.4%，年末筹集资金 164.9 亿元，其中四川、江苏超过 20 亿元，河北、山东接近 20 亿元①。

农村合作基金会不但缓解了农村资金供求矛盾，提高了资金的使用效益，同时也增加了农民收入，带动了农村经济的发展。但在发展过程中，也产生了一些问题。一是农村基金会的组建有很大的盲目性和随意性，突出的一点是多数基金会的非合法性。国务院和有关部门制定并实施的《基金会管理办法》规定：建立基金会要由归口管理的部门报经人民银行审查批准，民政部门登记注册发给许可证，具有法人资格后方可进行业务活动②。但在全国的农村合作基金会中，几乎都未经人民银行批准，也未向民政部门登记注册领取许可证。二是基金会的利率有很大的随机性，一般都高出了国家规定的水平，这导致农村储蓄从银行、信用社流向基金会，对农村金融造成了很大的冲击。三是基金会在政府行政部门的干预下，管理方式行政化，内部人控制现象严重，出现较多的超负荷发放贷款现象，资金风险大量积累，最终产生了信用危机。1997 年，中央做出了整顿清理、关闭合并农村合作基金会的决定，至 1999 年，农村合作基金会被强制取缔关闭。

---

① 温铁军：《农村合作基金会的兴衰史》，载于《中国老区建设》，2009 年第 9 期，第 17 ~ 19 页。
② 富中杰：《对农村合作基金会发展问题的思考》，载于《财贸经济》，1994 年第 11 期，第 36 ~ 37 页。

15.2.3 城市信用合作社的发展和转型

虽然城市信用社直面银行的竞争，不如农村信用社壮大，但1949年后也有所发展。各地陆续有城市信用社成立，但在当时的历史条件下，绝大多数都是昙花一现。例如，1951年成立了衡阳市工商合作信用社，但当年被中南区财经委叫停；于1963年和1966年成立的常德市大兴街信用合作社和辰溪县辰阳镇双西街信用合作社，受"文化大革命"影响于1967年以后停办。在海南、广西等地，受到20世纪50年代社会主义改造、合作化运动的影响，城市地区也纷纷组建人民公社，与之相应成立了城市信用社，但在城区人民公社改为街道后，相应的城市信用社也随之消失；陕西省自1966年起，分别在汉中、汉阴、商县、商南、米脂、宝鸡等地试办了多家城市信用社，但由于业务萎缩等原因，1973年所有的城市信用社被关停；山东省1966年在济南市试办了4家城市信用社，1968年停办；"文化大革命"结束后1976年再次在青岛试办，不久后又再次停办；河南省安阳市也曾试办过城市信用社，1969年结束经营活动。只有河南省1966年在新乡地区汲县城关开办的城市信用社，持续经营至改革开放之后，在此基础上，河南省新乡市于1979年在全国率先试办了城市信用社，并推行到了河南全省。① 此后，随着我国经济体制改革的开展，城镇集体经济和个体经济迅速发展，城市信用社不断发展起来，其市场定位是吸收社员及非社员存款，面向工商、集体及个体经营者发放贷款，办理结算、委托代理业务等。城市信用社的出现在一定程度上填补了专业银行在服务微小企业方面的空白。1986年6月，中国人民银行下发了《城市信用合作社管理暂行规定》，对城市信用合作社的性质、服务范围和设立条件进行了明确规定。② 此后，经过1986~1988年和1992~1994年两个阶段的大发展，1995年末达到高峰，全国城市信用社总数达到5 279家，存款余额为3 357亿元，占全国金融机构的7%，贷款余额为1 929亿元，占全国的4%。③ 城市信用社的设立和发展，适应了中小企业和个体私营经济蓬勃发展的需要，在促进城乡经济发展，服务中小企业方面起到了积

---

① 门闯：《改革开放前城市信用社建立与发展再探讨——以河南省新乡市汲县城市信用社为例》，载于《中国经济史研究》，2016年第3期，第89~102页。

② 代拥军、周艳丽、赵新军：《地方性金融机构生存与发展问题研究——以襄樊市城市信用社为例》，载于《武汉金融》，2007年第9期，第65~66页。

③ 陈晖、陈雷、吴学尘：《我国城市信用社所存在的问题分析》，载于《当代经理人》（旬刊），2006年第21期，第442~443页。

极的作用。但由于规模小、业务范围窄，法人治理方面存在严重缺陷，而且在发展过程中受各种因素制约，严重影响了城市信用社的可持续发展能力。受通货膨胀治理和 1997 年东南亚金融危机的影响，在全国范围内有数以千计的城市信用社陆续出现流动性风险，对经济发展和社会稳定带来了负面影响。[1] 据统计，1997 年全国 4 243 家城市信用社中，存贷比超过 80%，呆滞和呆账贷款超过贷款余额的 30%，资不抵债或不能支付到期债务的高风险社已达 800 家，占 18.9%。[2] 1998 年冬开始，为化解城市信用社中的金融风险，开始"大整顿"，在人民银行和地方政府的参与下，将 2 000 多家城市信用社合并，组建城市商业银行。1998 年末，城市信用社只剩下 3 290 家。随后，经过数年整顿，至 2002 年末，城市信用社总数又减少了 2 481 家。其中 1 612 家被并入农村信用社，543 家被撤销，240 家并入城市商业银行，213 家被股份制商业银行收购，还有 285 家被合并成为 52 家规模较大的城市信用社，仍处于营业状态的城市信用社仅存 449 家（其中有相当数量的社是等待处置的高风险社）。[3] 归纳起来，城市信用社的出路有以下三条：并入当地农村信用联社或城市商业银行；或由股份制商业银行收购；撤销机构，退出市场。[4] 2005 年 11 月，《关于进一步推进城市信用社整顿工作的意见》提出了切实推进城市信用社整顿工作，推进被撤销和停业整顿城市信用社的市场退出工作等要求。到 2007 年，城市信用社改革取得重大进展：251 家待处置城市信用社得到了有效处置，230 家停业整顿城市信用社完成了市场退出工作。2012 年 3 月 29 日，全国最后一家城市信用社宁波象山县绿叶城市信用社，改制为城市商业银行，至此，城市信用社正式退出了历史舞台。

15.2.4　农村资金互助社的产生及发展

随着农信社的合作性质异化、农村合作基金会的取缔，农村资金市场重新陷入了供不应求的局面，资金互助合作社开始登上历史舞台。2004 年 7 月，百信资金互助社作为第一家正规的农村资金互助社在吉林省梨树

---

① 杨华辉：《股份制商业银行收购城市信用社的实践和意义》，载于《浙江金融》，2004 年第 9 期，第 10～11 期。

② 杨念：《城市信用社流动性风险的表现、成因及对策》，载于《西南民族大学学报》（人文社科版），1999 年第 s1 期，第 158～160 页。

③ 陈晖、陈雷、吴学尘：《我国城市信用社所存在的问题分析》，载于《当代经理人》（旬刊），2006 年第 21 期，第 442～443 页。

④ 徐滇庆：《加速城市信用社改革》，载于《财经问题研究》，2004 年第 12 期，第 32～38 期。

县闫家村诞生。2006 年，银监会出台《关于调整放宽农村地区银行业金融机构准入政策的意见》，农村资金互助社和村镇银行一道获得农村地区银行业金融机构的身份；2007 年，银监会发布《农村资金互助社管理暂行规定》，将农村资金互助社定义为"经银行业监督管理机构批准，由乡（镇）、行政村农民和农村小企业自愿入股组成，为社员提供存款、贷款、结算等业务的社区互助性银行业金融机构"。

2012 年后，银监会再未批准过农村资金互助社的组建，意味着该类组织许可证的发放基本画上了句号。截至 2017 年 7 月底，银监会共批准组建农村资金互助社 50 家，目前还在营业的有 48 家。然而，中国依然有很多的弱势人群无法从商业银行得到满意的金融服务，资金互助组织的生存土壤仍在，所谓"野火烧不尽，春风吹又生"，民间又出现了一些草根的资金互助组织。在国家倡导合作金融的背景下，农民资金互助运动已成燎原之势。

综上，可以发现我国陷入困境的农村合作金融组织的一些共同特征：产权不明晰；法人治理结构不健全、内部人控制现象严重；较多的政府干预；金融监管不合理等，而这些特征皆因未能遵循国际通行的合作制基本原则所致。

从我国信用合作发展的历史来看，信用合作历史悠久，在华洋义赈会的主导下，也曾经历过几十年的顺利发展时期，为当时的生产发展和人民生活作出了贡献。但由于近百年来中国社会制度有较大的变迁，从国民党统治到新中国成立、从计划经济到改革开放，信用合作的制度安排几经风雨，缺少较好的历史连续性，因此，即使从中国第一家信用社建立至今已有上百年的历史，但中国信用合作组织的发展至今仍然难以跨越发展的初级阶段。

15.3 中国信用合作实践的历史启示

15.3.1 独立民间团体的推动有助于信用合作制度的成功

华洋义赈会倡导的信用合作可以说是中国历史上最为成功的信用合作实践之一，华洋义赈会本身是信用合作社健康发展的重要推动力量。作为民间组织，华洋义赈会内部有一批把在中国推动合作事业为己任、具有理想和奉献精神的中外人士，为了把广大农民组织起来，他们以极大的热情，抛弃舒适的都市生活，长期扎根农村，不仅持之以恒，而且百折不挠；同时，作为一个社会团体，自身拥有一定的财务实力，可以对信用合作事业的发展给予资金支持，一定程度上发挥了行业自律和监管职能。英国工党政府 2006 年创建的金融包容性增长基金的成功做法和华洋义赈会如出一辙。综观世界范围内信用合作事业的发展，一个有社会责任感的独立社会团体或项目的推动有助于信用合作事业的成功。

15.3.2　信用合作实践的生生不息证明其存在的价值

自从信用合作思想传入中国以来，信用合作实践在中国就从来没有停息过。1949 年前华洋义赈会倡导的信用合作与中国共产党在苏区和解放区发动的信用合作社并存；1949 年以后，中央政府又主导成立了农村信用合作社，在农村信用合作社的合作功能丧失后，农村地区又出现了农村合作基金会，在农村合作基金会被清理取缔以后，农民资金互助社又如星星之火呈燎原之势，同时城市信用合作社的发展也经历了大起大落。可见，尽管某一种信用合作组织的主体可能由于这样或那样的不当而丧失功能，但合作作为一种制度至少在一段较长的历史时期内是有效的，人们希望能够利用这种制度来改善生产和生活。在当下的这个阶段，人们也同样对信用合作制度寄予了厚望，期待当信用合作制度再次运用到实践中去时，不会因为重蹈覆辙而短命。

16 中国农民资金互助组织的现状及问题

农民资金互助组织是对中国近年来在农村自发形成的一类互助合作型金融机构的统称，以吸收社员存款、向社员发放贷款为主要业务。当前，按照准入部门的不同，可以把国内设在农村的资金互助组织分为三类：第一类是经过银监会审批并在工商局注册的正规农村资金互助社，截至目前这类资金互助社仅有 48 家；第二类是在工商部门或民政部门注册，或由国务院扶贫办倡导发起，但未得到银监会批准的半正规资金互助社；第三类是没有注册的农民资金互助社和农民专业合作社内部的资金互助部。

金融市场改革是当前我国市场化改革的重中之重。在农村领域培育更多的、竞争性的市场主体是农村金融市场改革的重要内容之一，为此，从中国共产党十七届三中全会以来，中央明确提出积极培育和发展多元化的农村金融市场主体。在这一背景下，多种形式的新型商业性金融机构，如村镇银行、贷款公司等纷纷成立，但这些金融机构在利润最大化目标的指引下，利率基本都在法律规定的上限，加重了弱势群体的利息负担；已经商业化的农村信用社贷款利率虽然相对较低，但其信贷配给现象仍然严重；作为政策性银行的农村发展银行，由于经营范围狭窄，自身包袱沉重，分支机构稀少，更是难以为农村经济提供有效的金融支持。

商业性金融和政策性金融在解决落后农村地区的金融服务问题时，都会力不从心，而作为新型农村金融市场主体之一的合作性金融机构——资金互助社，近年来却为满足农户的金融需求提供了很大的帮助。因为缺少立法和统一的监管，很难得到有关农民资金互助组织的权威统计数据，据中国社会科学院农村发展研究所杜晓山估计，在 2009 年年底，没有注册的村级资金互助组织就有 5 000 多家。2009 年，中国银监会和农业部联合出台《关于做好农民专业合作社金融服务工作的意见》后，农民专业合作社内部的资金互助业务蓬勃发展起来，资金互助组织的数量应该会有更大幅度的提高。

资金互助组织的发展，为解决农村的金融排斥问题作出了贡献，但由于法律不完善，监管不到位，不可避免地存在一些问题；与此同时，某些地区的地下金融机构也利用相关政策做文章，打着农民资金互助的旗号，行高利率的民间借贷之实，其间蕴藏着很大风险。绝大多数的资金互助组织游离于监管框架之外，对于农村的金融环境而言是一个巨大的风险源。目前，除了银监会的《资金互助社管理暂行规定》和几个省、直辖市、自治区发布的类似规定之外，尚没有其他的法律法规为该行业提供规范指导，也没有哪个政府部门愿意承担监管职责。

为了摸清农民资金互助组织的发展现状及存在的风险和问题，笔者在2013年下半年对4个省、自治区和直辖市的14家资金互助组织进行了实地访谈和问卷调研，对我国资金互助组织（不包含扶贫资金互助社）的发育情况进行了初步了解。以下将在分析调研数据的基础上，描述我国资金互助组织发展的现状和存在的问题。

16.1　样本农民资金互助组织的概况

关于调研样本的基本情况将从有无金融许可证、是否专业合作社内部合作、是否独立法人、机构所在地、资产规模、社员规模和记账方式几个方面进行描述，具体情况见表16.1。

表16.1　　　　　　　　　　样本资金互助社的概况

项目	细分	家数	注册机构	家数
有无金融许可证	有	7	工商部门注册	7
	无	7	专业合作社内部资金互助	5
			民政部门	2
是否专业合作社内部合作	是	7	有金融许可证	2
			无金融许可证	5
	否	7	有金融许可证	5
			无金融许可证	2
是否独立法人	是	9	有金融许可证	7
			无金融许可证	2
	否	5	有金融许可证	0
			无金融许可证	5

项目	细分	家数	注册机构	家数
机构所在地	村庄	2	有金融许可证	1
			无金融许可证	1
	乡镇	12	有金融许可证	6
			无金融许可证	6
资产规模	1 000 万元及以下	5	有金融许可证	3
			无金融许可证	2
	1 000 万~5 000 万元	7	有金融许可证	3
			无金融许可证	4
	5 000 万元以上	2	有金融许可证	1
			无金融许可证	1
社员规模	100 人及以下	2	有金融许可证	2
			无金融许可证	0
	100~500 人	7	有金融许可证	5
			无金融许可证	2
	500~1 000 人	2	有金融许可证	0
			无金融许可证	2
	1 000 人以上	3	有金融许可证	0
			无金融许可证	2
是否希望扩大规模	是	12	有金融许可证	7
			无金融许可证	5
	否	2	有金融许可证	0
			无金融许可证	2

16.1.1 有无金融许可证

在 14 家被调研的资金互助社中，有银监会颁发的金融许可证的正规资金互助社 7 家，即这些机构先拿到银监会颁发的金融许可证，后在工商部门注册；其余 7 家是没有金融许可证的资金互助合作组织，其中有 5 家以农民专业合作社的形式在当地的工商部门注册，2 家在民政部门注册。从调研样本看，资金互助社的注册机构有两类：一为工商部门，二为民政部门。

16.1.2 是否专业合作社内部资金互助

在 14 家样本资金互助社中，属于专业合作社内部资金互助的有 7

家，其中 2 家是有金融许可证的独立法人，其余 5 家为专业合作社内部的资金互助；不属于专业合作社内部资金互助的有 7 家，其中有金融许可证的 5 家，无金融许可证的 2 家。自从 2009 年银监会和农业部"鼓励有条件的农民专业合作社开展信用合作"的相关文件颁布后，苦于没有制度抓手的草根资金互助组织终于找到了政策依据，纷纷在专业合作社内部发展资金互助业务，或在资金互助业务的基础上加戴专业合作社的帽子。但是中央的相关政策对此只是笼统地一提而已，具体发展取决于各级地方政府的进一步推动。实践中，有的地方政府积极推动，出台了相关的具体措施，并指定了相关的负责部门，但很多地方并没有相关的细则和进一步明确的指导意见。因为无据可依，缺乏监管部门，该行业目前处在鱼龙混杂中，迫切需要内生的或外生的规范发展的制度框架。

16.1.3　是否独立法人

14 家样本资金互助合作组织中，是独立法人的有 9 家，其中 7 家是有金融许可证在工商部门注册的资金互助社，另外两家是没有金融许可证在民政部门注册的独立法人；其余 5 家资金互助组织仅是作为农民专业合作社内部的资金互助部门，为非独立法人。事实上，很多资金互助组织作为农民专业合作社内部的一个部门也是事出无奈，因为只有这条路是合乎中央政策的。但事情如果反过来考虑，现在全国注册的合作社已经超过了 70 万家，如果每个合作社都可以搞一个资金互助部，那我们的资金互助业务将大有泛滥之势。此外，很多资金互助业务并不需要有专业合作方面的业务，如果只有这样一条路可以正当地做资金互助业务，势必使得很多独立的资金互助组织都需要披上农民专业合作社的外衣。因此，如果在资金互助社独立法人方面不开放政策，又没有其他相关措施可以跟上的话，有可能导致假专业合作社、假资金互助组织泛滥。

16.1.4　机构所在地

根据《资金互助社管理暂行规定》，资金互助社可以设在村里，也可以设在乡镇，设在村里的注册资本至少 10 万元，设在乡镇的注册资本至少 30 万元。14 家样本资金互助社中，有 2 家的营业场所设在村里，其中 1 家有金融许可证，1 家没有金融许可证；其余 12 家的营业场所设在乡镇，其中 6 家有许可证，6 家没有金融许可证。从资金互助社发展角度来看，如果营业场所设在乡镇，其社员范围和资金来源渠道会更加广泛，从而更加有利于资金互助社规模的扩大和成本的降低，因此，绝大多数资金互助社把营业场所设在了乡镇。但从服务社员的角度来看，设在村里的资金互助组织无疑能够为社员提供更好的服务。从调研的实际感受来看，设在村里的资金互助社能够为村里的更多社员提供服务。

16.1.5　资产规模

14 家样本资金互助组织中，资产规模在 1 000 万元以下的有 5 家，其中有金融许可证的有 3 家，没有金融许可证的有 2 家；1 000 万~5 000 万元的有 7 家，其中有金融许可证的 3 家，无金融许可证的 4 家；5 000 万元以上的有 2 家，其中有、无金融许可证的各 1 家。样本资金互助组织的资产规模相差很大，最小的为 50 万元，最大的为 1.2 亿元。资金互助组织资产规模的大小似乎与有无金融许可证无关，甚至因为受到的监管约束较少，没有金融许可证的资金互助组织发展得更快些，规模更大些。尽管有的资金互助组织的规模很小，但有几千万资产的资金互助组织也不在少数，可见很多资金互助组织的发展已经渐成规模。

16.1.6　社员规模

14 家样本资金互助社中，社员数在 100 人以下的有 2 家，均持有金融许可证；100~500 人的资金互助社有 7 家，其中有金融许可证的 5 家，没有金融许可证的 2 家；500~1 000 人有 2 家，均没有金融许可证；1 000人以上的有 3 家，都没有金融许可证。从样本来看，社员规模和有无金融许可证一定程度上呈反向关系，相较于有金融许可证的资金互助组织，没有金融许可证的互助组织的社员规模更大些。调研中，某些地区有金融许可证的资金互助组织反映，增加社员的手续比较烦琐，新入社社员需要统一上报银监局审批，导致资金互助社一年只能增加一次社员数量，因此，有金融许可证的资金互助社发展社员的速度较慢。那么社员的数量与经营网点设在村里还是设在乡镇有关联吗？两家设在村里的资金互助组织的社员农户数量分别为 163 户和 400 户，虽然不是最大的，也不是最小的。可见目前来看，设在村里还是乡镇并没有在很大程度上影响资金互助社社员和业务的扩张，同时还表明，对设在村里的互助组织来说，其社员普及率更高一些，即有更多的农户可以得到资金互助组织的服务。

在 14 家样本资金互助社中，除了 2 家不希望扩大规模外，其余 12 家资金互助社都希望能继续扩大规模，这一方面表明绝大多数资金互助社的规模经济没有发挥出来；另一方面表明，资金互助合作组织在资产和社员规模方面还有很大的发展空间。

综上，从样本资金互助社的概况来看，经过几年的发展和摸索，资金互助组织已渐成规模，很多资金互助组织都已经达到上千万元资产的规模，成为农村金融服务领域不可缺少的组成部分，但目前各地针对资金互助组织的准入没有达成共识，有的在办理前置审批后在工商局注册，有的在民政部门注册，有的仅仅是作为农民专业合作社的一项业务，无须注册。形成这种局面的原因可以从以下几个方面来理解：一是对资金互助组织的定位不清晰。资金互助组织是盈利性的，还是非营利性的，没有一个明确的定位，包括银监会的《农村资金互助社管理暂行规定》（以下简称《暂行规定》）也没有对此加以明示，但字里行间显示出营利性质，因此导致有的在工商局注册，有的在民政局注册；二是"草根"金融和金融管制之间的矛盾。"草根"金融是基于需求自发生长出来的金融，而经营金融业务则需要相关监管部门给予准许，民间需求很大，而制度供给不足；三是监管部门监管能力不足，导致金融许可证的审批停滞不前，很多无许可证的"草根"金融又亟待发展，有很大的市场空间，不得不为给自己的业务争取一个名分而到处寻找政策出口。

16.2 样本农民资金互助组织的发展现状

以下将从资金互助组织的内部治理与风险控制、基本业务规定、经营状况和社会对资金互助组织的认可度几个方面描述资金互助组织的发展现状。

16.2.1 内部治理与风险控制

资金互助组织的内部治理机制是保证社员民主控制和为社员服务目标的重要措施。资金互助组织的主要业务是吸收社员存款并向社员发放贷款，合理的治理机制和有效的风险控制措施能够保障社员的资金安全和互助组织的可持续发展。样本资金互助组织的内部治理和风险控制现状将从有无理事会、有无监事会、有无公示栏、每年召开社员大会的次数、参加社员大会的人数、社员投票权和是否有外部审计几个方面进行描述，具体数据见表16.2。

表 16.2 样本资金互助社的内部治理与风险控制

项目	细分	家数	有无金融许可证	家数
理事会	有理事会	12	有	5
			无	7
	无理事会	2	有	2
			无	0
监事会	有监事会	12	有	6
			无	6
	无监事会	2	有	1
			无	1
有无公示栏	有	3	有	3
			无	0
	无	11	有	4
			无	7
社员大会次数/年	1 次	11	有	4
			无	7
	2 次及以上	2	有	2
			无	0
	0 次	1	有	1
			无	0
参加社员大会的人数	20% 以下	8	有	2
			无	6
	20%~50%	2	有	1
			无	1
	50% 以上	3	有	3
			无	0
社员投票权	一人一票	6	有	3
			无	3
	有附加表决权	5	有	3
			无	2
	其他	3	有	0
			无	3
是否有外部审计	是	9	有	5
			无	4
	否	5	有	2
			无	3

16.2.1.1 理事会设置及理事长情况

14 家样本资金互助社中，除了 2 家有金融许可证的资金互助社没有设置理事会以外，其他 5 家有金融许可证和 7 家无金融许可证的资金互助组织都设置了理事会。理事会是资金互助社的决策机构，相当于公司组织中的董事会，它是连接社员大会和管理层的重要桥梁，是社员行使民主权利的重要环节，是保障资金互助社民主管理和民主参与的重要机构。社员选出理事会，理事会任命管理人员，并向社员大会报告经营状况。然而，根据银监会 2007 年的《资金互助社管理暂行规定》，"资金互助社原则上不设理事会"，根据此规定，那些有金融许可证的资金互助社不设理事会也是符合规定的，但无金融许可证的资金互助组织，因为缺少金融许可证的背书，基本都按照合作组织的国际惯例设置了理事会。理事会是社员选举出来制衡管理层的一个机构，对于社员实施民主权利、制约管理层的权利有重要作用。如果没有理事会，资金互助社很容易再次形成类似信用社的"内部人控制"问题。在很多国家，理事会成员提供志愿服务，不领取报酬。因此，理事会的设置既保证了社员民主权利的行使，又降低了经营成本。

《暂行规定》对互助组织的理事长、经理任职资格也作了规定，要求要具备高中或中专及以上学历。14 个样本资金互助组织中，有 12 家资金互助社的理事长或经理具备高中或中专及以上学历，其中有、无金融许可证的资金互助组织各 6 家；有 2 家的理事长或经理的文化程度为初中，其中有、无金融许可证的各 1 家。其中初中文化程度的理事长年龄在 60 岁左右，也属于那个时代的高学历人才。因此，《暂行规定》一刀切地对学历提出要求，似乎不太符合农村的实际情况。此外，本次调研对理事长的性别、是否干部、是否金融从业人员等其他信息也做了了解，大致情况如下：14 家样本中，有 12 家的理事长或经理是男性，2 家为女性。从访谈的情况来看，女性经理在遵循互助合作原则方面更有优势，但在制度尚不稳定的情况下与监管部门打交道，似乎存在一定程度的劣势。14 家样本中，有 5 家的理事长或总经理担任过或正在担任村、镇干部，这 5 家都是没有金融许可证的互助组织；有 2 家的理事长或经理曾有过原供销合作社系统的从业经历，这 2 家都持有金融许可证；有 4 家理事长或经理曾有过在农行、信用社或农村基金会的从业经历，其中 3 家有金融许可证，1 家没有；有 3 家的理事长或经理既不是村镇干部，也不是金融或原供销合作社系统，其中 2 家持有金融许可证，1 家没有金融许可证。比较不同背景的理事长，除了发现有金融从业经历的理事长或经理所在的资金互助社的规模更大些以外，没有其他显著区别。

16.2.1.2 监事会设置

监事会是资金互助组织的监督机构，对理事会、管理层和员工的经营管理实施监督职责，它是资金互助组织的重要机构，在没有外部审计的情况下，监事会是防止内部人员舞弊的重要制度保障。14家样本资金互助社中，有12家设有监事会，其中有、无金融许可证的各6家；没有设置监事会的有2家，其中有、无许可证的各1家。

16.2.1.3 有无公示栏

资金互助组织的信息公示可以使社员及时了解本社的经营状况，保证社员的知情权，并有利于培养社员对本社事务的主动参与精神，也能起到对资金互助组织的监督作用。14家样本互助组织中，3家设有公示栏，均持有金融许可证；其余11家没有设置公示栏，其中有金融许可证的4家，没有金融许可证的7家。表明大多数的资金互助组织的透明度有待进一步提高，其中有金融许可证的资金互助组织在这方面做得更好些。

16.2.1.4 每年召开社员大会的次数

社员大会是信用社的权力机构，社员参与互助社的事务是通过召开社员大会实现的。14家样本互助社中，一年召开1次社员大会的有11家，其中有金融许可证的4家，无许可证的7家；一年召开2次及以上的有2家，均持有金融许可证；不召开社员大会的有1家，持有金融许可证。除1家持有金融许可证的互助社不能正常召开社员大会以外，其他的互助组织都能召开社员大会，一定程度上保障社员参与互助组织事务的权利。

16.2.1.5 参加社员大会的人数

如果社员踊跃参加社员大会，一方面表明社员有参与互助组织事务的积极性，从而使理事会保持努力工作的动力和压力；另一方面表明互助组织对社员具有吸引力。在召开社员大会的13家样本互助组织中，有8家互助组织参加社员大会的人数在20%以下，其中有金融许可证的有2家，无许可证的有6家；有2家互助社参加社员大会的人数在20%～50%之间，其中有、无许可证的互助社各1家；有2家互助社参加社员大会的人数在50～80人之间，均持有金融许可证；有1家参加社员大会的人数在80%以上，持有金融许可证。以上结果表明，半数以上的资金互助社，尤其是没有金融许可证的资金互助社，在召开社员大会时参加大会的社员人数在20%以下；和没有金融许可证的互助社相比，有金融许可证的互助社社员参与大会的积极性更高些。

16.2.1.6 社员投票权

根据《暂行规定》，在社员大会上，社员享有 1 票基本表决权，出资额较大的社员，可以享有附加表决权，但不得超过基本表决权总数的 20%。14 家样本资金互助社中，实行 1 人 1 票制度的有 6 家，其中有、无金融许可证的各 3 家；投票权与股金有关的有 2 家；有附加表决权的有 5 家，其中有金融许可证的 3 家，无金融许可证的 2 家；属于其他类型的有 3 家，全都没有金融许可证。可见，大约一半的资金互助组织实行一人一票的投票制度，在民主参与方面，有许可证的资金互助社贯彻得更好一些。

16.2.1.7 是否有外部审计

外部审计是资金互助组织控制内部风险的第二道关口，它能保障互助组织财务报告的真实性和经营的合规性。14 家样本互助组织中，9 家有外部审计，其中有金融许可证的有 5 家，没有金融许可证的有 4 家；有 5 家没有外部审计，其中有金融许可证的有 2 家，无金融许可证的有 3 家。可见，有多于 1/3 的资金互助组织缺少外部审计这一风险把控的关口。

16.2.1.8 小结

在治理机制方面，有少数资金互助组织忽视了有效治理结构的建设；虽然大多数互助组织能保证每年至少召开一次社员（社员代表）大会，但社员参加大会的机会或积极性并不高，此外，多数互助组织在社员知情权方面做得不够，抑制了社员参与互助组织事务的积极性，很容易导致资金互助组织偏离合作的方向。很多资金互助社的内部风险控制制度并不完善，无法做到社员监督，很多互助组织的监事会监督也没有形成规范的制度和程序。有 1/3 的资金互助组织没有聘请外部审计对自己的经营管理情况进行监督。总体而言，在民主参与和民主监督方面，有金融许可证的资金互助组织做得更好些，但资金互助组织的内部治理机制有待进一步完善，内部风险控制有待进一步加强。

16.2.2 样本资金互助社的基本业务规则

本部分将从入社股金，是否区分不同的股权，贷款是否需要抵押和担保，贷款的审批时间、偿还方式和最长期限，存款利率和最高贷款利率几个方面描述样本资金互助社的基本业务规定。具体数据见表 16.3。

表 16.3 样本资金互助社的基本业务规则

项目	细分	家数	有无金融许可证	
入社最低股金额	100	1	有	0
			无	1
	300	1	有	0
			无	1
	500	2	有	1
			无	1
	1 000	8	有	5
			无	3
	3 000	1	有	0
			无	1
	5 000	1	有	1
			无	0
是否区分资格股与投资股	是	1	有	1
			无	0
	否	13	有	6
			无	7
贷款是否需要抵押	有的需要	3	有	2
			无	1
	否	11	有	5
			无	6
贷款是否需要保证	是	14	有	7
			无	7
	否	0	有	0
			无	0
贷款审批时间	1~2 天	13	有	6
			无	7
	7 天之内	1	有	1
			无	0
贷款偿还方式	整借整还	14	有	7
			无	7
	分期偿还	0	有	0
			无	0

项目	细分	家数	有无金融许可证	
最长贷款期限	半年	7	有	3
			无	4
	1 年	6	有	3
			无	3
	2 年	1	有	1
			无	0
存款利率或资金使用费率	4% 及以下	11	有	7
			无	4
	5% ~ 6%	3	有	0
			无	3
最高贷款利率	10% 及以下	2	有	1
			无	1
	10% ~ 15%	6	有	4
			无	2
	15% ~ 20%	6	有	2
			无	4

16.2.2.1　入社最低股金额

14 个样本资金互助社的最低入股金额各不相同，其中最低的为 100 元，为无金融许可证的资金互助组织；300 元的 1 家，为无金融许可证的互助组织；500 元的 2 家，其中有、无金融许可证的互助组织各 1 家；1 000 元的最多，为 8 家，占样本互助组织数量的半数以上，其中有金融许可证的 5 家，无金融许可证的 3 家；3 000 元的 1 家，无金融许可证；5 000 元的 1 家，有金融许可证。可以看出，各地经济情况不同，资金互助社的最低入股金额要求也各不相同。总体来看，有金融许可证的互助组织的最低股金额度大多集中在 1 000 元左右，而无金融许可证的资金互助组织的最低入股金额则较为分散，从 100 ~ 3 000 元不等。最低入股金额的高低并没有具体标准，但入股金额越低，获得社员资格的门槛越低，互助组织吸收的社员数量会更多，但资金互助组织获得一定规模股金的组织成本更高；相反，最低入股金额越高，资金互助组织获得一定规模股金的成本相对更低，但社员入社的门槛高，吸收的社员数量会受到限制。因此，在最低股金额和社员数量之间存在一个权衡问题。

16.2.2.2 是否区分资格股与投资股

《农村合作银行管理暂行规定》区分了资格股和投资股两种股权，资格股是取得农村合作银行股东资格必须交纳的基础股金；投资股是股东在基础股金以外投资形成的股份。而《农村信用合作社管理规定》和《农村资金互助社管理暂行规定》都未提及二者的区别。在 14 家样本资金互助社中，仅有 1 家持有金融许可证的资金互助组织区分资格股和投资股，而其他 13 家对二者未作区分。投资股是合作社这一非公司组织吸引投资的一种途径，但投资股的参与不能破坏合作社的"一人一票"原则。在美国，如果合作社不能完全遵循"一人一票"原则，合作社需要限制分红的比例，如最高股息率不超过 8%。

16.2.2.3 贷款是否需要抵押

建立新型农村金融机构的目的是解决农民贷款难的问题，农民贷款难的原因之一是没有合格的抵押品。如果金融机构不需要抵押的话，将大大降低农民获取金融服务的门槛。在 14 家样本资金互助社中，有 11 家明确表示社员贷款不需要抵押，占样本数量的绝大多数。仅有 3 家规模较大的互助社表示，金额较小时不需要抵押，但贷款金额较大时需要抵押。可见，所有的资金互助社都能够提供无抵押贷款，这对缓解农村金融排斥具有重要意义。

16.2.2.4 贷款是否需要保证

14 家样本互助社无一例外地都要求对贷款进行保证担保。不论有没有金融许可证，所有的资金互助社都不能进入央行的征信系统，因此，如果贷款人违约，不能通过征信系统中的违约记录对其进行处罚，保证担保贷款是金融机构保护自己债权的理性选择。

16.2.2.5 贷款审批时间

所有的样本资金互助社的贷款审批时间都非常短，13 家表示能在 1~2 天的时间内审批完毕并拿到贷款，有 1 家有金融许可证的资金互助组织表示能在 7 天之内审批并放款。这表明资金互助组织审批贷款的效率非常高，主要原因有二：一是社员之间相互熟悉，搜集信息所需要的时间短；二是因为互助组织是社员自己的组织，贷款审批过程中没有"吃拿卡要"等寻租现象。这必然会大大缩短贷款发放的时间，提高贷款的效率，使社员更加便利地获得金融服务。

16.2.2.6 贷款偿还方式

贷款偿还方式有整借整还和分期偿还两种形式。所有的样本资金互助社都实行整借整还的还款方式，3 家表示也可以分期偿还。整借整还的好处是降低借款人的融资成本，但到期还款的压力相对较大；而分期偿还一定程度上会提高融资成本，但到期还款的压力较小。著名的"穷人银行"——格莱珉银行的还款方式是分期还款，从而降低到期还款压力，一定程度上降低违约概率。但分期还款也会给资金互助组织带来更多的工作负担，这也是一个值得权衡的问题。

16.2.2.7　最长贷款期限

14 家样本资金互助社中，最长贷款期限为半年的有 7 家，占样本数量的 1/2，其中 3 家有许可证，4 家没有金融许可证；最长贷款期限为 1 年的有 6 家，有、无金融许可证的资金互助社各有 3 家；最长贷款期限 2 年的只有 1 家有金融许可证的资金互助社，因为这家互助社社员的生产周期为 2 年。总体而言，资金互助组织的贷款期限较短，按照金融机构的贷款口径来划分，基本上都归为短期贷款，这和当前资金互助社的贷款用途是密切相关的。资金互助社的贷款用途基本包括以下几个方面：种养殖业、小生意、婚丧嫁娶、孩子学杂费等方面的需求。种养殖业具有季节性，半年至 1 年之内基本可以满足，而其他需求基本为应急需求，贷款的时间较短。较短的贷款时间也是互助组织对自己债权的一种有效保护，因为在较短时间内贷款人信用发生重大变化的可能性较小。如果在最长的贷款期限内仍不能满足贷款人的需求，资金互助社的贷款展期手续也非常便捷。

16.2.2.8　存款利率或资金使用费率

在 14 家样本资金互助社中，11 家的年存款利率在 4% 以下，等于、稍高于或低于人民银行的基准利率，其中 7 家有金融许可证，4 家没有金融许可证；3 家的存款利率或资金使用费率在 5% ~6% 之间，均没有金融许可证。总体来看，有金融许可证的资金互助社吸收社员存款的利率基本按人民银行基准利率或上浮 10%，而无金融许可证的互助组织吸收存款或使用资金的成本会更高些。可见有无金融许可证在利率上可以明显区分出来，我们可以把这种因为没有金融许可证而导致的存款利率差别称为资金互助社的制度成本。

16.2.2.9　最高贷款利率

14 家样本资金互助社中，最高贷款利率在 10% 以下的有 2 家，其中有、无金融许可证的各 1 家；10% ~15% 之间的有 6 家，其中有金融许可证的 4 家，无金融许可证的 2 家；15% ~20% 之间的有 6 家，其中有金融许可证的 2 家，无金融许可证的 4 家。总体来看，有金融许可证的资金互助组织因为获取资金的成本稍低，其贷款的利率也相对较低。尽管目前央行已取消贷款利率管制，资金互助社的贷款利率与贷款公司、村镇银行比较也不算高，并且资金互助社的贷款额度更小、笔数更多，互助组织发放贷款的成本更高些，但互助组织作为为社员服务的非营利机构，贷款利率仍有下降的空间，或可以考虑在年底时进行利息返还。

16.2.2.10 小结

资金互助组织是农户自己的组织，只要交纳少许股金即可成为互助组织的社员，在缺少金融网点的农村地区，农户的储蓄可以方便地存到互助组织，得到较好的收益；农户在需要资金时，无须抵押便可以优惠的利率得到便捷、高效的贷款，很大程度上解决了农户贷款难、贷款贵的问题。但由于合作原则未能在互助合作组织中得到充分贯彻，农户贷款的利率相对较高。与当地商业化经营的信用社贷款相比，贷款人的资金成本大致相当。

16.2.3 资金互助组织的经营状况

本部分将从 2012 年分红情况、逾期贷款情况、前十大贷款集中度、普及率和社员贷款覆盖率几个方面来描述资金互助组织的经营状况。具体数据见表 16.4。

表 16.4　　　　　　　　　　样本资金互助社的经营状况

项目	细分	家数	有无金融许可证	
2012 年分红情况	5% 以下	3	有	2
			无	1
	5%～10%	10	有	4
			无	5
	不详	2	有	1
			无	1
逾期贷款	有	3	有	2
			无	1
	无	11	有	5
			无	6
前十大贷款集中度	15% 以下	9	有	4
			无	5
	15%～30%	3	有	2
			无	1
	30%～50%	1	有	1
			无	0

项目	细分	家数	有无金融许可证	
前十大贷款集中度	50%以上	1	有	0
			无	1
资金互助社的普及率	1%以下	4	有	3
			无	1
	1%~5%	5	有	3
			无	2
	5%~10%	3	有	0
			无	3
	40%~60%	2	有	1
			无	1

16.2.3.1 2012 年分红情况

14 家样本资金互助社中，分红在 5% 以下的有 3 家①，其中有金融许可证的 2 家，无金融许可证的 1 家；分红在 5%~10% 之间的有 10 家，其中有金融许可证的 4 家，无金融许可证的 5 家；不愿透露具体情况的有 2 家，有、无金融许可证的各 1 家。可以看出，资金互助社的总体运行状况良好，在财务上能够实现自身的可持续发展。

16.2.3.2 逾期贷款状况

逾期贷款数量是衡量资金互助社资产质量的指标。14 家样本资金互助社中，有逾期贷款的只有 3 家，其中有金融许可证的 2 家，无金融许可证的有 1 家，逾期贷款率基本控制在 5% 以内。尽管绝大多数的资金互助组织目前资产质量不错，没有逾期贷款出现，但考虑到资金互助组织的经营时间并不长，用逾期贷款率来衡量贷款风险并不稳健。

16.2.3.3 前十大贷款集中度

贷款分散程度越高，资产集中受损的可能性就越低。因此，贷款集中度是衡量资产组合潜在风险的一个重要指标。14 家样本资金互助社中，前十大贷款占全部贷款总额的比例在 15% 以下的有 9 家，其中有金融许可证的 4 家，无金融许可证的有 5 家；比例在 15%~30% 的有 3 家，其中有金融许可证的 2 家，无许可证的 1 家，集中度比例在 30%~50% 之间的有 1 家，有金融许可证；在 50% 以上的有 1 家，无金融许可证。样本中绝大

---

① 有的资金互助社对发起人股金和其他股金实行不同的分红政策，因此此处的股息率是指二者的平均数。

多数资金互助组织的贷款较为分散，遭受集中损失的可能性较小；但个别资金互助社的贷款集中度在50%左右，贷款集中在几个大的贷款人身上，万一这些贷款人发生问题，后果将不堪设想。

16.2.3.4　资金互助社的普及率

资金互助社的普及率是指加入合作社的农户数占当地农户数的比例。这一比例越高，说明互助社在当地的普及程度越高，影响越广，服务程度越深化。14家样本资金互助组织中，普及率在1%以下的有4家，其中有金融许可证的3家，无金融许可证的1家；普及率在1%～5%的有5家，其中有金融许可证的3家，无金融许可证的2家；普及率在5%～10%的有3家，都没有金融许可证；而普及率在40%～60%的有2家，有、无金融许可证的各1家。有无金融许可证似乎和普及率有着微弱的联系，没有金融许可证的资金互助组织一定程度上比有金融许可证的资金互助社普及率更高些；但与普及率联系更紧密的是资金互助组织的营业场所设在哪里，营业场所设在村里的2家资金互助组织普及率在40%～60%之间。资金互助组织的营业场所设在村里，更有利于社员的宣传发动和更好地为社员提供服务，使更多的社员迅速受益。而对于设在乡镇的资金互助社，调研发现，尽管已经存在多年，但很多附近的农户并不知道有此组织，表明这些组织对大多数农民的经济生活影响甚微。

16.2.3.5　小结

综上，样本资金互助社能够实现财务上的可持续发展，绝大多数样本互助组织没有出现逾期贷款，出现逾期贷款的资金互助组织风险也都在可控范围之内。此外，绝大多数的资金互助组织能够按照金融业的有关规则，足额提取风险准备金。多数样本互助组织的贷款分散情况良好，但有少数资金互助组织的贷款集中度较高，蕴藏着潜在的风险。从资金互助组织服务农户的角度来看，营业场所设在村里比设在乡镇更有优势。

16.2.4　资金互助组织的社会认可度

资金互助组织作为一种弱势群体合作互助的非营利组织，只有得到整个社会的认可和支持，才能更好地发挥作用，弥补市场失灵，为农村提供更多更好的金融服务。以下将从营业场所取得、政府的税收优惠和是否有志愿服务三个方面描述资金互助组织所处的社会环境。具体数据见表16.5。

表 16.5　　　　　　　　　　　样本资金互助社的社会环境

项目	细分	家数	有无金融许可证	家数
营业场所产权状态	自有	2	有	1
			无	1
	租用	8	有	4
			无	4
	借用	4	有	2
			无	2
税收优惠	不交税	6	有	1
			无	5
	营业税优惠	5	有	5
			无	0
	所得税优惠	3	有	3
			无	0
	无优惠	2	有	1
			无	1
员工报酬	不领取报酬	2	有	0
			无	2
	领取报酬	12	有	7
			无	5

16.2.4.1　营业场所的产权状态

14 家样本资金互助社中，营业场所属于自有产权的有 2 家，其中有、无金融许可证各 1 家；属于租赁的有 8 家，其中有、无许可证各 4 家；属于借用的有 4 家，其中有、无金融许可证各 2 家。数据表明自己拥有营业场所产权的资金互助组织很少，这透露出两个方面的信息：一是资金互助组织的财力尚不丰厚，难以持有自用不动产；二是资金互助组织对自己的前途缺乏长远信心。此外，有 2/7 的资金互助组织能够借用到营业场所，表明这些资金互助组织能够得到当地政府或企业的认可和支持，节约了经营成本，提高了为弱势群体服务的能力。

16.2.4.2　政策优惠

中央政府对于正规农村金融机构有以下的税收优惠政策：每笔贷款 5 万元以下的免营业税；中央财政对当年贷款平均余额同比增长且达到银监会监管指标要求的贷款公司和农村资金互助社，按其当年贷款平均余额的 2% 给予补贴；除此以外，地方政府对资金互助社也有税收优惠。在 14 家样本资金互助社中，有 6 家被免征营业税和所得税，其中 1 家有金融许可证，5 家没有金融许可证；有 2 家资金互助社不享受任何税收优惠，其中有、无金融许可证的各 1 家；其他 6 家享受不同程度的营业税或所得税减征。可见对于是否给予资金互助社税收优惠减免和补贴，地方政府的做法各不相同。有的地方政府对资金互助社的态度比较认可，会减免税收；而少数地方政府则把它当成营利组织看待，基本没有税收减免。对于没有金融许可证的资金互助机构而言，一律不能取得当年贷款平均余额 2% 的补贴。

16.2.4.3 志愿服务

志愿服务是信用合作领域倡导的风尚，很多国家在信用合作起步的初期，除了会计以外的管理人员都不领取报酬而提供志愿服务。在 14 家样本资金互助组织中，管理层和员工不领报酬的有 2 家，这两家都没有金融许可证，其工作人员都是村委的工作人员；其余 12 家的管理层和工作人员都领取薪酬，但相对而言薪酬较低：普通员工的薪酬在 1 000 ~ 2 000 元，管理层在 2 000 ~ 4 000 元，这与动辄几万、十几万的银行员工的报酬相比，大大降低了资金互助组织的经营成本，为向社员提供更加优惠的服务奠定了基础。

16.2.4.4 小结

综上，因为互助组织的益贫性，样本资金互助社一定程度上能够得到社会的认可和支持，降低了经营成本；但因为某些资金互助社背离合作原则的营利性倾向，使整个行业未能得到农民和政府的广泛认可。

16.3 农民资金互助实践案例

16.3.1 江苏省资金互助合作社的实践

16.3.1.1 江苏省各级政府的政策鼓励

2007 年，江苏省政府提出鼓励农民成立资金互助组织，盐城是江苏先试先行的地区，从 2008 年开始，盐城市委市政府为规范农村资金互助组织的发展，连续出台了《盐城市农民资金互助合作监督管理办法（试行）》《盐城市农民资金互助合作社示范章程》以及《盐城市农民资金互助合作社试点财务会计制度（试行）》等规章制度，同时在资金互助社发展过程中也与时俱进地补充出台了若干管理办法，为资金互助社的发展提供了政策支持，并形成了"盐城模式"。盐城的农民资金互助合作社有100多家，其先行实践对于其他各地合作金融的发展具有重要的参考借鉴意义。在盐城模式的带动下，江苏其他地市的资金互助合作社也有较大的发展。

盐城市农民资金互助组织管理的主要做法和规定包括：（1）社员的最高贷款额不超过股金的6倍，若社员资金需求增加，则需要增加入股资金，保证互助社自动充实资本；（2）针对借款期限不同设置不同的利率，7日内临时性资金需求免息充分体现了互助精神；（3）借款额超过股金额度采取社员联保的方式实现风险共担，且对借款总额进行控制，防止流动性危机；（4）作为资金互助社的管理部门，农村合作经济管理部门严格按照《盐城市农民资金互助社考核评价暂行办法》对所辖资金互助社进行年中初步考核和年终综合考核。虽然盐城市对资金互助社的准入及贷款规模等都有一定的限制，但由于自律和监管不足，部分互助社违背合作原则和服务三农的初衷，挪用资金投资失败，引发储户挤兑潮，一波农民资金互助合作社倒闭。随之而来的巨额资金窟窿、农户上访等问题，让地方政府真切感受到了金融风险爆发的后果。

16.3.1.2 江苏省资金互助合作社倒闭案例

案例一：盐城市亭湖区银联合作社倒闭

亭湖区银联农民资金互助合作社成立于2010年，开办资金为50万元。该社业务范围包括：在南洋经济区庆丰村范围内吸收社员基础股金、互助金，向本社社员投放互助金。成立时，银联合作社宣称得到了盐城市政府的支持，营业大厅里悬挂着盐城市主要领导鼓励发展农民资金互助合作社的批示。

银联农民资金互助合作社和一般的商业银行基本没有差别，但支付的存款利息高很多。在商业银行存款年息约3%时，银联合作社给储户承诺的年息为6.48%，后来更是涨到10%、12%。于是很多的农户将存款从银行取出来，存入银联合作社。合作社吸收村干部等人作为业务员，鼓励他们大量吸储。吸收存款达到30万元的业务员每月就能拿到400多元的工资；30万元以上的，除了工资外，还有额外的奖励，有的业务员一个月拿到了将近8 000元的收入。

2013年1月，在附近几家农民资金互助合作社倒闭后，银联合作社的储户也被工作人员告知合作社资金链断裂，无钱可兑。盐城市政府相关部门随即调查发现，银联农民资金互助合作社将该社9成以上的农民互助金，投入到安徽天长市一个房地产项目上，出资金额高达1.2亿多元。按照盐城市农民资金互助合作社的管理规定，农民资金互助合作社的资金不能投向非农产业，只能投向本区域内的农业，而在实践中，银联农民资金互助社严重脱离了原来的轨道。

当地政府的汇报材料显示，至事发前，银联合作社吸储高达7100多万，涉及储户3500多户。银联合作社法人代表在接受《新京报》记者电话采访时，承认合作社有两套账。银联合作社没有将钱用在当地农业，而是投资了安徽天长市"上城风景"项目，因合伙人涉嫌诈骗，该项目2013年4月经法院裁定，进入破产重整程序，项目无法按预期回款，致使其资金链断裂。①

案例二：徐州市贾汪镇农村资金互助合作社倒闭

徐州市贾汪镇农村资金互助合作社成立于2011年1月，为民办非企业组织，成员以农民为主，实行民主管理，自主经营，自负盈亏。注册材料显示，合作社开办资金为60万元，发起人为陈梅等10人，其中陈梅是贾汪镇宗庄村人，是合作社理事会主任、法定代表人。2011年12月14日，贾汪镇农村资金互助合作社由贾汪镇政府审批、后经贾汪区委农工办审查、贾汪区民政局颁发登记证书。

贾汪镇农村资金互助合作社营业厅悬挂的《互助资金投放制度》显示，互助资金在本镇区域内，按照短期、小额、比例控制原则投放，主要用于解决农户生产、生活流动资金的不足，单户借款额不得超过基础股金的15%。但根据媒体报道，合作社曾经给并非本社社员的贾汪区青山泉镇人刘玲发放过500多万元的贷款。到2012年，刘玲的工厂倒闭，陈梅担心刘玲还不上这笔钱，无法向社员交代，将合作社转给了刘玲经营，但社员们对此并不知情。

因经营不善，造成资金链断裂，贾汪镇农村资金互助合作社于2015年5月22日倒闭。由江苏富邦会计师事务所出具的审计报告显示，截至2015年5月末资金结存明细，共633笔（236户）尚未兑付，资金额度超过1000万元。

在江苏，像这样倒闭的所谓资金互助社不在少数。成立于2009年4

---

① 谷岳飞：《"穷人银行"盐城试水陷进退两难挤兑引发倒闭潮》，《新京报》，2015年11月24日，A14版。

月的盐城市盐东镇新洋农民资金互助合作社倒闭时账内外农民存款高达1.46亿元，涉及近5 000名储户。新洋合作社的大部分资金投向串场河大桥、安置房工程等非农领域。受多方面因素影响，新洋合作社的这些投资未达预期收益，致使资金回笼困难，到期存款无法及时汇兑，引发老百姓集中挤兑。挤兑潮迅速蔓延，当地的很多资金互助合作社在老百姓的疯狂挤兑中，一个接一个倒闭关门，留下一个个少则数千万、多则上亿的资金窟窿。在江苏连云港、南京等地，亦出现多家农民资金互助合作社倒闭现象。连云港市灌南县4家农民资金互助合作社的1.1亿元存款被挪用、涉及2 500多名储户。南京高淳区砖墙镇农民资金互助社被立案调查，该资金互助社吸收了大量储蓄存款，约有300多名"储户"，共3 200万元资金无法兑付。在不少人的眼中，农民资金互助合作社异化为一个融资平台，农村的钱不断被吸纳上来，大量流向非农产业，这显然违背了它成立的初衷。①

16.3.1.3 江苏省资金互助合作社倒闭原因

这些所谓的资金互助社倒闭的直接原因是外部环境恶化、投资项目失败导致资金收不回来，引起储户挤兑，同时引发了多米诺骨牌效应，波及了一些其他的合作社。其内部原因在于合作社的资金使用超出了政府规章和合作社章程规定的范围，投向了高风险领域，而没有得到及时的发现和制止。合作社的资金为什么能够违规投向高风险的领域？一是合作社管理层的办社动机不纯。从这些倒闭的资金互助社的发起人和法定代表人来看，很多人是自己或他人公司的代言人。像这类发起人成立资金互助社的动机不是社员之间的资金互助，而是以资金互助的名义掩盖非法集资的事实。二是合作社内部的监督制约机制不健全，监事会的监督权和社员大会重大事项的决策权形同虚设。从以上的案例分析可以看出，资金互助合作社对社员没有任何的教育，社员对资金互助合作社的理解就是银行，参与储蓄更多是受到高息的诱惑，而不是成为社员可以获得经济参与和民主参与的权利，因此，资金互助合作社的运作采取的就是公司的机制，几个发起人或大股东说了算，社员大会根本发挥不了作用，更谈不上选举理事会或监事会。三是外部监管未能有效发挥作用。地方政府如果对资金互助社制定相关政策并采取鼓励发展的态度，就要明确注册和监管部门，严格按照相关法律法规进行监管，相关官员不应插手资金互助社事务谋求私利，

---

① 谢永旺：《农村资金互助合作社再现倒闭事件 地方金融办监管制度亟待探索》，《21世纪经济报道》，2016年5月12日，第10版。

对于不守规章的合作社负责人严惩不贷。如果政府做不到这些，监管也只能流于形式。

16.3.1.4 问题发生后的规范发展和反思

资金互助合作社的倒闭，涉及众多的储户，由于迟迟不能要回存款，众多愤怒的储户开始涌向政府，互助资金被挪用，储户质疑政府监管不力。从2013年开始，几乎每年年底，盐城市各级政府都不得不面对这一令人头疼的问题。

为了规范资金互助组织的发展，2014年下半年，江苏省政府下发《关于引导新型农村合作金融组织规范发展的通知》，要求"一律停止新批新设农民资金互助社，要求通过摸底排查，有效控制风险，推动农民资金互助社规范发展。"2015年11月，江苏省政府下发《关于加强农民资金互助合作社规范管理的指导意见》（以下简称《指导意见》），对农民资金互助社发展原则、经营范围、监督管理等作了规定，同时明确建立省农民资金互助社监管联席会议制度，县级人民政府作为第一责任主体，承担农民资金互助社的监督管理和风险处置工作。

根据《指导意见》精神，确定全省农民资金互助社规范发展的总体思路，即"按照'对内不对外、吸股不吸储、分红不分息'的基本要求，依法合规筹集和调剂社员的闲余资金，用于互助投放社员生产生活，做到支持'三农'、运作规范、风险可控。"为推动农民资金互助社规范发展，《指导意见》明确了行业监管体制，即在省、设区市、县（市、区）分别建立监管联席会议机制，落实监管责任。省金融办、省委农工办、省农委、省工商局、省公安厅、人民银行南京分行、江苏银监局等七部门共同参与，建立江苏省农民资金互助社省级监管联席会议制度，在各自职能分工内定期会商、协调、解决政策规范、风险处置等相关重大问题。同时，《指导意见》明确县（市、区）人民政府是农民资金互助社监督管理、风险防范化解处置的第一责任主体，各设区市、县（市、区）要指定专门部门承担监督管理职能并充实监管力量。目前，各设区市、县（市、区）已指定相关部门承担行业主管部门职能。

规范发展的主要措施有：第一，明确注册登记办法，推动农民资金互助社法制化管理。为规范农民资金互助社登记行为，江苏省金融办、省民政厅、省工商局于2016年8月联合下发了《关于做好农民资金互助社注册登记工作的通知》，根据农民资金互助社创设的相关法律依据，明确要求农民资金互助社应在工商部门登记为农民专业合作社法人。针对已登记为民营非企业的农民资金互助社，文件规定应在同级工商部门重新办理注册登记，并在民政部门办理注销登记，即"转籍"为农民专业合作社法人。第二，严格经营管理行为，推动农民资金互助社规范化运行。2016年9月，江苏省金融办制定下发了《江苏省农民资金互助合作社监管工作指引》；11月，省财政厅制定下发了《江苏省农民资金互助合作社会计核算办法（试行）》。这两个规范性文件对全省农民资金互助合作社经营管理、财务制度、行业监管等作出了明确规定，从制度建设上为农民资金互助合作社规范运行奠定了基础。第三，建设统一监管系统，推动农民资金互助社信息化监管。针对农民资金互助合作社地域分布广、涉及业务烦琐，目前大多采用单机版业务系统或手工记账，存在较为严重的操作风险隐患等问题，引入互联网信息技术手段，建立全省统一联网的计算机业务系统，在此基础上建设计算机监管系统。目前，江苏省农民资金互助合作社业务和监管系统已完成研发并成功上线。完成"转籍"后的农民资金互助合作社必须接入该系统。①

在任何一个国家，资金互助社的进入和退出都是正常的市场行为，每一个资金互助社都不可能保证自己是百年老店。对于资金互助社的成员而言，合作社出事儿后为什么不去寻找自己的原因，而是找政府索赔？这件事情值得反思。合作社是社员经营的合作社，按照合作社的经营原则，每个社员都应该参与到管理中来，社员为什么不质疑监事会未能监督好经营者，质疑自己在社员大会上没有选举出合格的理事会成员和监事会成员？而是质疑政府的监管？答案只能是：所谓的成员根本不知道什么是合作社，不知道合作社应该是什么样的，也没有参与经营管理的机会，甚至有些合作社成立的时候，当地政府官员为其"站台"，所以出事儿以后储户们朴素的逻辑就是："合作社"是政府批准的，应该"谁批准谁监管，出了问题谁负责"。盐城的试点深受尤努斯"穷人银行"的启发，尤努斯的"穷人银行"是在信用合作社基础上的变形，它不讳言营利性，认为穷人可以承受高利率，关键是要给他们机会。而合作社则是强调非盈利性的。无论是尤努斯的"穷人银行"，还是非营利性合作社，成员的参与和对成员的充分教育都是必需的，政府不能指望通过出台一些政策、指定一个监管部门，就能做到行业的健康发展。因为如果没有社员的参与，对于这种小规模机构的监管成本是高昂的。盐城政府的官员指出，引发挤兑风波的互助合作社，均做了两套账，账内资金应付检查，账外资金流向了非农领域，因而逃脱监管。离了合作社内

① 谈建平：《江苏规范发展农民冶金互助社》，《农村金融时报》，2017年5月11日。

部的控制和监督，政府的监管制度再完善，手段再高明，对于合作社的违规经营也是防不胜防的。

16.3.2 吉林省梨树县的信用合作实践

玉米和养殖业是梨树县闫家村的主要产业。梨树县地广人稀，农户人均土地面积大，生产环节需要较大的投入。在闫家村与一名农民交谈时，他说自己种了 20 垧地（1 垧 = 15 亩），每垧地的投资在 8 000 元左右。养殖业也需要较大的资金投入，如买一头牛需要 1 万元的前期投入。因为农业生产资金投入量较大，农户经常需要从外部融资，但因缺乏合格的抵押品，农户很难从正规金融机构得到贷款。

16.3.2.1 梨树县资金互助社的发展和联合

2004 年 7 月吉林梨树县闫家村 8 户农民首创农民资金互助合作社，2007 年 3 月 9 日获得银监会的金融准入许可挂牌开业，成为全国首家获得金融牌照的农村资金互助社。百信资金互助社的前身是百信购销合作社，当时合作社有 8 户农民，这 8 户农民后来成为闫家村资金互助社理事会与监事会的核心成员。

2004 年 7 月，这 8 户农民每家出资 1 000 元作为入股资金，成立了百信资金互助社，专门解决农业生产中的资金短缺。因为缺乏抵押物无法从银行贷款，有些农户加入了百信资金互助社。① 随着国家农村金融管制政策的放松，2007 年 3 月，闫家村百信农村资金互助社得到银监会核准正式开业。开业时的互助社社员达到 32 户，资金规模为 101 800 元。闫家农村资金互助社虽持有正规的金融牌照，但政府并不为其提供支农惠农的贷款补贴或资金支持，也难以得到其他金融机构的资金拆借，导致闫家村资金互助社在获得金融牌照后一度陷入流动性危机。当时，互助社采取了贷款预约排号制，在加强贷款审核的同时，依靠宣传来动员储蓄，以增强自身的流动性。

2008 年 6 月，百信资金互助社得到了一笔社会捐赠资金，成立了小蜜蜂公益金融，为百信资金互助社带来了转机。这笔公益资金投入互助社的运营，3 年之后取回本金，产生的利息捐赠给生活困难的农户。小蜜蜂公益金融为百信资金互助社带来了良好的声誉，同时也为其动员储蓄产生了促进作用。截至 2015 年年底，百信资金互助社发展到 200 多户社员，20

---

① 姜柏林：《从农村资金互助社到综合农协的发展——以梨树县为案例》，载于《银行家》，2010 年第 6 期，第 101 ~ 104 页。

万元股金和 200 余万元存款。①

闫家村百信资金互助社在多年的发展中已总结出可复制、易操作的合作金融模式。2011 年 8 月，百信资金互助社带动全国 10 家农民资金互助社共同出资设立北京百信之家，在全国各地推广百信模式，百信之家在推广资金互助社的过程中积极传播健康的办社文化。一是坚持"好人"办社。百信之家在推广资金互助社的过程中选择有威望、信用基础好、有一定经济实力的社区乡贤和农民骨干办社，通过审核发起人无犯罪记录证明、个人征信报告、无大额负债声明，最大限度避免"坏人"混入，尽可能杜绝委托出资和虚拟出资行为。二是坚持以中国银监会颁发的《农村资金互助社管理暂行规定》《农村资金互助社示范章程》为办社指南，并在实践中不断完善。三是坚持审慎经营，杜绝违规投资经营和违法投机经营。四是制定合理的存、贷款利率，避免高来高走的市场风险。

梨树县作为资金互助社的发源地，已成立了 18 家农民资金互助社，基本实现各乡镇全覆盖。其中的 16 家农民资金互助社是在百信之家的推广下成立的。2015 年 10 月，当地的农民资金互助社联合发起设立了吉林梨树县吉信柏林农民合作社联合社，由梨树县各乡镇的 18 家会员社各出资 20 万元，主要功能是为会员提供服务。联合社除为会员调剂资金余缺外，还有另外两个重要职能：一是监督管理会员，以实现会员自律。目前，联合社要求社员每月报送社员变更、财务等信息，并且每月下乡镇检查会员的运营情况。二是为会员提供教育培训，以促进会员的稳健发展。联合社定期开展教育培训，如财务培训、技术培训等。联合社的使命是传播信用合作文化，提高农民信用组织化以达到引导城市资金下乡的目的。截至 2016 年 12 月，百信之家在全国共推动了 200 多家资金互助组织的组建，总资产规模接近 30 亿元，其中吉林四平有接近 100 家，其余则分布在河南、山东、湖北、广东、辽宁等地。

16.3.2.2　农民资金互助社的运作机制

16.3.2.2.1　组织架构

根据梨树县农民资金互助社的章程，每个资金互助社由"一层三会"组成，分别是社员大会（社员代表大会）、理事会、监事会以及经营管理层。根据调研，社员代表、理事会、监事会的成员一般都由发起人组成。经营管理层设经理一名，负责互助社的经营管理工作，由理事会聘任，理

---

① 周立、李萌：《资金互助社这十年——基于吉林四平资金互助社的调查》，载于《银行家》，2014 年第 8 期。

事长可兼任经理。

社员代表大会是资金互助社的权力机构，由全体社员代表组成。每个互助社的社员代表至少有 10 人，由全体社员投票选出，社员代表每届任期 3 年，可连选连任。社员代表大会主要由理事会召集，每年至少召开一次，大会每次必须有 2/3 的社员代表出席，不出席的社员代表可以书面形式（明确授权内容）授权其他社员代表代行表决权。社员享有一票基本表决权，发起人共同享有基本表决权总数 20% 的附加表决权。

理事会是资金互助社的执行机构，一般由不少于 3 名理事（必须为奇数）组成，由社员代表大会选举更换，每届任期 3 年，可连选连任。理事会需选出 1 名理事长作为资金互助社的法定代表人。理事会每年至少召开 2 次，必要时可随时召开。

监事会是资金互助社的监督机构，一般由不少于 3 名监事组成，由社员代表大会选举更换，每届任期 3 年，可连选连任。监事会需选出 1 名监事长，资金互助社的经理和工作人员不得兼任监事，监事会每半年至少召开 1 次，必要时可随时召开。

根据在梨树县的调研发现，各资金互助社会经常召开社员代表大会、监事会以及理事会会议。因为资金互助社的社员代表、理事会以及监事会的成员都是本社的发起人，彼此之间比较熟悉，除了章程上要求的开会次数及讨论内容外，发起人会不定期地讨论资金互助社发展中遇到的问题，但因为讨论的时间地点以及方式不确定，所以基本没有会议记录，只有正式的会议才有会议记录。

吉林省梨树县的资金互助社在很多方面效仿了信用合作组织的做法，但在发起人控制方面明显不同于传统的信用合作组织。

16.3.2.2.2 运营模式

农民资金互助社可以吸收社员互助金、接受社会捐赠资金和向其他银行业金融机构融入资金作为资金来源，但梨树县资金互助社的资金来源主要是发起人出资以及社员入股，基本没有外部资金介入。农民资金互助社一般由不少于 10 人发起，主要以资金入股。为防止大股东控制资金互助社，规定每个发起人出资比例不得超过总资本的 10%。农户缴纳 100 元、农村小企业缴纳 1 000 元即可成为社员，最高入股资金也同样不得超过总股本的 10%。农民资金互助社坚持封闭运作的模式，所以农户要获得资金互助社的服务，必须先成为社员。普通社员入社要遵循一定的共同联系，主要是社区联系，要求入社成员的户口在互助社的辖区内或在该辖区内生活居住满 3 年。

目前，农民资金互助社的职能以解决农户的基本金融需求为主，即农户的存款和贷款服务。存款服务相对简单，没有门槛限制，只要农户是互助社的社员，即可办理存款业务。资金互助社的贷款期限一般为 1 年，贷款利率根据当地的市场利率浮动，到期一次性还本付息，社员最高借款额度为入股资金的 10 倍。贷款可视情况给予展期，家庭困难的社员借款若能在 7 日内偿还，经理事会研究可考虑免息。农户贷款需要携带社员入股凭证、结婚证与户口本原件、身份证及配偶身份证原件。如需担保，担保人也需携带以上证件，同时要求担保人也必须是互助社的社员。

资金互助社的贷款流程为：首先提交借款申请书，然后由调查员出具审批意见，再由理事会审批，最后社员与资金互助社签订借款合同。一般从社员提出贷款申请到拿到资金只需 3 天左右。社员拿到贷款以后，相关人员负责跟踪资金的使用情况。根据在吉林梨树县的调研发现，资金互助社的调查员一般由理事长、监事长及工作人员担任。

16.3.2.2.3 风险控制与管理

为控制农民资金互助社的风险，百信之家根据百信资金互助社的运作情况也总结了一套风险管理办法，制定了一系列管理措施，如《农民合作社资金互助部章程》《信贷管理制度》及《财务管理制度》，等等。

资金互助社按照审慎经营的原则，严格进行风险管理。（1）按互助金和股金总额的 10% 以上留足备付金；（2）资本充足率不得低于 8%；（3）对单一社员的贷款总额不得超过资本净额的 10%；（4）对单一农村小企业以及关联小企业社员、单一自然人社员以及同一户口簿上的其他社员贷款总额不超过资本净额的 15%；（5）对前 10 大户的贷款总额不超过资本净额的 50%；（6）不良贷款拨备覆盖率不低于 100%；（7）有盈利的年份，在弥补之前亏损后，提取法定盈余公积的比例不低于 10%，同时按年末的风险资产余额 1% 提取一般准备金。

资金互助社的贷款风险控制原则如下：（1）社员贷款金额不超过入股本金的 10 倍，并根据社员贷款金额的不同采取不同的担保方式，如表 16.6 所示；（2）社员贷款发放后一般由监事会负责按季监督，同时在季后 10 日内出具监督意见；（3）社员到期无法一次性归还本金和利息，可经审批后办理展期，最长展期一年，但资金互助社会收取罚息，一般罚息金额为正规利息的 50%；（4）若贷款出现逾期情况，则由信贷员和贷款审批人负责催收，停发相关责任人的绩效奖金，若出现恶意不归还情况，保证人要承担连带责任，必要时互助社可进行法律诉讼。

表 16. 6 农民资金互助社的贷款方式

贷款金额	贷款方式	担保人数量
1 万元以下	信用贷款	0
1 万 ~ 2 万元	保证贷款	1 ~ 2 名社员
2 万 ~ 5 万元	保证贷款	2 ~ 3 名社员
5 万元以上	抵押贷款	0

16.3.2.2.4 利益分配及风险承担机制

根据当前的章程规定，梨树县资金互助社的收益由全体社员共享，但亏损仅由发起人承担。社员出资 100 元入社，属于资格股，在资格股外社员也可以入投资股或在资金互助社存款，一般投资股金不超过 10 万元，而存款不设上限。投资股和存款的主要区别是存款有固定收益，而投资股没有固定收益，但是从实际运行情况来看，投资股的收益要比存款收益高。

16.3.2.3 农民资金互助社的运行效果

资金互助社在当地发挥了重要作用。如梨树县万发镇守信农民资金互助社，于 2014 年 10 月由 10 个发起人每人出资 10 万元成立，成立初期有社员 400 户，截至 2016 年 6 月末，社员已达到 1 200 户，覆盖当地 20% 左右的农户。互助社为社员的生产生活提供贷款支持，截至 2016 年 6 月末，守信农民资金互助社贷款余额有 700 多万，日常业务量平均可达到 3 ~ 4 笔，有贷款需求的农户基本都得到了满足。调研中发现，很多在正规金融机构不可能得到贷款的农户都可以在互助社申请得到贷款，如闫家村的一户社员，由于户主出现双股骨头坏死急需借钱做手术，成功从闫家村百信资金互助社得到了贷款。

16.3.3 山西省永济市蒲韩社区农民资金互助实践

山西永济市的蒲韩社区并不是一个行政区划意义上的社区，它是一个多功能、多类型农民合作组织的地区联合体，因为业务覆盖蒲州镇和韩阳镇等周边地区，各项功能联系紧密，形同一个概念上的社区，因此被称为"蒲韩乡村社区"，简称"蒲韩社区"，是该组织所在的地域统辖的各类农民合作组织联合体的一个总称。由于黄河改道，当地农户除责任田之外，还有 10 万多亩滩涂承包地，因此，蒲韩社区当地人均土地种植面积要远高于全国平均水平，农户在生产的各个环节，包括农资购买、耕地、播种、田间管理、收获、销售等，都需要更多的资金投入，蒲韩社区的农户对外部资金有较高的需求。

16.3.3.1 蒲韩社区发展历程

蒲韩社区的领袖人物是郑冰。1997年，郑冰的丈夫在黄河滩寨子村开了家农资店，郑冰发现农民来购买肥料时都很盲目，也缺乏针对病虫害防治的相关知识。为了改变这种状况，1998年，她辞去做了14年的小学教师，开始了开创合作事业的道路。她聘请不同领域的专家到农资店教授农业科技知识，随着农技培训服务不断扩大，参与人数越来越多，效果良好。1998年10月，郑冰在农资店成立了寨子"科技服务中心"，开始定期请专家给农民普及农业科技知识，这就是蒲韩社区的前身。

2001年年底，由于农产品价格下跌，导致部分农民还不上赊欠的农资，农资店的运营陷入困难。但借助"科技服务中心"的群众基础，2002年，郑冰通过农资店向20家农户每户借了2 000元，共4万元供农资店周转。年底的时候，每1 000元返还80元的红利给农户。2003年，为了进一步加强与农户之间的联系，郑冰让农户按一亩地50元预交农资款，最后300多户总共交纳11万。同样在年底的时候，农资店给农户按每1 000元优惠80元。2004年，农户农资入股30万。2005年，农户农资入股达到40万，2004～2005年都是以1 000元优惠80元的方式返还给农户。郑冰以入股的方式集资办农资店不仅使农资店走出了困境，还吸引了更多农户参与，这使得农民之间的利益关联更加紧密，农民的参与程度更高，农民有了合作的观念和基础。

2004年，永济市委和市政府批准他们注册了社团性质的"永济市蒲州镇农民协会"，郑冰成了农民协会的带头人。后来，该协会范围又扩大到邻近的韩阳镇，成为覆盖两镇几十个村的农民合作组织，并对外称"蒲韩乡村社区"，简称"蒲韩社区"。蒲韩社区从一开始就突破了从事单项经营的专业合作模式，从经济领域的农资购销和农产品销售、科技推广、有机种植、资金合作等方面，扩展到文化娱乐、社会服务等领域，形成了一个颇具规模的综合性农民合作组织。

经过不断调整，截至2016年6月，蒲韩社区整合为三个主要部门，分别是永济市蒲韩有机农业联合社（包括种植专业合作联合社和养殖专业合作联合社，简称联合社）、蒲州镇果品协会（简称协会）、永济市农业技术培训学校（简称培训学校），联合社侧重经济服务，协会侧重公共服务，学校主抓能力建设。设有联合社办公室（简称社办）和财务核算中心两个执行机构为三个部门提供支持。目前，蒲韩社区团队有100多个全职工作人员，80%以上是35岁以下的年轻人。蒲韩社区已经覆盖43个村，有3 865户会员，占该地区全部6 620农户的60%左右。蒲韩社区的农户会员把1/3的产品用于社区内部的互换消费；1/3直接提供给城市会员消费，对接了永济和运城的 8 100 个消费者家庭；1/3 出售给经过培训的经纪人。2014 年，社区的经营收入 1 674 万元，扣除经营支出 1 262 万元和管理费 222 万元，盈利 190 万元。社区的经济收入主要来自农资经营、农产品销售和信用服务。社区在农资采购、农产品合作销售、技术推广等方面给 3 865 户会员农户带来了实惠。

蒲韩社区在发展过程中也经历过波折，尤其是在资金合作方面。在 2003 年，他们筹集 11 万元用于采购农资的流动资金这件事儿被当地农信社当作"非法集资"告到市里。由于拿不准农民入股的方式是否符合政策，只得把入股资金改成预收农资款的形式。

蒲韩社区一直是自力更生谋发展，没有接受过政府的任何资助。永济市政府在蒲韩社区发展早期就注意到了这个农民组织，为了让这个组织能更好、更快地发展，永济市和蒲州镇多次表示可以提供财政资助，解决蒲韩社区的资金困难。这是个很大的诱惑，加入蒲韩社区的很多合作社都希望能获得政府的财政支持，但郑冰认为，这可能会影响自身经营的独立性。因此，郑冰顶住了压力，在保持和政府友好关系的同时，又拒绝了政府的支持。[①]

16.3.3.2 资金互助业务的运营机制

16.3.3.2.1 贷款额度与贷款利率

从 2012 年 9 月开始，在施永青基金会的支持下，蒲韩社区开始了内部的资金互助。把贷款利率由原来与小贷公司合作时的高利率降回到原来的月息 1.5%（年息 18%）。2014 年又大幅度降低利率，对低收入的小额贷款户实行阶梯式优惠利率（见表 16.7）。社区的信贷政策反映了其为农户服务、不追求高回报的宗旨。

表 16.7 蒲韩社区贷款利率对照表

额度	利息（年息）
2 000 元以下	免息
2 000~5 000 元	6%
5 000~10 000 元	9.6%
10 000~20 000 元	15.6%
20 000~30 000 元	18%

---

① 王小鲁、姜斯栋：《农村合作金融模式探索——山西永济市蒲韩农协合作金融调查》，载于《银行家》，2015 年第 7 期。

蒲韩社区开展资金互助业务之初，对所有的农户允许最高贷3万元，但运营一段时间之后发现，发放出去的贷款中超过90%都是顶格贷款。负责人决定把贷款最高额度降低到2万元，结果发现还是有超过90%的贷款都是最高额度。经过分析发现，原来很多农户贷款之后拿去做生意，因为这样利润更高，来钱更快。这背离了社区开展资金互助业务主要是为满足农户两大需求的初衷：一是生活方面的急需，例如孩子上学、家人看病；二是发展社区当地的"小而美"的有机农业。把有限的资金贷走之后，投放到其他用途，违背了蒲韩社区的宗旨，也无形中增加了资金互助业务的风险。此后，蒲韩社区就把一般贷款的最高额度降到了1万元。只有当贷款需求用于发展"小而美"的有机农业，而1万元的额度无法满足时，才会允许农户最高贷款3万元。社区还制定了向社员返还利润的计划，从2015年开始将利润的60%返还给入股的社区会员，30%提取为公益金，为社区农民服务，只留10%作为对业务人员团队的奖励。

16.3.3.2.2 贷款的风险控制

蒲韩社区并不是一个单纯的金融合作组织，而是一个多功能、多类型农民合作组织的地区联合机构。蒲韩社区的管理机构与一般的合作社相似，即社员大会是蒲韩社区的权力机构，理事会是蒲韩社区的执行机构，监事会是蒲韩社区的监督管理机构，除此之外，蒲韩社区还成立了政府指导委员会。蒲韩社区的特色是每个村都有一个干事负责村内的所有事务。蒲韩社区提供的服务内容主要有9项，分别是农业技术培训、土地改良中的农机耕作、日用品统购、农资统购、农产品统销、资金互助、老人互助养老、儿童及家长农耕乡村教育以及手工艺传承。

在蒲韩社区，借款的对象仅限于本社区联合社的社员，社员在入社申请时，社区辅导员会入户了解社员的家庭信息和需求，并且建立基本档案，发放社员证，所以社员贷款的流程相对简单。首先，社员到联合社填写借款申请表；其次，社区辅导员在收到申请后去农户家里了解清楚借款的真实用途、家庭成员的意见以及家庭还款能力之后，出具借款意见给自己的主管干事；最后，经主管干事审核后，社员可以得到贷款是否批准的答复，答复时间一般在借款申请的5日内。每位贷款农户都需要在当地银行办一张银行卡，财务会在贷款批准后通知农户，直接把贷款打到农户的卡上，并由农户和他的辅导员确认。从申请到发放贷款时长一般不超过一周。贷款发放之后，社区干事会负责社员的贷款跟踪。

蒲韩社区除了贷前审核外并没有特别严格的风险管理与控制，因为蒲韩社区并不是做单一的资金互助业务，社员与蒲韩社区有着千丝万缕的联系。蒲韩社区提供的服务囊括了农村生产生活的方方面面，这些服务可以使蒲韩社区及时了解贷款农户的收入支出等信息。蒲韩社区特有的"辅导员—干事"制度，是其控制资金互助业务风险的法宝。在这里，有许多专职辅导员，这些辅导员的主体是本地中青年人。每个辅导员负责对接180户农户，辅导员会为每一户农户建立家庭档案，记录的信息包括家庭成员、年龄、收入来源、种地具体情况、特长、健康状况、有哪些亲朋好友等，非常详细。家庭档案帮助社区更好地了解农户的信息、明白农户的需求，提供更好的服务。辅导员通过与贷款农户交朋友，处处替用款的农民着想，赢得了农民的信任。一旦农户面临还款困难，辅导员和社区会尽可能帮助农户，细心周到为他们策划，帮他们渡过难关。细致的工作、乡亲间的充分沟通、加上以心换心，很好地控制了资金互助业务的风险。

16.3.3.3　资金互助的实践效果

蒲韩社区的合作金融业务实现了"支持小农"的目标，任何生产生活上有困难的社员农户，都可以在社区获得金融服务。蒲韩社区为农户提供的金融服务与其他社会服务相辅相成，给农户带来了更大的帮助。在这里，生活上遇到诸如教育、疾病等困难的社员，不仅可以获得社区提供的贷款，还能获得社区提供的心理支持和人文关怀。资金不足但又希望从事30亩以下规模种植业的小农，不仅可以获得社区的资金扶持，还能获得相应的农业技术培训和产销端的统购统销服务。蒲韩社区的存在也丰富了当地农村文化活动，促进了农业技术传播，改善了当地的生活环境。蒲韩社区成功地把互助金融内置于一个生产、生活合一的综合性乡土组织，实现了社会资源资本化。

16.3.4　山东省安丘市S镇的资金互助试点案例

农民资金互助业务在山东各地的实践由来已久，如泰安、临沂、菏泽等地，最初多是单纯从事资金存贷业务的信用合作组织，除了泰安宁阳等地的资金互助业务得到当地有专业知识的农办官员支持以外，其他各地政府多采取冷处理方式。近年来，山东省政府逐渐认识到合作性金融对于实现农村普惠金融的重要性。2015年，资金互助业务上升为政府意志，出台了《山东省农民专业合作社信用互助业务试点方案》（以下简称《方案》），鼓励农民专业合作社探索封闭模式的资金互助。《方案》的主要内容是：明确准入条件，适度设立门槛；完善治理结构，加强民主管理；制定运营规则，促进可持续发展；健全监管体制机制，加强风险防控。《方案》规定，社员可缴纳股本金，参与信用合作，但社员的资金要存入托管银行，合作社不设资金池。社员借款时，合作社向托管银行发出指令，托管银行根据指令归集资金，并分配资金至贷款社员，同时规定互助资金总额不能超过1 000万元，期限不超过1年。山东省的改革方案虽然规避了卷款跑路的风险，但却忽略了合作性金融的一个核心功能：教育社员养成储蓄的习惯，积少成多为开展贷款业务提供充足的资金支持。

山东省的资金互助业务在潍坊市选了3个县、区作为试点，安丘市是其中之一。潍坊市资金互助业务开展的时间较早，数量也比较多，在全省范围内处于较为领先的地位。配合省政府的试点，潍坊市政府也出台了相应的指导意见，并给予了一定的资金支持。2015年试点的3家均为供销社系统内的农民专业合作社，山东省政府每家支持15万元；2016年试点7家（其中供销社系统申请了5家），由潍坊市政府每家支持10万元。负责的托管银行、金融办、合作社三方要签署协议，共同维护合作社资金互助的健康运行。目前，安丘市注册的专业合作社有2 500家，但参与资金互助业务的合作社比例很低。通过调研了解到，设立专项资金账户、按照《方案》规范操作的内部资金互助对农民来说是新生事物，很多农民因为不熟悉专项账户的操作流程和规范，参与资金互助的积极性较低；同时也担心新兴事物存在风险，因此，在推广过程中面临较大的阻力。

安丘市S镇是一个农业大镇，1996年被农业部命名为"中国草莓之乡""中国樱桃之乡"。樱桃和草莓是当地的特色经济作物，经济附加值高。S镇的经济作物采用大棚种植，农资需求量大，农户对贷款的需求也很大。

16.3.4.1 安丘市S镇C合作社的组织结构

C合作社是一个集樱桃生产、销售、融资于一体，并依托于安丘供销社的综合合作社。截至2016年9月，合作社有社员176户（以户为单位），其中的72户参加了资金互助业务，社员每户投资15 300元为一股，不可超额入股。此外，县供销社入股113 000元，合作社资金互助业务的股本约为120万元。合作社内部不设立资金池，但要求社员每人的专项账户保有2万元的资金余额，以保证在社员借款时，能及时划入合作社的资金互助账户。资金互助业务现设负责人一名，干事4名，负责合作社的日常业务、资信审核、批贷流程以及贷款发放等基本业务。合作社的资金互助业务仅限于合作社社员，所有参与资金互助业务的社员利益共享，责任共担。

安丘市试点的几家专业合作社均由县供销社领办，并派出一两位代表定期到合作社进行访问调查，建立有效的信息沟通机制。供销社与社员之间的合作一般包括以下三种情况：一是通过赊销的方式帮助农户购买种子化肥等生产资料；二是通过平台和网络优势，帮助农户销售及推广农产品，并完成部分代收业务；三是利用其设施资产帮助农户解决仓储等问题。

16.3.4.2　C合作社资金互助的业务模式

合作社严格按照山东省合作金融的试点方案执行，严禁资金对外部开放，也不允许吸收外部存款，社员申请入社时，需由合作社几名干事进行详尽的资信审核，通过审核以后，以户为单位建立家庭信息档案，发放社员证。贷款虽然基于地缘、血缘和亲缘关系，但也需要干事对当地人际关系及各家各户的生产经营情况有充分了解。C合作社的互助贷款资金用途仅用于农业生产经营性活动，不可用于消费需求。C合作社在2016年9月的互助贷款利率略高于当地农商行及农业银行，每家农户贷款额度不超过5万元。实际的借款金额一般都在3万~5万元。

具备资金互助业务的社员资格后，要开立专项资金借贷账户，承诺在其他社员有借款需要时可以保证出借承诺的金额。评议小组在收到借款人申请后，首先对借款人的借款用途进行审查，并了解家庭成员的意见以及个人信用状况、还款能力等；审查通过后，进行借款审批；审批通过后，评议小组将指定几位承诺出资的社员共同均等出资，筹齐借款人需要的金额，并通过个人专项资金账户，将资金统一划转至合作社开立在托管银行的专项账户，然后由托管银行从合作社专项账户划转至借款人的个人专项账户中，所有账户均开设在安丘市S镇农村商业银行。借款人在借款期内，资金互助部门的干事会定期检查借款金额的使用情况，防止不良贷款的发生。C合作社自2008年有资金互助业务以来，从未出现过一笔坏账。谨慎的经营理念、翔实的社员档案信息，以及资金互助社干事与农户的密切沟通，保证了贷款发放的准确、高效、低成本和低风险。

16.3.5　河南省济源市A农民专业合作社资金互助实践

济源市地处河南西北部，与山西省毗邻，全市辖5个街道、11个镇，其中有几个镇的农民专业合作社均开展了内部资金互助。几家专业合作社都在济源市工商局登记注册，主营范围包括组织成员进行农产品的种植销售，组织采购、供应成员所需的生产资料，开展技术培训和技术信息咨询服务，并在社员之间进行封闭的资金互助。因为济源市农商行的农村金融服务相对充分，留给农民专业合作社的市场空间相对较小，因此，其资金互助业务的发展比较稳健。当地政府对这一新生事物持谨慎关注态度，但因为这些业务符合近年来党中央、国务院一号文件所倡导的精神，并在全国各地均有先例，没有对这些专业合作社内部的资金互助业务进行干预，但也没有表现出予以支持的积极态度。因为几个农民专业合作社的资金互助模式基本相同，以下将以 A 农民专业合作社为例介绍济源市农民专业合作社内部资金互助的运营模式。

16.3.5.1 运作模式

截至 2017 年 9 月底，A 农民专业合作社共发展社员 1 100 余名，累计投放种植、养殖等互助金 4 000 多万元，缓解了当地农民融资难的问题。

凡是在 A 合作社所在镇有户口的农民或本地有固定住所且居住满三年以上（有当地村委证明），具有完全民事行为能力，年满 18 周岁，诚实守信、声誉良好，承认并遵守合作社章程，愿承担相应义务的公民，由至少一名社员推荐，持身份证和户口本，填写入社申请书，在合作社调查人填写调查意见后，由理事长审批，并缴纳社员资格股 300 元（2017 年 8 月 1 日改为 100 元），成为合作社社员。

需要资金的社员可持本人户口簿、夫妻双方身份证、结婚证和股金证，到合作社填写社员借款申请书，由调查员实地调查并出具贷前调查报告，然后由贷审会研究审批，对符合借款条件的社员，根据借款金额找社员进行担保，按照股一贷十的比例，由贷款社员追加股金，然后借款人携关系人和担保人到合作社签订信用互助借款保证合同，凭合同到柜台办理借款凭据，并支付互助金给社员。整个流程快捷方便，社员一般可在两天内拿到互助金。贷款利率为月息 1.25%，低于当地邮政储蓄银行和村镇银行的贷款利率。互助金借用的期限最长 6 个月（2017 年 8 月 1 日后延长为 1 年），贷款按月偿还利息，最后一次性偿还本金。如果社员在到期前偿还借款，不收取违约金。

为防控互助金的违约风险，合作社遵守以下原则：互助金额度严格限定在 3 万元以内（2017 年 8 月 1 日后上调为 5 万元），且用途全部用于种植户、养殖户，对其他行业不予支持；借款主体仅限于农户社员，禁止对企业放款；根据互助金额度，需要 1~3 个社员担保；借款社员需要购买人身意外保险；借款发放后，调查员会定期回访使用情况，保证投金用到实处。开业三年以来，合作社的不良贷款控制在 1% 以下，风险控制效果良好。

16.3.5.2 服务社员

A 农民专业合作社的特色在于为社员提供的集体采购谈判服务，合作社目前已在以下方面通过集体谈判为社员争取到了实实在在的利益。

一是联合购销。合作社与农资总经销商合作，为社员统一购买化肥，降低了成本，同样品牌的化肥每袋均比市场价格低 10～15 元，每季可为社员节省资金 3 万余元。

二是合作单位返利。社员购买汽车交强险、商业险等，除享受保险公司的优惠政策外，还可以享受到 25% 的优惠；社员购买电器时可获 3%～4% 优惠；社员持合作社与指定药房共同订制的"贵宾惠民卡"，购物时可享受 8.5 折或 8.8 折优惠；社员购买指定品牌电动车和三轮车享受 2% 的返利；社员持股金证购买石材、橱柜、厨房电器等，议价后还可到合作社领取 2% 的现金返利；社员在指定医院住院，病人出院后按照新农合或医保报销后的住院费、检查费、治疗费给予 10% 的优惠，社员体检费用给予 7 折优惠；社员在指定驾校报名学车，在正常交付学费的基础上，合作社还会给每名社员补贴 300 元学费。

三是便民服务。A 合作社所在镇只有农商行和邮储两家银行，农民面临进城取款难、跨行取款手续费高等问题，办理业务极不方便，合作社与中国建设银行济源分行合作，成为其在梨林镇的助农取款服务站，社员持任意银行卡可办理全国范围内跨行转账、汇款、存款、取款等基本金融业务，且手续费全免，极大地方便了社员；合作社还与中国联通合作，组建 IVPN 小网，合作社社员和社员的家庭成员联合入网，可享受网内 1 元包 1 000 分钟本地通话的优惠。

四是为社员提供培训。每年组织多次养羊、养猪、养兔、果树种植等各类培训，为社员提供最新的资讯和技术。

16.3.5.3 存在的问题

一是社员异质性问题导致普通社员参与经营管理的积极性低。2017 年 9 月底，A 农民专业合作社的社员已发展到 1 100 多名，但合作社的股金主要来自少数几个发起人，普通社员的股金在合作社总股本中占比很小，因此，普通社员很少关心合作社的经营管理事务，不可避免地会导致合作社在治理方面偏离国际合作原则。二是有关合作社的教育培训较为欠缺。虽然合作社举办了很多的技术培训，但有关合作社的性质、原则、政策方面的培训却较少。三是合作社内部的资金互助处于监管真空状态。尽管目前的资金互助大多是在专业合作社内部封闭运作，但它毕竟具有金融性质，对其进行一定程度的监管是必要的，目前没有一个政府部门主动对合作社的内部资金互助业务进行监管，也缺乏相关的法律法规来规范其设立和运营，这其中蕴含一定的风险。

16.3.6　河南省信阳市郝塘村内置金融合作社实践

所谓内置金融，就是指在农村村社组织的内部置入以资金互助合作为核心的金融平台，它建立在土地集体所有制的基础上，以家庭承包经营为基础的统分结合双层经营体制为依托，并与所有制和经营体制相匹配，使得农民的集体成员权、家庭承包权、农户财产权都可以成为其抵押品。内置金融是农民村社组织的一部分，它以村社为边界，以村社成员为主体，以社员交纳的会费为运行资金，为村社社员服务，收益由社员共享。内置金融村社是党支部领导下的新型基层组织模式。内置金融村社在本质上利用了村社内部的治理体制，但又从外部加入了民主的元素，是对当前村级治理的提升。

在李昌平主导的中国乡村建设院的倡导和指导下，湖南、河北、河南、广东、湖北、贵州等省已经建立了若干个农村内置金融合作社，这些资金互助合作社在当地政府的支持下，在农村村民的逐步接受和参与下，不断发展壮大，已经取得了一定的成绩。郝塘村的实践让内置金融村社一举成名，接下来将以郝塘村的内置金融合作社为例来介绍其运作模式、风险控制和实践效果。

郝堂村位于河南省信阳市平桥区东南部山区，总面积 20 平方公里，全村共有 18 个村民小组，总人口近 2 300 人，60 岁以上的老年人占总人口的 12%。2009 年郝堂村人均收入 4 000 元左右，打工收入约占 70%，农业收入占 30% 左右，比全国平均水平低 20%。到 2013 年，村里人均收入达到 8 300 元，与同时期的全国农民纯收入 8 896 元相近，收入的主要来源为农家乐餐饮服务、种植水稻、采茶叶、收栗子和外出打工。郝堂村的巨大改变开始于 2009 年。作为金融改革试验区，信阳市政府态度较为开放。2009 年，中国乡建院院长李昌平和信阳乡村建设协作者中心理事长禹明善走进了郝堂村。在李昌平、禹明善和村"两委"的共同协商支持下，成立了名为"平桥区夕阳红资金互助合作社"的养老资金合作社。

16.3.6.1　运行机制

在合作社筹集资金伊始，李昌平他们遇到了很大的障碍，因为农民没有见到任何收益，就让他们先交入股费（年满 60 岁以上的老人每人一次性上交 2 000 元），绝大多数村民都对此产生了怀疑。在充满质疑的目光中，李昌平的课题组投入 5 万元，平桥区科技局代表区政府投入 10 万元，村委会筹集了 2 万元，他们又找了村里 7 位德高望重且有经济实力的老人，每人出资 2 万元，此外还有第一批尝试入股的 15 位老人每人出资 2 000 元，合作社筹齐了 34 万元的启动资金①。其中，发起人、区政府、李昌平等不要利息、不参与分红，村委会股金的收益用于五保户帮扶。

在李昌平等外来专家的参与下，发起人和村民们尤其是村中的老年人经过几天几夜的讨论，制定出了合作社章程。根据章程，贷款审批权掌握在由老年社员组成的"10 人小组"手中，理事会只拥有否决权；老年会员除享受分红权外，还有为村民担保贷款 5 000 元的权利。村民从合作社贷款的利率为月息 1%，村民可以用承包地、林地作为贷款抵押。合作社吸收 60 岁以上的老人入股，入股资金为 2 000 元，每年年底根据合作社的效益分红。入社老人可追加股金 2 万元，作为优先股享受银行 2 倍的利息。本村村民也可入股，享受比银行高一个百分点的利息，但入股资金最高不超过 10 万元，互助社也吸收社会上不求利润回报的慈善资金。村干部可牵线介绍村内需要贷款的人贷款，但无决定权。最终决定权由选出的几位垫资人和入股老人组成的委员会审查讨论决定。贷款额和贷款期都有控制。利息因贷款期不同，为 1.0 ~ 1.2 分不等。合作社利息收入中，40%用于老年社员的分红，30%作为滚动资金，15% 为风险金，15% 为管理费。实际上，由于熟人之间风险几乎为零，而且合作社由村民不计报酬自发管理，所以风险金和管理费都并入滚动资金。截至 2017 年 1 月 10 日，村里共有 266 位老人入股成为互助社的社员，资金总量为 273 万元（因资金需求量下降，合作社调整了资金量），运营收益 36 万元。村社内置金融的管理实行理事会领导下、监事会监督下的理事长负责制。理事会和监事会主要由乡贤构成。理事会、监事会及其经营团队的主体是当地农民②。

16.3.6.2 风险防控

为了防范贷款风险，资金运用要符合以下原则。一是老人社员股权担保。村里人贷款需要找入股的老人进行担保，一位老人有 5 000 元的贷款担保权，一位村民如果想借 2 万元，则需要找 4 位入股的老人进行担保。二是以村民在集体内部的林地和承包地等资产做抵押。就算村民还不起贷款，但他所抵押出去的土地可以在村集体内部进行流转，从而将农民静态的"生产要素"——土地、山林、水面等，转变为可流动的"金融资产"。三是资金只在集体内部流动，不对外借贷。由于资金只在村内封闭运行，对

---

① 刘建、井湛、刘柳：《农村内置金融的建立与发展：打赢扶贫攻坚战》，载于《经济师》，2017 年第 1 期，第 51 ~ 53 页。
② 秦峰：《金融合作社的运营模式创新——内置金融合作社》，载于《农技服务》，2016 年第 33（12）期，第 10 ~ 11 页。

贷款人的情况非常了解。合作社会根据贷款人的实际工作能力和偿还能力来考虑贷款的数额，再加上村社内部信息灵通，降低了贷款风险。

16.3.6.3 实践效果

一是缓解了村民贷款难的问题。郝塘村夕阳红养老资金互助社通过内置金融，使农民土地财产权益在集体内部流动起来，每年累计发放贷款500万左右，缓解了农民"融资难"问题。二是有效控制了贷款风险。在合作社理事会无私奉献、精心管理下，贷款不良率几乎为零。即使有极个别遇到特殊困难的借款户，当年还不了本金，也会先把利息还上，再办理延期借款的手续。三是老年社员得到可观的分红收益和养老服务。从成立至今，合作社每年的分红金额在稳步提升，从2009年最初的300元提高到2015年的800元，2016年分红550元，至2016年年底，合作社为老年社员分红总计109万元。通过夕阳红资金互助合作社发展起来的村集体经济，也获得了可观的盈余，盈余的资金村里用来修建养老院、养老中心，服务村里的老人。四是为村两委的工作提供了抓手，改善了农村的基层治理。互助社成立以后，村民有了民主参与的机会，村两委的建设性工作也多起来，通过为村民提供实实在在的、感受得到的参与感和经济利益，逐渐赢得了村民的信任，改善了农村的基层治理。五是弘扬了传统孝道。年满60周岁的老人可以入股参加夕阳红资金互助合作社，有相当一部分老人参与合作社的资金来源于其子女的支持，通过合作社资金的入股，加强了父母和子女的联系。年轻人要去互助社贷款，除了抵押之外，还需要入股的老人作为担保人。如果贷款的年轻人平时对父母不孝顺，那么他在村里得到贷款的可能性基本为零。所以年轻人为了贷款，必须要孝顺自己的长辈亲人，也必须和村里其他人搞好关系，这样才有可能贷款成功。通过夕阳红资金互助合作社的运行开展，有效地实现了青年与老年人之间的良性互动[1]。

16.3.6.4 潜在的问题

尽管内置金融的村社发展取得了良好的效果，但一些潜在的问题也值得关注。一是缺乏相关部门的监管和审计。尽管内置金融由于在村集体内部封闭运行，还有抵押担保，且贷款额度较低，民主管理，大大降低了风险。但金融业务的外部性决定了应该对其实行一定程度的监管。如何实现低成本、高效率的监管，是该行业能够持续发展的先决条件。二是如何确

---

① 刘建、马鑫、吴一木：《内置金融：在郝堂存在、发展的可能性和价值》，载于《重庆与世界》（学术版），2016年第12期，第47~49页。

定村民抵押财产的公允价值。作为抵押的财产权，一定程度上存在评估难、抵押后管理难等现实问题。三是规模经济问题。村社的规模都非常有限，实际上中国农村的平均规模可能只有 200 户人家，还有很多农户的生计在村外，因此，村社内部的资金互助尽管会节省交易费用，但缺乏规模效益。四是大面积推广要特别慎重。内置金融村社本质上是村委和合作社一体的，合作社本身要求民主控制，这对村庄领导人的素质提出了较高的要求。目前在很多村庄，如果不经过培训的话，村庄领导人很难达到内置金融村社所要求的素质，因此，如果推广这种模式，要谨防重蹈 20 世纪 90 年代合作基金会的覆辙。

16.4　农民资金互助组织的优势和存在的问题

16.4.1　农民资金互助组织的优势

作为合作性组织，农民资金互助组织在以下几个方面有着其他金融机构不可比拟的优势。

16.4.1.1　志愿服务降低了资金互助组织的运营成本

和国内金融机构的普遍高薪形成鲜明对比的是，资金互助组织理事会的大部分成员和监事会成员提供志愿服务而不领取报酬，管理人员和员工的薪水普遍较低，大大降低了资金互助组织的运营成本，降低了社员需要承担的服务成本，为向农村居民提供廉价的金融服务奠定了基础。

16.4.1.2　社区基础提高了资金互助组织的运营效率

与其他金融机构短则 1 月、长达半年的贷款审批时间相比，大部分资金互助组织因为建立在社区基础上，社员之间相互了解，降低了信息不对称的程度，一般在短时间内就能决定是否发放贷款，借款人甚至能够当场拿到急需的资金。社区基础上的相互了解降低了发放贷款前的调查成本，提高了运营效率。

16.4.1.3　无须抵押解决了农村居民贷款难的问题

对于农民而言，由于缺乏合格的抵押品而被大多数金融机构拒之门外，而农村资金互助组织则是社员自己的组织，其目的是通过互助达到自助。因此，与商业性金融机构不同，它发放的贷款大部分是由保证人担保的保证贷款，并不强制要求抵押品；即使要求抵押，也是农民能够拿得出的抵押品，从而解决了农村居民贷款难的问题，成为农村金融市场上填补空白的角色。

16.4.1.4　只对社员贷款保证了资金来于社员用于社员

资金互助社的社员一般限定在一定的区域范围或行业范围内，只能吸收社员的存款，且资金只能用于对社员发放贷款，资金互助组织的这种社区性质能够使其避免像邮政储蓄和农业银行这些大型全国性商业银行那样从农村吸收储蓄，然后投入到利润更高的城市地区的"抽水机"功能。

16.4.2　农民资金互助组织发展中存在的问题

尽管资金互助组织是最贴近"三农"需求、最有发展潜力的农村金融组织，但当前农村资金互助组织的发展过程中仍存在不少问题。

16.4.2.1　资金互助组织的发展取决于地方政府的态度

自2009年文件颁布后，很多农民专业合作社涉足资金互助业务，但各地发展情况并不均衡。一般来说，如果地方政府管理较为宽松，甚至持鼓励态度的话，当地的资金互助组织发展得会更多更快一些，发展的状态和环境会更加透明一些；如果地方政府持反对态度的话，资金互助组织的生存空间会非常狭小。调研结果显示，农民资金互助组织的发展状况多和当地政府的态度紧密相关，而政府态度则取决于相关官员对于资金互助组织的认知程度。即使是在两个相邻的地方，农民资金互助组织的发展程度也会有很大的不同。

16.4.2.2　内部治理机制千差万别

农民资金互助组织能够起到筹集资金、服务三农的作用，对于促进当地经济发展起到了积极的作用；但多数资金互助组织仍处在起步阶段，尚未形成统一的内部治理机制和风险内控制度，也未能完全按照合作组织的"非营利性、民主管理、志愿的理事会、社员资格、社员教育"的国际惯例进行运作。互助组织的运营方式不同于公司组织，绝大部分农民不知道该如何经营，该遵守什么原则，甚至有很多农民也不了解农民专业合作组织的运行模式，导致很多合作组织按照公司组织的模式进行经营，成了银行的翻版，削弱了为弱势群体服务的能力，民主参与和民主管理制度只是写在纸上，难以得到当地群众的信任。

16.4.2.3　缺乏外部监管

对于持有金融许可证的农民资金互助组织而言，会定期向银监会和财政部门报送相关材料，每年也会委托审计师事务所对其进行年度审计，银监会作为主管部门也会进行不定期的现场检查和指导，这类互助组织的运作相对规范。而对于那些没有金融许可证的农民资金互助组织而言，由于没有主管部门，也没有形成一个正规的行业协会，尚处在监管真空中。如果内部治理机制和内控制度不健全，则很容易滋生操作风险。

16.4.2.4 名称滥用破坏了行业形象

因为对农民资金互助组织在政策导向上的放松，使得很多地下金融机构成为冒牌的农民资金互助组织。但实际上，这些金融机构虽然叫作"××农民专业合作社资金互助部"，但他们在治理机制上根本不是互助合作组织，而是按照公司制度建立的金融中介机构，由于他们经营贷款的利率高，发放贷款也没有遵循合作组织的原则，蕴藏着巨大的信用风险。如2012年，江苏多家农民资金互助社发生挤兑、倒闭事件；连云港市灌南县4家农民资金互助社的上亿元资金被挪用发放高利贷，后经排查，这4家所谓的资金互助社都被1家专业的高利贷公司所控制。这些披着资金互助社外衣的机构，既没有遵循真正合作组织的内部治理机制，也缺乏相关监管部门的持续监管，发生影响社会安定的事件也是必然的。据业内人士估计，仅河南省的一个市就有大大小小400多家打着农民专业合作社的旗号涉及资金业务的非正规金融机构。2013年在该市调研时，仅在两条街上就看到了近20家这样的机构。

16.4.2.5 较高的贷款利率偏离了合作组织的非营利原则

尽管小额贷款之父尤努斯认为，穷人能够承担得起高利率，在农村实行商业性的小额贷款是可行的，但世界范围内的信用合作组织却一直遵循非营利原则，通过法律的形式限定为社员提供贷款的利率上限和为社员支付股息的股息率上限，兼有志愿服务的优势，从而能为社员提供较低的贷款利率，并保持自身发展的可持续性。根据调研结果，有些资金互助组织的贷款利率较高，并且未对股息分红设定上限，在一定程度上呈现商业化色彩，背离了合作组织的非营利原则。

17　中国农村合作性金融发展的路径探讨

农村经济正处在城镇化和现代化的发展过程中，任何项目的开始和持续发展都需要较大规模的资金投入，单靠农民个人的资金积累是不够的。农民之间的互助合作，能够使有资金需求的农民方便地得到贷款，缓解农村金融抑制问题，促进农村经济发展。但我国当前对新型合作性金融发展的一些重要的方向性问题尚未有定论，如合作性金融组织是否需要监管，由谁监管和怎样监管；合作性金融的立法；合作性金融的发展模式；政府对合作性金融组织的支持等。本章将对这些问题进行探讨。

17.1　非审慎性监管是合作金融发展初期的理性选择

在前文的论述中我们强调了政府的制度供给在信用合作制度发展中的重要作用，而政府制度供给的成败又取决于信用合作制度变迁带来的社会收益和社会成本的比较，其中重要的成本是来自监管的成本。资金互助社的监管问题一直是大陆学者们争论的焦点，有研究认为对资金互助社的监管是必要的，陈东平等（2015）利用苏北滨海县两个资金互助社的案例证明了外部监管的存在可以降低农村资金互助社因规模扩大而发生使命漂移的概率[1]。也有学者认为，尽管应该对资金互助组织进行监管，但不应采用审慎性的监管模式。邵传林（2010）[2]、周振和孔祥智（2014）[3] 分别从交易费用和制度经济学两个角度，通过案例研究表明审慎性的监管模式

---

①　陈东平、钱卓林：《资本累积不必然引起农村互助社使命漂移——以江苏省滨海县为例》，载于《农业经济问题》，2015 年第 3 期，第 40～46 页，第 110～111 页。

②　邵传林：《金融"新政"背景下农村资金互助社的现实困境——基于 2 个村的个案研究》，载于《上海经济研究》，2010 年第 6 期，第 27～35 页。

③　周振、孔祥智：《制度经济学视角下农村资金互助社的正规化研究》，载于《制度经济学研究》，2014 年第 2 期，第 1～19 页。

会增加资金互助社经营成本，不利于资金互助社发展；张德峰（2012）也认为资金互助社是民间自发成立的合作性金融组织，银监会审慎性的监管模式会剥夺资金互助社的自主权①。虽然很多学者认为对资金互助社的非审慎监管是必要的，但对监管主体却有不同观点。有学者认为政府监管是保证资金互助社稳定发展的关键：汪小亚（2014）认为我国专业合作社内部开展的资金互助社自发性色彩较浓而且潜藏较大的金融风险，需要政府监管部门的介入②；周振（2012）认为政府的强力管制有利于提升资金互助社的运营业绩③。但也有学者认为行业自律对资金互助社的发展起着至关重要的作用：吉南（Guinnane，1997）认为地区性合作银行和审计机构的设立是德国信用合作社运营成功的关键④；贺力平（2002）⑤、石雨婷和鞠荣华（2015）⑥认为应当推进合作金融组织行业协会的建立促进行业自律，同时辅之以政府的监管制度供给。那么，资金互助社是否需要监管？若需要应怎样监管？以下将使用演化博弈论和成本收益法对资金互助社的监管问题进行深入分析，试图为解决以上问题理清思路。

17.1.1　理论基础与研究方法

17.1.1.1　租值消散理论

租值消散理论是现代产权经济学的重要理论之一，其核心思想是某项有价值的资源或财产由于产权界定不清晰导致其租值下降甚至消失。对资金互助社行业而言，资金互助社的名号可以理解为该行业的租值，行业租值越高越有利于获取客户信任和外部支持，进而提高资金互助社的租值收益。

资金互助社是不以营利为目的的合作性金融组织，在缺乏外部监管时，资金互助社的名号可能会被滥用，有些机构会假借资金互助社的名号行非法集资之实。一般而言，以合作互助为原则成立的资金互助社为保持

---

① 张德峰：《论农村资金互助社的政府有限监管》，载于《现代法学》，2012年第6期，第126～135页。

② 汪小亚：《发展新型农村合作金融》，载于《中国金融》，2014年第5期，第23页。

③ 周振：《制度视角下农民资金互助组织的存续机理研究》，南京农业大学2012年硕士论文，第58～59页。

④ Guinnane, Timothy W. , Regionalorganizations in the German Cooperative Banking System In the late 19th Century. *Research in Economics*. 1997, 51 (3): 251 –274.

⑤ 贺力平：《合作金融发展的国际经验及对中国的借鉴意义》，载于《管理世界》，2002年第1期，第48～57，第154页。

⑥ 石雨婷、鞠荣华：《信用合作组织监管制度的国际比较——以德国、美国、日本3国为例》，载于《世界农业》，2015年第1期，第63～66页，第76页。

行业租值，会自发成立行业协会进行自律约束，但行业协会是会员自愿加入的组织，其自律约束不具有权威性，对行业内的非会员缺乏约束力，非会员的机会主义行为会降低整个行业的租值。行业内的机会主义行为越多，整个资金互助社行业的租值越低，每个资金互助社的租值收益也就越低。因此，行业协会的宗旨是争取政府的立法支持，给资金互助社合法地位，以法律的形式明确规定资金互助社之可为和不可为，稳定资金互助社的租值收益。资金互助社在经营管理方面应该坚持信用合作的基本原则，只有坚持这些基本原则，才能赢得社员的信任，满足整个社会对该行业的角色期待，得到它该得的行业租值。

17.1.1.2　演化博弈论

由于经营者的有限理性，资金互助社最初很难找到最优的经营策略，而是在与利益相关者的博弈过程中，通过学习和调整逐渐达到自身的最优状态，因此，演化博弈论是分析这一过程最适合的方法。演化博弈论是在博弈论基础上发展起来的一个新领域，该理论摒弃了参与方完全理性的假设，认为博弈方会在博弈过程中通过不断试错而逐渐寻找到最优策略，最终形成稳定的状态，故演化博弈是参与者有限理性下的动态博弈。以下将主要采取复制动态方程①的方式求解演化博弈模型的演化稳定策略②。

17.1.2　无政府监管时资金互助社自律行为选择

17.1.2.1　资金互助社之间博弈模型的构建

第一，博弈模型的构成要素及假设条件。（1）将资金互助社群体抽象为两大博弈主体，即资金互助社 A 和资金互助社 B；（2）资金互助社 A 和 B 具有相同的策略集，即自律和不自律，其中自律是指资金互助社不以营利为目的，在经营过程中严格遵守合作互助的原则；不自律是指行业内的机会主义者，不遵守合作互助的原则，以营利为目的；（3）资金互助社的收益主要分为两部分：一是租值收益，根据租值消散理论可知，没有监管时，该部分收益受行业自律情况影响；有监管时，政府监管可以明确资金互助社的租值。二是资金互助社自身经营的收益，本研究假设自律资金

---

① 复制动态方程：核心思想是研究比例动态变化的速度，下文研究"自律"资金互助社的比例动态变化，其动态微分方程为 $F(p) = dp/dt = p * (U_{x1} - U_x)$。

② 演化稳定策略（ESS）的基本概念是由斯密斯与普瑞斯（1974）提出，如果一个策略是演化稳定策略，则整个群体不会因为某个个体的改变而发生永久性的改变，即波动之后整个群体的最终状态依然会收敛在演化稳定策略。根据微分方程的稳定性定理，在稳定状态处复制动态方程的导函数必须小于 0。

互助社自身经营的净收益为零①；不自律资金互助社实际采取公司的组织模式，由主要的投资者控制，像商业性金融机构一样，通过经营存贷款业务获得收益；（4）两类资金互助社之间的作用为随机相互影响，资金互助社之间同时决策，不存在行动的先后顺序。（5）自律资金互助社为获得政府立法支持，提高行业租值会积极组建行业协会。

第二，博弈模型的参数设置。（1）在没有监管时，机会主义者的存在会降低行业的租值，设整个行业全部自律时资金互助社的租值收益为 R，部分自律时资金互助社的租值收益为 r < R，则：（2）不自律资金互助社通过吸存放贷可以获得经营收益 w，w 与存款利率、贷款利率以及资金规模有关，存款利率越高，资金互助社的经营收益越低，而贷款利率越高或可用资金规模越大，资金互助社可获得的经营收益越高；（3）自律资金互助社为建设和维护行业协会的成本为 C；（4）资金互助社自律和不自律的概率分别为 p 和 1 - p，其中 $0 \leq p \leq 1$。

第三，博弈矩阵。根据以上参数设置及假设条件建立 2 × 2 对称博弈矩阵（见图 17.1），当整个行业内的资金互助社全部自律时，资金互助社的收益为 R - C；当整个行业内的资金互助社部分自律时，自律资金互助社的收益为 r - C，不自律资金互助社的收益则为 r + W。

		资金互助社A	
		自律（p）	不自律（1-p）
资金互助社B	自律（p）	（R-C, R-C）	（r-C, r+W）
	不自律（1-p）	（r+W, r-C）	（r+W, r+W）

图 17.1　没有政府监管时资金互助社之间的博弈矩阵

17.1.2.2　博弈模型分析

设资金互助社自律时的期望收益为 U_{x1}，有：

$$U_{x1} = p \times (R - C) + (1 - p) \times (r - C)$$

设资金互助社不自律时的期望收益为 U_{x2}，有：

$$U_{x2} = p \times (r + W) + (1 - p) \times (r + W) = r + W$$

因此，资金互助社群体的平均收益 U_x，为：

---

① 自律资金互助社不以营利为目的，社员即是所有者，目标是满足社员的金融需求，若有盈余则提取公积金或向社员按惠顾量返还，故自律资金互助社自身经营的净收益为0。

$$U_x = p \times U_{x1} + (1-p) \times U_{x2}$$

则该演化博弈模型的复制动态方程为：

$$F(p) = dp/dt = p \times (U_{x1} - U_x) = p(1-p)[p(R-r) - C - W] \qquad (1)$$

令 $F(p) = 0$，可得，$p_1 = 0$，$p_2 = 1$，$p_3 = (C+W)/(R-r)$，根据演化博弈原理可知，只有当 $F'(p) < 0$ 时，该均衡点才是演化稳定策略，即 ESS。

对 $F(p)$ 求导可得：

$$F'(p) = (1-p) \times [p(R-r) - C - W] - p[p(R-r) \\ - C - W] + p(1-p)(R-r) \qquad (2)$$

将 $p_0 = 0$，$p_2 = 1$，$p_3 = (C+W)/(R-r)$ 三个值分别带入（2）式，可得：

$$F'(0) = -C - W; F'(1) = -(R - r - C - W)$$
$$F'[(C+W)/(R-r)] = (C+W)(R-r-C-W)/(R-r)$$

根据 $0 < p_3 < 1$，可知 $R-r-C-W > 0$，又因为 $R-r > 0$，所以 $F'(0) < 0$，$F'(1) < 0$，$F'[(C+W)/(R-r)] > 0$，此时，如表 17.1 所示，$p_1 = 0$ 和 $p_2 = 1$ 是该博弈的演化稳定策略，且该博弈为协调博弈[①]。

表 17.1 　　　　　　　没有政府监管时资金互助社博弈的均衡结果

均衡点 p^*	$F'(p^*)$ 的符号	结果
$p^* = 0$	−	ESS
$p^* = 1$	−	ESS
$p^* = (c+w)/(R-r)$	+	不稳定点

在没有监管时，资金互助社之间在不断博弈后，最终可能会出现两种截然不同的状态，要么资金互助社都自律，要么资金互助社都不自律。其中，演化的结果受博弈初期资金互助社自律概率的影响。若自律资金互助社的初始概率 p 落在区间 $[0, (C+W)/(R-r)]$ 上，复制动态博弈会导致资金互助社自律的概率趋向于稳定状态 $p^* = 0$，即所有资金互助社都不自律；若自律资金互助社的初始概率 p 落在区间 $[(C+W)/(R-r), 1]$ 上，复制动态博弈会导致资金互助社自律的概率趋向于稳定状态 $p^* = 1$，

---

① 协调博弈：是指当参与人选择相同的策略时存在纯策略均衡的一种博弈，如本研究中在没有监管的情况下资金互助社在动态博弈过程中最终会选择相同的策略，即要么全部自律，要么全部不自律，该结果取决于带很大偶然性的初始状态。

即所有资金互助社都自律；若自律资金互助社的初始概率 $p = (C + W) / (R - r)$ 时，在演化博弈过程中各资金互助社将随机选择是否自律，即资金互助社在长期的博弈过程中可能出现都自律的状态，也可能出现都不自律的状态，其最终状态是难以确定的。

17.1.2.3 资金互助社监管必要性

通过以上博弈分析可以看出，没有政府监管时，资金互助社在不断博弈过程中，最终的稳定状态难以确定，演化结果受博弈初期资金互助社自律概率的影响。在现实环境中，由于资金互助社没有具体监管部门，也没有设置准入门槛，只要发起人成立专业合作社就可开展资金互助业务，当前很多合作社利用银监会和农业部于2009年联合下发的《关于做好农民专业合作社金融服务工作的意见》的文件，在农村地区广泛宣传专业合作社开展存款业务的合法性，企图通过吸存放贷获利，所以，有很多资金互助社的成立以盈利为目的，即初期资金互助社自律的概率极小，根据上述博弈模型的分析可以初步判定在没有政府监管的情况下，所有资金互助社将逐步演化成都不自律的状态。

近年来，被查处的不自律资金互助社的数量逐年增加，2013年有5家，2014年增加到21家，2015年则变为80家，截至2016年9月，被查处的不自律资金互助社的数量已经超过100家[①]，这些数据进一步验证了以上博弈分析的结果，即在政府监管缺失的情况下，资金互助社在逐步发展过程中不会实现行业自律，反而会经常出现问题，扰乱社会秩序，造成社会损失，所以对资金互助社的监管是必要的。

17.1.3 政府监管下资金互助社自律行为选择

根据以上分析可知，资金互助社的发展需要除行业自律外的政府监管，以下将探讨政府监管下资金互助社实现行业自律的机理，并进一步探讨如何促进行业自律的实现。

17.1.3.1 资金互助社之间博弈模型的构建

第一，参数设置。（1）资金互助社的策略集以及假设等与前文相同；（2）政府具有权威性，政府的介入会明确资金互助社的内涵和经营准则，即在政府监管的情况下所有资金互助社都可以获得同样的租值，因此，可以假设资金互助社的租值收益为V；（3）资金互助社不自律时，被监管发

---

① 刘植荣：《多省合作社非法吸储：最高涉案80亿年息100%》，2016年9月30日，www. 360doc. com。

现的概率为 n，此时受到的惩罚为 F；（4）政府监管是对行业自律的引导和监督，不影响资金互助社的正常经营，故假设资金互助社在初期为监管付出的成本为零。

第二，博弈矩阵。当政府监管资金互助社时，资金互助社之间博弈的支付函数会发生改变，博弈矩阵如图 17.2 所示。有政府监管时，资金互助社自律的收益为 V - C，而资金互助社不自律的收益受被监管发现的概率 n 影响：即在 n 的概率下，政府可以发现资金互助社不自律的情况并对其惩罚，此时，资金互助社不自律的收益为 V + W - F；但在 1 - n 的概率下，资金互助社不自律的情况不会被政府发现，此时，资金互助社不自律的收益为 V + W。所以在政府监管时，资金互助社不自律的收益为 n(V + W - F) + (1 - n) * (V + W)，即 V + W - nF。

		资金互助社A	
		自律（p）	不自律（1-p）
资金互助社B	自律（p）	（V–C，V–C）	（V–C，V+W–nF）
	不自律（1-p）	（V+W–nF，V–C）	（V+W–nF，V+W–nF）

图 17.2　政府监管下资金互助社之间的博弈矩阵

17.1.3.2　博弈模型分析

设资金互助社自律时的期望收益为 U_{x1}，

$$U_{x1} = p * (V - C) + (1 - p) * (V - C) = V - C$$

设资金互助社不自律时的期望收益为 U_{x2}，

$$U_{x2} = p * (V + W - nF) + (1 - p) * (V + W - nF) = V + W - nF$$

因此，资金互助社群体的平均收益 U_x，

$$U_x = p * U_{x1} + (1 - p) * U_{x2}$$

则该演化博弈模型的复制动态方程为：

$$F(p) = dp/dt = p * (U_{x1} - U_x) = p(1 - p) (nF - C - W)$$

令 F(p) = 0，可得 $p_1 = 0$，$p_2 = 1$。

同上，通过 F'(p) < 0 来确定该博弈的演化稳定策略，其中，

$$F'(p) = (nF - C - W) (1 - 2p) \tag{3}$$

将 $p_1 = 0$，$p_2 = 1$ 分别带入（2）式：

$$F'(0) = nF - C - W, F'(1) = -(nF - C - W)$$

此时该博弈的稳定策略均衡也存在两种情况，具体如表 17.2 所示：

表 17.2 政府监管下资金互助社博弈的均衡结果

条件	均衡点 p^*	$F'(p^*)$ 的符号	结果
$nF - C - W > 0$	$p^* = 0$	+	不稳定点
	$p^* = 1$	−	ESS
$nF - C - W < 0$	$p^* = 0$	−	ESS
	$p^* = 1$	+	不稳定点

（1）当 $nF - C - W > 0$ 时，$F'(0) > 0$，$F'(1) < 0$，$p_2 = 1$ 为各资金互助社之间博弈的稳定策略。也就是说，当资金互助社不自律被惩罚的期望大于其自律的成本和不自律时可以获得的经营收益时，资金互助社在长期博弈过程中会逐步达到全部自律的状态，此时，形成行业自律。

（2）当 $nF - C - W < 0$ 时，$F'(0) < 0$，$F'(1) > 0$，$p_1 = 0$ 为各资金互助社之间博弈的稳定策略。也就是说，当资金互助社不自律被惩罚的期望小于其自律的成本和不自律时可以获得的经营收益时，资金互助社在长期博弈过程中会逐步形成都不自律的状态，此时，行业自律失败。

由以上分析可知：政府监管可以改变资金互助社之间博弈的稳定策略均衡，而且在监管过程中只要保证资金互助社不自律被惩罚的期望大于其组建和维护行业协会的成本和不自律时可以获得的经营收益时，就可以保证资金互助社在不断的博弈中实现行业自律。因此，政府和行业协会通过相互配合制定监管政策提高政府监管发现不自律行为的概率，加大对不自律资金互助社的惩罚，同时控制资金互助社不自律时的经营收益以保证 $nF - C - W > 0$ 时，可以使资金互助社之间的博弈逐步趋向于全部自律。

17.1.4 政府监管的动力机制

因为资金互助社规模小，数量多，监管对政府来说往往是出力不讨好的事情，因此，接下来要解决的问题是：如何使政府有监管资金互助社的动力？

17.1.4.1 政府监管资金互助社的机制

第一，参数设置。（1）政府在资金互助社的发展过程中可以选择监管或者不监管，故其策略集为（监管，不监管）；（2）政府监管资金互助社对维护金融市场秩序、提高当地居民金融需求的满足度以及实现地区经济可持续发展具有积极的作用，此时政府及相关人员会因此获益，故设政府监管资金互助社的收益为 B，成本为 K；（3）政府不监管资金互助社或监管失败的损失为 L，该损失包括资金互助社不自律时政府进行整治需要花费的人力、物力以及财力。（4）资金互助社全部自律的概率为 q，则部分自律或全部不自律的概率为 1 - q，$0 \leqslant q \leqslant 1$。

第二，政府监管的成本收益。根据前文参数的设定可知：当行业内的资金互助社全部自律时，政府监管的收益为 B - K，政府不监管的收益则为 B。当行业内的资金互助社部分自律时，政府的监管收益受其监管发现资金互助社不自律的概率所影响：当政府监管并发现资金互助社不自律的情况时，即在 n 的概率下，政府的收益为 B - K；当政府监管但没发现资金互助社不自律的情况时，即在 1 - n 的概率下，政府的收益为 - K - L。而当行业内的资金互助社部分自律时，政府不监管的收益则为 - L。故政府的收益如图 17.3 所示。

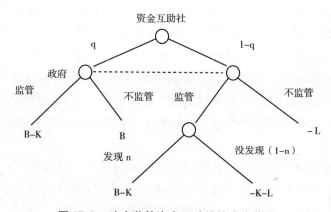

图 17.3　政府监管资金互助社的成本收益

由于资金互助社全部自律的概率为 q，设政府监管的期望收益为 U_{y1}，则：

$$U_{y1} = q * (B - K) + (1 - q) * [n * (B - K) + (1 - n) * (- K - L)]$$

设政府不监管的期望收益为 U_{y2}，则：

$$U_{y2} = q * B + (1 - q) * (- L) = qB - (1 - q)L$$

当 $U_{y1} > U_{y2}$ 时，即 $U_{y1} - U_{y2} = (1 - q)n(B - L) - K > 0$ 时，政府会选择监管。令政府监管的可能性函数为 $U = (1 - q)n(B - L) - K$，根据 $U = (1 - q)n(B - L) - K$ 公式可知：（1）政府监管资金互助社时，其监管成本（K）是一定要付出的；（2）因为 $0 \leqslant q$，$n \leqslant 1$，所以 $\partial U / \partial B = (1 - q)n \geqslant 0$，$\partial U / \partial L = - (1 - q)n \leqslant 0$，故政府的监管收益及资金互助社不自律为政府带

来的损失是影响其是否监管资金互助社的因素，且影响程度受政府监管并发现不自律资金互助社的概率影响。在现实中，整个资金互助社行业正处于部分自律的状态，只要保证政府监管的净收益 $U > 0$，政府就会选择实施监管。

17.1.4.2 提高政府监管动力

一是降低监管成本，提高监管能力。政府的监管成本和监管能力很大程度上取决于其获取信息的能力。由于政府处于信息弱势地位，提高政府和资金互助社之间的信息透明度可以降低政府的监管成本，提高监管能力。行业协会是介于政府和资金互助社之间的重要中介组织，可以提高政府和资金互助社之间的信息透明度，有利于政府制定及时有效的政策制度，不仅可以提高监管的效率，同时也可以降低监管成本，所以，在对资金互助社的监管过程中，政府和行业协会要积极进行沟通互动。

二是提高政府的监管收益。监管是否成功可以通过三个方面来判定：A. 资金互助社的市场秩序是否稳定；B. 资金互助社社员的金融需求是否得到良好的满足；C. 资金互助社的存在是否促进了居民生活水平的提高以及地区经济的发展。若政府实现了以上一个方面或几个方面的内容，则意味政府监管成功。根据政府监管的可能性函数可知政府监管收益越高，其监管动力越大；另外，加大对监管失败的惩罚也是间接提高监管收益的途径。总之，要明确对政府监管效果的奖惩措施并提高监管收益以提高政府监管动力。

三是控制资金互助社不自律给政府造成的损失。提高对不自律资金互助社的惩罚和控制资金互助社不自律时可以获得的经营收益可以降低其存在的概率，进而可以控制资金互助社不自律给政府带来的损失。一方面，明确惩罚机制会对资金互助社具有一定的威慑力，政府应当在监管制度中明确对资金互助社不自律行为的惩罚，惩罚不仅包括简单的罚款，必要时也要采取刑事处罚。另一方面，政府要根据当地的市场利率控制资金互助社的存贷利率和资金互助社的资金规模以控制资金互助社不自律时的经营收益。

17.1.5 资金互助组织的政府监管

以上使用演化博弈论方法分析了资金互助社在没有政府监管和引入政府监管情况下的稳定策略，论证了政府监管的必要性。同时通过政府监管的成本收益函数分析了促进政府监管的必要条件，主要结论如下：第一，在没有政府监管时，资金互助社通常是以盈利为目，甚至会出现"跑路"事件，所以，对资金互助社进行监管是必要的。第二，政府监管可以通过提高监管能力、加大对不自律资金互助社的惩罚力度，同时控制资金互助社不自律可以获得的经营收益，促使资金互助社之间的博弈最终趋向于全部自律。第三，降低监管成本、提高监管能力和监管收益以及控制资金互助社不自律给政府造成的损失，可以提高政府的监管动力。事实证明，经过银监会准入的资金互助组织，经营比较规范，风险相对较小；而由地方政府准入的资金互助组织，由于持续性监管跟不上，加之内部治理不完善，已经有很多地方相继爆发风险事件；而农民专业合作社内部的资金互助，潜在风险会更大一点，因为农民专业合作社本身就不规范，加之中国金融抑制的现状，这种准入方式很容易被钻空子。资金互助组织不同于公司组织，发起人必须了解并认同信用合作的基本原则，并保证按照一定的规则和程序进行经营，因此，经过某一个特定的部门认定其信用合作的性质，并进行持续性监管是必要的。那么政府该如何对资金互助组织进行监管呢？

17.1.5.1 明确监管主体

通过对发达国家监管制度的分析可以发现，各国都会对信用合作组织进行监管，监管机构也有所不同。对于我国再次发展起来的新的资金互助组织，该由哪个部门进行监管呢？银监会、地方金融办、工商部门、抑或是一个新的监管机构？中国疆域辽阔，各地的情况差别很大，而信用合作组织都是区域性经营，应该借鉴美国、加拿大、澳大利亚等大国关于信用合作社的监管模式，发展初期由省级等地方政府立法并监管，到成长阶段后设立中央监管部门，到成熟阶段以后和商业银行一视同仁进行监管。毫无疑问，当前中国的资金互助社处在发展的初级阶段，应以地方政府监管为主，当前中央有关信用合作组织发展的思路方向是正确的。那么其主管部门应该是农业部门、地方金融办、工商部门、还是一个新的监管机构？事实上，世界各国的信用合作组织的监管部门各不相同，省级政府只需要指定一个合适的监管机构即可，监管机构应该下沉到县一级。无论是农业部门监管，还是金融部门监管都各有优势和劣势。农业部门更懂农业、农村和农民，金融部门更懂金融，只要能够选用合适的既懂三农又懂金融的监管人员，借助信用合作联盟的力量，即可实现有效的非审慎监管。但在资金互助社发展的初级阶段，要尽量防止多头监管；如果有多头监管，一定要明确各监管部门的职责，并尽量避免职责交叉。

17.1.5.2 制定合作性金融组织的规章制度

各省级政府可以结合本省的实际情况，制定合作性金融组织的规章制度，使合作性金融组织经营管理和政府监管有章可循。合作性金融组织的发展已有上百年的历史，其规章制度已比较成熟，虽然各国的规章有所差异，但其基本原则是一致的。政府在制定规章的时候虽然要根据当地的实际情况，但对于基本的合作原则必须坚持，不宜创新。根据中国人情社会的特点，规章的内容不宜含糊笼统，必须具有可操作性，对合作性金融组织的准入、经营管理、市场退出和惩罚给出具体可行的规定。附录提供了可供参考的 WOCCU 有关信用合作社立法的示范版本，包括了信用合作社的进入和退出规定、审慎经营规定、强制性监管规定、会计和审计规定以及消费者保护规定。

17.1.5.3 市场准入监管

合作性金融组织的准入，主要是指政府监管部门根据政府规章对合作性金融组织申请成立的资料予以核查，并给出是否准予成立的相关建议，合作性金融组织的准入核查应当包括四个方面：一是发起人准入；二是机构准入；三是业务准入；四是高管人员准入。

第一，发起人准入。拟成立的合作性金融组织应提交发起人名单及简介，如发起人的数量、户籍、职业、学历、征信状况等信息，确保发起人符合资格规定。若日后查实发起人有出借身份等不诚信行为，需有严厉的惩罚措施。

第二，合作性金融组织的机构准入。主要包括注册资金、办公地点以及相关设施。注册资金具有一定的保障功能，但资金互助社的注册资本金不宜过高，当前可参考银监会《农村资金互助社管理暂行规定》的 10 万元标准；另外营业场所和办公设施是保障互助社正常开展业务的基础，但由于互助社由农民发起成立，经济状况相对薄弱，对其营业场所和设施要求不宜过高，在保障安全的前提下能够正常开展业务即可；为降低营业成本，可鼓励免费使用公用物业。如果一味追求高大上的外表，只能抑制真正的合作性金融组织的成立积极性，而给别有用心者提供可乘之机。

第三，合作性金融组织的业务准入。主要包括界定资金互助社允许经营的地域范围和业务范围及禁止的地域范围和业务范围。在发展初期，合作性金融组织应专心从事村或乡镇范围内社员的存、贷款业务以及中间业务。对于超范围经营行为，一旦发现必须严厉问责。

第四，高管人员准入。对于理事会、监事会和高管人员的任职资格作出规定。由于农村地区人才缺乏，而资金互助社初期的业务较为简单，对这些人员的学历要求不宜太高，重点关注这些人员的品德和威望，如有无违法犯罪行为，有无生活作风问题等；为了防止道德风险、有利于民主管理，对于相关人员的兼任应作出明确的禁止性规定，如理事、监事不得兼任，也可做出其他有利于资金互助社民主管理的禁止性规定。

17.1.5.4 运营机制监管

合作性金融组织的运营机制主要包括股权结构、治理结构、业务经营和内外部控制。

首先，合作性金融组织的治理结构应当有健全的"三会"，即社员大会、理事会、监事会。初级阶段的社员大会应由全体社员组成，主要功能是制定或修改章程，选举、更换理事、监事等，坚持一人一票的民主管理制度；理事会和监事会由社员大会选举，理事会是合作金融组织的执行部门，负责日常的经营活动；监事会是合作金融组织的监督机构，负责合作金融组织的日常监督，理事会以及监事会的人数根据社员的人数和章程规定确定，建议理事会为 5~9 人的奇数个，监事会为 3~5 人的奇数个。每一届理事会和监事会成员的任期不能超过三年，且规定连任的最高届数（如 2 届或 3 届）。

其次，合作性金融组织应设定股金比例上限。为防止某个社员的不当控制，合作组织的股金应该设置上限，不超过所有股本的一定比例，如 1% 或 5%。社员的收入以利润返还、按股金大小分配税后利润、按惠顾量确定未分配利润返还社员的比例三种方式来确定。

再次，合作性金融组织的起步阶段主要以存、贷款业务为主，逐步开展其他金融服务，合作性金融组织的资金来源主要有社员股金、社员存款、社会公众捐款及从其他金融机构借款，为保证有充足的资金来源，需合理设定存款利率，可以市场利率为基准进行适当上浮以吸引社员存款，但应设定存款利率上限；合作性金融组织也可利用自身的人缘、地缘优势，与其他金融机构联合，以解决其自身资金来源问题。为体现互助合作性质和防止被当作盈利工具，应该设定贷款利率上限，参照当地贷款市场利率进行一定程度的下浮，同时应根据贷款期限的长短设置不同的利率。

最后，在健全合作金融组织治理结构的同时，还应有完善的监管制度，主要以内部监督为主、外部监管为辅。合作金融组织的内部监督主要由监事会执行，应定期召开社员大会，按章程民主选举理事、监事，对重大事项进行民主表决，保证社员的参与权和知情权，对互助社的账目进行检查等。外部监管要求政府相关部门对合作性金融组织的日常经营进行监管。由于合作金融组织实行民主管理、民主监督，监管部门可以要求资金互助社通过网络实时报送数据并定期提交审计报告即可。

17.1.5.5 市场退出监管

当合作性金融组织经营不善或由于内部治理不健全等问题而导致较大

风险时，及时退出市场对于其本身和整个行业的发展都有重要意义。合作性金融组织的退出标准主要是监管标准，当合作性金融组织出现资产与要求不符，其日常经营业务与财务指标不够安全和稳健时，监管部门应当要求其进行调整，但若规定时间内未达到要求，合作性金融组织应清算退出。其中，存款按照存款比例清算返还，在清偿完债务以后，股金按照股权比例进行返还。如果资金互助组织参加了存款保险计划，社员存款可由存款保险支付。因此，参加一个事先设计好的存款保险组织，可以成为合作性金融组织注册时的一个强制要求。

17.1.5.6　借助行业协会进行自律监管

行业协会是重要的自律监督组织，政府要鼓励，但要尽量避免牵头成立行业协会，要通过市场的力量，使真正有能力、有服务意识的人来牵头成立互助社的联盟组织。目前，资金互助组织发展处于初级阶段，规模小、数量多，所需要的监管力量较大，这也是当前令政府监管部门头疼的地方。因此，借助社会力量对其进行监管是必要的。首先，监管部门可以借助行业协会的力量对其进行持续监管。行业协会的功能之一是自律监督功能，通过对行业内成员的自律监督，达到净化行业风气、维护行业声誉的目的，监管部门可以与行业协会密切协作，借助行业协会的力量达到监管的目的。其次，利用志愿者的力量来实现对行业的外部监管。外部审计是督促一个机构合规经营的手段之一，资金互助组织每年至少应该有一次外部审计，但对于资金少、规模小的资金互助组织而言，每年支付一笔不菲的审计费用是对其资金使用的极大浪费。为节约资金互助组织的费用支出，可以考虑成立由高校相关专业老师组成的志愿服务的审计团队，通过专业人才为资金互助组织的发展提供专业的志愿审计服务，以此来规范资金互助组织的健康发展。

17.2　综合性的合作模式可能更符合中国农村现状

17.2.1　资金互助的组织模式

综观信用合作制度的国际实践，信用合作组织的模式可以概括为两种类型：单一性信用合作组织（即合作社只提供信用合作服务）和综合性合作社内部的信用合作（即合作社提供供应、销售、服务、信用等多种合作服务，信用合作只是其中的一种服务），前者以欧洲和北美国家的信用合作社为代表，后者以日本、韩国等东亚国家的农协为代表。单一性信用合作组织作为一个独立的金融组织为社员提供单一的金融服务，而不涉及其他类型的业务，因此，作为单一的金融服务提供者，信用合作社可以在城市生长，也可以在农村生长，为遭受金融排斥的弱势群体提供金融服务。而综合性合作社内部的信用合作主要存在于农村，合作社为农业和农民提供包括购买、销售、服务、信用等在内的全方位的综合服务，信用合作只是合作社综合事业中的一类。日本在1906年之前，是禁止信贷事业与销售、购买或生产事业兼营的，主要考虑信贷事业免受其他事业的影响。在各类事业组合中，信贷组合的发展最为迅速，占到所有组合的近2/3。在资金不断外流的背景下，1906年，日本对《产业组合法》进行了修改，允许信贷组合可以兼营，并简化了设立手续。

中国新型信用合作事业的发展该选择哪种模式？最初自发成立的合作性金融组织都是单一的信用合作组织，但在无监管的情况下，不排除别有用心的发起人利用资金互助的名义进行非法集资，所以，中央文件在提倡合作性金融时，更多地倾向于发展农民专业合作社内部的资金互助。但当前中国的农民专业合作社社员存在严重的异质性，因此，在合作社内部开展资金互助业务不可能实现信用合作组织所要求的民主管理，这反而有可能导致更大的风险；但如果为了控制这种风险而实行资金封闭运作、不设资金池的模式，也就失去了资金互助本来的意义，实际沦为了合作社经纪的私人借贷。因此，独立型资金互助组织和综合性合作社内部的资金互助，哪种模式更适合中国的发展？这在理论上很难给出确切的答案，而需要从实践中总结经验，寻找答案。从蒲韩社区的经验来看，只有把农村社区的生产经营等服务做好，才能推动社区金融服务的顺利发展；反过来，农村社区金融服务的发展又能进一步促进其他服务的开展。农村综合服务也是提高农村居民对本地社区的认同感、归属感和责任感的方法之一，是凝聚农户力量、取得农户信任的有效保障，综合服务收到的效果是单纯做社区资金服务所无法达到的。而从吉林省梨树县的经验来看，初期单纯的资金互助业务更加简单易行。

17.2.2 模式选择的经济学原理

资金互助或信用合作的存在不必取决于其他类型合作社的存在，没有其他类型的合作社，信用合作亦可独立存在。但如果要界定合作社与信用事业的关系，选择合作社内部的资金互助还是单一的资金互助模式，在理论上则取决于对分工经济和节省交易费用的权衡。

斯密开创的古典经济学认为专业化和分工导致的分工经济（专业化经济）促进了经济增长和社会福利的提高，但分工也不可避免地带来交易费用的增加。根据杨小凯（2003）[①] 的超边际分析方法，假设经济中只有两个主体：一般合作社和信用合作社，分别提供不同的产品 x（一般合作服务）和 y（信用合作服务），每个主体将根据角点解来比较不同模式的利润水平，从而有三种选择：专业化生产 x，专业化生产 y 和自给自足的生产模式——同时生产 x 和 y。只有当交易费用大于分工经济时，这两个主体选择自给自足的模式同时生产 x 和 y。在生产要素禀赋一定的条件下，专业化生产还是自给自足取决于分工经济和交易费用的大小：如果分工经济大于节省的交易费用，两个主体将从事专业化生产；相反，当节省的交易费用大于分工经济，则自给自足的生产模式将会被选择。

将上述情境一般化，假设一个社区有 n 家合作社，每家合作社的社员相互排斥，最初每家合作社自给自足，除提供一般合作服务以外，也提供信用合作服务，每个社员所有的生产信息和信用信息都集中在每家合作社内部，当 n 较小时，自给自足的生产方式在节省交易费用方面比分工更有优势，但随着 n 不断增加，把 n 个合作社内部的资金互助部门独立成一个资金互助组织获得的分工经济会越来越大。此时选择分工还是自给自足，取决于分工取得的分工经济和自给自足节省的交易费用的权衡。n 越大，单一性资金互助组织的分工经济优势将越明显。假设当合作社的个数为 n_1 时，分工经济 = 节省的交易费用，则当 $n > n_1$ 时，单一性的资金互助组织将是最优选择；而当 $n < n_1$ 时，专业合作社内部的资金互助将是最优选择。

但如果每个合作社的社员互不排斥，一个社员也可能是其他合作社的社员，则合作社内部的资金互助便会丧失一部分节省交易费用的优势，这时每家合作社都要搜集处在本合作社以外的信用信息。此种情况下，单一型资金互助组织的分工经济优势会更加明显，只需要更少的合作社数量 $n_2(n_2 < n_1)$ 就会达到分工经济 = 节省的交易费用的临界条件。

可以确定的推论是：当 $n = 1$ 时，所有社员的信用信息都集中在该家合作社的内部，合作社内部的信用合作在节省交易费用方面会有压倒性的优势，此时，合作社内部的信用合作是最优选择。日本一般在每个市町村只有一个综合性的农协，这也是日本选择合作社内部信用合作的原因之一。因此，在考虑资金互助的组织模式时，应分析该国农村地区的实际情况，权衡分工经济和交易费用的大小，以确定资金互助组织模式的最优安排。

---

① 杨小凯：《经济学——新型古典与新古典框架》，社会科学文献出版社 2003 年版。

17.3　限制资金互助组织的规模

17.3.1　规模扩大伴随着交易费用的提高

对于信用合作组织而言，积极的民主参与和经济参与是非常重要的，因此，应该尽量克服社员的"搭便车"问题。"搭便车"问题的严重性取决于一群人之间的关系如何，如果群体中成员流动性大，那么由于个人行为被发觉的可能性较小，因而"搭便车"问题更容易发生。另外一个因素是群体结构的紧密程度如何，在一个结构紧密的社区内，人们会严格地遵从社会规范，因而会减轻"搭便车"问题①。因此，如果能够把信用合作社的规模保持在一个结构紧密的、相对稳定的小规模社区内，能够降低信用合作社的交易费用。

闫家村百信资金互助社是村级资金互助社，但由于其资金规模较小，所以曾经陷入流动性危机，后来百信之家推动的农民资金互助社都以镇为单位。但是，以镇为单位虽然可以扩大社员规模和资金规模，降低流动性问题，但社员之间合作互助的意识会明显减弱，也降低了社员之间的信息透明度，减弱了农户的监督意识，增加了资金互助组织的事务性倾向。目前，梨树县资金互助社办理的日常业务，主要由发起人负责管理，包括贷款的审批，其他社员基本没有参与的意识，更不会对贷款社员有监督的意识。而蒲韩社区包括了两个乡镇，却取得了很好的效果。因为蒲韩社区的发起人在加强农民的合作社教育方面做了大量的工作，合作社的内部治理也很规范，充分保障了社员民主参与的权利。所以，随着资金互助社规模的扩大，虽然单位产品的成本会降低，但相应的教育费用就会增加，否则资金互助组织就会向商业性金融机构漂移。

17.3.2　最优规模取决于规模经济和交易费用的高低

资金互助社的最优规模多大？这取决于对资金互助组织规模经济和交易费用的权衡。规模经济是指通过扩大生产规模而引起经济效益增加的现象。在存在规模经济的前提下，资金互助组织的社员越多，规模越大，单位产品的平均总成本越低；但随着规模的不断增加，尤其是当社员的数量

---

① 林毅夫：《关于制度变迁的经济学理论：诱致性变迁与强制性变迁》，1994 年。

超出了熟人社会的范围，由收集信息和防止违约所带来的交易费用会有一个较大幅度的增加，引发规模不经济现象。因此，资金互助组织的规模应该在 U 型长期平均总成本曲线的最低点。这个最低点在哪里？这需要一定的实证数据作支撑。但在资金互助组织发展的初期，为了控制风险，资金互助社的理性规模应该局限在熟人社区的范围内。当然交易费用会随着当地信用基础设施完善程度的改变而改变，从而资金互助组织的最优规模也会发生改变。因此，在资金互助组织的规模和范围边界上，应该权衡规模经济和交易费用的高低，以提供有关资金互助组织规模和范围的最优制度安排。

17.3.3　发展初期要限制规模以防控风险

在资金互助社发展的初期，为了最大限度地控制风险，建议以村为单位设立资金互助社，如果村庄太小，可以扩展到周围的两三个村庄。这可能会妨碍规模效益，影响资金互助社的经营效率，但资金互助组织的目的是互助，而不是追求盈利，效率损失服从风险防控。因为资金互助组织的数量不宜过多，如果以乡镇为单位审批一个资金互助组织，难以形成充分竞争的局面。而以村为单位设置，因为有近邻的村做对照，每个村都会尽心经营；同时可以使用村委的办公地点作为营业场所，降低经营成本；村里的一些生产要素在村集体范围内也是可以流动的，可以作为抵押品降低信用风险。待到互助的氛围发展起来，大家理解了合作的原则，可以渐渐放宽对地域范围的限制到周围的几个村庄，此时优秀的资金互助经营团队也会脱颖而出，经营不善的村庄的资金互助社也就渐渐失去吸引力，社员和业务也会慢慢向优秀的资金互助社集中。

17.4　设置资金互助组织的贷款利率上限

17.4.1　贷款利率上限是识别资金互助组织的最简易手段

中国资金互助领域当前的乱象是：很多冒牌的资金互助社打着资金互助社的幌子在从事商业性的金融活动，增大了该行业的潜在风险，因此，当务之急是寻找一个简单易行的办法，类似孙悟空的火眼金睛，能够使冒牌资金互助社现出原形，同时也能阻止冒牌资金互助社随意进入这个行业。以下将使用博弈论方法来论证设置贷款利率上限是甄别真正资金互助社的最简易手段。

假设政府立法设定了资金互助社贷款利率的上限，我们在两种情况下对冒牌资金互助社受法定贷款利率上限影响的结果进行分析，一种情况是在存在贷款利率上限管制时，冒牌资金互助社发起人是否还愿意进入该行业？第二种情况是在存在贷款利率上限管制的情况下，已有的冒牌资金互助社是否还愿意继续打着资金互助社的幌子经营下去（见图17.4）。

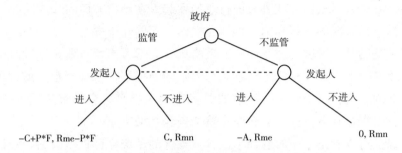

图17.4　政府监管和假资金互助社是否进入行业博弈

首先，看第一种情况，博弈的参与者是政府和冒牌资金互助社发起人。政府首先行动，选择监管或不监管两个策略。如果政府选择监管，就要付出监管成本，假设政府的监管成本为 C。如果政府选择监管，其支付函数为 C；如果政府选择不监管，其支付函数为 0。

其次，冒牌资金互助社发起人在已知政府行动的前提下采取行动，它的行动策略集有进入和不进入资金互助社行业两个选择。如果发起人选择进入该行业，将获得金融行业的收益 Rme，与贷款利率正相关；如果选择不进入，发起人将获得普通行业的收益 Rmn。一般认为金融行业的收益要高于普通行业，因此，Rme > Rmn。

在政府选择不监管的情况下，冒牌资金互助社成立后被发现的概率为 0。在这种情况下，冒牌资金互助社发起人选择进入该行业的收益为 Rme，选择不进入该行业的收益为 Rmn。因为 Rme > Rmn，所以在政府选择不监管的情况下，冒牌资金互助社发起人最优策略是进入。

在政府选择监管的情况下，发现资金互助社为冒牌的概率为 P，并对其进行惩罚为 F。在政府选择监管的情况下，如果冒牌资金互助社发起人选择不进入，它的收益为 Rmn；如果选择进入，它的收益为 Rme − P ∗ F。因此，在政府选择监管的情况下，冒牌资金互助社发起人是否进入该行业，取决于 Rmn 和 Rme − P ∗ F 的大小。如果 Rme − Rmn > P ∗ F，冒牌资金互助社发起人的最优策略是进入；如果 Rme − Rmn < P ∗ F，最优策略是

不进入。Rme 是投资金融行业的收益，Rmn 是投资普通行业的收益，两者虽有差距，但差距并不太大。如果政府能够限定资金互助行业法定的贷款利率低于市场利率，则会使 Rme 和 Rmn 大致相当，甚至更低，同时，因为对贷款利率上限的监督比对冒牌资金互助社是否遵循资金互助的基本原则判断更加显性，监管部门发现其虚假身份的概率 P 趋近于 1，使其面临惩罚的可能性大大提高，Rme − Rmn < P * F 成立，冒牌资金互助社的最优策略是不进入，从而保证进入该行业的发起人在动机方面的纯洁性。

第二种情况的分析和第一种情况类似，不同在于参与者变为政府和冒牌资金互助社，冒牌资金互助社的策略集变为是否愿意以资金互助社的名义继续经营下去。在有法定贷款利率上限的前提下，冒牌资金互助社以资金互助的名义继续经营下去被惩罚的概率大大提高，会导致其减少业务，直至退出资金互助行业，从而净化整个资金互助行业。

综上可以看出，政府选择不监管，冒牌的资金互助社就会盛行，以资金互助的名义导致的行业风险会大大增加；相反，政府以法定贷款利率上限为抓手进行监管，会打消冒牌机构进入资金互助行业的想法，同时有利于清理行业内冒牌机构的不法经营行为，使整个行业回复到真正的互助合作道路上去。

17.4.2 贷款利率上限的局限性

资金互助组织的可持续发展，要求它的收入能够弥补费用，并能提取足够的公积金以抵御风险。而收入主要来自发放给社员的贷款利息，主要的成本则是资金成本，因为资金互助组织强调志愿服务，其运营费用低于正规金融机构。为了使利润保持为正，其贷款利率必须高于存款利率。因为资金互助组织为社员服务的非营利性质，不同于商业银行和民间贷款机构，其贷款利率必须受到一定的约束，因此，很多信用合作事业成功的国家都立法对信用合作社的贷款利率上限作出明确规定，以此来约束信用社的行为与其性质相一致。

为了动员足够的储蓄用于发放贷款，信用社的存款利率一般都会略高于商业银行的同期利率，但因为对贷款利率的限制，信用社的存款利率也有一个合理的上限。目前，很多的非法机构打着资金互助的旗号以高息非法集资，显然是钻了我国相关立法未对资金互助组织的贷款利率上限作出明确规定的空子。因此，有必要通过法律厘清资金互助组织的性质，明确规定资金互助组织的非营利性质和贷款利率的上限，从而给出识别资金互助行为和非资金互助行为的明确信号。通过明确的法律规定，使资金互助组织发起人认识到资金互助组织的非营利性，打消那些希望通过发放高利贷牟利的人成立冒牌资金互助社的念头；而使那些希望服务当地百姓的真正资金互助社能够持续地办下去，并能享受到国家的相关支持政策。

随着网络技术的进步，资金互助社所处的环境也越来越开放，如果资金互助社的贷款利率显著低于市场利率，会给社员提供套利机会。社员可以从资金互助社借入低利率贷款，然后以较高的市场利率贷放出去，如社员可能会用较低成本得到的贷款去从事 P2P 之类的高风险业务；或把较低利率得到的贷款，投入到较高风险的业务中。如蒲韩社区在开展资金互助业务之初，发现很多贷款发放后都被农户用来投入到风险较高的商业中，此后，蒲韩社区降低一般贷款的最高额度到 1 万元，只有当贷款需求用于从事被鼓励的事业，而 1 万元的额度无法满足时，才会允许农户最高贷款3 万元。这表明在越来越开放的环境中，贷款利率不能完全脱离市场利率而导致明显的套利空间；同时，需要对贷款用途进行更加严格的监督和对社员进行更深入的教育培训，以保障互助资金的安全性和用于社区发展目的。

17.5　合理的制度供给是政府最好的支持

资金互助是帮助弱势群体的事业，与政府的目标相一致，一定程度上相当于提供了一种公共产品，因此，很多国家的政府倡导和支持信用合作或资金互助事业。理论上有用的信用合作制度能否在中国取得成功，政府的支持起重要作用。通常意义上的政府支持表现在以下几个方面，一是政府对其进行立法，明确其法律地位，并进行适当的监管；二是立法给以税收减免；三是政府予以有约束的资金支持；最重要的是要打造一个有利于自治组织发展的软环境。

17.5.1　各级政府的立法支持

信用合作制度的诱致性制度变迁能否成为正式的制度安排取决于政府的立法支持，合理的信用合作立法对于信用合作事业的支持远胜过一切资金、物质上的支持。从各国信用合作的发展历程来看，在信用合作制度最早发展起来的国家基本是先实践，后立法给予合法身份，而且信用合作法律随着信用合作的实践不断发展完善。而在那些效仿的国家，有很多则是先立法，后实践，并根据本国的实际情况完善立法。尽管资金互助社作为草根实践在中国已经有了 10 余年的历史，但在缺乏合理制度供给的情况下，资金互助社涉嫌非法集资的罪名；也因为缺乏合理的法律规范，各地对其经营方式和治理机制的认识并不一致，导致经营混乱，整个行业面临较大的风险。当前关于资金互助组织较高层次的规章仅有银监会 2007 年颁布的《农村资金互助社管理暂行规定》《农村资金互助社示范章程》和《农村资金互助社组建审批工作指引》，除此之外，还有各个地方政府在此基础上颁布的一些《管理办法》，这些部门或政府规章都相对笼统，甚至一定程度上偏离了国际上信用合作的原则。因此，对信用合作监管框架、指导原则和一些重要事项的具体标准进行法律界定是非常必要的。像加拿大、澳大利亚、美国等大国，信用合作制度的立法都是地方政府的立法在先。在中国，各地的经济发展和制度结构都有较大的差别，更应该把信用合作制度立法的权力交给省级政府和各级地方政府。

17.5.2　打造有力的法治环境

有法不依，违法不究，那么信用合作组织的立法也就没有多大的意义，信用合作组织的原则也就没人去贯彻执行，所谓的信用合作组织也就会走样变形。这就需要政府根据信用合作组织的立法规定加强监管，如果社员、管理人员和监管人员有违法违规行为，必须让违法违规者付出代价。在这种违法必究的环境中，就不会有多少动机不纯者试图利用合作社来牟利，真正的合作社才会建立起来、经营下去，合作的精神也才会代代相传。

17.5.3　法定的税收减免

因为信用合作组织是高存款利率、低贷款利率的非营利组织，为穷人提供金融服务，解决市场和政府同时失灵问题，因此，很多国家为了支持信用合作事业的发展，都规定了对信用合作组织减免所得税和营业税的待遇。这种减免税待遇，使得信用合作组织能为社员提供可持续的、更好的服务；也因为减免税的优惠待遇，使得信用合作组织能够珍惜自己的法律地位，不以利润最大化为追求目标。目前我国资金互助社的发展尚处于起步阶段，如果期望以后有更好的发展，在一定的前提下以法律形式明确规定资金互助组织的免税地位是必要的。

17.5.4　公平而有约束的资金支持

在资金互助组织发展的初期，因为法律地位模糊，动员储蓄的能力有限，合作社面临的最大问题之一是资金瓶颈，如吉林梨树县的资金互助社和蒲韩社区都曾面临资金短缺问题。如果政府试图支持这一行业的发展，可设立一个类似华洋义赈会或英国金融包容性增长基金的支持基金，以优惠利率向合格的资金互助组织提供一定数量的贷款支持，不仅可以缓解其早期的资金约束问题，而且第三方的监督也有利于资金互助组织的规范发展。尽管早期合理的资金支持可能有利于资金互助组织的发展，但是无偿的财政援助或外部机构的长期资金支持却不利于资金互助组织自立能力的培养，从而可能导致资金互助事业的失败。资金互助组织最可靠、最稳定的资金来源是社员储蓄，因此，动员社员储蓄的能力是资金互助组织持续发展的基础。

17.5.5　政府支持而不干预

综观中国信用合作实践的历史，较为成功的是华洋义赈会倡导的信用合作组织。1949年后成立的信用合作社，因为政府干预、几经波折，最终难以回归到合作的轨道上，不得不进行商业化改革；20世纪80年代自发发展起来的农村合作基金会，则因信用危机，被清理取缔。而从世界范围来看，印度的信用合作实践可谓历史悠久，但由于政府的不当干预而走向衰退；非洲国家的信用合作组织则因为过度的外部资金支持而未能培养起持续发展的能力。因此，政府只有做到在行业制度建设上支持规范，但在合作组织自身经营管理上不插手干预，信用合作组织才有可能得到健康发展。

政府在支持和干预之间似乎很难把握分寸，政府的支持是立法支持资金互助组织的存在，给它们以合法的身份。但在给予合法身份之外，监管部门可以做的只有依法监管。政府和监管人员不可以干预资金互助社的经营，比如向资金互助社施加压力或诱导互助社来支持某个人、某个企业、某个项目，等等，如果这样做了，这个部门和相关的人员必须承担法律后果。同时，政府的法规必须让社员明确自己的权利和义务，社员有民主管理和经济参与的权利，同时有承担合作社经营不善后果的义务，所以社员要自我参与、自我监督，而不是出事儿找政府赔偿。因此，这就要求每个合作社必须履行各种程序义务，如必须召开成立大会和年度大会，且必须向社员公告必要的信息。必须在成立大会上和合作社的章程里明确告知全体社员：参与有风险，入社须谨慎。

从资金互助在各地的实践来看，江苏省政府和山东省政府已经通过相关的法规支持资金互助合作业务的开展。江苏省虽然爆发了风险事件，但并没有像以前政府通常所作的那样一关了之，而是能够认真总结经验教训，进一步完善法规制度和监管手段，提高资金互助组织的质量。而山东省政府则在给予资金互助业务合法身份之前首先把风险防范放在了首位，尽管会损失效率，但实现了风险最小化。两省的资金互助其实是两种不同的模式，江苏省支持的是单一的资金互助合作社，但似乎是把资金互助当成了商业性机构来对待，如果持这种理念，成立村镇银行应该是更合适的路径；而山东省借助供销合作社的力量，支持的是合作社内部的资金互助，但很多早已成立的持续经营运作良好的资金互助社并没有得到阳光化的机会。

附录：WOCCU 建议的信用社规章模板[①]

一、审慎操作规章

目的：

审慎操作规章建立起信用合作社最基本的操作要求。这些规章应当强调自有资本、贷款损失拨备、贷款拖欠、外部借款、贷款、投资、固定资产、股份、流动资产和档案保存。

I 自有资本和资本充足率的要求

目的：

资本充足率是监管当局有效管理信用合作社风险最重要的要求。加强资本管理有助于构建安全稳健的机构，提高收入，吸收损失，提供新的会员服务，为非营利性资产负担经费以及应对未来将要面临的竞争压力。

本条例应至少定义自有资本，建立自有资本账户和资金，确定自有资本占总资产的最低百分比，为达到自有资本最低百分比而应当保留的净收益要求，并且确定所有者权益是否列入自有资本中。

I.1 定义

I.1.1 自有资本是信用合作社的资金总和，这些资金不进行分配，任何个人或实体都没有法定求偿权。

I.1.2 所有者权益是信用合作社所有者的利益表现形式。信用合作社将按照章程为所有者提供一定票面价值的无限期股权。

I.1.3 监管资本是自有资本和永久不可赎回所有者权益的总和。

I.1.4 储蓄账户是信用合作社成员自己的存款，不构成信用合作社的资本和股本，因为合作社必须偿付成员的这些存款。储蓄存款不能用来

---

① 资料来源：Model Regulations for Credit Unions, World Council of Credit Union, 2008.

补偿信用合作社的损失。

I.2 自有资本

I.2.1 自有资本是信用合作社以前经营中净利润的积累，表现为留存收益、现金捐赠及法定准备金。在信用合作社清算、合并和亏损的时候，这些资金可以用来补偿损失。

I.2.2 捐赠物可以是现金和固定资产。只有捐赠物没有被损坏时，它才能被当作自有资本，它是信用合作社的财产，捐赠者现在和将来都没有权利收回资金。固定资产的捐赠不能被当作自有资本。

I.2.3 准备金是指按监管机构要求划拨出来的资金，这些资金是自有资本的一部分。

I.2.4 只有当次级债务具有以下特点时，才能被当作自有资本：

• 贷款期限超过5年的债务性工具，最后5年应按照每年20%的折现系数累计。

• 次级债务的条款必须有书面协议，条件同上。

• 次级债权人的债务等级应当优于信用合作社的所有者。

I.2.5 净利润是总收入在扣除费用、准备金、利息支出后的剩余部分，它可以作为股息分发给持有股票的社员或转移到留存收益中。除非本期净利润转移到留存收益中，否则它不能包含在自有资本里。因为在转移到留存收益之前，它没有永久资本的特点。

I.2.6 准备金或补贴（如贷款或投资损失准备金）不构成自有资本，因为这些账户资金通常用来弥补预期的损失。

I.3 所有者权益

I.3.1 所有者权益是信用合作社的负债，不能被当作是自有资本的一部分。所有者权益是永久且不能赎回的，它可以被当作监管资本的一部分。此外，已经确定的、因股份赎回也不能降至其下的股份资本比例，也可以看作是监管资本。

I.3.2 所有者权益不得作为抵押贷款，但如果成员有对信用合作社的未偿债务是可以用来抵债的。

I.4 其他资本账户

I.4.1 信用合作社股东大会可能会适当提取留存收益用来建设教育资金账户、员工福利、旅游和会议、应对突发事件、基础设施建设与改进以及应对社会问题。这些账户资金不构成自有资金或监管资本。

I.4.2 当一个国家经历高通货膨胀时，信用合作社可以建立一个评估账户对固定资产重估。重新评估的资产并不代表自有资本或监管资本，因为它可以产生收益并导致资本扩张。这只是一个会计调整，不能吸收损失，除非信用合作社正在清算和出售固定资产。

I.4.3　在任何情况下，任何类型的资本账户不能作为信用合作社外部借款的抵押品。

I.5　最低资本和净收益要求

I.5.1　用来计算信用合作社资本充足率的资本包括上述的自有资本和监管资本。资本/风险总资产最低比率是10%。如果监管当局认为信用合作社处于一个更高的风险水平时，会对个人和机构信用合作社提出更高的资本要求。

I.5.2　只有监管资本超过资产的5%，并且监管当局认为股息处在异常水平时，才可以支付股息。如果监管资本小于总资产的5%，净利润应当转移到留存收益并且建立贷款损失拨备金。

I.5.3　信用合作社管理部门应该制定实现和维护资本充足率的计划。在年度预算和长期商业计划中，理事会应当建立短期（年度）和长期（大于1年）自有资本占风险加权资产比率的目标。理事会应当对实现最低资本要求负责。

II　资产分类监管与贷款损失拨备账户的创建和使用

目的：

贷款损失拨备（PLL）账户建立在资产负债表的资产方，信用合作社用该账户管理那些被认为是不可收回的贷款、投资组合或其他资产。这样，一个机构的财务报表才会被充分和公允地披露。贷款损失拨备账户资金的充足性，必须在每月完成财务报表前进行评估和必要的调整。如果没有该账户，信用合作社的财务报表将不能代表其真实的资产质量。如果对贷款组合质量缺乏准确和及时的信息，将会妨碍管理部门及时采取有效的措施。

本条例至少应该讨论相关定义，评估问题贷款可能损失的方法，贷款损失拨备账户的充足性，评估贷款损失拨备账户充足性的频率以及处理其他类型资产可能出现的损失的方法。

II.1　定义

II.1.1　贷款损失拨备账户是对总贷款进行扣除建立起的各种资金账户，它代表贷款组合当前或潜在的损失。这个账户被用来补偿可能的贷款损失，其数量应等于正常贷款和问题贷款（定义见下文）的要求。信用合作社应当按照本条例提出每月贷款分类百分比调整账户资金，使其保持在充足的水平。

II. 1.2 问题贷款是逾期贷款或缺乏充分偿还能力的贷款。问题贷款构成特殊准备，可以被分为逾期、次级、可疑和损失贷款。这些贷款是根据贷款类型、付款期间和拖欠天数进行分类。

II. 1.3 贷款拖欠是指那些没有按照贷款合同规定按时偿还全部资金的贷款。

II. 1.4 重组贷款是指那些由于债务人财务状况恶化而改变原始条款的贷款。信用合作社与借款人中至少一方发生变化，该贷款被认为是重组贷款：

- 利率降低或无法收回利息；
- 拖欠利息资本化或产生新的贷款余额；
- 延长贷款期限；
- 减少部分或者所有的利息与本金；
- 在正常条件下不会提供给借款人，但因贷款重组的需要而提供的其他条款。

II. 1.5 短期贷款一般用于小企业融资中，具有期限短、数量少的特点。每日或每周的支付活动经常伴随着商业活动中的现金流，短期贷款通常是无担保的。

II. 1.6 长期贷款一般金额较大且期限较长，每月或者定期进行偿还。

II. 2 贷款分类体系

II. 2.1 贷款分类体系应用于所有贷款类型。贷款应当在每月提供最终财务报告前进行检查和分类。净贷款金额（贷款总额减去贷款损失拨备）代表贷款组合的公允价值。

II. 2.2 各种贷款应当按照下列标准将准备金被分为普通准备金和特别准备金。

II. 2.2.1 正常贷款是指有证据表明成员财务状况良好没有缺陷的贷款。所有此类贷款必须按照合同条款执行，并且预计将继续执行下去。这类贷款通常受到借款人的合理净值和支付能力保护而比较安全。这些贷款需要普通准备金，它是建立在当前贷款组合预期损失基础上、还没有出现被分类为不良贷款的情形。

II. 2.2.2 逾期贷款是指拖欠期为 30 天到 12 个月的贷款。全部利息和本金均没有收回，从而导致的贷款拖欠。管理部门应当按照未偿还本金余额的 35% 确定贷款损失拨备。

II. 2.2.3 损失贷款是指逾期超过 12 个月的贷款。这些贷款被认为是不可收回的和没有价值的，他们不应该停留在资产负债表上。损失贷款要求提取未偿还本金100%的资金作为储备。这种分类并不意味着该贷款没有任何恢复偿还的可能性，但是，信用合作社不得继续把此类贷款列在资产负债表上，并且应试图通过拍卖抵押品等方式来补偿此项债务。

II.3　重组贷款分类

II.3.1　所有重组贷款应当在财务报表中贷款组合部分以外的地方单独进行披露。这些贷款应当继续追踪其拖欠记录。

II.3.2　所有贷款仅能被重组一次。

II.3.3　管理重组贷款时，管理者应当注意和维护借款人贷款文件中的以下信息：

- 重组贷款的原因；
- 新贷款协议与最初商定的具体条款及条件。

II.4　贷款损失拨备账户的维护

II.4.1　所有股息的支付不能优先于贷款损失拨备账户的资金提取。

II.4.2　应当根据 II.2 中所提到的要求，确定贷款损失拨备账户的资金。每月应不少于一次分析贷款损失拨备账户余额的充足性。基于分析所需的总金额应当与当前账户余额进行比较。当所需金额大于账户余额时，应当将账户资金立即提高到所需金额，或者与监管当局达成一致意见。当账户余额大于所需金额时候，可以减少当前账户余额。

II.4.3　监管部门可能需要对具体贷款进行更加具体的分类，或者当以下情况发生时添加一些条款：

- 贷款组合的恶化；
- 信用合作社借款程序的改变；
- 在某特定贷款或特定领域创纪录的亏损；
- 缺乏对问题贷款管理信息的收集；
- 集中的大额贷款；
- 在某个或多个行业领域中存在众多借款人的趋势；
- 自然灾害，如干旱、洪水或其他灾难，对借款人的还款能力有显著影响；
- 由年度审计和监管部门指出的其他情况。

II.4.4　贷款损失拨备账户应该根据需要设立并且维护，不应当受到信用合作社利润的影响。该准备账户的分配应当记录在当期利润表中。

II.5　贷款损失拨备的使用

II.5.1　理事会负责确保贷款损失拨备账户资金的充足性。

II.5.2　当理事会批准冲销贷款时，借款人贷款数量和名称以及注销金额应当被记录在理事会会议记录中。只有贷款本金可以使用贷款损失拨备冲销。所有冲销贷款的累计利息应当在本金冲销前撤销。

II.5.3　被归类为损失的贷款应当在账上注销。在任何情况下，所有未得到监管部门书面同意，逾期超过一年的贷款不应记录在账上。贷款损失应当在理事会月度大会上冲销并且在年度股东大会上报告。

II.5.4　注销的贷款不能被认为是本金与利息的消失，该贷款应当记录在表外账户中。信用合作社可以继续累计贷款利息（在表外账户），保持对借款人全部责任的充分记录。

II.5.5　如果债务人偿还的资金大于已冲销本金，剩余资金将补偿到期利息以及所欠费用。

II.5.6　当一项贷款被分类为逾期或者损失贷款，信用合作社将不能为该借款人提供其他额外资金、现金流及新的贷款。

II.5.7　只有在信用社清算或所有债务被偿还的时候，贷款损失拨备账户才能为成员分配资金。

II.6　其他资产损失的准备金

II.6.1　除了贷款组合，信用合作社可能有其他资产，例如信用合作社的存款，用于法定清算的资金，有关关联企业、子公司和合资企业的投资，可能遭受损失或资产减值的各种债务人。信用合作社应定期检查这些其他资产并且设立必要的准备金。

II.6.2　这些准备金可以在资产发生实际损失，或资产的可收回金额低于其账面价值时进行弥补。准备金的设立不仅仅考虑财务报表中的贷款损失拨备，还应该结合各项资产账户。

II.6.2.1　贷款准备金记录在资产负债表的贷方准备金中，并且记入利润表的费用中。

III　逾期贷款条例

目的：

逾期贷款将很快对信用合作社收益率、流动性、资本充足率以及长期发展产生不利影响。所以，信用合作社的管理和监管部门必须采取一定措施应对贷款拖欠，在影响信用合作社未来发展之前发现问题。因此，贷款拖欠的计算方法和拖欠比率必须标准化，这样监管当局才能确定那些新生和持续的问题，并且与信用合作社的发展数据趋势进行比较。

本条例至少应表明逾期多久视为贷款拖欠，并采取标准计算方法进行确定，尤其是逾期贷款与总贷款组合的最大比例。管理者应在未偿还贷款余额而不是拖欠金额层面上计算拖欠水平。

III.1　定义

III.1.1　逾期贷款是指那些全部金额都没有按照合同偿还的贷款，其逾期期限取决于合同约定的还款计划。按月还款的贷款在超过 31 天没有还款时被认为是逾期贷款。如果信用合作社提供按日或按周还款的短期贷款，那么超出还款合同期限一天的贷款被认为是逾期贷款。根据还款计划，分为只偿还利息、一次还本付息，自上次付款后的本金和利息，每日、每周或每月偿还本金和利息。

III.1.2　所有没有按照合同规定全部偿还完毕的贷款被认定为逾期贷款，并根据其距离上一次支付还款的时间进行分类。

III.1.3　在信息披露时，所有未偿还贷款余额均应记账，而不仅仅是逾期支付的金额。

III.1.4　信用合作社应当保持逾期贷款与总贷款比率不高于 5%。

III.1.5　每月最后一天应当进行贷款是否逾期的检查，并记录下来。按月还款的长期逾期贷款应当按下列规则进行记录：

- 1～30 天的逾期贷款；
- 31～90 天的逾期贷款；
- 91～180 天的逾期贷款；
- 181～365 天的逾期贷款；
- 超过一年的逾期贷款。

按日或按周还款的短期逾期贷款应当按下列规则进行记录：

- 1～7 天的逾期贷款；
- 8～30 天的逾期贷款；
- 31～60 天的逾期贷款；
- 61～365 天的逾期贷款；
- 超过一年的逾期贷款。

III.2　逾期贷款率

III.2.1　逾期贷款率是指逾期贷款占全部贷款的比例，把不良贷款进行标准化。用逾期贷款总额除以总贷款进行计算，应当小于 5%。如果该比率大于 5%，则贷款无法有效收回，将使得流动的可用资金减少。

III.2.2　一次性偿还的贷款的逾期根据贷款合同确定。如果一次还本付息贷款到期，那么超过还款期限一天便被认作逾期贷款。当一次还本付息贷款被认为逾期时，应当被记录在适当的时间表中。

III.2.3 如果是分期付息贷款，逾期贷款应包括这些已偿还和未偿还的利息。即使仅仅是由于利息的偿还逾期，整个贷款本金都被认为是逾期贷款。

III.2.4 如果贷款超过其到期日，随着时间的推移，拖欠金额也会增长。

III.2.5 当一项贷款逾期超过 60 天后，停止贷款利息的计算。

IV 外部借款条例

目的：

信用合作社的借款能力取决于其财务状况，充足的资本基础，高流动性的抵押，宏观经济条件和其他因素。正因为如此，该条例需要确定最大借款金额。监管当局应该注意到既定的最大借款金额对于初创阶段和经营少于三年的信用合作社可能会更高。信用合作社经常进行外部借款。这些借入资金推动了信用合作社的发展，相比只使用自己成员的资金，信用合作社可能会提供更多的服务。

IV.1 定义

外部借款被定义为资金借入或从个人、捐赠者以及其他金融机构取得的非成员存款。信用合作社必须根据协议在以后期限内偿还这部分资金（有利息或无利息）。

IV.2 外部借款上限

IV.2.1 信用合作社可能基于信贷合同从专业信贷机构或为信用合作社提供专业服务的机构借款，例如商业银行、政府机构、国际金融机构以及其他外部资源。

IV.2.2 如果信用合作社的机构净资本大于等于 8%，其外部借款，包括短期（小于 1 年）和长期（超过 1 年），应不超过信用合作社总资产的 5%。如果机构净资本大于等于 10%，外部借款应不超过总资产的 10%。如果信用合作社的机构净资本大于等于 12%，则其外部资本可以达到总资产的 15%。

IV.2.3 监管机构可以自行决定提高外部借款上限达到的合适水平。

V 贷款对成员、员工和管理人员以及操作流程的要求

目的：

信用贷款通常是信用合作社资产负债表上最大的资产。完善的风险管理对于降低固有风险是很重要的。为了减少风险，管理部门应制定以下要

求：对于借款人或多个借款人的最大借贷金额、贷款类型、利率形式（浮动或固定）、对罚款和费用的估计、对员工的贷款限制、相应贷款政策以及操作流程的要求。

V.1　定义

V.1.1　以下是本条例中的相关规定：

V.1.1.1　自有资本是之前净收益的积累。它以留存收益、现金捐赠、资助、次级债务和监管部门储备的形式存在。

V.1.1.2　监管资本不同于资产减负债、总机构资本、所有者权益（永久且不可赎回的）或其他资本账户。

V.1.1.3　留置权是信用合作社维护自己财产的合法权利，换句话说，如果借款人没有按期偿还贷款，那么信用合作社可以拍卖抵押品来补偿贷款损失。为确保贷款的安全性，信用合作社必须在合适的法律机构进行抵押担保。

V.1.1.4　抵押品是成员按期偿还资金的保证，以防止其到期不偿还贷款。

V.1.1.5　向信用合作社提供的贷款抵押品是安全的。

V.1.1.6　不安全的贷款仅仅基于借款人品格和过去信用记录。只有保证人签字确认，而没有抵押品的贷款是不安全的。

V.2　最大贷款

V.2.1　如果成员或相关团体的某项贷款超过信用合作社自有资本25%或总资产的10%，不得为其提供贷款。相关团体是指家族企业或与家庭成员密切相关（那些依赖于相同的收入来源）的人员。对于无担保贷款和无担保的部分贷款（即没有抵押担保偿还的贷款），这些贷款不得超过信用合作社监管资本的10%。

V.2.2　无论收到贷款的成员如何分配资金，都应当全额偿还信用合作社的贷款本金。

V.3　信用合作社会议记录

V.3.1　监管当局可以不受限制地查看信贷委员会的会议记录。

V.4　利率、费用和罚金

V.4.1　信用合作社的贷款可以采用固定利率或者浮动利率。贷款利率应当由管理层制定，理事会批准。

V.4.2　收取贷款费用用于弥补提供贷款的直接成本。

V.4.3　利息的计算基于到期前未偿还金额。

V.4.4　借款人发放贷款之前，信用合作社应当披露贷款的实际利率。

实际利率应把利息费用、强制储蓄或存款要求计算在内。

V.4.5 信用合作社可以根据贷款本金和利息确定其延期支付的罚金。该机构可以在付款到期日一年后计算罚金，也可以根据信用合作社贷款政策在规定期限后计算。

V.4.6 任何信用合作社的成员、管理人员以及其直系亲属不得直接或间接地收取贷款的佣金、费用和酬金。为了实现这一点：

- 酬金包括非货币性项目；
- 直系亲属是指配偶或者生活中同一家庭中的其他成员以及受员工直接影响的人；
- 官方人员指理事会、信贷部门和审计委员会中的任何人；
- 这一规定并不包括向贷款工作人员支付的工资。

V.5 内部人员

V.5.1 理事会应该批准其雇员、官员、直系亲属和相关组织的所有贷款。这些贷款将根据理事会成员会议中少数服从多数的原则进行审批。作为贷款申请者的本机构内部人员应当被排除在该项贷款的讨论与决定之外。

V.5.2 提供给员工、管理人员以及其直系亲属，或者与上述人员有合作、投资或利益关系的机构和个人的贷款利率和条款不能优于其他信用合作社成员（参照 V.4.6 相关定义）

V.6 留置权与抵押品

V.6.1 信用合作社成员不得有贷款的特权，应当根据成员的偿还能力、资本金、抵押品价值、信用记录以及品格确定贷款的发放。

V.6.2 贷款应当按照谨慎性原则发放，可以有担保或者无担保。除非有抵押品作为担保，否则仅仅签字保证的贷款是不安全的。

V.6.3 所有者的权益不能被认为是安全贷款的抵押品。信用合作社的储蓄存款可以作为抵押获得贷款。

V.6.4 信用合作社应当只接受动产或房地产作为抵押物，因为其具有第一留置权。换句话说，其他金融机构和个人对该抵押物没有更早的留置权。

V.6.5 所有作为安全贷款的抵押物应当被放置在临近信用合作社的合理地点，不能放在信用合作社以外的城市。

V.6.6 如果该抵押物的所有者不是借款人本身，那么借款人应当书写使用该抵押物担保贷款的书面保证，这样才能发挥其担保作用，用来补偿贷款。信用合作社应当经过合法方式取得抵押物的留置权。

V.7 贷款政策

V.7.1 贷款政策应由董事会制定并同意。董事会每年都应对贷款政策作出必要的修订。运营机构应确保其操作程序是最新的，可以代表当前的贷款程序。

V.7.2　完善的贷款政策至少应包括以下内容：

- 政策目标；
- 获得贷款的资格要求；
- 允许的贷款用途和可接受的抵押品类型；
- 对于抵押物和贷款类型的投资组合分散化；
- 贷款类型、利率、条款和还款期限；
- 每种贷款的最大贷款额；
- 按照抵押品价值百分比确定的最大贷款金额；
- 确定借款人偿还贷款的能力；
- 借款人的限制条件；
- 内部人员的贷款限制；
- 信用合作社的贷款审批权限；
- 贷款审批当局对内部人员的货币贷款限制；
- 贷款审批相关文件；
- 担保人的要求；
- 不可接受的贷款用途。

V.7.3　由于一些贷款风险较大，如商业、农业、房地产和大的无抵押贷款，只有具有两年以上工作经验的工作人员可以发放此类贷款。

V.7.4　根据借款人的还款能力和担保物的状况确定贷款程序。该程序可能包括：对借款人的访问，收集足够的财务信息（包括可以用来分析验证的收入和费用信息），确定借款人是否具有偿还贷款的足够现金流，计算适当的财务比率以及鉴定抵押品的价值。

V.7.5　抵押品价值可以由具有经验的信用合作社工作人员确认，也可以由专业的评估师进行评估。确定抵押品价值的人员必须由董事会选举，并且与抵押品价值的多少没有直接或间接的利益关系。

V.7.5.1　对抵押品价值的评估记录至少包括评估日期、评估人员名单、抵押品的市场价值以及确定其价值的方法。

V.8　质量控制检查

V.8.1　审查委员会应定期（每年不少于两次）审查信用合作社的贷款组合。

V.8.1.1　审查目的应当确定贷款组合的质量，管理问题贷款，研究问题产生的原因，并提供最大限度减少损失的建议。该委员会还应确定贷款政策和相关程序，这个报告应当提交给董事会定期会议。

VI　投资管理条例

目的：

信用合作社的成立是为了给其成员共享股权、接受储蓄存款、发放贷款以及提供其他金融服务。由于贷款需求每年都存在波动，会造成一定时期的流动性过剩和其他时期的流动性不足。投资组合的主要目标是补充流动性和管理现金。在把多余资产转化成盈利资产的同时，应确保其处在法律规定的安全以及稳定状况中。尽管投资收益率是重要的，但是我们也要关心投资安全性和流动性。本条例至少应规定对于投资人的授权，投资组合的比例以及投资的类型。

VI. 1　定义

VI. 1. 1　集中性风险是指将资金仅仅投资于一种资产所产生的风险。如果没有投资组合的分散化，信用合作社可能由于单一性投资失去所有的资产。

VI. 1. 2　资产结构是指信用合作社的资产构成。信用合作社的主要活动是吸收存款和向成员提供贷款。贷款总额与总资产比率的目标是70%～80%，这一比率确定了贷款中用于投资的金额占总资产的百分比。管理部门不应使该比率超过80%，因为这会造成流动性不足。

VI. 2　投资政策内容

VI. 2. 1　信用合作社的董事会负责制定、审查和调整投资策略。应包括以下几点：

- 投资活动的目标；
- 可以采用的投资种类；
- 负责投资的部门以及其权威性；
- 投资组合的多元化如何实现。

VI. 2. 2　理事会应当根据需要，每年修订完善投资政策。

VI. 3　责任与权利

VI. 3. 1　信用合作社的审计委员会应负责确保投资人遵守投资政策。委员会应确定该投资组合政策是定期（不少于一个季度）修订的。

VI. 3. 2　信用合作社经理应每季度向理事会提交报告细节：

- 所有投资都由信用合作社持有；
- 投资的利率和到期日；
- 每月投资活动；

• 如果可能，比较投资的账面价值与市场价值。如果账面价值较低，信用合作社管理部门应当根据信用合作社的自有资本合理评估损失的可能与风险。

VI.3.3 除了连续合作，投资期限不得超过____。当投资期为__月时，理事会应当考虑信贷需求的季节性波动。投资之前，信用合作社多余资金来源由下一期贷款需求的增长决定。

VI.4 允许的投资

VI.4.1 信用合作社只能进行以下投资：

• 由国家政府或担保的债券或其他债务性工具；

• 符合国家法律规定的存款或其他银行账户；

• 合法注册的中央信用合作社、中央财政机构、协会或存款担保公司、信用合作社的贷款、股票或存款；

• 从事信用合作社相关业务活动的注册合作社、组织、公司或协会的股票、存款或其他债务工具；

• 上述未提及的根据国家法律注册的信用合作社股份；

• 监管机构批准的其他投资类证券和债务工具。

VI.5 禁止性活动

VI.5.1 投资应当购买持有至到期的工具，任何时候不能用信用合作社资金进行证券交易而将其置于风险之中。

VI.5.2 信用合作社的工作人员、相关组织以及直系亲属在投资交易时不能得到任何利益。所有的投资交易必须是透明的、公平的交易。

VI.6 投资的会计记录与保管

VI.6.1 每个投资应当有一个明细分类，包括以下信息：名称、金额、利率、期限和批准人员。

VI.6.2 所有原始文件应当被安全保存，防止火灾。

VII 固定资产与非营利资产管理条例

目的：

固定资产和非营利资产应当维持在信用合作社的正常运转水平，由于这些资金不能提供收入，所以不能构成自有资本。本条例至少包括固定资产与非营利资产的定义，相对于总资产而言该类资产的最大投资额，不动产记录在账上的期限，以及信用合作社处置不动产的方式。

VII.1 定义

VII.1.1 （企业的）房屋建筑及附属场地，包括信用合作社营业的各种机构和分支机构。

VII. 1. 2　家具、固定装置和设备，包括所有办公家具、办公设备、计算机硬件和软件、加热和冷却设备或其他有价值的材料物品。

VII. 1. 3　固定资产是指上述的房屋建筑、家具、固定装置和设备。

VII. 1. 4　市场价值是在竞争和开放的市场中"公平交易"最可能形成的价值。公平交易具有下列要求：

- 买卖双方均是独立、谨慎和理智的；
- 进行现金支付或类似的交易方式；
- 销售价格不被特殊融资方式和相关的销售折扣所影响。

VII. 1. 5　非营利资产是指那些除了固定资产以外的无息资产。包括现金、无息支票账户、抵押物、应收账款、待摊费用、利息和其他资产。

VII. 1. 6　其他不动产是指房产和由于成员未偿还贷款而获得的抵押物。信用合作社获得并占有财产的所有权。

VII. 1. 7　直系亲属是指配偶或生活在一起的受本机构工作人员直接影响的人员。

VII. 2　允许的固定资产投资水平

VII. 2. 1　信用合作社投资于固定和非营利资产金额不能大于总资产的5%。捐赠的固定资产和其他不动产不包括在内。

VII. 2. 2　如果信用合作社想投资超过总资产的5%，必须得到监管机构的同意。请求批准时应当提供信用合作社商业计划、详细描述的投资成本、需求的解释说明、如何提高成员的服务水平以及有一项可以显示投资对盈利能力和机构资本影响的研究。

VII. 2. 3　监管机构应在30天内对 VII. 2. 2 中的请求做出答复。信用合作社应收到书面的通知。该通知应包括允许投资于固定资产的总额或占总资产的比例。该机构在任何情况下不得超过这个极限。

VII. 2. 4　如果取得的不动产是为了未来信贷的扩张，与信用合作社经营相关的至少一部分的使用应当在两年内完成，除非监管机构要求更长的时间。

VII. 3　禁止的交易

VII. 3. 1　信用合作社不得收购、出售或租赁未经监管机构事先书面批准的不动产，或者来自以下情形的不动产：

- 理事会成员，信贷或审计委员会的成员，雇员以及成员的直系亲属；
- 之前提到的理事会成员，官员以及合作者在信用合作社任职，或者拥有信用合作社股权或与其的合作关系超过10%；

VII. 3. 2 所有未被 VII. 3. 1 禁止的交易事项应充分披露，密切关注以使信用合作社获得最大利益。

VII. 4 其他不动产

VII. 4. 1 如果信用合作社在一年之内不能出售这些不动产，那么其价值将按照每年50%的速度减少，直到两年后降为零。资产价值的减少应记录在"其他不动产"账户中。三年之后，应当注销该资产的会计记录。

VII. 4. 2 房产和由于补偿未收回贷款而获取的抵押物。由于贷款余额大于抵押品市场价值造成的损失应及时转入贷款损失拨备账户。

VII. 4. 3 任何与收购和维护该资产的直接费用（法律和公证费用、正常维修和保养费用、执照费、财产或其他税）应计入信用合作社当期费用中。

VII. 4. 4 在后续评估中，所有资产价值的下降应记录在资产备抵准备金账户。该条例包括资产价值减少产生的影响。在任何情况下未来减少价值应当记录在贷款损失拨备账户，因为其他资产损失准备金账户代表了信用合作社的资产，而不是贷款。

VII. 4. 5 当把不动产转移到资产备抵账户时，其市场价值应当根据取得时的评估价值确定，或者如果记录在贷款中的投资等于或小于机构资本的10%，资产的评估应当由专业的合格人员进行，提供准确的方法，确保其独立性。

VII. 4. 6 当评估人员进行资产评估时，他必须由信用合作社直接选择，并且与合作社没有直接或间接利益关系，否则评估将无效。

VII. 4. 7 信用合作社可以公开拍卖这些已经转移到自己账户的不动产。该资产应在三年内处置，否则按照 VII. 4. 1 中进行注销。

VII. 4. 8 如果该资产的拍卖价高于成员所欠贷款，多余部分应归成员所有。

VII. 4. 9 该不动产出售后，信用合作社可以获得全部或部分价款。

VII. 4. 10 信用合作社应对这些资产的管理及处置保留完整记录，包括时间计划以及合法的购买者。

VIII 股本和储蓄存款的监管

目的：

成员储蓄通常是信用合作社资产负债表的最大负债。当信用合作社发放贷款存在风险时，信用社成员通过其存款承担一定程度的风险。该条例至少表明账户类型、特定条款、存款账户的披露以及股息红利是如何被计算支付的。

VIII. 1　储蓄与所有者权益账户的条件

VIII. 1.1　储蓄账户利率、条款和条件应由各信用合作社制定。

VIII. 1.2　开设所有者权益的最小账户金额应遵循信用合作社的规章制度。

VIII. 1.3　撤销股本需要按规定得到信用合作社的书面通知。只有在会员终止其资格，信用合作社已达到资金和流动性要求时，才可以减少所有者权益。

VIII. 2　股息和利息

VIII. 2.1　红利的分享是基于当前的收益，因此，年度股息率是没有保证的。除非信用合作社有5%的机构资本，并按照监管部门规定建立起贷款损失补偿制度以及其他相关要求，否则是不能分配股息的。

VIII. 2.2　如果有类似定期存款的合同，那么它应当标明合同的条件和条款，并保证在一个稳定的利率水平。由于该存款的合同性质，信用合作社应当在合同中写清利息的支付要求。

VIII. 2.2.1　如果储蓄账户不受合同约束，信用合作社可以根据外部市场压力和内部融资需求改变利率。

VIII. 2.2.2　储蓄账户的利息可能是固定或者变化的。不同的利率与利息取决于存款和条款的类型。

VIII. 2.3　储蓄账户与定期存款利息应当至少每月进行累计，除非成员每月提取利息。

VIII. 3　记账

VIII. 3.1　所有者权益、储蓄存款和取款应当记录在成员存折上，以及信用合作社的成员分类账中（手动系统记录在卡片上，计算机系统输入到程序中）。

VIII. 3.1.1　每个所有权份额和储蓄账户各有一个账号。所有权份额和储蓄账户的存取款将分别记录在各自的账户中。

VIII. 3.2　定期存款需要有一个书面凭证，应当记录成员名称、账户编号、存款日期、存款金额、存款期限、存款利率（浮动还是固定）、利息支付日期、提前取款的罚金以及信用合作社和成员各自的签名。

VIII. 3.2.1　原始存款凭证将保留在信用合作社。成员将获得上述存单或凭证的复印版。

IX　流动性管理条例

目的：

许多国家的信用合作社没有可以使用的流动性工具。因此，信用合作社面临严重的流动性风险。为了应对流动性风险，一些信用合作社建立集中的流动性资金池。这个资金池可以满足单个信用合作社季节性流动性波动的需要。然而，流动性资金池通常不足以满足更大规模的流动性风险，所以每个信用合作社必须有效地管理其流动性。

成员一般希望获得长期贷款，但他们更愿意让他们的储蓄账户没有到期日或很短的期限。在这种情况下要求信用合作社分析和管理流动性，以减少这种风险。当最大限度地提高盈利能力时，应当保持充足的流动性。对流动性的管理不能放置在盈利性之后。

为了减少流动性风险和避免流动性危机，对流动性管理的条例至少应包括以下几点：相关定义、满足存款提取的最小流动性、流动性评价方法和可识别的流动性来源。

IX.1　定义

IX.1.1　成员存放在信用合作社的仅仅为了获得利息的存款是不稳定的资金，当存在危机或者信用合作社无法提供高利息时，成员们会有很大的提款可能。

IX.1.2　流动性资产是指容易变现的资产（如现金、活期存款、商业银行存款）。

IX.1.3　非流动性资产不容易迅速变现，因为它们是长期的或者没有可以迅速变卖的市场。如果信用合作社在短期内需要变卖非流动性资产获取现金，可能会遭受亏损。

IX.1.4　流动性风险是指正常经营中的现金和现金等价物不能应对存取款需求、外部借款还款，贷款需求和日常开支的风险。

IX.1.5　利率风险是由于市场利率提高导致存款利率提高，固定利率贷款和投资不变，从而影响潜在盈利能力的风险。

IX.1.6　资产负债管理是指对资产和负债的金额、期限、利率、收益进行规划、监测和控制的过程。

IX.1.7　敏感性资产不持有到期，包括货币市场资金和短期债券，它们都容易受到市场利率的影响。利率的增减会影响货币市场与长期固定贷款利率的增减。

IX.1.8　敏感性负债是指容易受到市场利率影响的负债。只有在负债到期时，利率才能改变。

IX.1.9　股本不同于资产减负债的差额、机构总资本、监管资本和其他资本。

IX. 2　流动性政策的制定

IX. 2.1　信用合作社理事会负责制定、完善和调整流动性政策，主要包括：

- 流动性管理的负责人；
- 满足流动性要求的信用额度确定人；
- 如何监控流动性：如如何使用流动性管理系统、现金流动性分析的周期、对细节的测试以及更新相关比率的时间间隔；
- 现金资产和信用合作社库存现金的最大、最小值；
- 其他流动性比率的最大最小值；
- 监控流动性的方法和操作流程；
- 流动性政策修订和完善的周期。

IX. 2.2　理事会应根据需要每年完善流动性管理政策。

IX. 3　减少流动性风险的限制条件

IX. 3.1　所有成员及其直系亲属不得共同或者单独拥有超过信用合作社10%的股权以及储蓄存款，直系亲属包括配偶、成员的父母和孩子以及其他生活在一起的人。

IX. 3.2　如果成员或一组成员的某项贷款达到信用合作社总资产的25%或超过了监管资本的要求，不得为家族企业的成员，或基于同样收入的成员提供此类贷款。

IX. 4　流动性管理比率

IX. 4.1　除了满足央行的准备金要求，信用合作社至少保持储蓄存款的15%作为流动性资产或活期存款，以满足存取款需要、偿还外部借款、贷款需求和日常开支。这一比率应按要求向监管部门报告。

IX. 4.1.1　流动性比率计算如下：

- （流动资产（期限少于30天）－不超过30天的负债)／过去三个月的平均储蓄存款≥15%。

IX. 5　流动性评价

IX. 5.1　除了计算和分析 IX. 4 中的流动性比率，管理部门还应对流动性进行评价。

IX. 5.2　对流动性的评估每月不少于一次，根据信用合作社流动性情况决定评估的频率。

IX. 6　流动性管理工具

IX. 6.1　短期流动性用于维持充足的现金余额和进行短期金融债券投资。该债券必须能立即变现且不遭受损失。

IX.6.2　信用合作社可以通过成员股份、存款和外部借款筹集资金满足流动性。资金的获得应按照市场价格，不应吸引波动大的资金。

IX.6.3　外部借款包括短期和长期，可以用来满足流动性需求。信用合作社应当了解以外部借款满足长期流动性需求存在的问题，应该把重点放在吸引成员存款上。

IX.6.4　当信用合作社在其他存款机构没有更好的相似金融工具时，应直接采用央行流动性工具。

IX.7　利率风险

IX.7.1　信用合作社管理层应当通过评估和管理资产负债表结构，采取适当的措施来管理利率风险。这个过程应包括：

- 敏感资产与负债的确定；
- 敏感资产（如贷款和投资）与相似敏感负债（外部借款和成员存款）期限的匹配；
- 固定资产与自有资本的匹配；
- 负债和成员短期存款（小于30天）的匹配；
- 信用合作社资产负债表结构的书面说明以及有关利率敏感资产与负债匹配情况的文件；
- 适应信用合作社规模与复杂程度的充足流动性政策。

X　档案保存、防灾准备以及安全措施要求

目的：

如果发生意外导致信用合作社没有完整的保存相关档案，将会产生严重的影响。最坏的情形是信用合作社将缺乏有效完整的信息。信用合作社对于档案保存的要求至少包括：确定档案保存的负责人、确定需要保存的档案、确定档案更新频率时间表、可接受的存储中心、防灾计划和安全程序。

X.1　定义

X.1.1　可接受的档案保存地点应当与信用合作社办公地点保持适当的距离，这样可以防止在出现意外时，所有的信息同时丢失。

X.2　档案保存的操作过程

X.2.1　信用合作社会计或指定人员负责在一个可接受的安全地方复制至关重要的记录，这个地方应远离信用合作社办公室。

X.2.2　档案应保存于每个季度结束后的30天，除了那些标记为"永久"的记录，在当前档案保存后，以前储存的可以被销毁。

X.2.2.1　如果信用合作社的文件记录是自动化的，每天的文件应该保存到设备中。

X.2.3　信用合作社在进行档案保存时应保留日志，注明时间、地点与人员。

X.2.4　档案可以按照任何能够被信用合作社重现的形式进行保存。可接受的形式包括纸质版原件与复印件、视频或计算机存储设备。

X.3　重要的档案存储

X.3.1　原始文件应保存在信用合作社中。最近一个月的文件副本应按照以下方式储存：

● 每名成员账户的股份、存款和贷款列表。

1）这份清单可以通过成员姓名和编号进行单独识别；

2）多个贷款和储蓄账户将被单独列出；

3）除非理事会认为成员信息很容易就可以从另一个来源获取，否则应表明详细的信息，可以定位每一个成员，例如地址和电话号码。

● 财务报告应列出信用合作社的所有资产、负债、所有者权益和未偿还贷款余额。

● 信用合作社的投资账户列表应包括账户名称编号，固定资产清单副本，外部借款协议副本，外部资金的偿还时间表以及保险政策副本。这些信息可能被标记为"永久"的，只有在改变时才能更新。

● 贷款合同的副本表明成员对信用合作社的资金偿还义务。只有当贷款完全偿还或者产生新的贷款时，才能改变这些信息。

X.4　防灾准备

X.4.1　每一个信用合作社都应当有防灾准备的书面文件。该计划的规模与复杂程度取决于信用合作社日常操作的复杂程度。

X.4.1.1　该计划应重点关注诸如信用社员工安全和关键系统和服务的维护等关键领域。关键系统或服务可以是实在的物体（建筑、道路、停车场）、人员（员工、成员、顾问）或技术（硬件、软件、接口、外部系统、通信）。

X.4.1.2　为了识别关键系统和服务，信用合作社管理层必须确定当该系统不能正常运转时，对信用合作社造成的损失影响，以及信用合作社还可以维持的时间。

X.4.2　书面计划至少应包括：

● 批准计划的负责人；

● 计划的更新周期；

- 完成计划的负责人，或确定第一责任人；
- 建立员工负责制度，及时评估情况、提供信息和会员服务；
- 当信用合作社办公地受灾时，可以替代的工作地点；
- 确定信用合作社需要的基本信息；
- 明确测试和调整计划的周期。

X.5 安全措施

X.5.1 每个信用合作社应该有一个安全计划旨在防止出现办公室抢劫、盗窃、诈骗和挪用公款等情况，确保日常操作记录不被破坏，并协助识别企图犯罪的人。每年进行必要的完善和修订，确保安全措施的有效性。

X.5.2 为了防止抢劫、盗窃、诈骗和挪用公款的现象，信用合作社至少应做到以下几点：

- 紧锁门窗；
- 为保障安全对员工访问权限进行双重控制，只有那些具有相应职责的员工才可进入；
- 把钱箱锁定在安全领域，尤其是晚上。只有收银员可以进入钱箱，并且外部人员不能继续运行和操作。
- 计算机或手动记录保持在限制访问的区域。访问电脑需要密码。密码不能在员工之间共享，如果可能应每30天更改一次。
- 记录的档案以及副本应保存在防火的安全领域。
- 如果经济允许，应雇用保安进行安全管理。
- 充足的贷款与内部控制制度使得个人不能单独完成所有交易事项（如处理、审批和支付步骤相互隔离）。

XI 反洗钱监管

反洗钱（AML）监管的目的是监测信用合作社可能的犯罪活动，包括洗钱、逃税和恐怖主义融资。监管的主要目标是提供金融交易的书面记录，帮助检测和防止洗钱活动。信用合作社与其他金融机构一样，必须有完善的政策、程序和适当的内部控制来检测成员账户任何类型的异常非法活动。监管部门可能来自政府机构或金融机构监管当局。确定监管机构是否合规的通常委托给金融监管当局。

XI.1 成员身份

XI.1.1 每个信用合作社应当有书面政策和程序，确定每个成员的真实身份、经济活动以及交易的来源和目的，并且根据过去的历史和成员的经济活动确定交易量是否合适、账户活动是否正常。

XI.1.1.1　为确保信用合作社可以识别每名成员的真实身份，该审核程序至少包括：

- 获取每个人开户的基本数据；
- 对每个客户进行合理的身份验证；
- 保存用于验证身份的记录和信息；
- 识别客户是否出现在执法官员提供的恐怖分子嫌疑犯列表中。

XI.1.1.2　信用合作社在开户或添加新成员账户前，应至少明确以下信息：姓名；出生日期；住宅或商业地址；官方文件提供的身份验证号码，如护照号码、居民身份证号码、营业执照、驾照等。成员使用的身份证明文件上应当有自己的照片。这些信息应当在账户注销后保留五年。

XI.2　交易的金额（建议金额不超过 10 000 美元）

XI.2.1　当单个或多个现金交易（存取款、以小换大的货币交换、购买现金支票、旅行支票、汇票以及电子支票）在一天中超过＿＿＿，应由指定个人或机构在 15 天内完成报告并且提交给监管机构。

XI.2.1.1　如果信用合作社有分支机构，一天内多个分支机构的现金交易总额达到＿＿＿及以上，就应当汇总和报告。

XI.2.2　现金交易量达到＿＿及以上，应当验证和收集以下信息：

- 负责该项交易的成员姓名和地址；
- 交易个人的姓名和地址；
- 交易发生的信用合作社名称以及地址；
- 交易量；
- 受益人的姓名和地址（如果受益人不是成员时）；
- 该笔交易影响的成员账户编号；
- 交易类型；
- 购买工具的编号；
- 交易日期、时间和地点；
- 书写报告的信用合作社管理人员和员工签名。

XI.3　可疑活动报告

XI.3.1　如果员工确定某交易本质上是可疑的，可以向信用合作社任何部门提交可疑报告。

XI.3.1.1　在监测到可疑活动的 15 天内，必须向监管机构出具报告。

XI.3.2　可疑活动报告中应提供以下信息：

- 信用合作社名称和地址；

- 可疑活动发生的账户名称和编号；
- 交易人员（如果不是成员）的姓名和住址；
- 可疑活动的描述；
- 交易规模和类型；
- 书写报告的信用合作社管理人员和员工签名。

XI.4 信用合作社内部反洗钱规定

XI.4.1 每个信用合作社都应有理事会通过的内部反洗钱条例，包括以下几点：

- 确保操作合规的内部控制制度；
- 符合本条例要求的独立性测试，员工知识水平的管理要求以及充分的员工培训计划；
- 指定有经验和背景的员工进行监管；
- 由指定的员工进行合规监管；
- 持续的员工培训计划。

XI.5 监管人员、独立性测试以及员工培训

XI.5.1 每个信用合作社应指定员工，如果没有员工可以是志愿者，作为资产负债管理的监管人员。该人员应负有每日监管责任，负责开发编写内部控制程序以防止洗钱活动，核查操作活动是否符合资产负债管理条例，监控日常事务来检测异常交易，确定所有的政策和程序足够发现可疑活动，协调定期培训，确保在指定的时间内报告监管部门以及追踪审计结果以确保其得到解决和纠正。

XI.5.2 反洗钱条例要求至少每年邀请内、外部审计师进行独立性测试。

XI.5.2.1 审计活动至少应测试符合资产负债管理规定的内部程序的有效性，验证其是否满足要求。例如，信用合作社是否确定其成员的真实身份，是否在指定时间提交有关大型货币交易和可疑活动的报告，是否有监管人员以及训练有素的员工。

XI.5.3 所有与成员有关的信用合作社人员应当接受适当的持续性的反洗钱培训，培训内容包括反洗钱条例、要求以及当前发展情况，例如新的洗钱计划以及发现和解决反洗钱活动方法的回顾总结。

XI.6 反洗钱条例处罚措施

XI.6.1 任何未遵守本条例的信用合作社工作人员需要承担 XVI.5 罚款的行政监管与制裁中规定的罚金。

二、行政管理条例

目的：本条例的建立是为了解释说明信用合作社允许设立、合并以及清算的过程。

XII　信用合作社的设立要求

信用合作社设立的条件仅有最低要求。准入要求的缺乏导致了大量信用合作社无法向其成员提供他们想要的产品和服务，也因为缺乏规模经济而无法在财务上具有竞争力。允许设立不能持续经营的信用合作社是错误的决定，这会给监督管理机构带来负担，并且对信用合作社声誉产生潜在不良影响。在授权信用合作社成立前，监管机构应该有信息确保该信用合作社可持续运行。

该项有关信用合作社准入规则的条例至少包括发起成员数量和资金最低要求，申请设立过程，审批流程以及对监管部门提出异议时，信用合作社可以采取的措施。

XII. 1　信用合作社的发起成员

XII. 1. 1　信用合作社发起成员在理想、职业和地理环境上有共性，符合法定年龄要求，并且居住在信用合作社的成立地。

XII. 1. 2　信用合作社应当有不少于 300 名的发起成员。发起成员至少应购买法律规定的为获得成员身份的最小股权数量的股票。

XII. 1. 3　任何成员或直系亲属不得拥有超过信用合作社所有股权和存款总数的 10%。家庭成员包括配偶、父母、子女（无论上述人员是否生活在一起），以及生活在一起的其他人员。

XII. 1. 4　股权由所有权证书或存折来证明。信用合作社应具有监管当局定期规定的最低股权数量。信用合作社的最低货币资金是＿＿＿，最低金额须在申请之日筹集完毕。

XII. 1. 5　发起成员应当从他们中选择有金融、商业、会计或管理背景的人才，任职理事会、审计和信贷委员会，直到第一个年度股东大会。

XII. 1. 5. 1　以下人员不能成为信用合作社员工：

- 被人民法院判为刑事犯罪的人员；
- 被法院指控还没有被判决的人员；
- 之前导致公司破产的总经理、董事会、信贷和审计委员会成员；
- 其他金融机构的现任官员和高级管理人员；

- 由于管理方法和业务操作不当或违规，造成其他金融机构损失的人员。

XII. 2 申请成立信用合作社的要求

XII. 2.1 信用合作社的发起文件应当由监管部门批准通过。在收到营业许可证时，信用合作社初始成员应按照要求在当地政府注册登记。

XII. 2.2 允许成立的信用合作社应当在其名称中包含"信用合作社"的字样，其他商业性金融机构不允许使用。

XII. 2.3 信用合作社的名称不能由一个人决定。

XII. 2.4 信用合作社可以有多种业务活动，但是财务报表和金融中介活动应当独立于其他业务活动。信用合作社的非金融活动资金不能超过投资的5%。任何情况下，信用合作社存款不能用于非金融活动。

XII. 2.5 信用合作社理事会应在满足下列要求30天内向监管机构申请许可证。

XII. 2.5.1 信用合作社登记时应向监管当局提供以下信息：
- 完整的申请计划；
- 信用合作社的营业地点；
- 信用合作社的章程；
- 合法发起成员的完整姓名、家庭住址、身份证或其他证件号码、个人以及总的所有权份额；
- 全体大会的会议记录，包括内容有：批准的章程，理事会、信贷和审计委员会的选举和任命，工作人员同意履行自己相应职责的承；
- 提议的信用合作社经理；
- 官员的教育背景、工作经验和专业资格以及拟议的经理；
- 发起成员所持有股权的证明文件；
- 表明信用合作社可行的可行性研究。这项研究应包括相关任务陈述、总体目标、市场调研、组织结构和最近三年的财务预测；
- 用于执行和记录所有交易并提供报告的管理信息系统。

XII. 2.6 信用合作社章程应基于监管机构的法律要求。

XII. 2.7 所有合作社章程的修改需要通过多数成员出席的大会和监督机构的同意。只有监管机构进行书面批准后，修改的章程才具有法律效力。

XII. 3 信用合作社成立决议

XII. 3.1 在收到 XII. 2.5.1 中满足法律法规的要求的文件60天内，监管机构应当对信用合作社的成立做出决定。

XII. 3.2 在允许成立之前，信用合作社应确认以下事项：

- 该信用合作社是否能由适合且有金融机构管理能力的人员管理；
- 过去的业务记录和实际操作者的经验；
- 申请者资金来源的性质和充足性；
- 申请者提交的计划的稳健性与可持续性；
- 信用合作社的设立是否服务于公共利益。

XII.3.3 如果监管机构认为有必要确保该信用合作社是切实可行的，可以进行独立的现场调查。

XII.3.4 在收到信用合作社许可证和按照其他政府机构要求登记之前，除了 XII.2 的要求，任何信用合作社不能在申请成立前进行业务活动。

XII.3.4.1 发起成员对于获得设立许可证，以及按照政府要求登记注册投资活动之前的交易负责。

XII.4 信用合作社章程和许可证的有效期与不可转让性

XII.4.1 信用合作社章程和许可证永久有效。

XII.4.2 该章程规定的权利不得转让给任何第三方，如果转让会吊销其许可证，并且停止信用合作社的一切活动。

XII.5 可接受的货币

XII.5.1 除非信用合作社得到监管机构对使用其他货币进行交易的许可，否则只接受以本国货币表示的存款，外部股权和贷款，以及发放贷款或进行投资活动。

XII.6 标准化会计

XII.6.1 信用合作社应使用符合监管要求的标准会计科目进行会计交易的记录。

XII.6.2 信用合作社应使用国际会计准则处理所有事项。

XII.7 信用合作社申请设立的拒绝

XII.7.1 监管机构可能由于以下原因拒绝信用合作社的设立：
- 未提交申请设立的相关文件；
- 未能遵守本条例的要求提供文件和其他必要的信息；
- 所有权资本和初始成员未达到最低要求；
- 经济计划不可行；
- 指定的官员或高管已被确认有犯罪行为，或由于其活动造成过其他金融机构的损失，或者该人员正任职于其他金融机构中。

XII.7.2 当监管部门拒绝某信用合作社申请时，应当在决定之日起 14 天内书面通知申请人。该通知应当说明拒绝的理由，并正式通知申请人取回其文件。

XII.7.3 如果信用社发起成员能积极解决所有导致申请拒绝的问题，便可以在任何时间重新提交申请。

XII.7.4 如果信用合作社在获得许可证后 6 个月内未开始运作，该许可证可以自动撤销。

XIII 企业合并章程

目的：

企业合并是指信用合作社资产、负债和所有权的整合，此过程将停止所有业务活动，直到合并完成后继续运行。被合并信用合作社的权利与义务转移后，其章程失效。

本条例至少应说明合并事项的负责人、相关程序以及批准或拒绝该合并事项的负责人。

XIII.1 企业合并的定义

XIII.1.1 信用合作社可以在通过成员投票同意后与其他合作社自行合并。按照规章制度要求，应通知所有成员，让他们有针对合并事项投票的机会。监管机构也可以批准合并事项。

XIII.1.2 信用合作社双方的普通和特殊成员关于合并的决议，是向监管机构提交合并申请的前提。

XIII.1.3 在有关合并进行投票的 30 天、60 天及 90 天前，信用合作社应书面通知其成员或在显著位置张贴通知。

XIII.2 合并过程和文件

XIII.2.1 信用合作社负责准备与提交合并事项必要的文件。

XIII.2.2 所有合并过程中的费用应由合并一方承担。

XIII.2.3 参与合并的信用合作社应有合并协议，包含以下内容：

* 合并的原因。
* 合并后的信用合作社地址以及分支机构地址。
* 通知被合并方债权人的协议。
* 转移给合并信用合作社的被合并方的资产、权利、财产、负债和所有者权益以及任何其他可能必要的协议、文件和其他工具。
* 自合并生效日起，持续的合并方信用合作社应当承担被合并方所有债务，并且按照合同和协议要求偿还，此外，对于原来被合并方的股权和存款所有者，可以要求合并方给予相同货币数量的股权和存款。除非在合并前，被合并方已经对所有者股权和债务进行调整，否则合并后不能修改。

- 信用合作社组织变更的信息，例如成员数量、新的工作职位和员工。
- 如果信用合作社每股价值是不同的，应当有转股程序。
- 如果信用合作社产品不同，应当将被合并方存、贷款转移到合并方。
- 合并不同的信用合作社的信息管理系统。
- 其他合并中必要的程序。

XIII. 2.4　为获得监管部门对信用社合并的批准，附送的合并协议应包括以下文件：

- 批准合并的会议记录，包括选举结果。
- 被合并方的财务报表、合并资产负债表、利润表和欠款记录。
- 被合并方资产、负债以及所有者权益的转移文件。
- 依照法律规定对合并方的调整。
- 根据本条例 XIII. 2.6 内容对成员完成监管的证明文件。
- 新合并的信用合作社所有合并成员的记录清单。

合并方应保存一份 XIII. 2.3 和 2.4 中所提的信息，这些信息应按照要求提供给其成员。

XIII. 2.5　为了决定是否同意合并申请，监管机构有权利要求额外的信息。

XIII. 2.6　信用合作社合并前，应验证该合作社成员是否具有全部股权、存款和贷款。当没有操作管理人员协助时，该检验应由信用合作社的审计委员会或指定人员完成。

XIII. 3　合并的批准与否决

XIII. 3.1　监管机构应在获得必要的信息后 30 日内做出是否批准该合并的决策。

XIII. 3.2　监管部门对信用合作社合并的批准是基于对下列与合并相关的因素进行的定性评估。

- 合并方信用合作社管理的专业背景和特征。
- 合并方信用合作社财务报表和财务状况的评估。
- 对合并方资金的影响。
- 合并方是否具有充足的房产、设备以及信息管理系统。

XIII. 3.3　监管机构同意后 30 天内，信用合作社应书面通知债权人、告知本单位所有人员并且通过媒体广泛披露相关信息。

XIII. 3.3.1　如果必要，监察机关可以进行现场访问、审查或评估 XIII. 3.2 的任何因素。

XIII. 3.4　监管机构可能由于下列原因否决合并申请：

- 合并提议没有使成员获得最大利益。
- 违反法律法规要求。
- 被合并方没有转让资产、负债和股权给合并方的协议。
- 未能遵守本条例的要求。

XIII. 3.5　企业合并应在监管机构同意后 6 个月内完成。

XIII. 3.6　监管机构认可新合并的信用合作社，并注销原被合并的合作社后，合并事项完成。

XIV　自愿和强制清算章程

目的：

清算是企业变卖资产、偿还债务以及偿还债务后分享剩余股权的过程。清算的最终结果是注销信用合作社。清算可以是信用合作社成员投票的结果自愿进行，也可以是由监管机构或法院强制执行。强制清算的目标是使信用合作社债权人损失最小化。

该条例至少说明自愿和强制清算政策是如何制定的，各种清算类型的过程，确定个人或委员会决策权的范围以及操作限制，为债权人索赔提供指导并建立优先支付政策。

XIV. 1　定义

XIV. 1.1　信用合作社的清算是其各项业务活动的终止。

XIV. 1.2　自愿清算情况下，清算委员会或代理人员通过全体大会进行任命，强制清算情况下由监管机构任命。

XIV. 1.3　索赔权是指债权人在清算过程中具有索要未偿债务的权利。

XIV. 2　信用合作社清算的条件

XIV. 2.1　信用合作社清算基于下列条件：

- 所有出席全体大会成员的 75% 同意进行自愿清算，随后得到监管部门的批准，并且至少有 30% 的成员对清算决议进行投票。
- 基于监管机构和法院要求，信用合作社严重违反法律法规。
- 会员大会决定将信用合作社转换为另一种法律形式。
- 会员数量低于法律最低要求。
- 破产决定。

XIV. 3　监管机构任务

XIV. 3.1　监管机构负责监督自愿和强制清算。

XIV. 3.2　直到清算完成后，信用合作社才不再接受监管机构监督。

XIV.4　自愿清算过程

XIV.4.1　自愿清算仅发生在信用合作社履行对成员和债权人义务的情况下。

XIV.4.2　理事会对以下事项负责:

- 维护资产价值;
- 推进清算进程;
- 公平分配资产给成员。

XIV.4.3　通过年度成员大会同意的自愿解散信用合作社的决定,应在30天内提交给监管机构。

XIV.4.4　自愿清算过程按照以下要求:

- 在清算提议前30天,理事会应当书面告知合作社成员或在办公地的明显位置进行张贴。

- 清算提议应提交给成员大会成员。为了使提议通过,需要有30%的成员出席投票,并且75%的投票人员同意该决议。在投票前,成员有充分权利反对清算提议,陈述自己的观点。信用合作社不得以任何奖励形式进行拉票。

- 在信用合作社成员自愿清算投票时,股东大会应指定清算委员会。信用合作社可以委派全部或部分成员大会成员负责清算委员会,并可以对该服务提供合理的报酬。

- 在清算决定前,理事会或者清算委员会应当制定书面清算计划。该计划包括清算资产和拟提出的清算日期一年内的债权人和成员的支付额。

- 清算决议通过后,信用合作社应停止存、取款服务、发放贷款、账户资金转移和剩余资金投资等活动,贷款和利息的回收和必要的费用支付应继续。

- 清算委员会应向监管部门提交一份正式的申请文件。正式的清算请求应得到监管部门和成员大会的一致批准。该请求应说明清算的原因,最新的财务报表以及清算委员会的人员名单。

- 监管机构应在30日内做出是否批准该自愿清算申请的决定,并给与回复。如果否决该申请,监管机构应说明否决的原因。如果有必要,监管部门可以要求信用合作社修改计划和清算安排,或提供其他必要的文件信息。

- 得到监管部门的许可后,清算委员会应广泛使用XIV.8.1中提到的公共媒体宣布该决议。

XIV.4.5　经监管部门批准,信用合作社应按以下步骤清算:

- 检查库存资产。
- 评估资产价值以及拍卖资产。
- 如果清算后的资金在支付成员存款、债权人、所有者和其他负债（XIV.8.3 中所述）后仍有剩余，剩余净资产必须捐赠给以教育为目的的其他机构。
- 监管机构确定清算完成。

XIV.5　报告要求

XIV.5.1　清算完成后 14 天内，清算委员会应向监管机构提交最终清算报告和信用合作社清算资产负债表（包括证明信用合作社没有剩余资产、负债以及股票的零账户）。

XIV.6　强制清算限制的操作

XIV.6.1　在监察机关或者法院决定吊销某信用合作社许可证后，监察机关应确定信用合作社的清算顺序。当监管机构或法院提出清算要求后，清算过程应当在一年内完成。

XIV.6.2　从监管当局或法院提出清算要求到清算完成期间，以下操作被限制：

- 会员大会的权利被限制，包括人员的选举权，资产和还款义务，以及信用合作社的管理权。
- 信用合作社应停止存取款、发放贷款活动，账户间资金转移以及投资活动，但应当继续回收贷款和利息并支付必要的费用。
- 信用合作社的决议将失去法律效力，只有清算委员会或清算信用合作社的代理人做出的决议才有法律效力。
- 所有信用合作社承诺债务将被认为是无效的。
- 对所有类型信用合作社的债务罚款和利息应当暂停。
- 信用合作社只能通过清算委员会提出支付要求。
- 清算过程开始前应当有法院的判决，该判决书应包含信用合作社的清算事项，并且传达给清算委员会或者代理人员。

XIV.7　自愿清算中清算委员会的任命与职责

XIV.7.1　监管机关或法院决定清算的三天后，清算委员会或合格代理人应当由监管部门任命。清算委员会应承担有关监管机构清算决定的任务。

XIV.7.2　清算委员会自从被监管机构任命起，他的责任有：

- 管理信用合作社资产并保持其价值。
- 代表信用合作社管理清算过程以及活动的终止。
- 保护信用合作社文档和其他财产，包括抵押资产。

- 为了完成清算过程在合同的基础上雇佣员工。
- 根据信用合作社的财务状况确定信用合作社员工和其他员工的工资支付。
- 作为被清算的合作社代表人出席法庭。
- 变卖信用合作社资产，如果可以满足债权人和成员的要求。
- 确定债权人主张的正确性以及满足法律的要求。
- 做一切与清算信用合作社和分配资产有关的、必要的事情。
- 每季度至少向监管机构报告清算过程，包括出售资产和销售价格的相关信息。
- 自清算之日起一年内完成清算。

XIV.7.3　参与到清算过程的清算委员会报酬应由监管机构批准。

XIV.7.4　清算费用由正在清算的信用合作社支付。对信用合作社债务的解决上，与清算有关的费用按照本条例 XIV.8.3 支付。

XIV.7.5　在清算委员会或代理人委托前三个月，如果有证据表明支付行为是不正确的，那么给债权人或者其他信用合作社相关组织的支付是无效的。委员会或代理人有权上诉法院宣布有争议的支付或行动是无效的，信用合作社应该偿还资金。

XIV.7.6　清算委员会负责所有由于其渎职、重大过失、故意、违法行为或遗漏造成的损失。在这种情况下，监管机构有权终止合作并任命其他清算委员会或代理人。

XIV.7.6.1　清算委员会或代理人不对正常操作风险造成的损失负责。

XIV.8　成员和债权人对自愿或强制清算的满意度

XIV.8.1　清算委员会成员任命后七天内，应当通过媒体将清算相关信息广泛披露。

XIV.8.1.1　公开发布的信息应声明索赔程序与条件，必要的文件以及债权人可以要求索赔的地址。

XIV.8.1.2　该信息要求所有需要索赔的人员提交一个账户，并将按照通知中的时间、地点支付给清算人。

XIV.8.1.3　该信息要求所有拥有信用合作社资产的人员在指定的时间、地点支付给清算人。

XIV.8.2　如果在清算开始前 30 天，清算者没有收到相关的披露文件，则该项义务不包括在清算内容中，但应当视为信用合作社的一般债务。

XIV.8.2.1　强制清算信用合作社的每个存款人视为按照账目要求

索赔。

XIV.8.3 信用合作社清算应满足以下赔偿顺序：

- 有担保的债权人可以拿走抵押品，如果索赔超过抵押品的价值，债权人应该有无担保声明并按照下列顺序索赔。
- 由清算委员会支付的清算费用；
- 信用合作社员工工资薪金；
- 支付给政府的税收；
- 支付给一般或无担保债权人；
- 未保险的成员存款（假设有存款保险机制）；
- 某账户积累的存款利息，但尚未累计到会员账户中；
- 超过成员章程规定的最低要求的股份支付；
- 满足最低要求的成员股份。

XIV.8.4 如果信用合作社的可用现金数量不能满足索赔要求，清算委员会可能会出售法律规定的其他资产并完成支付。

XIV.8.5 如果清算信用合作社的资产不足以满足其债务，该可用资产将按照清偿比例和顺序补足所欠款项。

XIV.8.6 如果没有人接受信用合作社的清算财产，那么它应当转移到＿＿＿。

XIV.8.7 监察机关应当公开宣布信用合作社的注销。

XIV.9 信用合作社记录保留

XIV.9.1 所有被清算的信用合作社的记录，应当自许可证撤销之日起被清算委员会保存五年。该记录包括自愿清算或监管机构强制清算过程中支付给债权人的资金和分配给成员的资产。

XIV.10 信用合作社登记注销

XIV.10.1 监管机构应在收到必要的信息后 14 天内，注销自愿或强制清算的信用合作社。

三、强制性规章制度

目的：

强制性规章制度确定哪些机构具有管理和监督权，明确其职责权利和责任。阐述当信用合作社不按照管理和监督机构要求的法律法规、声明和指令实施运作时，具体的惩罚、行动和制裁。

XV 监管机构规定

目的：

在一些国家，信用合作社的准入、管理、监管以及存款保险行为是由不同机构完成的，而在另一些国家，这是由同一机构完成的。该机构有权负责审查信用合作社的设施、账簿、档案、账户、文件和财务报表。此外，如果有必要管理和清算该机构，该实体有撤销管理人员和工作人员的权利。监管机构同样要求信用合作社针对阶段性业务操作和财务状况提交报告。本条例说明监管、许可、调节和确保信用合作社存款的实体并且确定其权利。

XV.1 监管机构

XV.1.1 监管人员负责监督信用合作社，确保他们遵守法律法规和规章制度。

XV.1.2 为了监督信用合作社，监管机构可以：

• 监管人员可自由决定任何时候进入信用合作社办公地点，以及可能存放与信用合作社有关的账簿、记录、账目、文件的地点。

• 要求信用合作社的管理、工作以及代理人员提供该机构的会计、财务与非财务文件。

• 搜查存放货币、财务或非财务记录、账簿和文件的地方。

• 当认为某安全区域可能存放信用合作社的证券、账簿、记录、账户以及文档时，可以打开并查阅。

• 检查、提取和复制信用合作社的证券、账簿、记录、账目以及文件。

• 只要认为某资料对检查信用合作社有必要摘录和复制，监管机构可以提取信用合作社的证券、账簿、记录、账户以及文档。

• 要求信用合作社的管理人员、职员以及代理人解释说明其证券、账簿、记录、账户以及文档，并且提供给监管机构有关信用合作社管理业务活动的信息。

XV.1.3 监管机构要求信用合作社每季度按照附录 A 中资产负债表和利润表的形式完成报告，也可以要求信用合作社提高提交报告的频率。

XV.1.3.1 在检查报告时，只有具有下列相关信息才能得到监管机构的认可：

• 信用合作社资本充足率的合规要求。

• 资产、负债以及所有者权益账户的构成。

• 盈利资产的质量。

- 财务、运营和商业风险。
- 监管机构认为基于本条例和法律要求的，与工作相关的其他事项。

XV.1.3.2　如果监管机构对报告不满意，可以要求信用合作社提供所需的附加信息或进行现场检查。

XVI　行政手段与处罚条例

目的：

本条例描述了监管机构为了改变信用合作社错误的经营行为，撤销相应工作人员以及加强对该机构管理而采取的行政手段和处罚。如果发生下列情况，检察人员有必要采取行政手段和处罚：

- 管理中涉及不安全或不稳定的行为，使信用合作社资产和存款存在损失的风险。
- 信用合作社有严重的违反法律和本条例规定的行为。
- 在最近的披露中，管理者没有试图解决问题。
- 管理者或官员反应迟钝或不愿采取必要的纠正措施。

本条例至少包括相关定义，对信用合作社采取的每种行政手段和处罚的描述，执行某种行政手段的原因，执行人员，执行过程以及该行为产生的后果。

XVI.1　定义

XVI.1.1　监管机构检查人是监管部门与信用合作社进行现场沟通与分析的人员。

XVI.1.2　现场检查是监管机构检查人员与信用合作社定期的活动。检查人员访问信用合作社并且检查必要的账簿与记录，从而确定信用合作社的财务状况和管理质量。

XVI.1.3　行动计划书是现场检查的结果。该文件包括信用合作社存在的问题、问题解决的方法、负责人和时间计划表。该计划由检查人员和信用合作社管理人员共同拟定。

XVI.1.3.1　决定采取某种措施时，监管机构审查人员应考虑下列因素：

- 信用合作社的财务状况；
- 成员利益；
- 管理者与工作人员利益；
- 管理层与职员管理信用合作社能力的有效性；
- 当地和宏观经济条件。

XVI. 2　谅解备忘录与协议

XVI. 2.1　谅解备忘录和协议是本条例讨论的最有力的监管行动，当上述的行动计划表明现场检查是无效的情况下使用该行动。谅解备忘录和协议格式应当标准化。

XVI. 2.2　谅解备忘录和协议应当描述相关改正措施、改正的负责人以及改正时间计划。它申明如果没有进行必要的改正措施，监管机构可以采取强制行为维护信用合作社的资产安全。

XVI. 2.3　谅解备忘录和协议应当由监管部门起草，由监管机构高级官员和信用合作社检查人员签署同意，并由信用合作社经理和理事会签名。

XVI. 2.4　检查人员应根据谅解备忘录和协议定期检查信用合作社。

XVI. 2.4.1　每次检查活动，检查人员应当遵守谅解备忘录和协议文件的要求，这是信用合作社永久性文件的一部分。

XVI. 2.5　谅解备忘录和协议可以在提出解决问题的措施后，由监管部门人员修正。

XVI. 3　终止命令

XVI. 3.1　终止命令尤其在停止有害活动或防止有害活动发生的情况下使用。该命令允许信用合作社解决问题，同时保留和加强管理的完整性。

XVI. 3.2　如果发生以下情况，将被执行终止命令：

- 参与或从事任何不安全的商业活动；
- 违反法律法规以及信用合作社和监管部门书面章程的要求。

XVI. 3.2.2　该命令可以暂时或无限期的要求信用合作社：

- 停止不正当的行为；
- 限制借款行为；
- 停止或暂停股息的宣告；
- 阻止信用合作社给员工和官员任何奖金、加薪或其他好处；
- 召开成员会议讨论补救措施；
- 直接暂停信用合作社的所有业务活动；
- 强制执行监管机构认为应采取的其他行为。

XVI. 3.3　终止命令应表明被停止活动的名称、人员和时间，并说明如果没有进行必要的改正措施，监管机构可以采取强制行为维护信用合作社的资产安全。

XVI. 3.4　终止命令应当由监管部门起草，由监管机构主要官员和信用合作社的审查人员签署同意，并由信用合作社经理和理事会签名。该命令应下达给理事会。

XVI.3.5 检查人员应根据终止命令要求对信用合作社进行监督检查。

XVI.3.5.1 每次检查活动，检查人员应当遵守终止命令，这是信用合作社永久性文件的一部分。

XVI.3.6 该命令可以在提出解决问题的措施后，由监管部门人员修正。

XVI.4 人员免职

XVI.4.1 当发生下列情况时，监管机构可以免职相应人员：

- 直接或间接违反法律、规章制度或条例要求。
- 使信用合作社参与不安全、不稳健的活动。
- 从事违反信托责任的行为。
- 由于违反法律法规以及上述信托责任，产生下列后果：

1）信用合作社将承受经济损失或其他损失；

2）成员的利益将被侵害；

3）由于违规违约行为，使任何一方获得经济利益；

4）该违法违规违约行为包括对本组织的不诚实行为和对本组织不负责任的行为。

XVI.4.2 当涉事人员没有主动辞职时，监管机构可以直接免职。

XVI.4.3 没有监管机构书面同意时，所有被免职或暂停任职的人员不得将来在其他金融机构从事业务活动。

XVI.4.4 该通知应当由监管部门起草，并由监管机构主要人员和信用合作社的检查人员签署同意，然后下达到董事会，罢免相应的工作人员。该项通知应包括免职的具体原因，并被立即执行。

XVI.4.5 如果当事人不同意对免职决定，可以向监管机构提出质疑或进行上诉。

XVI.5 接管

XVI.5.1 接管是指监管部门直接占有和控制信用社业务和资产的过程，控制信用合作社直到：

- 监管当局允许它恢复业务，并服从监管机构提出的任何条款和条件；或者
- 监管当局合并和清算该信用合作社。

XVI.5.2 当监管机构决定接管时，应考虑以下问题：

- 提高信用合作社的财务状况到不需要持续性外援水平的可能性；

- 保留大部分成员资产、负债和信用合作社股本的可能性。

XVI.5.3 发生下列情形时，监管机构将接管信用合作社：

- 从事不安全、不稳定的商业活动；
- 故意并经常不遵守监管部门发布的指令；
- 已经放弃了的信用合作社或无法全面应对严重的、需要立即控制的金融问题；
- 参与违法或不安全的业务活动，但是这些行为不容易识别；
- 没有维护成员的最大利益；
- 拒绝提供账簿和记录给审查人员。

XVI.5.3.1 如果发生下列事项，信用合作社的财务稳定性和成员利益将受到威胁：

- 自有资本低于5%并呈下降趋势。
- 信用合作社不能对存款人和债权人履行支付义务。
- 连续三个季度，信用合作社的损失或潜在损失超过自有资本的10%；在不考虑期限时，其损失超过自有资本的50%。

XVI.5.4 初始接管时期是12个月。

XVI.5.5 接管过程的相关费用由信用合作社承担。

XVI.5.6 监察机关应当任命一个托管机构或个人控制管理信用合作社的所有业务和事项。

XVI.6 接管声明

XVI.6.1 监管机构应在做出决定的24小时内，向信用合作社管理人员宣布监管声明。收到通知后，信用合作社应停止所有交易和商业活动，直到托管人接手负责。托管人应在通告发出后7天内到位。托管人的管理要求信用合作社移交相关印章、表格、有价值的物品、办公室和保险柜钥匙以及其他财产和文件。

XVI.6.2 接管声明中应表明：

- 接管的背景；
- 暂时管理信用合作社日常事务的接管人；
- 信用合作社的名称和地址；
- 接管的开始时间和持续期；
- 接管人的权限（如果有的话）。

XVI.6.3 根据适用的法律要求，接管声明应在开庭前提交。

XVI.7 托管人的权利、责任和要求

XVI.7.1 托管人的目标是改变信用合作社从而解决存在的问题，实

施充分有效的管理，并最终返回给成员。托管人应撤销违规操作，并且采用能够直接改善信用合作社财务状况的有效措施。

XVI.7.2　托管人不是信用合作社的成员、债权人、关联人员或上述人员的近亲。

XVI.7.3　信用合作社对托管人有支付工资的义务。

XVI.7.4　为了使接管有效，应按照以下步骤：

- 托管人代表信用合作社经营管理。

- 终止信用合作社的管理层、理事会、审计和信贷委员会以及股东成员的所有权利，并转移给托管人。

- 只要监管部门继续管理信用合作社，所有由监管机构创造的附属品或抵押物以外的留置权不应被认为是信用合作社的财产或资产。

- 接管前一年内，信用合作社资产的转移应当被撤销，这些资产应当归监管部门。

- 信用合作社员工和相关人员的没有安全保障的优惠贷款，应当在接管前6个月取消，相关工作人员应及时退还提前支付的资金和到期利息。

XVI.7.5　托管人有以下权利：

- 临时管理信用合作社时，自由决定员工的解雇。

- 接管信用合作社后，在考虑其财务状况后建立员工工资制度。

- 按照目前的劳动法解雇信用合作社员工。

- 做出关闭分支机构的决定。

- 暂停股息、无担保账户的存款利息以及信用合作社员工工资与红利的分配。

- 修改信用合作社借款与投资协议。

- 撤销全部或部分股票和存款的限制声明期限不超过一年。机构资本低于2%的情况下，应采取适当的措施保护存款的价值。

- 代表信用合作社确定债权人主张的合法性。

- 变卖信用合作社的资产负债。

- 其他在托管人权利范围内的与接管相关的措施。

XVI.7.6　信用合作社所有未得到托管人批准的交易事项和费用支出是无效的。

XVI.7.7　托管人应当监控信用合作社的资产。这意味着：

- 采取必要手段确保信用合作社的财产、设备和材料资产的安全。

- 托管人管理时应确定现金、证券和工具设备的价值。

- 更换门锁、改变密码组合。

- 对监管机构提出怀疑的犯罪行为提供报告。
- 由于流动性和对非法进入保护的限制，应及时控制其他金融机构的信用合作社账户，只有托管人可以取出和转移资金。
- 获得银行账户签字权的个人签名卡。

XVI.7.8　信用合作社应当：

- 保持现金账户和实际现金数量一致性；
- 盘点库存；
- 检查应付账款的可回收性；
- 按照国际会计准则要求准备资产负债表；
- 使用国际会计准则进行会计记录；
- 将以上所有信息提供给监管机构。

XVI.7.9　接管期限到期时，除非长期的监管，托管人应当向监管机构提交书面报告，表明信用合作社的财务状况和未来前景。报告应提供财务报表和其他准备用于分析的文档，包含下面的情况之一：

- 接管终止，恢复年度股东大会的权利，选举新的员工管理新的工作。
- 延长接管期。
- 合并信用合作社。
- 撤销信用合作社的许可证或清算信用合作社。

XVI.7.10　接管的终止是由于信用合作社财务状况的改善，或者监管机构与托管人对信用合作社限制行为的终止。然而，接管期间内所有政策与程序的修改以及信用合作社人员都是有效的。

XVI.7.11　由于托管人的鲁莽和故意行为，给信用合作社造成损失，托管人应按照相应的法律要求负责。但是，一般操作风险产生的损失，托管人无须负责。

XVI.8　接管期间监管机构的权利

XVI.8.1　在接管期间内，监管机构有权利：

- 为托管人采取措施成功接管提出建议；
- 在接管前或接管期内修改托管人的计划；
- 在前一次报告提交后，要求托管人提供本次报告；
- 扩展接管的初始时间；
- 如果对托管人的行为和工作成果不满意，可以进行替换；
- 随时终止接管，撤销信用合作社许可经营权以及组织清算。

XVI.9　罚金

XVI.9.1　监察机关负责确定、评估和征收信用合作社的罚金。

XVI. 9.2 未能向监管机构提交报告的信用合作社构成犯罪行为，并有义务支付不超过＿＿＿＿的罚金。

XVI. 9.3 信用合作社的员工、管理人员故意向监管机构提供错误的报告和信息，应当支付不超过＿＿＿＿的罚金，同时信用合作社应当支付不超过＿＿＿＿的罚金。

XVI. 9.4 如果违反法律法规、规章制度以及信用合作社条例的行为没有构成犯罪，应当按以下要求实施行政罚款：

XVI. 9.4.1 违反规定修改信用合作社章程时，该信用合作社和相关责任人应处以＿＿＿＿的罚金。

XVI. 9.4.2 业务活动未遵守法律和章程要求时，信用合作社应当支付不超过＿＿＿＿的罚金。

XVI. 9.4.3 违反谅解备忘录协议和终止命令时，信用合作社或相关责任人应当支付不超过＿＿＿＿的罚金。

XVI. 9.5 如果信用合作社故意有上述违规行为，不计后果的违反信托责任要求，或者给信用合作社带来的损失超过最小值，监察机关或法院应当评估不超过＿＿＿＿的罚金。

XVI. 9.6 罚金条例应当由授权评估罚金的个人或机构起草与签署，并且提交给理事会，其副本应发给相关责任人。该条例必须具体表明惩罚的原因、罚金金额、支付罚金的时间地点，以及当事人对该惩罚提出质疑时可以采取的措施。

XVI. 9.7 当信用合作社对该罚金条款有异议时，可以向法院提起上诉。

XVI. 10 禁止条例

XVI. 10.1 如果监管机构发现某人被指控为犯罪，包括造成金钱损失、欺诈、伪证、违反合同威胁信用合作社成员的利益，以及损害公众对信用合作社信心的行为，那么监管机构不应当允许该人员成为信用合作社管理人员和职员，也不能参加信用合作社业务活动。

XVI. 10.2 当信用合作社的个人或法律主体有犯罪行为，包括造成金钱损失、欺诈、伪证、违反合同威胁信用合作社成员的利益，以及损害公众对信用合作社信心的行为，监管机构将禁止信用合作社继续经营。

XVI. 10.2.1 如果信用合作社发生 XVI. 10.2 情况后仍想持续经营，应当提交给监管机构书面申请，并且在从事经营活动前得到监管机构的批准。

XVI. 10.3 禁止条例应当由主要监管人员起草和签署，并传达给理事会和相关有禁止行为的人员。它应当表明禁止的具体原因并立即执行。

XVI. 10. 3. 1 如果被禁止行为的当事人对此有异议，可以向法院提起上诉。在法院做出其他判决前，该禁止条例有效。

XVI. 11 吊销或暂停营业执照

XVI. 11. 1 以下情况发生时，监管机构可以使用吊销命令撤销暂停信用合作社的营业许可证：

- 信用合作社员工放弃各种业务操作和事项；
- 信用合作社拒绝自愿清算；
- 对于严重的经营缺陷，管理人员没有采取正确的措施，如果继续下去有可能导致破产；
- 无法弥补的严重违法违规行为，有导致破产的可能。

XVI. 11. 2 吊销命令应当由主要监管人员起草签署并下达给董事会。它应当声明吊销或暂停信用合作社营业执照的原因，并被立即执行。同时，应当说明信用合作社管理层提出异议后可以采取的进一步措施。

XVI. 11. 3 信用合作社的资产、账簿以及档案资料即刻成为监管机构的财产。

XVI. 11. 4 除非得到监管机构的书面同意，被吊销过营业执照的信用合作社的官员，不能参与其他金融机构的业务活动。

XVII 存款保险制度

目的：

存款保险鼓励成员维持基金存款，在信用合作社破产时能够为成员提供自动保护和赔偿。一个设计良好和容易理解的存款保险制度有助于维持国家金融体系的稳定。

存款保险体系是由信用合作社为保护自身利益而交纳的保费构成。保费可以按照信用合作社可保存款的百分比确定，也可以基于对信用社风险的评估。虽然不同国家存款保险体系的结构不同，但是它通常是由政府机构或私人公司设立。

本条例至少包括保险的范围、最低投保标准、投保要求、保费标准、系统破产时的最低赔偿额、投保机构考察和投保期限。

XVII. 1 定义

XVII. 1. 1 当信用合作社濒临破产时，存款保险制度可以基于具体法律要求保护成员存款。

XVII. 1. 2 政府组织机构设立存款保险制度。

XVII. 2　存款保险的范围

XVII. 2. 1　存款保险制度是信用合作社设立的强制性要求。

XVII. 3　存款保险的条件

XVII. 3. 1　所有授权设立的信用合作社具备下列财务标准，才有资格加入存款保险体系：

- 自有资本达到 I. 5 的要求；
- 贷款损失满足 III. 1 的要求；
- 外部借款满足 IV. 2 的要求；
- 借款政策按照 V. 8 的规定；
- 投资政策与限额在 VI. 2 要求范围内。

XVII. 3. 2　所有授权信用合作社应加强审计，并按照 XVIII 的要求监管账户。

XVII. 3. 3　信用合作社应按照本条例 XIX 和 XX 的要求加强对消费者保护。

XVII. 3. 4　信用合作社应按照本条例 X. 2 和 X. 3 的要求加强档案的保存管理。

XVII. 3. 5　除非监管机构确认，否则信用合作社的不诚实行为不应被判为犯罪。

XVII. 3. 6　信用合作社存款保险制度的批准不应引起保险系统不必要的风险。

XVII. 3. 7　信用合作社的业务活动必须在法律和条例规定范围内。

XVII. 4　保险通知

XVII. 4. 1　每个投保的信用合作社应当通知其成员存款保险制度的有效性。

XVII. 4. 2　每个投保的信用合作社应当通知其成员存款的最大保额。

XVII. 4. 3　有存款保险制度的存款账户应该做出公告。

XVII. 4. 4　公告中应当说明存款账户的最大保额。

XVII. 4. 5　信用合作社应告知成员们未建立存款保险制度的账户。

XVII. 5　保费

XVII. 5. 1　投保的前五年，每个新加入的信用合作社应当按照要求，交纳存款额的 1% 给存款保险机构作为初始投保资金。

XVII. 5. 2　在年度保费基础上，每个信用合作社应交纳投保存款的 1% 给存款保险机构，作为每年的税费和操作管理费。投保的存款数自上一年结束后开始计算。

XVII. 5.3　存款保险机构应通知信用合作社交纳保费和经营管理费的日期。

XVII. 5.4　如果在年度终了时，信用合作社的存款保险基金超过投保存款的3%，存款保险机构可能会适当地分配资金给信用合作社。

XVII. 5.5　如果在年度终了时，信用合作社的存款保险基金低于投保存款的1%，存款保险机构可以要求信用合作社补交额外的保费和经营管理费。

XVII. 5.6　信用合作社应将存款保险费作为一种资产记录在资产负债表上。

XVII. 6　存款人补偿

XVII. 6.1　如果信用合作社破产，存款保险机构应当支付给成员相当于存款金额的资金，包括信用合作社记录的本金、累计和应计利息。

XVII. 6.2　存款保险机构偿付给信用合作社成员的资金，不得超过信用合作社法律规定的限制数量。

XVII. 6.3　赔偿金应当在信用合作社清算后30日内支付，支付地点为最终文件记录的成员地址。赔偿金可能直接来自存款保险机构，或者该机构的指定代理机构。

XVII. 6.3　如果存款保险机构发现管理层和董事会有故意导致信用合作社破产的行为，可以将他们的账户资金排除在保险范围之外。

XVII. 7　存款保险机构的检查

XVII. 7.1　存款保险机构应检查被保险的信用合作社或申请投保的信用合作社，为实现这个目的，该机构必须能查阅信用合作社的所有档案、财务报表、报告和合同。

XVII. 7.2　在每个季度结束两周内，信用合作社应当向存款保险机构提供资产负债表。资产负债表应当按照国际会计准则编制。

XVII. 7.3　如果信用合作社不遵守XVII. 3的要求，存款保险机构可以采取以下一项或多项措施保护存款保险制度：

- 合并（XIII）；
- 强制清算（XIV）；
- 行政处分（XVI）；
- 技术援助；
- 金融援助。

XVII. 7.4　对于没有遵守XVII. 2要求的信用合作社，存款保险机构可以征收罚款和保费。

XVII. 8. 1　存款保险机构应在决定终止存款保险的 30 日内，通知有关的信用合作社。

XVII. 8. 2　当存款保险机构不为存款账户提供保险时，信用合作社应当书面告知其成员。

四、一般会计和审计章程

目的：

本章程的目标是保证会计透明化、标准化和信息披露的充分性。会计和审计章程应建立对会计与审计过程的最低要求，使其标准化。如果没有标准化的会计和审计过程，其结果很难被监管机构和成员理解、使用，并与其他金融机构比较和报告。

XVIII　总会计、外部与内部审计要求以及成员账户的审核批准

目的：

本条例至少具体表明：信用合作社应当使用的会计原则、外部审计周期和执行人员、对外部审计人员的专业要求、外部审计人员的责任和审计委员会。此外，本条例还应表明内部审计和成员账户审核的最低要求。

XVIII. 1　总会计准则

XVIII. 1. 1　信用合作社每月应至少编制资产负债表和利润表，用以说明该月的会计事项。财务信息包含的内容应当接近本月最后一天的交易活动。截至 3 月 31 日、6 月 30 日、9 月 30 日和 12 月 31 日，财务报告应该详细描述月度、季度和年度会计交易事项。

XVIII. 1. 2　信用合作社应当按照当地法律要求定义相同的会计年度。如果国家没有定义会计年度，那么便视为每年 1 月 1 日至 12 月 31 日。

XVIII. 1. 3　信用合作社应使用会计科目和监管机构规定的表达形式描述会计交易。

XVIII. 1. 4　会计交易的记录和财务报告的编制应按照可接受的国际会计准则。

XVIII. 1. 5　每个信用合作社应当向其成员提供年度财务报告和外部审计报告的副本。

XVIII. 1. 6　按照监管机构要求，信用合作社应至少提供半年和年度财务报告。

XVIII. 2 外部审计要求

XVIII. 2. 1 信用合作社的账簿和档案应按照监管机构和专业审计的要求，每年由独立的外部审计人员进行审计。

XVIII. 2. 2 审计期间应接近会计年度。信用合作社应在会计年度终了6个月内向监管机构提交审计过的财务报告、股东大会会议记录、审计报告以及信用合作社与审计人员的其他文件。

XVIII. 2. 3 进行年度审计的人员应当进行登记注册，并且在审计金融机构方面具备经验，尤其在审计信用合作社方面具备经验。授权的审计人员应得到审计委员会的认证。

XVIII. 2. 3. 1 如果在信用合作社所在地由于缺乏经验很难找到认证和授权的会计师，审计委员会可以提供有会计和审计背景和经验的人员。

XVIII. 2. 4 如果涉及下列情况，审计人员不能进行年度审计：

- 审计人员是信用合作社管理层或员工的亲属；
- 信用合作社在贷款、会计、金融、管理或其他操作领域提供给审计人员咨询服务；
- 审计人员已经对信用合作社进行连续3年的外部审计；
- 审计人员是信用合作社成员之一。

XVIII. 3 审计委员会的外部审计责任

XVIII. 3. 1 审计委员会应通过监管机构获取认证的审计师名单。只有被监管机构认可的外部审计人员才能从事该工作，除非其之前的认证已经被监管机构撤销。

XVIII. 3. 2 审计委员会可以要求适合的审计人员进行投标，并从中选择一名审计师。

XVIII. 3. 3 审计委员会可以和审计人员订立合同，包括审计人员圆满完成该外部审计工作的具体条款和协议。

XVIII. 3. 4 信用合作社应于每三年更换审计人员。如果在信用合作社所在地缺乏合适的审计人员，该合作社应当书面请求监管机构放弃该要求。

XVIII. 3. 5 审计委员会应该向股东大会提供审计过的财务报告和审计报告。

XVIII. 4 外部审计人员责任

XVIII. 4. 1 外部审计人员应当：

- 使用注册会计师、国际会计准则和监管机构要求的审计形式和方法，并且满足审计人员与信用合作社的合同条款。

- 与现任或前任理事会成员、管理层以及员工进行沟通，以获得相关信息或解释。
- 获取必要的第三方书面信息。
- 自提供书面报告起三年，应保存审计工作底稿。
- 告知审计委员会不允许审计人员进行外部审计的利益冲突。

XVIII.4.2 审计人员对信用合作社的审计权利和责任涉及：

- 审计信用合作社的财务报表，检查其业务操作过程是否存在违法违规行为。
- 审查信用合作社所有的账簿、档案和文件，获得相应问题的解释，此外也可以要求合作社提供与审计工作有关的必要的额外信息。
- 除与监管机构、信用合作社管理层或员工讨论审计的结论外，审计人员应对信息保密。
- 审计过程可以不受限制的审查和复印任何信息和材料，并对信用合作社有无限的访问权。
- 向信用合作社理事会成员提供业务活动过程的违法、违规行为的证据，无论该行为是否对信用合作社账户和记录产生实质上的不利影响。
- 提醒理事会的事项有：
1）信用合作社的不稳定性，无法满足资本和流动性要求；
2）信贷和操作风险；
3）导致信用合作社货币或资产损失的行为或事项，并提醒信用合作社进行整改和关注；
4）审计人员行使其职责时知道的其他信息，包括有损成员利益的，影响金融机构管理稳定性的，以及导致内部控制无法持续有效的行为。
- 获取充分、可用、相关的审计证据形成专业的审计结论。
- 实施审计程序前确定、评估和测试内部控制的有效性。
- 运用合理方法将专业要求与实践经验结合，按照国际会计准则和监管机构要求的其他规章制度、准则、政策和指导思想进行审计。
- 向信用合作社提供审计报告表明会计和审计过程的相关信息，该报告是对信用合作社财务报告的总结（如果要求，需要包含审计人员的观点）。该报告还应包括必要的会计调整，建议和需要的改正方案，以及其他审计结论。
- 提交书面审计结论，并口头向信用合作社官员和管理人员汇报。

XVIII.4.3 外部审计人员对监管机构的责任有：

- 向监管机构提供信用合作社管理人员、员工以及其机构自身的违规违法行为的证据。

- 如果信用合作社有破产的可能，或者存在导致破产的严重风险时，审计人员应告知监管机构。
- 如果信用合作社的管理层和员工拒绝提供年度审计工作的必要文件，审计人员应报告给监管机构。
- 如果监管机构有要求，应提供所有的审计工作底稿或复件。
- 向监管机构提交信用合作社员工和管理层违规行为的书面证据。

XVIII.5 年度审计报告

XVIII.5.1 在审计报告完成后 14 天内，审计委员会应当向监管机构提供审计报告的副本。

XVIII.5.2 审计委员会应按照发现的问题和建议确保报告中的问题得以解决。在信用合作社收到审计报告 30 天内，审计委员会应向理事会和监管机构报告建议采取的措施，以及外部审计发现的问题。

XVIII.6 审计委员会的责任

XVIII.6.1 审计委员会应当：

- 完成外部审计的年度工作计划；
- 评估信用合作社会计信息的可靠性；
- 评估操作过程内部控制的有效性；
- 评估信用合作社是否符合法律、法规、政策和操作章程的要求；
- 必要时为管理层和员工提供调查服务；
- 确保提交给监管机构的报告和信息的正确性和时效性；
- 确保会计程序合规，控制有效；
- 验证管理层是否在信用合作社进行了适当的内部控制；
- 选择外部审计人员，在审计过程需要时提供帮助，审核审计报告和调查结果，确保审计发现的问题按照建议改正。

XVIII.7 审查成员账户

XVIII.7.1 审计委员会或其指定人员应当每两年随机检查成员的贷款、存款及股权账户。无论如何，审计委员会的指定人员不能是信用合作社的员工。

XVIII.7.2 审查时应当比较信用合作社记录的账户资金数量与成员存折中的资金数量。

XVIII.7.2.1 如果账户余额与成员实际拥有的资金不同，审计人员应当将账户声明提供给成员，使成员与审计委员会进行交流。如果账户声明不能邮寄给成员，审计委员会应采取其他与成员联系的方式，核实成员自己的存单金额与信用合作社账户余额。任何情况下，信用合作社的职员都不能参与到该核实过程中。

XVIII.7.3　审计委员会应保存成员账户的审查记录直到下一次审查时。

XVIII.8　对违规操作的制裁

XVIII.8.1　如果没有按照本条例的要求进行审计，监管机构将：

● 在外部审计和成员账户审查时期内，要求信用合作社按照建议采取相应措施，如果没有对问题进行改正，监管机构可以采取其他强制手段。

● 拒绝外部审计和要求一个新的合格的外部审计人员。

● 如果审计人员不是独立的第三方，可以拒绝检查成员账户，要求审计委员会提供新的审计人员。

五、消费者保护条例

目的：

消费者保护法应立法起草，专门用于保护消费者权益，并由金融机构监管当局监督。

保护消费者的法规是必要的，它可以用来保护消费者免受不道德的个人、公司和金融机构的侵害。消费者保护的目标是维护成员的利益，让他们知道自己的权利，做出明智的决定。具体来讲，储蓄和股权披露章程使信用合作社的成员与潜在成员了解信用合作社的账簿，并且与其他金融机构进行比较，从而作出明智的决定。贷款信息披露和公正的信贷行为条例要求披露贷款期限与条件，禁止滥用债务的行为，以及对担保人提供充足的信息。

XIX　储蓄和股权信息披露条例

目的：

储蓄和股权信息披露条例至少应当说明信用合作社年收益率、股息和存款利息、费用、最低余额要求、计算股息利息的方法，以及成员或潜在成员开户前应了解的其他信息。本条例要求提供的阶段报告中包括费用信息，股息利息支付情况，年收益率以及其他减少误导性的信息。

XIX.1　定义

XIX.1.1　广告作为一种媒介可以传达商业信息，直接或间接的促进存款账户的可用性。

XIX.1.2　年收益率是反映股息和利息支付情况的百分比，根据股息和利息率，以及一年的复利情况计算。

XIX.1.3　定期存款账户会产生复利，当年的利息和股息计入到存款账户，下一年一起计息。复利计算通过提高计息的账户余额，会增加利息和股息的支付。

XIX.1.4　股息是支付给股权所有者的收益。股息支付是不被担保的，换句话说，股息的支付取决于当期收入，以及该机构是否具有监管机构股息支付要求的能力。

XIX.1.5　股息率是每年宣布或预期支付股息与股权的比率，不包括复合计算的股息。

XIX.1.6　固定利率账户是指按照存款合同要求，利率在一定时期内不变的账户。

XIX.1.7　利息是因使用无股息账户的资金对成员存款账户支付的报酬。利息支付是被保险的。

XIX.1.8　阶段声明是指提供一定时期内的信息的声明。

XIX.1.9　浮动利率账户的利率在以后期间可以改变。

XIX.2　一般信息披露要求

XIX.2.1　储蓄与股权披露反映成员与信用合作社的法律义务。

XIX.2.2　信用合作社应当披露储蓄和股权信息的书面记录，并按照成员和潜在成员接受的形式保存。

XIX.2.2.1　如果可以清楚地分清披露的信息与账户的对应性，那么既可以对信用合作社的账户进行单独披露，也可与其他账户共同披露。

XIX.2.2.2　利息和股息率的计算是成员每年获得利息和股息的基础。

XIX.2.2.3　无论是书面或口头，信用合作社应提供支付给股票的股息率、以及支付给存款和存款利息的利息率。对于股息账户，信用合作社应披露未来的股息率和年度收益。对利息账户，信用合作社应按照董事会或者股东大会的要求披露当前利率和年度收益。

XIX.2.3　在账户开立前，信用合作社应当按要求向每一个成员或潜在成员提供账户披露信息。

XIX.2.3.1　如果在账户开立前没有收到账户信息的披露，信用合作社应当在账户设立后14天提供信息披露。

XIX.2.4　如果该账户的所有者不是一个人，则应当披露给每一个成员。

XIX.3　账户信息披露的内容

XIX.3.1　股息账户的披露应表明预期的股息率和年收益，以及确定股息支付的时间，用来计算账户余额的方法。此外，该披露信息应清楚说明，当本期收入不充足或信用合作社未达到机构资本或者其他要求时，该股息不予以支付。

XIX.3.2 对利息账户，信用合作社应按照理事会或者成员大会的要求披露当前利率和年度收益。以及确定利息支付时候，用来计算账户余额的方法。

XIX.3.3 披露信息中应清楚说明账户利率是固定利率还是浮动利率。

XIX.3.3.1 对于固定利率账户，除了清楚表明利率，年收益水平，利息支付时用来计算账户余额的方法，还应说明固定利率的期限，计息开始时间以及利息支付时间。

XIX.3.3.2 对于浮动利率账户，应当说明该利率是可变的，决定利率变化的原因，可变利率依据的指数，计息开始时间，利息变化的时间以及利率变化的限制。

XIX.3.4 除了上述披露信息外，下列信息也应当披露：

- 利息和股息的计算周期，以及计入到账户的时间；
- 如果在累计利息和股息前关闭账户，将丧失这些利息和股息；
- 开户的最低余额要求，可以免征年费，获得披露的年度收益信息；
- 账户交易的费用，以及收费条件；
- 其他有关货币账户存取款的限制要求。

XIX.3.5 对于定期存单，应当披露的信息有存单的到期日，利息支付时间，利息支付到本存单或者其他账户，是否为复利计算，对于提前取款的罚金以及罚金计算方法。

XIX.3.6 如果上述信息的变化会减少成员年收益或有其他不利影响，信用合作社应当提前通知被影响的成员。该通知应包括信息变更的生效日期，并至少在生效日期前30天告知成员。

XIX.4 阶段性报表

XIX.4.1 如果信用合作社提供中期财务报表，那么该报表应说明年收益水平，应计股息和利息，该申明期间的强制性费用以及对费用的描述，声明期总天数以及起止时间。

XIX.5 广告

XIX.5.1 有关股票和储蓄存款的广告不应存在误导和不正确的现象，不能歪曲信用合作社有关股票和储蓄存款的产品和服务。如果广告说明股息率或利息率，则应当按照年度收益水平进行披露，并且可以包含预期的股息和当前利率水平。

XIX.5.2 对于浮动利率账户，信用合作社应当说明。

XIX.5.3 广告中应当说明最低存款余额，最低开户资金，开户费用以及提前取款的罚金。

XX　贷款信息披露和公正的信贷行为条例

目的：

贷款的信息披露通常要求信用合作社提供有关借款成本的准确、可比、公开的借款人信息。公平信贷业务是指对借款人和担保人公平的收集信息。本条例的目标是使不同金融机构对信用合作社的贷款利率、贷款条件做到公平和一致对待。本条例主要信息是：信息披露至少要求在合同和其他公共文件中表明借款人信息、利率、计息开始时间、贷款的货币成本、用于支付的到期利息的计算方法、广告的限制内容和无期限贷款的要求，如果适用，应建立公平的信贷征收程序。

XX.1　定义

XX.1.1　广告是一种传播商业信息的媒介，可以直接或间接的促进贷款交易活动。

XX.1.2　融资金额是借款人的净贷款金额，即用贷款金额减去预付的融资费用。

XX.1.3　年利率可以衡量每年的信贷成本。年利率是在考虑所有相关因素，比较不同的金融机构信贷成本基础上的信贷成本统一衡量标准。年利率通常被认为是财务费用的百分比形式。

XX.1.4　封闭式信贷是一个定期信贷安排，在贷款合同成立前，已经确定了贷款的具体金额，还款时间和还款金额。当借款人偿还了合同规定的金额后，封闭式贷款终止。

XX.1.5　有效利率考虑贷款合同的所有条款，例如贷款利息的支付基于单利法，这种方法下利息的计算是基于原始金额，而不是付款日未支付的金额，所以会导致利息增加。

XX.1.6　财务费用是用货币形式衡量的消费者信贷成本。它包括由消费者和债权人直接或间接强加的为信贷而支出的费用。如果披露年平均利率，融资费用对信贷成本至关重要。

XX.1.7　逾期费用是没有按时偿还贷款的罚金。

XX.1.8　开放式信贷是由借款人可使用的贷款限额，该金额由信用合作社规定。贷款的最大限额由借款人的财务状况与信用情况决定。借款人无须贷款申请和审批流程，可以根据需要随时获得其开放式信贷的信用额度。由于借款人支付活动减少贷款余额，他们可能再次获得的信贷数量等于贷款最大限额与未偿还余额的差额。开放式信贷可能有固定的到期日，并可以一直使用，直到借方或贷方取消。

XX.1.9　名义利率是信用合作社"声明"的利率。

XX.1.10　预付费用是在贷款结束或之前支付给信用合作社的财务费用，或任何时间从贷款支付中扣除的部分，预付费用使成员贷款的可利用资金减少。

XX.1.11　再融资是指同意成员已经偿还存在的贷款义务，并且建立新的贷款的过程。

XX.2　一般信息披露要求

XX.2.1　该披露应当反映借贷双方的法律义务。

XX.2.2　信用合作社应当按要求清楚地以书面形式和社员可保存的方式进行披露。

XX.2.3　披露信息应该按照要求综合或单独披露，不得包含任何不需要的信息。

XX.2.4　信用合作社应当在贷款交易确定前将披露的信息告知成员。

XX.2.5　如果贷款是授予多个成员，披露的信息应当表明所有成员应承担的义务。

XX.2.6　再融资贷款要求重新进行信息披露。

XX.2.7　当初始信息披露中任何条款发生变化，信用合作社应当提前15天书面通知每个成员。

XX.2.8　信用合作社应当给借款人两到三天时间作为"冷静期"，这期间可以取消信贷交易而不需缴纳罚金。成员可以放弃这一权利。

XX.2.8.1　除非成员放弃"冷静期"，否则只有在"冷静期"过后才可以进行资金交易。

XX.2.9　除了开放式信贷，信用合作社应当至少每年提供每个借款人贷款活动的说明文件，并阐述在这期间内进行的交易活动的细节。

XX.2.9.1　对于期限一年以内的贷款，不需要上述的账户说明。

XX.3　信息披露内容

XX.3.1　对每一项贷款事项，作为债权人的信用合作社应当披露以下内容：

- 贷款金额；
- 预付财务费用（如需要）；
- 财务费用（包括所有利息和费用）或从总贷款中扣除的现金；
- 计息开始时间；
- 其他费用，包括必需的财务费用以外的任何费用；

- 名义年利率；
- 有效年利率或信贷的真实成本；
- 贷款期间内的最大可能的利率水平；
- 每期支付利息后的贷款余额计算方法；
- 标明付款金额和付款期限的计划表，该计划应包括本金、利息以及贷款过程需要支付的其他财务费用；
- 总支付额是按照付款计划支付的金额的总数；
- 如果有预付罚款，它是指在付款期限前提前偿还所有贷款的罚金；
- 逾期费用，是指在合同到期后仍没有偿还贷款的罚金；
- 为保证贷款安全性，信用合作社要求借款人将其财产作为抵押品；
- 有时一些特殊交易要求提供一定的活期存款；
- 可变贷款利率条款描述贷款期间内年利率的变化。信用合作社必须披露引起利率增加的条件，利率增加的限制，调整使用的指数或公式，利率变化频率，利率上升对偿还金额和到期日的影响。

XX.4 年利率的计算

XX.4.1 清楚准确的年利率计算公式应该由监管机构确定，这样，成员可以在不同的金融机构信贷利率之间进行有意义的比较。年利率考虑给定贷款的所有成本，它是关于贷款金额、利率、总成本以及条款的函数。如果该贷款没有额外的条件和成本，年利率就等于利率。年利率的计算公式是：

$$r = (1 + [i/q])q - 1$$

$$r = 年百分比率$$

$$i = 利率$$

$$q = 复利期数$$

XX.5 付款提醒

XX.5.1 信用合作社应当在贷款到期前，提醒成员偿还资金。

XX.6 广告

XX.6.1 信贷广告不应存在误导和不正确的现象，不能歪曲信用合作社信贷产品和服务。

XX.6.2 信贷广告中只能包括确实由信用合作社提供的具体贷款条款。

XX.6.2.1 如果要求提供财务费用支出，那么广告中要说明年利率。如果年利率在贷款期间内可能提高，该广告中应当说明。

XX.7 开放式信贷

XX.7.1 除了上述的贷款披露要求，对于开放式信贷还应披露：

- 最低财务费用，是在贷款期间内的所有费用；
- 交易费用，通常存在于开放式信贷中；
- 宽限期，是指不会产生财务费用的期间；
- 超额费用，是在超过最大贷款金额时产生。

XX.8 开放型贷款定期报告

XX.8.1 信用合作社应当在一定周期内提供给借款人循环贷款，每个贷款阶段都应该收取财务费用。

XX.8.1.1 在每个周期结束14天内，信用合作社应当提交相应的报告。

XX.8.2 阶段报告应披露：

- 贷款余额，本期循环开始时的贷款资金余额；
- 周期内交易事项的识别；
- 计算的财务费用余额；
- 财务费用；
- 年利率；
- 其他费用；
- 循环周期截止日和新的贷款余额；
- 其他相关信息。

XX.9 公平信贷实践

XX.9.1 拓展信贷业务时，信用合作社员工不得接受潜在借款人为获取贷款而支付的有价值的物品或报酬。

XX.9.2 当贷款请求被拒绝后，信用合作社应当书面通知申请者贷款被拒绝的原因。

XX.9.3 过分扩大担保人责任是不公平的。担保人成为贷款的债务人时，应当提前给予通知。

XX.9.3.1 在担保人承担担保责任前，应当提供清晰明显的书面公开声明。该声明应包括：信用合作社的名称和地址，贷款编号、金额和日期，担保人收到披露信息的签名。此外，该声明应包括以下及类似的披露：

- 担保人被要求为该笔债务进行担保。如果借款人没有偿还贷款，则由担保人偿还。当担保人想承担担保责任时，应当确定自己有能力偿还贷款。
- 作为担保人，如果借款人没有偿还贷款，可能不得不支付全额的债务。支付的金额可能会增加，包括滞纳金和征收费用。

- 信用合作社可能没有先要求债务人偿还贷款，而要求担保人偿还。债权人可以对担保人使用与债务人相同的措施，例如起诉或者扣押工资。如果该笔债务存在违约责任，可以成为担保人的信用记录的一部分。

- 这仅仅是信息披露通知，不是会让你承担责任的合同。

XX.10 公平的债务清收程序

XX.10.1　如果社员账户的逾期仅仅是因为之前的分期付款或付款所导致的逾期费用，逾期费用可免于计算。

XX.10.2　债权人在清收债务时，不得有任何骚扰，压迫，或虐待债务人的行为。如以下行为：

- 使用威胁、暴力或其他违法手段伤害债务人的身体、声誉或侵犯其财产。

- 使用下流或侮辱性的语言。

- 在与债务人的电话交流中，为迫使其还款进行激怒、侮辱或者骚扰。

XX.10.3　收债人清收债务时不得有任何虚假、欺骗或误导的现象和方式。例如：

- 错误的描述债务的特征、数量和法律地位。

- 虚假表示或暗示某人是律师，或者某些言论来自律师。

- 采取或打算采取法律上不允许的行为进行威胁。

- 威胁债务人表达错误的信贷信息。

XX.10.4　债务征收人只能收取合同中规定的利息和费用。

附表1	信用合作社的财务指标	
关键性指标	优秀标准	数据
贷款拨备/大于12个月的逾期贷款	100%	
净贷款/总资产	70%～80%	
存款/总资产	70%～80%	
外部借款/总资产	5%	
机构资本/总资产	最低10%	
拖欠贷款/组合资产	<5%	
非盈利资产/总资产	<5%	
财务成本：成员股份/平均成员股份	市场利率≥储蓄成本	
经营费用/平均资产	5%	

关键性指标	优秀标准	数据
净收益/平均资产（未经调整的 ROA）	达到机构资本/总资产 10% 的目标	
（流动资产－短期应付款项）/总存款	最低 15%	
成员增长（相对于前一年）	最低 15%	
总资产增长（相对于前一年）	大于 10%	

附表 2   **资产组合质量**

资产组合质量			
逾期 30 天以上的贷款余额			
风险资产			
本期核销贷款价值			
贷款损失率			

资产组合期限（季末）	贷款笔数	贷款价值	占资产组合比例
当前贷款			
逾期 1 ~ 30 天的贷款			
逾期 31 ~ 60 天的贷款			
逾期 61 ~ 90 天的贷款			
逾期 90 天以上的贷款			
总计			

以上数据应通过提交规定格式的全部资产负债表和损益表予以补充。

参 考 文 献

[1] 陈东平、钱卓林：《资本累积不必然引起农村互助社使命漂移——以江苏省滨海县为例》，载于《农业经济问题》，2015 年第 3 期。

[2] 陈晖、陈雷、吴学尘：《我国城市信用社所存在的问题分析》，载于《当代经理人旬刊》，2006 年第 21 期。

[3] 陈玉宇：《印度农村信用合作社的盛衰》，载于《改革》，1996 年第 4 期。

[4] 代拥军、周艳丽、赵新军：《地方性金融机构生存与发展问题研究——以襄樊市城市信用社为例》，载于《武汉金融》，2007 年第 9 期。

[5] 富中杰：《对农村合作基金会发展问题的思考》，载于《财贸经济》，1994 年第 11 期。

[6] 高伟：《日本农协金融的早期发展概况及启示》，载于《济南金融》，2005 年第 5 期。

[7] 葛文光：《解放前中国农村合作组织建设及其启示》，载于《电子科技大学学报》（社科版），2008 年第 10 期。

[8] 谷岳飞：《"穷人银行"盐城试水陷进退两难 挤兑引发倒闭潮》，《新京报》，2015 年 11 月 24 日，A14 版。

[9] 管延春：《当代中国农村合作金融史研究》，浙江大学博士论文，2005 年。

[10] 郭丹：《各国合作社立法模式比较及对中国立法的借鉴》，载于《经济研究导刊》，2007 年第 8 期。

[11] 韩俊、罗丹、潘耀国：《信用社在农村金融体系中具有不可替代的作用》，载于《调查研究报告》，2006 年第 152 期。

[12] 何广文：《德国的合作金融业：体系及其发展现状》，载于《世界农业》，1995 年第 3 期。

[13] 贺力平：《合作金融发展的国际经验及对中国的借鉴意义》，载于《管理世界》，2002 年第 1 期。

［14］姜柏林：《从农村资金互助社到综合农协的发展——以梨树县为案例》，载于《银行家》，2010年第6期。

［15］林毅夫：《关于制度变迁的经济学理论：诱致性变迁与强制性变迁》，载于R.科斯、A阿尔钦、D诺斯等著：《财产权利与制度变迁——产权学派与新制度学派译文集》，上海三联书店、上海人民出版社，1994年版。

［16］刘建、井湛、刘柳：《农村内置金融的建立与发展：打赢扶贫攻坚战》，载于《经济师》，2017年第1期。

［17］刘建、马鑫、吴一木：《内置金融：在郝堂存在、发展的可能性和价值》，载于《重庆与世界》（学术版），2016年第12期。

［18］罗南旺：《论我国农村信用合作社改革与发展方向》，湖南大学硕士论文，2001年。

［19］《毛泽东选集》（合订本），人民出版社1964版。

［20］门闯：《改革开放前城市信用社建立与发展再探讨——以河南省新乡市汲县城市信用社为例》，载于《中国经济史研究》，2016年第3期。

［21］欧阳仁根：《试论我国合作经济法律体系的构建》，载于《中国农村观察》，2003年第2期。

［22］秦峰：《金融合作社的运营模式创新——内置金融合作社》，载于《农技服务》，2016年第33期。

［23］翟振元、大多和严编：《中日农村金融发展研究》，中国农业出版社2007年版。

［24］人民银行总行合作金融机构监督管理司赴加拿大培训团：《加拿大信用社监管情况及其启示》，载于《中国农村信用合作》，2003年第2期。

［25］邵传林：《金融"新政"背景下农村资金互助社的现实困境——基于2个村的个案研究》，载于《上海经济研究》，2010年第6期。

［26］社会部合作事业管理局统计室编：《合作事业统计资料》，No.1，1943年。

［27］实业部劳动年鉴编纂委员会编：《民国二十一年中国劳动年鉴》，第3编，第86～87页，载于《近代中国史料丛刊》第3编，第60辑，文海出版社。

［28］石雨婷、鞠荣华：《信用合作组织监管的国际比较》，载于《世界农业》，2015年第1期。

［29］宋建:《意大利两银行合并组建第三大银团》,新华网,2016年3月25日。

［30］苏彤、胡烨桢:《雷发巽式信用社在爱尔兰移植失败原因探析》,载于《合作经济与科技》,2008年第17期。

［31］谈建平:《江苏规范发展农民资金互助社》,《农村金融时报》,2017年5月11日。

［32］郗玉松:《合作社的起源与合作主义思想在中国的传播》,载于《学术探讨》,2011年第22期。

［33］谢水旺:《农村资金互助合作社再现倒闭事件 地方金融办监管制度亟待探索》,《21世纪经济报道》,2016年5月12日,第10版。

［34］徐滇庆:《加速城市信用社改革》,载于《财经问题研究》,2004年第12期。

［35］许秋红:《美国信用社的服务对象、业务范围和享受的优惠政策》,载于《中国农村信用合作》,2000年第11期。

［36］薛毅:《华洋义赈会与民国合作事业略论》,载于《武汉大学学报》(人文科学版),2003年第6期。

［37］杨峰:《中国农村信用合作社管理体制改革研究》,西北农林科技大学硕士论文,2012年。

［38］杨华辉:《股份制商业银行收购城市信用社的实践和意义》,载于《浙江金融》,2004年第9期。

［39］杨念:《城市信用社流动性风险的表现、成因及对策》,载于《西南民族大学学报》(人文社科版),1999第s1期。

［40］杨小凯:《经济学——新型古典与新古典框架》,社会科学文献出版社2003年版。

［41］杨勇:《德国农村合作金融模式对我国的启示》,载于《西部金融》,2011年第4期。

［42］俞家宝:《农村合作经济学》,人民出版社1995年版。

［43］王道志:《抗战时期陕甘宁边区农业合作状况分析》,载于《社科纵横》(新理论版),2011年第3期。

［44］王观澜:《中共苏区的土地革命斗争和经济情况》,江西人民出版1981版。

［45］王小鲁、姜斯栋:《农村合作金融模式探索——山西永济市蒲韩农协合作金融调查》,载于《银行家》,2015年第7期。

［46］汪小亚:《发展新型农村合作金融》,载于《中国金融》,2014

年第 5 期。

[47] 王兴业：《发达国家农村合作金融风险管理经验及启示》，载于《农村经济》，2010 年第 11 期。

[48] 温铁军：《农村合作基金会的兴衰史》，载于《中国老区建设》，2009 年第 9 期。

[49] 吴治成：《农村新型金融组织风险管理问题研究》，东北农业大学硕士论文，2012 年。

[50] 张德峰：《论农村资金互助社的政府有限监管》，载于《现代法学》，2012 年第 6 期。

[51] 张锦：《当前农村信用社改革难点及对策》，首都经济贸易大学硕士论文，2002 年。

[52] 张鹏：《20 世纪 60 年代以来美国金融创新及其主要外部动因》，中国社会科学院研究生院博士论文，2013 年。

[53] 张书廷：《华洋义赈会开创中国近代农村合作事业探析》，载于《淮北煤炭师范学院学报》（哲学社会科学版），2007 年第 3 期。

[54] 张维：《农村信用社风险评价与防治体系构建研究》，华中农业大学博士论文，2010 年。

[55] 周立、李萌：《资金互助社这十年——基于吉林四平资金互助社的调查》，载于《银行家》，2014 年第 8 期。

[56] 周振：《制度视角下农民资金互助组织的存续机理研究》，南京农业大学博士论文，2012 年。

[57] 周振、孔祥智：《制度经济学视角下农村资金互助社的正规化研究》，载于《制度经济学研究》，2014 年第 2 期。

[58] Adams, Dale W., Using Credit Unions as Conduits for Microenterprise lending: Latin-American insights, International Labour Office Geneva, 1995.

[59] Aggregate, Wagner W., Liquidity Shortages Idiosyncratic Iiquidity Smoothing and Banking Regulation, *Journal of Financial Stability*, 2007, 3 (1).

[60] Branch, Brian, Christopher Baker, Overcoming Governance Problems: What Does it Take? Paper presented at the Inter-American Development Bank (IDB) Conference on Credit Unions, Washington DC: IDB, March, 1998.

[61] Branch, Brian, Evans A. Credit Unions: Effective Vehicles for Microfinance Delivery, World Council of Credit Unions (WOCCU), Madison,

Wisconsin, August, 1999.

[62] Brown, Rayna, Ian O'Connor, Measurement of Economies of Scale in Victorian Credit Unions, *Australian Journal of Management*, 1995, 20 (1).

[63] Bwana, Kembo M., Joshua Mwakujonga, Issues in SACCOS Development in Kenya and Tanzania: The Historical and Development Perspectives, *Developing Country Studies*, 2013, 3 (5).

[64] Cabo, Paula, Amparo Mélian, João Rebelo, The Governance Structure of Portuguese and Spanish Credit Cooperatives: Differences and Similarities, Corporate Ownership & Control, 2009, 6.

[65] Cabo, P. J. Rebelo, The Portuguese Agricultural Credit Cooperatives Governance Model, *Ciriec Working Papers*, 2007.

[66] Carvalho, F. L., M. D. M. Diaz, S. B. Neto, et al, Exit and Failure of Credit Unions in Brazil: a Risk Analysis, *Revista Contabilidade & Finanças*, 2015, 26 (67).

[67] Chambo, et al., An Analysis of the Socio-economic Impact of Cooperatives in Africa and Their Institutional Context, International co-operative Alliance (ICA) and Canadian Cooperative Association (CCA). Noel Creative Media Ltd, Nairobi Kenya, 2010.

[68] Chaves, Rafael, Francisco Soler, Antonia Sajardo, Co-operative Governance: the Case of Spanish Credit Co-operatives, *Journal of Co-operative Studies*, 2008, 41 (2).

[69] Crapp, Harvey R., Scale Economies in the NSW Credit Union Industry, *Australian Journal of Management*, 1983, 1.

[70] Croteau, John T., *The Economics of Credit Union*, Wayne State University Press, Detroit, 1963.

[71] Davis, Kevin, Australian Credit Unions and the Demutualization Agenda, *Annals of Public and Cooperative Economics*, Volume 78, Issue 2, June 2007.

[72] Deelchand, Tara, Carol Padgett, Size and Scale Economies in Japanese Cooperative Banking, Icma Centre Discussion Papers in Finance, 2009.

[73] Desrochers, Martin, Klaus P. Fischer, Theory and Test on the Corporate Governance of Financial Cooperative Systems: Merger vs. Networks, Social Science Electronic Publishing, 2003, 17 (2).

[74] Doug Macdonald, John Jazwinski, Loranine McIntosh. 21*st Century*

Co-operative: *Rewrite the Rules of Collaboration*, Deloitte & Touche LLP, Toronto, 2012.

[75] Emelianoff, Ivan V. , *Economic Theory of Cooperation*: *Economic Structure of Cooperative Organizations*, Center for Cooperatives, University of California, 1995.

[76] Emmons, William R. , Frank A. Schmid. Credit Unions and the Common Bond, *Federal Reserve Bank of St. Louis Review*, 1999, 81.

[77] Esho, Neil, Scale Economies in Credit Unions: Accounting for Subsidies Is Important, *Journal of Financial Services Research*, 2000, 18 (1).

[78] Feinberg, Robert M. , The Competitive Role of Credit Unions in Small Local Financial Services Markets, *Review of Economics and Statistics*, 2001, 83 (3).

[79] Flannery, Mark J. , An Economic Evaluation of Credit Unions in the United States, Research Report No. 54, Federal Reserve Bank of Boston, 1974.

[80] Fried, Harold O. , C. A. Knox Lovell and Suthathip Yaisawarng. The Impact of Mergers on Credit Union Service Provision, *Journal of Banking and Finance*, 1999, 23.

[81] Fukuyama, Hirofumi, Returns to Scale and Efficiency of Credit Associations in Japan: A Nonparametric Frontier Approach, *Japan & the World Economy*, 1996, 8 (3).

[82] Fukuyamaa, Hirofumi, Ramon Guerrab , William L. Weber, Efficiency and Ownership: Evidence From Japanese Credit Cooperatives, *Journal of Economics & Business*, 1999, 51 (6).

[83] Garden, Kaylee A. , Deborah E. Ralston. The X-efficiency and Allocative Efficiency Effects of Credit Union Mergers, *Journal of International Financial Markets Institutions & Money*, 1999, 9.

[84] Gasbarro, Dominic, Phil Hancock, J. Kenton Zumwalt, Impact of Taxation on Credit Unions in Australia, Filene Research Institute, 2007.

[85] Goth, Peter, Donal Mckillop, John Wilson, Corporate Governance in Canadian and US Credit Unions, Research Report.

[86] Guinnane, Timothy W. , Regional Organizations in the German Cooperative Banking System In the late 19th Century, *Research in Economics*. 1997, 51 (3).

[87] Hannan, Timothy H. , The Impact of Credit Unions on the Rates Of-

fered for, Federal Reserve Baord, 2002.

[88] Hansmann, Henry, Ownership of the Firm, *Journal of Law, Economics & Organization*, 1988, 4.

[89] Herrick, Myron Timothy, R. Ingalls. Rural Credits: Land and Co-operative, Kessinger Publishing, 1928.

[90] Hess, Alan C. , Clifford W. Smith, Elements of Mortgage Securitization, *The Journal of Real Estate Finance and Economics*, 1988, 1 (4).

[91] Jeffs, Lindsay, Financing Community Economic Development in New Zealand, *The Pacific Journal of Community Development*, 2015, (1).

[92] Jensen, Meckling, Theory of the firm: Managerial Behavior Agency costs and Ownership Structure, *Journal of Financial Economics*, 1976, 3 (4).

[93] Kalliala, Oskari, Credit Union Correspondents and Financial Inclusion in Brazil, 2016.

[94] Karafolas, Simeon, *Credit Cooperative Institutions in European Countries*, Switzerland: Springer Science and Business Media, 2016.

[95] Kim, Youn H. , Economies of Scale and Economies of Scope in Multiproduct Financial Institutions: Further Evidence from Credit Unions, *Journal of Money Credit & Banking*, 1986, 18 (2).

[96] Koot, Ronald S. , On Economies of Scale in Credit Unions, *Journal of Finance*, 1978, 33.

[97] Labie, Marc, Perilleux A. , Corporate Governance in Microfinance: Credit Unions. Working Papers Ceb, 2008.

[98] Lee, Pamela A. , *Management of Credit Union Finance: Procedures and Controls*, Kendall/Hunt pulishing Company, Dubuque, Iowa, USA, 1991.

[99] Leggett, Keith J. , Robert W. Strand. Membership growth, Multiple Membership Groups and Agency Control at Credit Unions, *Review of Financial Economics*, 2002, 11.

[100] Ioan, Viorica, Credit Risk Management, *Risk in Contemporary Economy*, 2012, 1 (6).

[101] Long, Robert, David Hughes and Brenda Lumrating. Canadian Credit Union Centrals and Desjardins Group Archived, 2010.

[102] Mary, Awino Anyanga, A Survey of Corporate Governance Practices by Savings and Creditco-operative Societies in Kakamega Municipality Ken-

ya, *International Journal of Management Research & Review*, 2014, 5 (4).

[103] Marx, Michael T. , Hans Dieter Seibel, The Evolution of Financial Cooperatives in Nigeria: Do They Have a Place in Financial Intermediation? Cooperative Finance in Developing Economies, Edited By Onafowokan O. Oluyombo, Soma Prints Limited, 2012.

[104] Mcalevey, Lynn, Alexander Sibbald and David Tripe. New Zealand Credit Union Mergers, *Annals of Public and Cooperative Economics*, 2010, 81 (3).

[105] Michigan Bankers Association, Market Distortion in Financial Services: Can the Credit Union Tax Exemption be Justifed? Northwood University, 2015.

[106] Mohamad, Maslinawati, Intan Waheedah Othman, Reputation and Transparency of Cooperative Movement in Malaysia. World Academy of Science, Engineering and Technology International Journal of Social, Education, Economics and Management Engineering, 2013, 7 (8).

[107] Moody, J. Carroll, Gilbert C. Fite. *The Credit Union Movement-Origins and Development* 1850 *to* 1980, 2nd edition, Dubuque: Kendall/Hunt publishing company, 1984.

[108] Murray, John D. , Robert W. White, Economies of Scale and Deposit-Taking Financial Institutions in Canada, *Journal of Money Credit and Banking*, 1980, 12.

[109] Murray, John D. , Robert W. White, Economies of Scale and Economies of Scope in Multiproduct Financial Institutions: A Study of British Columbia Credit Unions, *Journal of Finance*, 1988, 38.

[110] Neto, Sigismundo Bialoskorski, Co-operative Governance and Management Control Systems: An Agency Costs Theoretical Approach, *Ssrn Electronic Journal*, 2012, 9 (2).

[111] Odera, Odhiambo, Corporate Governance Problems of Savings, Credit and Cooperative Socieries. *International Journal of Academic Research in Business & Social Sciences*, 2012, 02 (11).

[112] Pearce, Douglas K. , Recent Developments in the Credit Union Industry, *Economic Review*, 1984 (6).

[113] Pherson, Hector Mac, Cooperative Credit Associations in the Province of Quebec, University of Chicago, 1910.

[114] Quinn, Anthony P. , *Credit Unions in Ireland*, Dublin, Oak Tree

Press, 2nd edition, 1999.

[115] Rasmusen, Eric, Mutual Banks and Stock Banks, *The Journal of Law and Economics*, 1988, 31 (2).

[116] Ryder, Nicholas, The Financial Services Authority and Credit Unions—A New Era in Regulation? *Journal of Financial Regulation and Compliance*, 2003, 11 (3).

[117] Sibbald, Alexander, Lynn McAlevey, Examination of Economies of Scale in Credit Unions: a New Zealand Study, *Applied Economics*, 2003, 35 (11).

[118] Simeon, Karafolas, (editor), *Credit Cooperative Institutions in European Countries*, Switzerland: Springer Science and Business Media, 2016.

[119] Spear, Roger, Governance in Democratic Member-based Organisations, *Annals of Public and Cooperative Economics*, 2004, 75 (1).

[120] Swidler, Steve, Ph. D J, A Comparison of Bank and Credit Union Pricing: Implications for Tax Benefits of Subchapter S Incorporation, Finance Auburn University, 2009.

[121] Tatom, John A. , Competitive Advantage: A Study of the Federal Tax Exemption for Credit Unions, Department of Economics at DePaul University, 2004.

[122] Taylor, Ryland A. , The Credit Union as a Co-operative Institution, Economic Theory of Co-operative Enterprises, Selected readings, Edited by Liam Kennedy, The Plunkett Foundation for Co-operative Studies, 31 St. Giles, Oxford, 1983, Printed by Parchment (Oxford) Ltd.

[123] Taylor, Ryland A. , Economies of Scale in Large Credit Unions, *Applied Economics*, 1972, 4.

[124] Thomsen, S. , *An Introduction to Corporate Governance-mechanisms and Systems*, Copenhagen: DJOF Publishing, 2008.

[125] Tokle, Robert J. , Joanne G. Tokle, The Influence of Credit Union and Savings and Loan Competition on Bank Deposit Rates in Idaho and Montana, *Review of Industrial Organization*, 2000, 17.

[126] Walter, Jhon R, Not Your Father's Credit Union, *Social Science Electronic Publishing*, 2006.

[127] Wanyama, Fredrick O. , Surviving liberalization: the Cooperative Movement in Kenya, Coop AFRICA Working Paper No. 10.

[128] Wenner, Mark D. , Sergio Navajas, Carolina Trivelli. Managing Credit Risk in Rural Financial Institutions in Latin America, *Enterprise Development & Microfinance*, 2007, 18 (18).

[129] Wheelock, David C. , Paul W. Wilson, Are Credit Unions too Small?, *Review of Economics and Statistics*, 2011, 93.

[130] Wheelock, David C. , Paul W. Wilson. The Evolution of Cost-productivity and Efficiency among US Credit Unions, *Journal of Banking & Finance*, 2013, 37 (1).

[131] Wolken, John D. , Frank J. Navratil. Economies of Scale in Credit Unions; Further Evidence, *Journal of Finance*, 1980, 35.

[132] Wright, Joseph, Credit Unions: A Solution to Poor Bank Lending? Civitas, 2013.

后　记

　　有感于农村地区较为严重的金融排斥，希望向信用合作制度寻求破解之道，便有了深入研究信用合作制度运行规律的初衷。感谢 2011 年中美富布赖特项目为作者提供了一个去美国威斯康辛大学麦迪逊分校研究信用合作制度的机会。麦迪逊是 WOCCU（世界信用合作社理事会）和 CUNA（美国信用合作社联盟）总部所在地，麦迪逊分校农业与应用经济系也设有一个合作社研究中心，为作者进行信用合作制度的深入研究提供了丰富的文献资料。在作为访问学者的 10 个月中，作者一直潜心在这个知识宝库里广泛阅读和学习，并积累了一些初步的研究成果。回国以后的几年里，取得了一些更加深入的研究成果。但由于作者的拖沓，仍然缺乏进一步把这些研究体系化并整理成书的动力。感谢 2017 年的国家社会科学基金后期资助项目，为本书的最终完稿和付梓出版提供了动力和支持。

　　在本书完成之际，我要感谢所有对本书的写作和出版给予帮助和支持的人：

　　感谢五位匿名评审人提出的宝贵意见。根据这些意见所作的修改和完善，使本书的架构更为合理，论点更加明确，论证更为充分。

　　感谢时任威斯康辛大学合作社研究中心主任的 Brent Hueth 博士，作为我的访问学者合作教授，为我在麦迪逊分校的访学和研究工作提供了全方位的支持。

　　感谢 WOCCU 的时任理事长 Brian Branch，与他的交流合作为我的研究提供了启发和动力。

　　在该书的写作过程中，我的研究生杨智玲、王航、张凯淇、刘芸利、周畅，和我一起做了大量的调研和资料收集工作，对她们付出的辛勤劳动表示感谢。

　　最后，感谢经济科学出版社的专业和敬业，使本书得以顺利出版。

　　在本书的写作过程中，参考了大量的国内外著作、学术论文，信用合作社、资金互助社及其协会组织的公开信息和研究报告，借鉴了大量的已有研究成果，对所有涉及到的学者和业者表示感谢！

　　由于水平有限，本书不足乃至谬误之处在所难免，敬请专家和读者批评指正。

2018 年 10 月 18 日

图书在版编目（CIP）数据

信用合作演变规律和运行机制的国际比较与借鉴 /
鞠荣华著 . —北京：经济科学出版社，2018.9
国家社科基金后期资助项目
ISBN 978 – 7 – 5141 – 9673 – 3

Ⅰ. ①信… Ⅱ. ①鞠… Ⅲ. ①信用合作社 – 对比
研究 – 世界 Ⅳ. ①F831.2

中国版本图书馆 CIP 数据核字（2018）第 194825 号

责任编辑：杨 洋
责任校对：杨 海
版式设计：齐 杰
责任印制：王世伟

信用合作演变规律和运行机制的国际比较与借鉴
鞠荣华 著
经济科学出版社出版、发行 新华书店经销
社址：北京市海淀区阜成路甲 28 号 邮编：100142
教材分社电话：010 – 88191355 发行部电话：010 – 88191522
网址：www. esp. com. cn
电子邮箱：bailiujie518@ 126. com
天猫网店：经济科学出版社旗舰店
网址：http：//jjkxcbs. tmall. com
北京季蜂印刷有限公司印装
710 × 1000 16 开 23.75 印张 410000 字
2018 年 10 月第 1 版 2018 年 10 月第 1 次印刷
ISBN 978 – 7 – 5141 – 9673 – 3 定价：66.00 元
（图书出现印装问题，本社负责调换。电话：010 – 88191510）
（版权所有 侵权必究 打击盗版 举报热线：010 – 88191661
QQ：2242791300 营销中心电话：010 – 88191537
电子邮箱：dbts@ esp. com. cn）